21世纪高等职业教育精品教材·金融类

U0656785

国际金融

（第六版）

张 乐 主 编

陈 娟 刘晓磊 副主编

GUOJI
JINRONG

东北财经大学出版社
Dongbei University of Finance & Economics Press

大连

图书在版编目（CIP）数据

国际金融 / 张乐主编. —6版. —大连：东北财经大学出版社，2024.12. —（21世纪高等职业教育精品教材·金融类）. —ISBN 978-7-5654-5450-9

Ⅰ. F831

中国国家版本馆 CIP 数据核字第 2024FZ8420 号

东北财经大学出版社出版

（大连市黑石礁尖山街217号 邮政编码 116025）

网 址：http://www.dufep.cn

读者信箱：dufep@dufe.edu.cn

大连天骄彩色印刷有限公司印刷 东北财经大学出版社发行

幅面尺寸：185mm×260mm 字数：391千字 印张：18.25

2024年12月第6版 2024年12月第1次印刷

责任编辑：李丽娟 责任校对：刘贤恩

封面设计：原 皓 版式设计：原 皓

定价：49.00元

第六版前言

2023年以来，受多重危机叠加影响，全球经济复苏缓慢。以硅谷银行、瑞士信贷银行相继破产为代表的美欧银行业危机，引发金融市场广泛担忧；地缘政治格局持续动荡，黄金等避险资产价格不断走高；随着总体通胀趋缓，各发达国家进入高利率维持阶段，加息周期告一段落，主要经济体缓慢回归增长，但仍面临一系列内外部挑战。进入2024年，全球经济增长总体动力仍显不足，区域分化显著。美欧等发达经济体面临通胀顽固、利率上升、财政紧缩等多重问题，表现出内需疲软和投资不足。全球经济增长依然高度依赖于亚洲经济体，中国成为全球经济增长最大引擎。中国强化宏观政策逆周期和跨周期调节，经济回升向好、长期向好的基本趋势没有改变，开放的中国将继续为世界带来更多的合作机遇。

习近平总书记在党的二十大报告中提出，"深化金融体制改革，建设现代中央银行制度，加强和完善现代金融监管，强化金融稳定保障体系，依法将各类金融活动全部纳入监管，守住不发生系统性风险底线""有序推进人民币国际化。深度参与全球产业分工和合作，维护多元稳定的国际经济格局和经贸关系"。第六版教材的修订就是在贯彻党的二十大报告对金融工作的要求的背景下进行的，并秉持一贯宗旨，反映国际金融的最新内容和最前沿动态，通过知识讲述，融入思想政治素质培养的内容，全面落实党的二十大精神。本教材既注重对基础知识、基本技能的介绍，又注重实践实训环节，夯实理论基础的同时开阔学生的国际视野。

本教材的主要特色如下：

1.学习目标精准化。本次修订在原有知识目标、技能目标的基础上增加了素养目标的表述，旨在体现职业素质与思想政治素质要求，希望读者能够通过学习提升认知，并形成良好的品德和正确的价值观念。

2.理实一体化。本教材引用大量国际金融事件对知识点进行诠释，既有经典案例，也有热点问题，将国际金融最前沿动态贯穿于知识要点中，理论联系实际，使读者能够运用所学理论分析实际问题，在现实世界中探求、检验并应用所学知识。每个项目的课后训练中除了练习题外，还设置了实训题目，围绕所学理论知识进行实践训练，有意引导和鼓励学生通过分析、解决实际问题，提高调研水平，提升专业技能、培养团队合作能力，为今后的工作和实践打下坚实的基础。

3.课程资源数字化。本次修订依然采用项目-任务的方式组织内容，保留了第五版教材体例中的知识要点、案例分析和实践探索的基本结构。不同的是，第六版教材增加了大量二维码数字资源，将视野拓展、知识补充等课程资源以数字化形式呈现，还增加了微课，针对主要概念和重点知识以视频形式进行讲解，以便读者加深理解。此外，本教材还配有相关慕课资源，作为辅助教学资源免费开放，以供读者进一步学习。

　　本教材由北京农业职业学院张乐担任主编，北京农业职业学院陈娟和河北政法职业学院刘晓磊担任副主编。具体修订分工如下：项目一由刘晓磊修订；项目二、项目三、项目六和项目九由陈娟修订；项目四、项目五、项目七和项目八由张乐修订。北京农业职业学院的刘瑛老师，在第六版教材编写过程中提供了部分案例和习题，并对书稿内容提出了宝贵的修改意见，在此表示诚挚的谢意。教材中提供的微课视频选自刘晓磊老师所在教学团队以本教材为基础制作的"国际金融理论"慕课，感谢参与录制的范丽娜、边丽娜、王月然、马欢欢及张云朝等老师的精彩讲授。读者可扫描以下二维码，或登录智慧职教平台参与慕课课程学习，网址链接为：https://mooc.icve.com.cn/cms/courseDetails/index.htm？classId=4288a614c75de510b7f9a599b61595c2。

　　本教材可供高等职业教育金融类专业教学使用，也可作为相关行业工作人员的学习用书。感谢在教材编写过程中同事、朋友及家人给予的支持和配合，更要感谢东北财经大学出版社李丽娟编辑和其他工作人员给予的专业指导和帮助。

　　由于编者水平有限，不足之处在所难免，请读者不吝赐教。

编　者
2024 年 10 月

目录

项目一
外汇与汇率

学习目标

知识目标：1.掌握外汇与汇率的基本概念；
2.理解外汇市场上通用的标价方法；
3.掌握我国外汇市场有关外汇及标价方法的基本术语；
4.了解不同历史阶段汇率决定的因素；
5.掌握现阶段影响汇率波动的主要因素；
6.了解汇率制度的主要内容；
7.了解人民币汇率制度的发展历程；
8.理解人民币汇率制度的主要内容。

技能目标：1.能熟练解读外汇行情表；
2.能根据所学知识理解汇率背后的深层次含义；
3.能够根据国际金融形势分析影响各主要国家汇率变动的要素；
4.掌握汇率变动对一国经济变量产生的影响；
5.能够根据国际国内经济形势状况理解人民币汇率的变化。

素养目标：1.能够理论联系实际分析一国汇率变动的主要影响因素；
2.能够分析汇率变动对一国经济的影响；
3.深刻理解政府干预和重大政治因素对汇率的影响，正确看待汇率变动在国家经济发展中的作用；
4.理解人民币汇率市场化改革的逻辑，坚定中国特色社会主义制度自信。

任务一　外汇与汇率的基本概念

>> 【知识要点】

一、外汇的含义及分类

（一）外汇的含义

微课 1-1

外汇概述

外汇（Foreign Exchange）有动态和静态之分。动态的外汇是国际汇兑的过程，它强调外汇是一种活动，即把一国货币兑换成另一国货币用以清偿国际债权债务；静态的外汇是指以外币表示的可用于国际结算的支付手段和工具，即国际货币或以国际货币表示的用于国际结算的支付凭证，如汇票、本票、支票等。

1. 广义的外汇

广义的外汇是指国际货币基金组织和各国外汇管理法令中的外汇。国际货币基金组织对外汇所下的定义是：外汇是货币行政当局（中央银行、货币管理当局、外汇平准基金组织或财政部）以银行存款、国库券、长短期政府债券等形式所保有的，在国际收支逆差时可以使用的债权。按照《中华人民共和国外汇管理条例》（2008 年修订）第三条的规定，外汇是指下列以外币表示的可以用作国际清偿的支付手段和资产：

（1）外币现钞，包括纸币、铸币；

（2）外币支付凭证或者支付工具，包括票据、银行存款凭证、银行卡等；

（3）外币有价证券，包括债券、股票等；

（4）特别提款权；

（5）其他外汇资产。

2. 狭义的外汇

狭义的外汇是指以外币表示的用于国际结算的支付手段。狭义的外汇必须具有以下几个特征：（1）必须是以外币表示的国外资产，而本国货币表示的信用工具不能视为外汇，比如美元、日元、英镑等属于国际通用货币，但对于美国而言，美元不是外币，而是本币，因此美元不是美国的外汇，日元、英镑等其他货币同理；（2）必须是在国外能得到补偿的债权，凡是不能在国际上得到偿付或不能自由兑换的各种空头支票、拒付汇票等均不能视为外汇；（3）必须是以可自由兑换的货币表示的支付手段，只有各国普遍接受的支付手段，才能用于国际结算。

综合上述三个条件，广义货币中，以外币表示的有价证券和黄金不能视为外汇，因为它们不能用于国际结算，只有把它们卖掉，变成国外银行的存款，才能用于国际结算。至于外币现钞，严格地讲，也不能算作狭义外汇，因为外币现钞在发行地属于法定货币，一旦流入他国，就失去了法定货币的身份和地位，持有外币现钞的银行只有将其运至货币发行国，变为海外银行存款，才可用于国际结算。因此，狭义外汇是指在国外的银行存款以及索取这些存款的外币票据与外币凭证，如汇票、本票、支票等。

3. 国际标准化货币符号

为了能够准确而简易地表示各国货币的名称，便于开展国际贸易金融业务和计算机数据通信，1970年联合国欧洲经济委员会首先提出要制定一项国际贸易单证和信息交换使用的货币代码。1973年，国际标准化组织（ISO）技术委员会在其他国际组织的通力合作下制定了一项适用于贸易、商业和银行使用的货币和资金代码，即国际标准 ISO 4217 三字符货币代码（见表1-1）。1978年2月，联合国贸易和发展会议与欧洲经济委员会将三字符货币代码作为国际通用的货币代码或货币名称缩写向全世界推荐。国际贸易界、金融界反应积极，很快接受了这套三字符货币代码。

表 1-1　　　　　**常用国家或地区的货币名称符号代码（部分）**

国家或地区名称		货币名称	国际标准货币代码
中国		人民币元	CNY
美国		美元	USD
中国香港		港元	HKD
英国		英镑	GBP
瑞士		瑞士法郎	CHF
瑞典		瑞典克朗	SEK
丹麦		丹麦克朗	DKK
挪威		挪威克朗	NOK
欧元区国家（20个）	德国　　法国	欧元	EUR
	荷兰　　意大利		
	芬兰　　希腊		
	西班牙　　葡萄牙		
	奥地利　　比利时		
	爱尔兰　　卢森堡		
	斯洛文尼亚　　马耳他		
	塞浦路斯　　立陶宛		
	斯洛伐克　　爱沙尼亚		
	拉脱维亚　　克罗地亚		
澳大利亚		澳大利亚元	AUD
新西兰		新西兰元	NZD

续表

国家或地区名称	货币名称	国际标准货币代码
加拿大	加拿大元	CAD
新加坡	新加坡元	SGD
日本	日元	JPY
泰国	泰铢	THB
马来西亚	林吉特	MYR
蒙古国	图格里克	MNT
印度	卢比	INR
土耳其	里拉	TRY
墨西哥	比索	MXN
哈萨克斯坦	坚戈	KZT
阿拉伯联合酋长国	迪拉姆	AED
匈牙利	福林	HUF
俄罗斯	卢布	RUB
南非	兰特	ZAR
波兰	兹罗提	PLN
柬埔寨	瑞尔	KHR
沙特阿拉伯	里亚尔	SAR

注：图中选取的货币基本上涵盖中国外汇交易中心所有交易货币及金砖国家货币。

另外，除使用国际标准代码外，在一些国际经贸活动中，货币符号还有其他习惯表示法，如美元为\$，日元为￥，英镑为£，瑞士法郎为SF等。许多货币也有昵称，例如英镑为Cable，美元为Greenback Buck，加拿大元为Fund，TT代表港币，Stocky代表瑞典克朗，Aussie代表澳元，Swissy代表瑞士法郎。

拓展阅读1-2

"一带一路"
相关国家钞票
上的中国造

（二）外汇的分类

1. 按外汇兑换时受限制的程度划分

按外汇兑换时受限制的程度划分，外汇可分为自由兑换外汇（即自由外汇）、限制兑换外汇和记账外汇。

（1）自由兑换外汇。自由兑换外汇是指无须经过货币发行国管理当局批准，在国际金融市场上能自由兑换成其他国家的货币或可以向第三国办理支付的、以外币表示的不同形式的支付手段，如美元、欧元、英镑、日元、瑞士法郎、丹麦克朗、瑞典克朗、加拿大元、澳大利亚元、新西兰元等。根据IMF有关条款的规定，凡是属于"自由兑换"的货币，都必须具备以下三个条件：一是对国际性经常往来的支付和资金移动不加限制；二是不得实行多种汇率制；三是如果其他国家提出要求，其有义务随时购回对方经常项目往来所结存的本国货币。自由兑换外汇在国际交往中被广泛使用，是典型的外汇形式。

（2）限制兑换外汇。限制兑换外汇是指未经货币发行国批准，不能自由兑换成其他货币或对第三国进行支付的外汇。国际货币基金组织规定，凡对国际性经常往来的支付和资金转移有一定限制的货币均属于有限自由兑换货币。目前我国人民币在经常项目下已经可以自由兑换，但在资本项目下还不能自由兑换。

（3）记账外汇。记账外汇又称协定外汇或双边外汇，是指在根据两国政府有关部门贸易清算（支付）协定所开立的清算账户中记载的，为开展贸易、贷款、经济援助、经济技术合作等协定项目而使用的外汇。记账外汇不经货币发行国管理当局批准，不能自由兑换为其他国家货币，也不允许支付给第三国。目前，我国除中国银行总行还有部分记账外汇业务外，其他银行办理的都是自由外汇结算业务。

2.按外汇的来源和用途划分

按外汇的来源和用途划分，外汇可分为贸易外汇和非贸易外汇。

（1）贸易外汇。贸易外汇是指与商品进出口及其从属费用的收付相关的外汇，从属费用主要包括与商品进出口直接关联的运费、保险费等。

（2）非贸易外汇。非贸易外汇是指除商品进出口以外的其他对外经常往来相关的外汇，主要涉及侨汇以及旅游、运输、邮政、保险、海关等方面的收入和支出。

二、汇率的含义及分类

（一）汇率的含义

汇率（Foreign Exchange Rate）又称汇价、外汇行市，是不同货币之间兑换的比率或比价，也可以说是以一种货币表示的另一种货币的价格。

外汇汇率具有双向表示的特点：在国际汇兑中，既可以用本币来表示外币的价格，也可以用外币来表示本币的价格，本、外币都具有表现对方货币价格的功能，这就是标价方法。

（二）汇率标价方法

1.直接标价法

直接标价法（Direct Quotation）又称应付标价法，是以一定单位（如1、100、1 000等）的外国货币作为标准，折合为一定数量的本国货币的标价方法。例如，2024年9月27日，中国外汇交易中心挂牌的人民币兑美元汇率为100美元=701.01元人民币，这就是直接标价法。目前，世界上绝大多数国家都采用直接标价法，我国人民币对外币也采用这种标价方法。

在直接标价法下，外币数额不变，本币金额随外币币值的变化而变化：如果一定单位的外币兑换本币数额增多，说明外币升值，本币贬值；反之，如果一定单位的外币兑换本币数额减少，则说明外币贬值，本币升值。

2. 间接标价法

间接标价法（Indirect Quotation）又称应收标价法，是以一定单位（如1、100、1 000等）的本国货币为标准，来计算应收若干单位的外国货币。例如，2024年9月27日，伦敦外汇市场英镑兑美元汇率为1英镑=1.3406美元，这就是间接标价法。世界上采用间接标价法的主要是以英国、美国为代表的少数几个国家。

在间接标价法下，本币数额固定不变，外国货币的数额随本币价值的变化而变化：如果一定单位的本币兑换的外币数额增多，说明本币升值，外币贬值；反之，如果一定单位的本币兑换的外币数额减少，则说明本币贬值，外币升值。

3. 美元标价法

第二次世界大战（以下简称"二战"）后建立起来的布雷顿森林体系是一个"双挂钩"的国际货币体系：美元和黄金挂钩，各国货币和美元挂钩，美元成为中心货币。各国外汇市场上公布的外汇行情均以美元为标准，这种标价方法被称为"美元标价法"。美元标价法（American Currency Quotation）与前两种标价方法并不矛盾。根据外汇交易规则，银行在外汇市场报价时，需围绕美元报价，如果需要计算非美元货币之间的比价，可通过各自与美元的比价进行套算。

有些前殖民地国家习惯将本国货币与前宗主国货币挂钩。比如，八个西非国家（科特迪瓦、布基纳法索、马里、尼日尔、贝宁、几内亚比绍、多哥、塞内加尔），过去同法国法郎挂钩，法国采用欧元后，又与欧元挂钩。这八个国家共同采用"西非法郎"作为流通货币，自2020年起，西非法郎改名ECO。ECO流通国不用再上缴50%储汇到法国国库，但是法国仍然拥有重估或贬值该货币的权利。法国将为ECO流通国提供财政担保，若流通国缺乏现金支付外币债务，可从法国获得欧元。

▶▶▶

拓展思考1-1

为什么说直接标价法、间接标价法和美元标价法并不矛盾？

分析提示： 美元标价法是二战后世界上大多数国家采取的标价方法，在布雷顿森林体系崩溃后也一直沿用。对于采用直接标价法的国家，标价方式为美元在前本币在后，如USD/JPY；采用间接标价法的货币，标价方式为本币在前美元在后，如EUR/USD。所以说，三种标价方法并不矛盾。

◎

（三）汇率的分类

1. 按照银行买卖外汇的角度划分

从银行买卖外汇的角度划分，汇率可分为买入汇率、卖出汇率和中间汇率。

（1）买入汇率又称买入价（Buying Rate），是银行从客户或同业买入外汇时所使用的汇率。

拓展阅读1-3

我国银行间外汇市场交易的标准用语及其含义

（2）卖出汇率又称卖出价（Selling Rate），是银行向客户或同业卖出外汇时所使用的汇率。买入价低于卖出价，买卖差价即为银行的经营费用和利润。

（3）中间汇率又称中间价（Middle Rate），是买入价与卖出价的平均价。有时中间价通过加权计算得出。中国外汇交易中心向外汇市场做市商询价，做市商综合考虑外汇供求情况以及国际主要货币汇率变化进行报价，交易中心将全部做市商报价作为人民币对美元汇率中间价的计算样本，去掉最高报价和最低报价后，将剩余做市商报价加权平均，得到当日人民币对美元汇率中间价。中间价常用于经济分析。

2. 按照汇率制定方法的不同划分

按照汇率制定方法的不同，汇率可分为基础汇率和套算汇率。

（1）基础汇率（Basic Rate）是指一国货币与某个关键货币之间的汇率。世界上的货币种类繁多，不可能一一制定本国货币与各种货币兑换的比率，因此通常需要选择在一国国际贸易或国际收支中使用最多、外汇储备中所占比重最大、自由兑换性最强、汇率较为稳定、为各国普遍接受的某一关键货币作为制定汇率的主要对象。目前，各国普遍把美元作为制定汇率的关键货币，因此本币与美元之间的汇率一般作为基础汇率。

（2）套算汇率（Cross Rate）又称交叉汇率，是指根据本国货币对关键货币的基础汇率和关键货币对其他国家货币的汇率，套算得到本国货币对其他国家货币的汇率。

例如，某日我国基础汇率是1美元=6.7647元人民币，美元对英镑的汇率是1英镑=1.5967美元，则1英镑可兑换10.8012（1.5967×6.7647）元人民币。

3. 按照外汇交易的交割时间来划分

按照外汇交易的交割时间来划分，汇率可分为即期汇率和远期汇率。

（1）即期汇率（Spot Exchange Rate）又称现汇汇率，是指外汇买卖双方成交后，在两个工作日内办理交割所使用的汇率。这一汇率一般就是现时外汇市场的汇率水平。

（2）远期汇率（Forward Exchange Rate）又称期汇汇率，是买卖远期外汇所使用的汇率。买卖双方签订合同，约定交割日期，届时不管汇率如何变动，协议双方都要按约定的汇率进行结算。协议中约定的这一汇率就是远期汇率。

需要特别指出的是，远期汇率虽然是未来交割所使用的汇率，但与未来交割时的市场现汇汇率不同，远期汇率是事先约定好的汇率，后者是将来的即期汇率。

▶▶【案例分析】

外汇行情表解读

案例资料：

表1-2是某日中国银行网站外汇行情，根据表中的内容回答问题。

表 1-2　　　　　　　　　　　　　　　中国银行网站外汇行情表

货币名称	现汇买入价	现钞买入价	现汇卖出价	现钞卖出价	中行折算价
阿联酋迪拉姆		184.7		198.1	191.39
澳大利亚元	474.19	459.46	477.68	478.84	475.85
巴西里亚尔		159.3		174.24	167.92
加拿大元	527.78	511.12	531.68	532.96	529.33
瑞士法郎	700.52	678.9	705.44	707.76	703.99
丹麦克朗	103.28	100.09	104.1	104.4	103.61
欧元	772.08	748.09	777.77	779.5	774.06
英镑	906.27	878.11	912.94	915.16	907.63
港币	89.63	88.92	89.99	89.99	89.8
印尼卢比		0.0481		0.0515	0.0499
印度卢比		9.2108		10.3866	9.8385
日元	6.3994	6.2006	6.4465	6.45	6.4186
韩国元	0.5925	0.5717	0.5973	0.619	0.5964
澳门元	87.12	84.2	87.46	90.27	87.29
林吉特	168.41		169.93		168.49
挪威克朗	75.95	73.6	76.56	76.77	76.69
新西兰元	450.2	436.31	453.36	458.92	451.26
菲律宾比索	13.77	13.35	13.89	14.53	13.87
卢布	10.89	10.22	10.97	11.39	10.97
沙特里亚尔		182.27		191.75	187.47
瑞典克朗	73.15	70.89	73.73	73.94	73.58
新加坡元	512.24	496.43	515.84	517.38	514.78
泰铢	23.19	22.47	23.37	24.09	23.25
土耳其里拉	121.83	115.86	122.81	138.56	122.06
新台币		22.23		23.97	23.07
美元	701.73	696.02	704.7	704.7	702.98
南非兰特	47.81	44.14	48.13	51.8	47.77

中国银行外汇牌价网页声明：

1.本汇率表单位为人民币/100外币，仅供参考，客户办理结/购汇业务时，应以中国银行网上银行、手机银行、智能柜台或网点柜台实际交易汇率为准，对使用该汇率表所导致的结果，中国银行不承担任何责任；

2.未经中国银行许可，不得以商业目的转载本汇率表的全部或部分内容，如需引用相关数据，应注明来源于中国银行；

3.中国银行外汇牌价业务系统于2011年10月30日进行了升级，本汇率表原有的"卖出价"细分为"现汇卖出价"和"现钞卖出价"，此前各货币的"卖出价"均显示在"现汇卖出价"项下。

4.具体兑换币种以当地中国银行实际开办币种为准，客户可前往当地中国银行网点咨询或致电95566。

资料来源：根据中国银行官方网站资料整理。

阅读以上材料，回答下列问题：

1.我国采用何种标价方法？请至少列举出10个与我国标价方法一致的国家。

分析：

世界上大多数国家或地区的货币（除英镑、美元、欧元、澳大利亚元、新西兰元、南非兰特等外）采用直接标价法表示汇率，中国对主要国家货币汇率也是如此，因此，表1-2中左侧纵向栏目皆为一定金额（100）的外币，而表中数字的货币单位为人民币。

与我国标价方法一致的国家还有很多，如阿联酋、巴西、加拿大、瑞士、丹麦、印度尼西亚、印度、日本、韩国、马来西亚等。

特别值得一提的是，我国外汇市场外汇交易中心的标价分为两种：一种是针对发达国家货币，采用直接标价法；另一种是针对新兴市场国家货币，采用间接标价法。

2.请写出表1-2中货币的国际标准代码。

分析：

货币名称及代码见表1-3。

表1-3　　　　　　　　　　　　　　货币名称及代码

阿联酋迪拉姆 AED	瑞士法郎 CHF	港币 HKD	韩国元 KRW	新西兰元 NZD	瑞典克朗 SEK	新台币 TWD
澳大利亚元 AUD	丹麦克朗 DKK	印尼卢比 IDR	澳门元 MOP	菲律宾比索 PHP	新加坡元 SGD	美元 USD
巴西里亚尔 BRL	欧元 EUR	印度卢比 INR	林吉特 MYR	卢布 RUB	泰铢 THB	南非兰特 ZAR
加拿大元 CAD	英镑 GBP	日元 JPY	挪威克朗 NOK	沙特里亚尔 SAR	土耳其里拉 TRY	

货币的国际标准代码需要熟记。在国际外汇市场、我国外汇交易中心，甚至电视上经常会看到货币的国际代码，同学们应具备快速反应能力，而不是看到代码再现查。

3.为什么表1-2中现钞买入价低于现汇买入价？

分析：

表1-2中横向栏目中的买入价分为现钞价和现汇价，且现钞价低于现汇价，也就是说，同样的100美元，银行买入现钞付出的人民币金额要低于买入现汇的金额。这是因为外国现钞在本国无法流通，需要送往国外生息（银行购入外币现钞较之现汇有利息损失），而运送外币现钞必须花费包装费、运费、保险费等，银行在买入现钞时要扣除这部分费用，所以同样数额的外汇，顾客卖现钞要低于卖现汇得到的人民币金额（银行正相反），体现在外汇行情表上就是现钞价低于现汇价。这部分，需要同学们透彻理解外汇的概念。

4.小A同学暑假计划去英国游学，欲兑换1 000英镑现钞，需要付出多少人民币？

分析：

小A同学到银行兑换现钞，对银行来说，是现钞卖出，因此使用现钞卖出价，即915.16，1 000英镑则为9 151.6元人民币（1 000×（915.16÷100））。

5.婷婷从新西兰旅游归来，剩202新元，其中2新元是硬币，请问可换回多少人民币？

分析：

婷婷从新西兰归来，余202新元，其中2元为硬币，银行不兑换硬币，因此，200新元可兑换成人民币，对银行来讲，是现钞买入，用现钞买入价436.31，可兑换成872.62元人民币（200×（436.31÷100））。

6.某进出口企业近日收入200万欧元货款，欲卖给银行结汇，企业会收入多少元人民币？

分析：

进出口企业收到的欧元是现汇，到银行结汇是现汇买入，用现汇买入价772.08，200万欧元则为15 441 600元人民币（2 000 000×（772.08÷100））。

7.汤姆想把手中的2 000美元现汇换成日元，汇给在日本生活的父母，可以换多少日元？

分析：

表1-2中没有给出美元对日元的汇率，但是，我们知道USD/CNY和JPY/CNY，通过人民币搭桥即可算出USD/JPY的汇率，从而计算出2 000美元可以兑换多少日元。在这笔业务中，汤姆是卖美元，买日元；银行是买美元，卖日元。从银行的角度，首先，银行买入2 000美元现汇，用现汇买入价，可换成14 034.6元人民币（2 000×（701.73÷100）），再卖出日元现汇，用现汇卖出价，14 034.6元人民币可以换成217 708.83日元（14 034.6×（100÷6.4465））。

套算汇率的计算有专门的公式，本习题的设置在于让同学们明白套算汇率的计算原理，要知其然，更要知其所以然。表1-2中汇率皆为参考汇率，仅供练习使用。

习题4~6的设置是帮助同学们熟练掌握外汇买卖价格。在生活中，一般人不需要掌握此类专业知识，但对从事金融外贸工作的人来说，此为必备技能。表1-2中外汇买卖价格是站在银行的角度而言的，对于顾客来讲，正好相反。

对于银行买卖价格的使用，同学们可以反复练习，直到熟练为止。此外，还有一种快速简便的方法：因为银行在外汇买卖中是赚差价的，因此，对顾客而言，两个价格哪个对顾客不利就选用哪个。比如，顾客卖出欧元，收入人民币，那么，哪个价格得到的人民币数量少就用哪个价格；如果顾客购买欧元，那么哪个价格需要多付人民币就用哪个价格。现在银行高度智能化，外币兑换及买卖价格的使用往往不需自己选择，只要输入"买入"或者"卖出"就可自动生成，但作为专业知识，还是要掌握其原理。

综上，要看懂中国银行网站上的外汇行情表，需要理解什么是外汇、汇率、标价方法以及汇率的种类等相关基础知识。

》 【实践探索】

一、实践内容
了解国内经营外汇业务的银行交易的币种及外汇行情。
二、实践方式
1. 学生就近选取一家经营外汇业务的银行，了解该行经营的币种、价格，有条件的同学可以体会一下如何购汇。
2. 自行设计有关外汇和汇率的问题，并咨询银行工作人员。
三、实践结果
1. 现场拍照，前提是征得银行工作人员的同意。
2. 制作小视频，介绍任务完成的经过及心得。

任务二 汇率的决定与变动

》 【知识要点】

一、金本位制度下汇率的决定与变动
（一）汇率的决定因素：铸币平价
金本位制是以一定成色及重量的黄金为本位货币的一种货币制度，黄金是货币体系的基础。金本位制包括金铸币本位制、金块本位制和金汇兑本位制，其中金铸币本位制是典型的金本位制度，后两种是削弱了的、变形了的金本位制度。

在典型的金本位制度下，各国货币都规定了含金量，其是由国家通过立法程序规定的。两国货币的含金量之比，即为铸币平价。铸币平价是决定两国货币汇率的基础。例如，1925—1931年，英国1英镑所含纯金数量是7.32236克，1美元所含纯金数量是1.50463克，由此，英镑与美元的铸币平价即各自含金量之比是：7.32236÷1.50463=4.8666，即1英镑金币的含金量是美元的4.8666倍，这是英镑和美元之间汇率的决定基础，它是建立在法定含金量的基础上，法定含金量一经确定，一般不会轻易改动，因此作为汇率基础的铸币平价是比较稳定的。

（二）汇率变动的影响因素：供求关系与黄金输送点

一般来讲，铸币平价不会轻易变动，而汇价却时有涨落，这是由外汇的供求关系引起的。但是汇率变动不是漫无边际的，而是有一定限度的，这个限度就是黄金输送点。

在金本位制度下，国际结算可以采取两种方式进行：一种是使用外汇汇票；另一种是使用黄金作为支付手段，黄金可以自由输入、输出。如果汇价涨得太高，人们就都不愿购买外汇，而要通过运送黄金来进行清算了。但运送黄金是需要种种费用的，如包装费、运费、保险费和运送期的利息等。假定在英国和美国之间运送一英镑黄金的费用为0.03美元，那么铸币平价4.8666美元加上运送费0.03美元等于4.8966美元，是美国对英国的黄金输出点。这是因为，如果1英镑的汇价高于4.8966美元，美国债务人觉得购买外汇不合算，不如直接向英国运送黄金有利，于是美国的黄金就要向英国输出，4.8966美元就是美国的黄金输出点，英国的黄金输入点。反之，如果1英镑的汇价低于4.8366美元，美国的债权人就不要外汇，而宁肯自己花运费从英国输入黄金，这一汇价就是美国黄金输入点，英国黄金输出点。

由此可见，金本位制度下，由于黄金输送点的存在，汇率波动总是在一定范围内，最高不超过黄金输出点，最低不低于黄金输入点。

二、纸币制度下汇率的决定与变动

（一）纸币制度下汇率的决定因素

纸币流通分两种情况：一是固定汇率制度下的纸币流通；二是浮动汇率制度下的纸币流通。

1944年建立起来的布雷顿森林体系是一种固定汇率制度。在这一体系下，各国政府都参照过去流通的金属货币的含金量规定了本国货币所代表的法定含金量。在国际汇兑中，两国货币之间的汇率就是它们所代表的含金量之比，这就是固定汇率制纸币流通下决定汇率的基础。根据协定，各成员又规定市场汇率的波动幅度不能超过黄金平价的上下1%（后来这一幅度又进一步放宽），如果市场汇率超过这个波动幅度，各国政府有义务进行干预。

1973年布雷顿森林体系崩溃后，各国普遍实行浮动汇率制度，黄金的非货币化使各国货币间汇率不再以其金平价确定。国际金融发展到今天，尚没有一种得到广泛认可的汇率理论。从利息率平价、购买力平价到经济增长速度以及国际贸易竞争力，再到全要素生产率决定论，可以说是五花八门。关于汇率决定的基础，比较有代表性的是瑞典经济学家卡塞尔（G. Cassel）创立的购买力平价理论，该理论从量的角度衡量了物价水平变化对汇率的影响，这一理论是在一价定律的基础上系统提出的。同时，西方学术界特别强调供求关系，认为汇率是由外汇市场上的供求所决定的。当外汇的需求增加而供给不变时，汇率上升；外汇需求不变而供给增加时，汇率下跌。

拓展思考 1-2

什么是美元指数？美元指数如何计算？美元指数波动有哪些特征？

分析提示：美元指数（US Dollar Index&reg，即 USDX），是综合反映美元在国际外汇市场的汇率情况的指标，用来衡量美元对一篮子货币的汇率变化程度。它通过计算美元和对选定的一篮子货币的综合变化率，来衡量美元的强弱程度，从而间接反映美国的出口竞争能力和进口成本的变动情况。

1973 年布雷顿森林体系崩溃，美元对全球各主要货币汇率自由浮动，为综合反映美元汇率变化情况，以 1973 年 3 月为基点设立美元指数，构成美元指数的货币原来为 10 个国家的货币，1999 年欧元诞生后变为 6 个国家的货币，币别指数权重分别为：欧元 57.6%、日元 13.6%、英镑 11.9%、加拿大元 9.1%、瑞典克朗 4.2%、瑞士法郎 3.6%。

美元指数走强，黄金价格下跌，反之，亦然。美元指数与石油价格关系亦如是。此外，近几十年来，每当美元指数走强，全球流动资产就涌向美国，新兴市场国家汇率下跌，严重影响其流动性及经济发展。

比如，截至 2023 年底，埃及政府的净外国资产赤字达到 8 413.91 亿埃及镑，埃及政府需在 2024 年、2025 年、2026 年分别偿还高达 292.3 亿美元、194.3 亿美元、229.4 亿美元的外债。但与此形成鲜明反差的是，埃及政府的外汇储备明显不足。受外汇储备短缺影响，埃及政府大幅缩减了非石油进口开支，导致不少商品供给减少，加大了埃及国内的通胀压力，放大了埃及镑贬值幅度。

（二）纸币制度下汇率变动的影响因素

1973 年春，主要发达国家先后放弃了固定汇率制度，转而实行浮动汇率制度，不再公布本国货币的金平价。与此同时，以美国为首的一些国家极力推行黄金非货币化政策，IMF 接受了这一主张，它的理事会于 1976 年 4 月通过了国际货币基金协定修改草案，正式将黄金非货币化政策列入第二次修正的国际货币基金协定中。纸币制度失去了黄金的支撑，汇率波动失去了黄金输送点的制约，波动就是无止境的。能够引起供求关系变动的因素都会造成汇率的变动。主要有以下几个方面：

1. 国际收支

国际收支情况对一国汇率的变动产生直接的影响。当一国国际收支出现较大顺差时，该国外汇收入大于支出，即外汇的供给大于需求，在外汇市场上引起外汇汇率下跌，本币汇率上升；当国际收支出现逆差时，外汇支出大于收入，即外汇需求大于供给，在外汇市场上引起外汇汇率上升，本币汇率下跌。一般而言，暂时的、小规模的国际收支差额可以较容易地被国际资本流动等有关因素抵消或调整，只有巨额的、长期存在的国际收支差额才会影响本国汇率。国际收支是影响汇率变动的长期因素。

2. 通货膨胀

通货膨胀对汇率变动的影响也属于长期因素。在纸币流通的条件下，世界各国均不同程度地存在通货膨胀的问题，它影响一国商品劳务在世界市场上的竞争力。由于通货膨胀，国内物价上涨，一般会引起出口商品的减少和进口商品的增多。这些变化将对外汇市场上的供求关系产生影响，从而导致汇率的变动。同时，一国货币对内价值的下降不可避免地影响其对外的价值，削弱该国货币在国际市场上的信用地位，从而导致汇价下跌。一般来说，通货膨胀对汇率的影响有一个过程，这一过程需要半年或更长的时间，这种影响一旦起作用，其延续的时间会比较长，可能要持续好几年。从长远看，汇率终将根据货币的实际购买力自行调整到合理的水平。

3. 利率

利率可作为金融情况的一种反映。信贷紧缩时，利率上升；信贷放松时，利率下降。国际利率的差异，将引起短期资金在各国间的流动，高利率国家发生资本内流，低利率国家则发生资本外流。资本流动将引起外汇市场供求关系的变化，从而对汇率产生影响。

通常情况下，一国利率提高，信用紧缩，将导致该国货币升值；反之，则导致货币贬值。近些年，利率作为货币政策工具被各国央行频繁使用，其目的在于影响汇率水平。2022年3月至2023年7月，美国连续11次加息，使全球货币环境收紧，美元走强，各大经济体货币普遍对美元贬值。例如，2024年上半年美元对日元升值幅度达14%。到2024年5月3日，日元对美元汇率跌破154，创下1986年以来新低。

4. PMI指数

PMI指数（Purchase Management Index），全称为采购经理指数，是指通过对采购经理的月度调查汇总出来的指数，反映了经济的变化趋势。PMI指数50为荣枯分界线。当PMI大于50时，说明经济在发展，PMI指数越大，说明经济发展越强势；当PMI小于50时，说明经济在衰退，PMI指数越小，说明经济衰退越快。PMI指数与GDP具有高度相关性，且其转折点往往领先于GDP几个月。PMI指数越大，意味着经济越有活力，经济增长越快，国际外汇市场上各交易商对其货币越有信心，因而货币汇率有上升的可能。当经济增长率的变化在各国同时发生时，对汇率不会产生太大的影响，只有各国经济增长的速度不同，才会影响对外贸易和外汇市场交易的活动。经济基本面是维持汇率稳定的根本保障。如果一国经济基本面出现问题，会使金融市场丧失对该国的信心从而抛售以该国货币为标的的资产，使该国汇率下跌，资本外逃。

5. 政府的干预

政府对市场的干预仍然是影响市场供求和汇率水平的重要因素。当外汇市场上汇率的变化不利于本国经济发展时，该国货币当局便入市参与外汇买卖，以改变外汇供求关系，进而达到改善汇率水平的目的。

6. 重大的国际政治因素对汇率变动的影响

重大政治事件和重大政策改变，会影响国际经济交易和资本的流动，从而引起汇率的变化。例如，2013年末爆发的乌克兰危机使俄罗斯迅速卷入其中。2014年初始，西方国家对俄罗斯进行了多轮经济制裁，这些制裁涉及能源、金融、国防等俄罗斯经济的主要领域，导致卢布对美元汇率大跌，从最初的35卢布兑换1美元跌至80卢布兑换1美元。

总之，影响汇率变动的因素是很复杂的，除了上述因素外，还包括诸如外贸政策、外汇管制的宽严、人们的心理预期、自然灾害、外汇交易商对汇率走势的预期与技术性因素等。各个因素之间互相联系又互相制约，所处的地位又经常发生变化，有时以这些因素为主，有时又以另一些因素为主；同一因素在不同的国家、不同的时间所起的作用也不相同，所以汇率变动是一个极其错综复杂的问题。

三、汇率变动对经济的影响

汇率是联结国内外商品市场和金融市场的一条重要纽带。一国汇率的变动要受许多因素的影响，而汇率的变动反过来又会对其他经济因素产生广泛的影响。

(一) 汇率变动对一国贸易收支的影响

一般认为，一国汇率下跌将有利于扩大出口、限制进口，改善贸易收支状况。这是因为一国货币汇率下跌后，如果出口商在国际市场上继续以过去的价格出售商品，可以有更大的获利空间，进一步刺激出口；若出口商让利于进口商，则能增强出口商品的竞争力，扩大销售市场，获得更多的外汇收入。对于进口商而言，由于本币汇率的下跌，购买等量价值的进口商品需要支付更多的本国货币，因而有限制进口的趋势。有些国家的货币当局通过促使本币对外贬值（货币对外贬值的程度大于对内贬值的程度）以降低本国出口商品在国际市场上的销售价格来倾销商品，从而达到提高商品的海外竞争力、扩大出口、增加外汇收入和改善贸易收支差额的目的，这就是外汇倾销。但本国汇率下跌对贸易收支的改善是有条件的，就是一国进出口弹性要符合马歇尔-勒纳条件。一国汇率上升对贸易收支的影响可以反过来认识。

出口导向型产业结构国家受汇率波动影响较大，日本车企对汇率波动的敏感度就相当高。日本三大财经网站之一的"东洋经济在线"算了这样一笔账：日元汇率每下调1日元，丰田公司的效益就增加400亿日元。2019年，由于中美贸易摩擦，受国际经济形势趋紧的影响，日元汇率持续走强，在8月中旬从109日元对1美元上升至105日元对1美元，这使日本汽车业受到较大冲击。日本最大的汽车公司丰田汽车宣布下调其年度利润目标，从先前的2.55万亿日元下调至2.4万亿日元。而日本第三大汽车公司本田汽车更是受到了沉重一击，2019年4—6月营业收入从2018年同期的2 993亿日元下降至2 594亿日元，降幅高达16%。随着日元走强，从日本出口的汽车变得更加昂贵，同时也降低了车企的海外收入。

(二) 汇率变动对非贸易收支的影响

1. 对旅游和其他劳务收支的影响

一国汇率下跌对经常账户中旅游和其他劳务的收支状况也会起到改善的作用。因为一国货币贬值后，外币的购买能力相对提高，对外国游客而言，本国的商品、住宿、劳务、交通等费用都相对便宜，增加了对外国游客的吸引力；而对本国居民而言，由于本币的贬值，出国旅游的成本提高了，进而抑制了旅游出口。对其他无形贸易收支的影响也大体如此。

2. 对国际资本流动的影响

一种观点认为，一国汇率下跌有利于吸引长期资本流入。因为汇率下跌可使同量的外币投资折合本币的资本数量增加，可能吸引更多的国外资金内流。但是，汇率下跌也会使外商汇回国内的利润减少，因而外商会有不追加投资或抽回投资的可能。在其他条件不变的情况下，一国汇率下跌最终是否有利于吸引长期资本流入，主要取决于汇率下跌前后外商获利大小的比较。

本币汇率下跌对短期资本流动的影响，主要取决于人们对未来汇率走势的预期。如果贬值后人们认为贬值的幅度还不够，则汇率进一步贬值将不可避免，那么人们就会将资金从本国转移到其他国家，以避免货币贬值的损失。但如果人们认为贬值已使本国汇率处于均衡水平或贬值已过头，其后必向上反弹，那么就会将资金从其他国家调拨到本国，以谋取汇率上升带来的好处。

3. 对国际储备的影响

汇率变动对国际储备的影响体现在两个方面。第一，汇率变动会影响国家外汇储备资产实际价值的变化，如果储备货币的汇率上升，则会使该国储备资产的实际价值增加，反之会导致该国储备资产实际价值的减少。第二，汇率的变动，可以通过对资本流动和进出口贸易的影响间接使该国的储备增加或减少。

（三）汇率变动对国内物价水平的影响

在本币汇率下跌的情况下，由于进口商品成本增加，进口商必然会把一部分增加的成本转嫁给国内市场，提高商品在国内市场的售价，或者减少商品的进口，使国内商品供应量相对减少，引起物价上涨；同时，由于外汇汇率的上涨有利于扩大出口，在国内生产能力已充分利用的情况下，会相应减少国内市场的商品供应量，加剧国内商品的供需矛盾，带动国内物价的上涨。反之，在本币汇率上升的情况下，带动本国物价的下跌。

例如，土耳其里拉贬值总是周期性地出现在经济新闻报道中，2023年初，里拉急剧贬值，通货膨胀率攀升至65%，利率飙涨到42.5%。里拉贬值大大增加了进口成本，在短短两周内，一些超市的鸡蛋和卫生纸售价涨幅达33%和25%。为遏制通货膨胀，土耳其出动警力严查超市物价。在一家超市，一名警察举着一包纸巾慨叹："这是一包金子吗？"原来，这包纸巾标价105里拉（约合17美元），相当于最低月工资的6%。

》【案例分析】

警惕美元升值致本币"跌跌不休"，亚洲多国纷纷打响"货币保卫战"

案例资料：

从2024年年初开始，截至5月1日，日元、泰铢、韩元、印尼盾、菲律宾比索以及马来西亚林吉特等亚洲多国本币对美元汇率出现不同程度的下跌。与2024年年初相比，日元对美元汇率一度大幅下跌约9%，韩元汇率也一度下跌超6%，印尼盾汇率则下跌5%以上。

在日本，受日元持续贬值的影响，物价上涨，民众的生活压力加大。在印尼，大米等食品价格也大幅升高，3月CPI同比上涨3.05%，创7个月以来新高，4月CPI同比涨幅则为3%。越南4月CPI同比上涨4%以上。

面对本币的"跌跌不休"，多国已经采取措施。据《日本经济新闻》报道，市场猜测，4月29日和5月2日，日本央行实施了买入日元、抛售美元的外汇干预行动。不过，日本政府未对外界猜测做出回应。4月24日，印尼央行加息25个基点，将基准利率上调至6.25%，目的是加强印尼盾汇率的稳定，同时采取前瞻性措施，确保通货膨胀率在目标范围内。越南国家银行的副行长陶明秀则在4月19日表示，未来可能将干预汇市。

资料来源：刘洁.警惕美元升值致本币"跌跌不休" 亚洲多国纷纷打响"货币保卫战"[EB/OL].[2024-05-07].https://news.cctv.com/2024/05/07/ARTI8Jd5S4tNhkFpwhGncDZj240507.shtml.

根据以上材料可知，货币币值相对稳定是各国货币政策目标，请分析货币贬值会对一个国家经济产生什么影响。

分析：

很多国家的货币贬值直接造成进口成本激增，加大了通货膨胀的压力。美元走强、本币贬值对新兴市场经济体来说，会带来资本外流、进口价格上涨和金融环境收紧等一系列连锁反应，这些国家的经济增长和金融安全也受到比较严重的影响，特别是像印尼、菲律宾等外债水平相对比较高的国家，美元高利率会带来债务可持续性风险。

【实践探索】

资料：

日元汇率跌至34年来新低。

2024年4月24日晚，日本东京外汇市场日元对美元汇率跌破1美元兑155日元水平，这是自1990年6月以来日元对美元汇率首次触及该水平。

由于美国核心通胀率居高不下，美联储下一步货币政策走向不确定性增加。市场预计日本央行的低利率政策将继续，4月24日外汇市场抛日元买美元操作加剧。此外，随着市场对中东地缘紧张局势加剧的担忧有所缓解，市场重新关注日美之间的利率差异，从而更容易出现卖日元买美元操作。

随着日元汇率跌至34年来新低，市场特别关注日本政府和央行是否会进行外汇干预。日本财务大臣近期频繁发表控制日元贬值的言论。由于当前美元需求强劲，市场普遍认为即使进行干预，日元升值的效果也可能比较有限。

资料来源：欧阳迪娜.日元对美元汇率跌至新低[EB/OL].[2024-04-25].http://japan.people.com.cn/n1/2024/0425/c35421-40223466.html.

一、实践内容

日元汇率跌至34年来新低的原因及对日本经济的影响分析。

二、实践方式

资料搜集+社会调研。

三、实践结果

分析日元汇率跌至34年来新低的原因及对日本经济的影响。所有同学需要提交小论文并分组展示，论文中用到的资料需注明出处。

任务三　人民币汇率制度

》【知识要点】

一、汇率制度

汇率制度是指一国货币当局对本国汇率水平的确定、汇率变动方式等问题所做的一系列安排或规定。按照汇率变动的方式，汇率制度最主要的两大类型是固定汇率制与浮动汇率制。

（一）固定汇率制

固定汇率制是指政府用行政或法律手段确定、公布、维持本国货币与某种参考物之间固定比价的汇率制度。充当参考物的可以是黄金，可以是某一种外国货币，也可以是某一组货币，俗称"一篮子货币"。

在黄金作为国际货币制度的基础时，各国一般均规定其货币的含金量，各国货币间汇率则依据这一含金量之比来确定。在纸币流通的条件下，不同货币之间的固定汇率往往是人为规定的，在经济形势发生较大变化时，这一汇率可以进行调整，因此这种固定汇率制度实际上是一种可调整的固定汇率制，称为可调整的钉住汇率制。

（二）浮动汇率制

浮动汇率制是指汇率水平完全由外汇市场的供求决定，政府不加任何干预的汇率制度。根据政府是否干预外汇市场来划分，浮动汇率制可分为自由（清洁）浮动和管理（肮脏）浮动。

1973年，布雷顿森林体系崩溃后，全球主要国家放弃原有的固定汇率制，转而实行浮动汇率制，一直至今。在当今世界上，各国政府都或多或少地对汇率水平进行干预或指导，这种有干预有指导的浮动汇率制，我们称之为管理浮动汇率制。纯粹的自由浮动汇率制度是不存在的。

（三）汇率制度的选择

与浮动汇率制相比，固定汇率制为国际贸易与投资提供了较为稳定的环境，减轻了汇率风险，便于进出口成本的核算，有利于对外贸易的发展。但在外汇市场动荡时期，固定汇率制也易于招致国际游资的冲击，引起国际外汇制度的动荡与混乱。

与固定汇率制相比，实行浮动汇率制可防止国际游资对某些主要国家货币的冲击，防止外汇储备的大量流失，使货币公开贬值与升值的危机得以避免，但却容易因投机或谣言引起汇率的暴涨暴跌，造成汇率波动频繁和波幅较大的局面。汇率波动的频繁与剧烈，也会增加国际贸易的风险，使进出口贸易的成本加大或不易核算。

除上述汇率制度外，还存在其他处于固定汇率制和浮动汇率制之间的汇率制度，如爬行钉住、汇率目标区以及固定汇率制度中的特殊类型——货币局制度等。

拓展思考 1-3

我国香港、台湾和澳门地区实行何种汇率制度？

分析提示： 香港特别行政区实行联系汇率制度。1983年10月15日，港英政府公布稳定港元的新汇率政策，即按7.8港元兑1美元的固定汇率与美元挂钩的联系汇率制度。

我国台湾地区实行的是机动汇率制度，亦称管理式浮动汇率。台湾的机动汇率制度，与通常所称的汇率完全随市场供求关系而变动的浮动汇率不同，其汇率的浮动并不完全由市场供求关系来决定，而是依据美元汇率制定"中心汇率"及浮动范围的上下限。"中央银行"对外汇市场进行强有力的干预，使汇率维持在一个合理水平上。因此，机动汇率可以说是由固定汇率制逐步走向完全自由汇率制过程中的管理式浮动汇率。

我国澳门特别行政区实行澳门元与港元挂钩。为了维持港澳联系汇率制度的有效运作，两地政策性利率变动基本一致。因此，澳门金融管理局跟随香港金融管理局同步调整其基本利率。香港的相关利率调整，亦是在港元与美元挂钩的联系汇率制度下，随美国联邦储备局对利率的调整而变动。

二、人民币汇率制度的发展历程

（一）1949—1978年实行钉住汇率制度

中华人民共和国成立之初，我国实行钉住汇率制度，主要是钉住美元，以物价对比法为计算依据，以出口商品理论比价加一定的利润为基础，参考进口商品理论比价和侨汇购买力理论比价，具体确定人民币汇率。

1949年12月我国与苏联确定了人民币与卢布之间的法定汇价，之后又确定了非贸易汇价。所以在历史上，人民币汇价曾经包含两部分：一是人民币对西方货币的汇价；二是人民币对苏联及东欧国家货币的汇价。

1973年，布雷顿森林体系崩溃以后，主要国家货币采用浮动汇率制度，为维持汇率水平相对稳定，人民币由钉住美元改为钉住一篮子货币，即"按一篮子货币结算的浮动汇率制度"。我国参考与外贸有关的若干种货币，按照这些货币汇率波动情况，加权平均计算出人民币汇率。

（二）1978—1993年实行汇率双轨制

改革开放以来，我国的汇率体制从单一汇率制转为双重汇率制，经历了官方汇率与贸易外汇内部结算价并存（1981—1984年）和官方汇率与外汇调剂价格并存（1985—1993年）这两个汇率双轨制时期。总的来说，这个时期的特点是不断放松对市场化汇率的各种限制，官方汇率不断向市场化汇率靠拢。

（三）1994—2005年实行以市场供求为基础的、单一的、有管理的浮动汇率制

1994年1月1日，人民币官方汇率与外汇调剂价格正式并轨，我国开始实行以市场供求为基础的、单一的、有管理的浮动汇率制。企业和个人按规定向银行买卖外汇，银行进入银行间外汇市场进行交易，形成市场汇率。中央银行设定一定的汇率浮动范围，并通过调控市场保持人民币汇率稳定。实践证明，这一汇率制度符合中国的国情，为中国经济的持续、快速发展，维护地区乃至世界经济金融的稳定做出了积极的贡献。

（四）2005年以后实行以市场供求为基础的，参考一篮子货币进行调节、有管理的浮动汇率制度

自2005年7月21日起，我国开始实行以市场供求为基础的、参考一篮子货币进行调节、有管理的浮动汇率制度。人民币汇率不再钉住单一美元，形成更富弹性的人民币汇率机制。中国人民银行于每个工作日闭市后公布当日银行间外汇市场美元等交易货币对人民币汇率的收盘价，作为下一个工作日该货币对人民币交易的中间价格。

2010年6月19日，人民币汇率形成机制改革重新启动。新的汇率改革基本上延续了2005年7月至2008年6月的人民币汇率形成机制，即以市场调节为基础、参考一篮子货币、人民币对主要货币日均波幅5‰的管理浮动汇率制。

2015年8月11日，中国人民银行宣布进行汇率改革，使中间价报价机制更加市场化。

2016年初，人民币对美元中间价形成"收盘汇率+一篮子货币汇率变化"的形成机制，从而构成汇率改革的主要内容。

❯❯ 【案例分析】

批评人民币贬值太虚伪

案例资料：

当中国允许人民币汇率下跌1.9%时，美国经济学家史蒂芬·罗奇说，中国在"全球货币战争"中发起一场"新的战斗"。共和党参选人特朗普指责中国企图"吸干美国经济的血液"。然而，为什么要怪罪中国呢？

当时人民币贬值一天后，人民币对美元汇率与12个月前相比下跌了3.7%。但在同一个时期里，英镑对美元汇率下跌8%，印度尼西亚卢比对美元下跌18%，欧元对美元下跌20%，日元对美元下跌21%，澳元对美元下跌26%。加拿大经济学家肯·科蒂斯质问为什么世界以双重标准对待中国："是无知吗？是种族主义吗？是希望看到中国失败吗？"中国只是做了一些其他国家早已做了很多的事情。

不仅如此，事实上中国数十年来一直在做西方世界要求它做的事情，那就是允许

人民币汇率更自由地浮动。对中国的贸易优势感到愤怒的美国带头要求中国让人民币升值，而这正是北京一直在做的事情。国际货币基金组织数据显示，2005年以来，人民币对美元的升值幅度超过30%。然而西方一直要求中国走得更远，从受控制的汇率浮动机制转变为更加自由的浮动机制。

现在中国已经那样做了，结果是人民币贬值。事实上不是中国政府的政令要求人民币贬值，而是每天汇率确定制度发生了变化，允许人民币汇率单日下跌的幅度超过原机制所允许的范围。

西方终于获得了它一直要求实现的东西，却不喜欢这一结果。结果证明西方只是在市场力量所带来的结果符合华盛顿利益时才想让市场力量适用于中国，这就是虚伪，中国有理由气愤。

世界已经认为中国具有特别的魔法。在世界各经济体中，中国是唯一一个不受正常万有引力影响的国家。中国经济已强劲增长了那么长时间，世界仍然认为中国将永远继续这样发展下去。然而，没有哪个国家能违背经济法则，中国的奇迹毕竟是个尘世的奇迹。

资料来源：海切尔．批评人民币贬值太虚伪［N］．陈一，译．环球时报，2015-08-18.

根据以上材料，分析如何客观看待人民币汇率调整。

分析：

众所周知，人民币2005年就不再与美元绑定，而是参照一篮子货币的实际汇率确定人民币汇率的中间价，浮动范围不断扩大。人民币汇率市场化已经形成广受金融专业领域认同的规则。目前，欧元、日元都处在严重疲软期，加上中国经济增速减弱，人民币贬值的压力持续积累，汇率下调已势在必行，"8·11汇改"就是这一经济背景的反映。

而中国的这一举措带来广泛的国际反应，说明中国经济已是一艘巨轮，它加速、减速、转个弯，都会带出层层浪花。路透社宣布，人民币大幅贬值鸣响了"新一轮货币战争的大炮"。对人民币而言，这完全是不公平的：从小布什时期开始，人民币在美国的压力下不断升值，这个过程也贯穿了奥巴马任期的大部分时间。在中国经济出现下行压力后，这个趋势仍保持了一段时间的惯性。

华盛顿当时很矛盾：一方面希望人民币汇率"市场化"，它曾是所谓中国政府"操纵汇率"的尖锐批评者；另一方面它又不希望看到人民币贬值"威胁"美国国内的就业。而人民币通过市场化规则下调了汇率，美国一时不知如何调整打击中国的准星。

既然由市场决定人民币汇率，它就会双向波动，既可能升值，也可能贬值。只升不降，那才不正常，如此趋势如果固定，必为操纵。IMF发表声明，欢迎人民币汇率中间价机制的调整。IMF还表示，人民币当时的汇率大体是合理的。

》【实践探索】

资料：

我国香港地区自1983年以来实施的联系汇率制度，使港元汇率在7.75～7.85港元兑1美元的区间内保持稳定，被称为经济的"定海神针"，为外资提供了强大的信心，使其愿意将资金投资到香港，并享受美元加息和人民币降息的双重好处，稳定了香港的金融市场，促进了其作为国际金融中心的发展。这种制度在维持汇率稳定和自由兑换方面取得了成功，但牺牲了独立的货币政策。

　　近年来有学者提出，鉴于香港与内地的密切经济联系，港币应该改为与人民币联汇，或甚至直接使用人民币作为法定货币。这一提议引发了广泛的争论。支持者认为，香港与内地经济联系紧密，联汇人民币将更符合香港的宏观经济环境。而反对者认为，香港作为国际金融中心，需要维持一个开放和自由的经济体制。人民币目前还不具备自由兑换的属性，这使得联汇人民币不现实。

　　资料来源：佚名.香港应该改用人民币？抛弃美元，经济的"定海神针"失效了？[EB/OL].[2023-11-26]. https://baijiahao.baidu.com/s? id=1783338000206652810&wfr=spider&for=pc.

一、实践内容
　　香港是否应该改用人民币，放弃与美元的联系汇率制度，是一个复杂而微妙的问题。需要综合考虑香港的经济状况、国际地位和与内地的经济联系等多方面因素。对此，你有什么想法呢？

二、实践方式
　　选择一方立场，搜集资料，完善论据，以辩论的形式完成观点表述。

三、实践结果
辩论分为正反两方：

正方：港币由与美元联汇改为与人民币联汇有利于香港经济发展。

反方：港币由与美元联汇改为与人民币联汇不利于香港经济发展。

要求：

1. 由学生组织整场辩论，教师提前指导；
2. 主持人、辩论双方、台下观众由学生自行决定；
3. 辩论规则及打分表由学生与教师提前商定。

项目小结

　　本项目设置了三个任务，目的在于了解有关外汇和汇率的基础知识，为后续内容的学习打下基础。任务一是使同学们在理解外汇及汇率的基础上正确解读外汇行情表，这是学习国际金融的基础，也是生活中的一项基本技能。任务二是引导同学们能分析出影响汇率变化的主要因素及汇率变动对经济的影响，近些年，国际政治经济形势变化快，国际外汇市场也是暗涛汹涌。任务三是帮助同学们理解人民币汇率制度，明白一国选择什么样的汇率制度，还要从本国国情出发，我国要根据自己的国情独立自主地决定汇率制度。自2005年7月21日起，我国开始实行以市场供求为基础的、参考一篮子货币进行调节的、有管理的浮动汇率制度。人民币汇率不再钉住单一美元，我国已形成更富弹性的人民币汇率机制。

项目训练

一、主要概念

外汇　自由外汇　直接标价法　间接标价法　美元标价法　买入汇率　卖出汇率　现钞价　基本汇率　套算汇率　电汇汇率　即期汇率　远期汇率　黄金输送点　固定汇率制度　浮动汇率制度

二、单项选择题

1.在外汇市场上，银行报价采用双向报价方式，在直接标价法下，前一数字表示（　　）。

A.客户买入外币的汇价 　　　　　B.客户卖出本币的汇价

C.银行买入外币的汇价 　　　　　D.银行卖出外币的汇价

2.在浮动汇率制度下，汇率的决定基础应该是（　　）。

A.货币的含金量 　　　　　　　　B.货币的购买力

C.货币的面值 　　　　　　　　　D.货币的供求关系

3.在影响汇率的主要因素中，对汇率影响最直接、最明显的因素是（　　）。

A.通货膨胀率　　　B.国际收支　　　C.财政赤字　　　　　D.国民收入

4.下列汇率中，属于直接标价法的有（　　）。

A.纽约市场 1USD=87.68JPY 　　　B.纽约市场 1GBP=1.5173USD

C.伦敦市场 1GBP=1.5173USD 　　 D.法兰克福市场 1EUR=1.3030USD

5.一个出口企业从国际贸易中收入 30 000 美元，到银行办理结汇手续，则银行应该按（　　）计算人民币支付给企业。

A.中间价　　　　　B.现钞买入价　　　C.现汇买入价　　　　　D.卖出价

三、多项选择题

1.以下属于外汇的是（　　）。

A.美元银行存款 　　　　　　　　B.特别提款权

C.我国居民持有的美元股票 　　　D.美国政府债券

E.日元面值的空头支票

2.我国银行外汇牌价的特点包括（　　）。

A.使用标准化货币代码 　　　　　B.每种外币都有 4 个价格

C.以一单位外币为基准 　　　　　D.汇率值一般是 5 位数字

E.采用间接标价法

3.下列选项中，可以作为国际债权债务结算的支付手段的有（　　）。

A.人民币 　　　　　　　B.美元 　　　　　　　C.港元

D.日元 　　　　　　　　E.新加坡元

4.下列说法中错误的是（　　）。

A.本币贬值有利于本国的商品进口，不利于本国的商品出口

B.本币贬值有利于改善本国的贸易收支状况

C.本币贬值有利于改善本国的劳务收支状况

D.本币贬值有利于改善本国的资本流动

E.本币贬值有利于抑制国内的通货膨胀

四、案例分析题

莱克电气回复问询函展现"财技"：一年利息收入近3亿元

账上资金近60亿元为何不分红？公司债务和货币资金为何同步出现大幅增长？2024年7月9日晚间，莱克电气（SH603355，股价21.46元，市值123亿元）披露公告，回复了上交所此前的监管工作函。

2023年年报显示，莱克电气报告期末持有货币资金合计58.88亿元，同比增长31.43%，其中，外币货币资金53.19亿元，同比增长52.93%。据莱克电气最新披露，公司账面合计58.88亿元的货币资金总额中，美元存款占比高达87.28%，较2022年同期增长11.25个百分点。

对于外币资金规模走高，公司给出理由，2023年与2022年相比，由于美元存款利率相对高于人民币存款利率，且均呈现上升趋势。因美元存款利率主要与SOFR美元利率挂钩，SOFR美元利率于2022年至2023年持续走高，同时公司美元存款占比逐步上升，公司整体存款利息收入也不断上升。

大部分资金以美元形式存储收利息，莱克电气日常经营的资金从何而来？答案是付息债务融资。

资料来源：黄海.莱克电气回复问询函展现"财技"：一年利息收入近3亿元［EB/OL］.［2024-07-11］.https://new.qq.com/rain/a/20240711A0A2DB00.经过删减。

1.阅读以上材料，你如何看待这一现象？

2.结合本章所学，你认为美元升值会给经济带来哪些影响？

五、实训题

【实训操作】

外汇行情解读训练。

【实训任务】

搜集网上可见到的各种外汇行情表并正确解读。

【实训要求】

（1）实训前，要求学生掌握有关外汇、汇率、标价方法、买卖价格使用等的基本知识。

（2）搜集网上各商业银行、中国人民银行、中国外汇交易中心、搜狐和新浪财经外汇频道等的外汇行情表，同学间分组，互设问答。

（3）分组情况视班级人数而定，各组自行准备行情表，互相提问，可中途淘汰答错的小组，全胜者赢。

项目二
国际货币制度

学习目标

知识目标： 1. 理解国际货币制度的含义，了解国际货币制度的历史演进过程，掌握国际金本位制、布雷顿森林体系、牙买加国际货币体系的主要内容、特点及其运行机制；

2. 了解欧洲货币一体化的历史背景和发展进程，熟悉欧元诞生以来的发展变化，理解欧元在国际金融体系中的地位和作用；

3. 理解现行国际货币体系存在的问题，熟悉当前国际货币制度改革方案的主要内容；

4. 掌握人民币国际化的含义，理解人民币国际化对我国的现实意义，熟悉我国人民币国际化的发展历程和现状。

技能目标： 1. 能够结合国际货币制度的演变历程，对美元在国际货币体系中的地位和作用进行分析；

2. 能够运用欧洲货币一体化的知识，思考欧洲货币一体化的利弊，对当前欧元存在的问题及发展前景进行分析并提出自己的见解；

3. 能够结合不同国家在国际货币体系变革中的立场和策略，分析当前国际货币体系变革对全球经济和金融稳定的影响和意义；

4. 能够认识到我国人民币国际化面临的挑战和机遇，对人民币国际化在全球经济治理中的作用、中国在全球经济中的地位和影响力进行深入分析和判断。

素养目标： 1. 结合国际货币体系的演变历程，把握美国金融霸权的本质，培养批判性思维能力，加深对马克思关于资本主义制度论述的理解；

2. 结合欧元在当前国际货币体系中的地位和作用，深入理解欧元国际化之路对我国的启示，培养辩证思维能力；

3. 结合2008年以来国际货币体系的变化，深入理解中国积极参与破解全球金融难题的重大举措，准确掌握党的二十大报告提出的"有序推进人民币国际化"的科学内涵，坚定对中国特色社会主义制度的道路自信。

任务一 国际货币制度及其历史沿革

【知识要点】

一、国际货币制度的含义与内容

（一）国际货币制度的含义

国际货币制度亦称国际货币体系，是指为了适应国际贸易和国际支付的需要，世界各国共同或有组织地对各国货币兑换比例及其变化、国际收支及其调节、汇率制度及其选择、国际储备及其构成等问题所做出的安排或决定，是支配各国货币关系的一个完整的系统。

国际货币制度的形成基本上有两种：一种是通过惯例和习惯演变而成的，当相互联系的习惯或程序形成以后，一定的活动方式就会得到公认，国际金本位货币制度就是这样形成的；另一种是通过国际性会议建立的，具有通过有约束力的法律条文和在短期内就能够建立起来的特点，但这些体系的建立和运行同样需要一定的时间过程，布雷顿森林体系和现行的牙买加国际货币体系就是通过这种途径建立起来的货币制度。无论是通过哪种途径形成的国际货币制度，都是世界经济发展的客观历史的必然产物。

拓展思考 2-1

是什么原因促成了国际货币体系的产生？

分析提示：国际经济交往的不断发展和深化促成了对国际货币体系的需要。随着商品交易地域范围的扩展、国与国之间贸易关系的出现以及其他诸多领域的国际交往的增多，大量的债权债务关系、资本移动等最终都需要通过货币进行清算和支付。然而，各国货币都是适应本国社会经济的需要，在特定的历史文化背景下发展形成的，所以也只能在本国范围内流通使用，在国际上不具有普遍接受性，于是就产生了国与国协调彼此之间货币关系的问题，从而促使了国际货币体系的产生。

（二）国际货币制度的主要内容

国际货币制度是一个由诸多要素构成的有机系统，具体地说，包括以下几个方面：

1. 汇率与汇率制度

汇率将一国的物价同世界市场价格联系起来，其变动可以直接影响各国之间经济利益的分配与再分配，因而汇率与汇率制度成为国际货币制度的核心问题。其包括三个方面的内容：一是本币和外币之间的兑换比例如何确定、如何维持、如何调整；二是采用何种汇率制度；三是货币是否具有可兑换性，即一国货币对外支付是否受到限制，能否自由兑换成支付货币。

2. 国际收支及其调节机制

国际收支是一国对外经济活动的系统记录，其调节机制是否健全有效，影响和决定着国际货币制度能否平稳运行，因而国际收支及其调节机制成为国际货币制度的主要问题。这些问题主要包括当出现国际收支失衡状况时通过何种机制进行有效而稳定的调节来弥补收支缺口；各国应如何在国际范围内公平合理地承担国际收支调节的责任、分担相应的义务等。

3. 国际货币的确定与国际储备的选择

国际货币的确定与国际储备的选择是国际货币制度的重要组成部分，包括：采用哪种或哪几种货币作为国际货币；为维持国际支付以及稳定汇率的需要，一国国际储备资产应如何在若干种国际货币之间做出合理分配；整个国际社会需要多少国际货币作为国际储备；其供应如何满足世界经济贸易发展的需要；如何保持各国对国际储备资产的信心等。这些问题均需要通过国际性的规则和制度做出妥善的安排。

4. 国际货币事务的协调与管理

对国际货币事务进行有效的协调与管理是国际货币制度正常运转的重要保证。由于汇率与汇率制度、国际收支调节机制、国际储备资产等问题牵涉到世界各国，不同的国家有着各自不同的社会经济条件和特定的政策目标，因而在国际货币制度中，不可避免地产生了国际货币相关事务的协调与管理问题。这些问题通常是通过国际货币机构制定能被各方认可和遵守的规则、惯例与制度来解决。

拓展思考 2-2

一个健全的国际货币制度必须具备哪些关键要素？

分析提示：一个健全的国际货币制度能够促进国际贸易和国际资本流动的顺利进行，它首先应具备一个有效率的国际收支调节机制，通过该机制的运作能够使各国公平合理地承担国际收支失衡的调节责任，并使调节所付出的代价最小。其次，它要有一定的物质基础，在满足国际清偿能力增长的同时维持人们对储备货币的信心。一国国际清偿能力的增强在很大程度上取决于该国国际储备的增长，但国际储备的增长应随着世界生产和世界贸易的增长而增长。最后，它必须拥有一套稳定汇率的机制，以保持汇率体系的相对稳定。

二、国际货币制度的类型

国际货币制度依据不同的标准可以划分为不同的类型。

（一）按储备资产的形式划分

国际货币制度可分为金本位制度、金汇兑本位制度和信用本位制度。在金本位制度中，只以黄金作为国际储备资产或国际本位货币；金汇兑本位制度则同时以黄金和可直接自由兑换的货币作为国际储备资产；信用本位制度则只以外汇作为国际储备资产而与黄金无任何联系。

（二）按汇率制度的形成划分

国际货币制度可以分为固定汇率制和浮动汇率制，再结合国际储备制度，又可在固定汇率制下划分为金本位制度下的固定汇率制和纸币流通下的固定汇率制。因此，国际货币制度又可具体划分为国际金本位制、布雷顿森林体系和牙买加国际货币体系。此种分类是比较常用的分类方法。由于汇率体系的健全与否在很大程度上会影响金融市场的稳定与世界经济的发展，因此汇率及其制度在一切国际货币体系中都占据中心地位。

（三）按照国际货币制度形成的机制划分

国际货币制度可分为：自发形成而被世界各国普遍接受的国际货币制度，如国际金本位制；通过多国协商或国际会议协定的形式确定的国际货币制度，如布雷顿森林体系。

三、国际货币制度的作用

国际货币制度是历史的产物，同时也是各国间利益与矛盾冲突协调的结果。它一经形成，就对国际贸易和国际金融活动有着深刻而广泛的影响，对各国及世界经济的稳定与发展起着积极的、重要的促进作用，突出地表现在以下几个方面：

（1）确定了国际清算和支付的手段，为世界经济的发展提供必要而充分的国际货币，以促进世界经济的快速发展。国际经济的发展离不开各国普遍接受的交易媒介，包括其形式、来源及数量规模等，而国际货币制度则对此做了严格的规定，从而为国际经济的增长与发展提供了条件。

（2）稳定汇率。国际货币体系为各国汇率的稳定提供了统一的计价标准，为各国汇率制度安排提供意见与管理措施，维持了世界汇率的稳定。

（3）对国际收支失衡的调节机制进行了规范，为实现世界经济的稳定和均衡发展奠定了基础。世界经济发展的非均衡性是一种客观的经济现象，其形成原因是多方面的，其中顺差国与逆差国之间国际收支调节责任的不对等是重要原因之一。对此，国际货币制度进行了一定的规范约束，尽可能实现调节方式、调节机制的合理化及调节责任的对称性。虽然各种货币制度的运行在这方面并不令人满意，但为解决此类问题提供了制度框架，并为克服国际经济的非均衡发展奠定了基础。

（4）确立了有关国际金融事务的协商机制和监督机构，为国家之间的平等合作创造了条件。特别是在维护各国金融主权的基础上，强调国家之间的合作及政策协调，并为实现这种合作和协调提供了场所，这对于推动国家之间的平等起到了积极的作用。

四、国际货币制度的历史沿革

理想的国际货币制度，既可以实现稳定的汇率安排，又能够保证充足的国际清偿手段，具有中性的国际收支调整手段和有效的经济政策协调机制，为国际交往和经济长远发展提供保障。然而，完全满足上述要求的国际货币制度在现实中是根本不存在的。100多年来国际货币制度几经变革，每一个阶段的国际货币体系都有自身的一套游戏规则，这些规则或以惯例、习俗的形式存在，或以法律法规的形式存在，同时，这些规则又会随着世界经济金融环境的变化而不断地修正和创新。

根据国际货币体系在各个阶段所具有的不同特征，这里按时间顺序对国际金本位制、布雷顿森林体系和牙买加国际货币体系进行论述。

（一）国际金本位制（1881—1914年）

国际金本位制是以黄金作为国际本位货币的制度，它大约形成于19世纪80年代末，结束于第一次世界大战（以下简称"一战"）爆发之时，是世界上最早出现的国际货币制度。金本位制按其与黄金的联系程度，可分为金币本位制、金块本位制和金汇兑本位制。其中金币本位制是典型的金本位制。

1.金币本位制的内容及运行机制

国际金币本位制是一战爆发之前，资本主义各国曾普遍实行的货币制度。它的基本内容和运行机制可以概括为以下几个方面：

（1）世界主要国家基本上都实行金本位货币制度。黄金充当国际货币制度的基础。

（2）各国关于金本位制度的基本规定大致相同：流通中使用的是具有一定重量和成色的金币，金币可以自由铸造和熔化、自由输出和输入、无限法偿，流通中使用的银行券可以自由兑换等量黄金或金币。

（3）黄金作为主要的国际储备资产被一国中央银行或政府持有。

（4）铸币平价成为汇率的基础。各国货币都规定含金量，不同国家货币之间的兑换比例由各自货币的含金量即铸币平价决定。例如，如果1个A国单位货币的含金量与5个B国单位货币的含金量相同，那么1个A国货币就可以兑换5个B国货币，也就是A、B两国货币汇率为1：5。

（5）稳定的固定汇率制。只要两国货币的含金量不变，两国货币的汇率就基本保持稳定。由于存在外汇供求关系的变化，实际汇率往往会以黄金输送点为限发生微小波动。黄金输送点是指汇率波动引起的黄金从一国输出或输入的界限。该界限由黄金输出点和黄金输入点构成。黄金输出点是汇率上涨的最高界限，等于铸币平价加上运输黄金的费用。黄金输入点是汇率下跌的最低界限，等于铸币平价减去黄金运输费用。

（6）具有通过物价-铸币流动机制自动调节国际收支的功能。其作用机理是：一国国际收支发生逆差→外汇汇率上涨→外汇汇率超过黄金输出点→黄金外流→货币流通量减少、通货紧缩→物价下降→商品在国际市场上的竞争力提高→出口增加、进口减少→国际收支恢复平衡；反之，相同的机理发生作用，国际收支顺差同样可以得到自动调节。

拓展思考 2-3

从国际金本位制的主要内容与运行机制分析其对世界经济发展所起到的积极作用。

分析提示：首先，黄金价值稳定，金币币值相对稳定，从而促进了各国商品生产与交换的发展；其次，黄金价值稳定，币值稳定，从而促进了国际信用活动的开展；再次，固定汇率制锁定了国际投资的汇率风险，有利于国际投资活动的开展，使国际资源配置更具效率；最后，稳定的汇率制度有利于国际贸易的开展。

2. 国际金本位制的崩溃

金本位制是一种相对稳定和健全的货币制度，同时也存在着严重的缺陷，主要表现在以下几个方面：其一，作为制度基础的黄金供应数量有限，不能满足实际经济发展的需要，这就昭示着金本位制必然灭亡的结局；其二，缺乏一个权威的国际机构监督各国关于金本位制度的执行情况，导致金本位制的国际收支自动调节机制受政府意志左右，无法正常发挥作用。一战爆发前夕，各国严格限制黄金的输出，同时宣布金币退出流通，由不能再兑换黄金的纸币单独执行货币职能，国际金币本位制走到了终点。

一战结束后，世界各国又相继实行了金块本位和金汇兑本位的货币制度。金块本位制是一种附有条件的金本位制，金币虽仍作为本位货币，但国内流通的是纸币，金块仅作为储备；国家规定纸币的含金量，但纸币只能按规定的用途和数量向本国中央银行兑换金块，而实行金汇兑本位制度的国家，通过在金块本位制或金币本位制国家保存外汇，准许本国货币无限制地兑换外汇。这两种货币制度虽然能够节约黄金，但依然不能解决世界黄金产量难以满足经济增长需求的问题。因此，当1929—1933年资本主义经济大危机到来时，这些制度也随之瓦解。

其后，国际货币秩序处于一片混乱之中，严重影响了国际贸易、国际资本流动及世界经济的增长。其间形成了以英、美、法三大国为中心的三个货币集团（英镑集团、美元集团、法郎集团），三大集团以各自国家的货币作为储备货币和国际清偿力的主要来源，同时展开了世界范围内争夺国际货币金融主导权的斗争，这种局面一直持续到二战结束。

（二）布雷顿森林体系（1943—1973年）

1. 布雷顿森林体系的建立

二战的爆发使大多数资本主义国家的经济遭到了严重的破坏，国际贸易和经济往来受到了很大的影响。

为了克服国际货币金融关系混乱造成的困难，各国迫切要求重建一个相对稳定、统一的国际货币制度，以便形成一个比较自由、有利的国际贸易和世界经济发展环境。因此，在二战还未结束的 1943 年，美英两国从本国的利益出发，分别提出了各自所设计的国际货币制度，即英国的"凯恩斯计划"和美国的"怀特计划"，并就这两个计划展开了激烈的争论。鉴于美国在经济实力方面优于英国，1944 年 7 月，在美国新罕布什尔州布雷顿森林，44 个同盟国家的 300 多名代表参加了联合国货币金融会议。会议通过了以美国怀特计划为主要框架的"国际货币基金协定"和"国际复兴开发银行协定"，总称为"布雷顿森林协定"，从而建立起了布雷顿森林货币制度。自此，以美元为中心的国际货币体系——布雷顿森林体系得以确立，开始在世界货币与经济舞台上发挥作用。

2. 布雷顿森林货币制度的内容

布雷顿森林体系包括五个方面的内容：

微课 2-1

布雷顿森林
体系

（1）本位制度布雷顿森林体系规定，美元与黄金挂钩。美国承担向各国政府或中央银行按官价兑换美元的义务；为了维护这一黄金官价不受国际金融市场金价的冲击，各国政府需要协同美国政府干预市场的金价。

（2）汇率制度规定国际货币基金组织成员方货币与美元保持稳定的汇率，各国不能随意改变其货币的含金量。

（3）储备制度美元获得了与黄金具有同等地位的国际储备资产地位。

（4）国际收支调整机制会员国对国际收支经常项目的外汇交易不得加以限制，不得实行歧视性的货币政策或多种货币汇率制。

（5）组织形式为保证上述货币制度的贯彻实行，建立了国际货币基金组织与世界银行两大国际组织。

3. 布雷顿森林体系的崩溃

从 1944 年其建立开始至 20 世纪 50 年代末是布雷顿森林体系运行的黄金时期。在这段时间里，美国经济实力雄厚，美元对外价值稳定，美国有充足的黄金储备，各国对美元充分信任并有充足的信心。

从 20 世纪 50 年代后期开始，随着美国经济竞争力逐渐削弱，其国际收支开始趋向恶化，出现了全球性"美元过剩"情况，各国纷纷抛出美元兑换黄金，美国黄金开始大量外流。到了 1971 年，美国的黄金储备再也支撑不住日益泛滥的美元，尼克松政府被迫宣布实行"新经济政策"以挽救美元危机。对内采取冻结工资与物价等措施，对外采取征收 10% 的进口附加税和停止履行美元兑换黄金的义务等措施。"新经济政策"的实施，意味着美元与黄金的脱钩。1973 年 2 月，国际金融市场上又一次掀起了抛售美元，抢购黄金、西德马克和日元的浪潮。这次危机迫使美国政府不得不宣布美元贬值，欧洲经济共同体和日本、加拿大等国宣布实行浮动汇率制，不再承担维持美元固定汇率的义务，美元也不再成为各国货币围绕的中心。

至此，支撑布雷顿森林体系的两大支柱：双挂钩和固定汇率制均告倒塌，布雷顿森林体系彻底崩溃，国际货币体系进入浮动汇率制时代。

拓展思考 2-4

　　布雷顿森林体系下，当美国出现国际收支逆差时，美国会像其他国家那样采取有损于国内经济发展的政策吗？

　　分析提示：不会。美国可以任由这种状况的存在。在布雷顿森林体系下，由于美元的特殊地位，美国可以利用美元负债来弥补其国际收支赤字，从而实现持有美元储备的国家的资源向美国转移。美国的国际收支逆差使美国获得大量的货币发行利益，即美国只需耗用少量的造币费用，便可以从他国换取巨额美元货币面值的经济资源。因此，面对持续性的国际收支赤字，美国不会像其他国家那样必须为此付出调整国内经济的代价。

（三）牙买加国际货币体系（1976年至今）

1. 牙买加国际货币体系的形成

　　布雷顿森林体系崩溃后，国际金融形势更加动荡，各国都在探寻货币制度改革的新方案。1972年，国际货币基金组织成立"国际货币制度改革及有关问题委员会"，专门负责研究国际货币制度改革的问题。该委员会在1974年6月提出《国际货币制度改革提纲》之后宣告结束。1974年9月，在国际货币基金组织的年会上，成立了一个"临时委员会"继续前者的工作。"临时委员会"成立之后，即着手修改国际货币基金协定的条款。1976年1月，"临时委员会"在牙买加首都金斯敦举行会议，就许多问题达成了协议，由此形成了关于国际货币体系改革的"牙买加协议"，并规定该协议于1978年4月1日起生效。根据该协议，新的国际货币制度代替了原有的"布雷顿森林体系"，成为当前国际货币体系发展的基础。

2. 牙买加协议的主要内容

　　（1）承认现行浮动汇率制的合法性。它取消了原来关于金平价的规定，允许各国自由选择汇率制度。同时，它要求各国的汇率政策接受国际货币基金组织IMF的指导和监督。

　　（2）实行黄金非货币化。它取消了基金组织原有的关于黄金的各种规定，废除黄金官价，取消黄金份额。它允许各国中央银行自由参加黄金市场交易。同时，IMF拍卖部分黄金，所得利润主要用于援助低收入的国际收支逆差国家。

　　（3）提高特别提款权（SDR）在储备资产中的地位。它设想在未来的货币体系中以SDR为主要的储备资产，即把美元本位改为SDR本位。会员国可用SDR偿还对基金组织的借款，用它进行彼此之间的借贷或作为偿还债务的担保。基金组织在计算份额和贷款时都使用SDR计值，并扩大它的发行额。

　　（4）扩大对发展中国家的资金融通。除了以出售黄金所得利润建立信托基金之外，基金组织还将信用贷款部分的总额由占会员国份额的100%增加到145%，将出口波动补偿贷款的限额由占份额的50%提高到75%。

（5）修订份额。总体结果是石油输出国在基金组织中的份额增加，某些发达国家如英国的份额有所减少。

3. 牙买加协议后国际货币制度的运行

牙买加协议后的国际货币制度实际上是以美元为中心的多元化国际储备和浮动汇率的货币体系。在这个体系中，黄金的国际货币地位趋于消失，美元在诸多储备货币中仍居主导地位，但它的地位在不断削弱，而德国马克、日元的地位则在不断提高。在这个体系中，各国所采取的汇率制度可以自由安排，主要发达国家货币的汇率实行单独或联合浮动。多数发展中国家采取钉住汇率制，把本国货币钉住多种形式的管理浮动汇率制度。另外，在这个体系中，国际收支的不平衡是通过多种渠道进行调节的。除了汇率机制以外，国际金融市场和国际金融机构也发挥着重大作用。

> **拓展思考 2-5**
>
> 汇率频繁变动对国际经济金融造成了哪些不良的影响？
>
> **分析提示：** 一是不利于国际贸易的开展，使进出口商难以核算成本和利润，从而承担较大的外汇风险；二是不利于国际信用的开展，使债权人或债务人蒙受汇率变动带来的额外损失，甚至引发债务危机；三是不利于国际投资的开展，汇率频繁变动使投资风险加大，国际投资环境恶化；四是不利于国际金融市场秩序的稳定，国际投机活动猖獗，国际金融市场更加动荡；五是不利于国内物价的稳定，汇率可以自由下浮，较易引发通货膨胀。

》【案例分析】

布雷顿森林体系的解体

案例资料：

1950年以后，美国除个别年度略有顺差外，其余各年度都是逆差。1971年上半年，逆差达到83亿美元。随着国际收支逆差的逐步增加，美国的黄金储备日益减少。

20世纪60—70年代，美国深陷越南战争的泥潭，财政赤字严重，国际收入情况恶化，美元的信誉受到冲击，爆发了多次美元危机。20世纪60年代后期，美国进一步扩大了越南战争，国际收支进一步恶化，美元危机再度爆发。美国没有了维持黄金官价的能力，经与黄金总库成员协商后，宣布不再按每盎司35美元官价向市场供应黄金，市场金价自由浮动。

1971年7月，第七次美元危机爆发，尼克松政府于8月15日宣布实行"新经济政策"，停止履行外国政府或中央银行可用美元向美国兑换黄金的义务。1971年12月以《史密森协定》为标志，美元对黄金贬值，美联储拒绝向国外中央银行出售黄金。至此，美元与黄金挂钩的体制名存实亡。

1973年3月，西欧出现抛售美元，抢购黄金和马克的风潮。3月16日，欧洲共同市场九国在巴黎举行会议并达成协议，联邦德国、法国等国家对美元实行"联合浮动"，彼此之间实行固定汇率。英国、意大利、爱尔兰实行"单独浮动"，暂不参加共同浮动。其他主要西方国家货币实行了对美元的浮动汇率。至此，固定汇率制度完全垮台。

美元停止兑换黄金和固定汇率制的垮台，标志着战后布雷顿森林体系的解体。

资料来源：孙树强.布雷顿森林货币体系的终结［N］.经济观察报，2023-03-22.

阅读以上材料，分析以下问题：

1.美国为什么最终停止以美元兑换黄金？

分析：

其根本原因在于布雷顿森林体系中美元自身的"两难处境"：第一，为了发挥美元作为国际支付手段和国际储备手段的作用，伴随着国际经济总量的发展，国际市场上的美元数量势必不断增加。因而从19世纪50年代开始，国际市场出现了美元过剩。第二，由于布雷顿森林体系的双挂钩制（美元与黄金直接挂钩，其他货币与美元挂钩），美元可以直接兑换黄金，那么意味着，为了保持这个平衡，美国的选择一是不断增加黄金储备，二是通过美国经济优势强于其他国家使美元不断回流。显然这两点是相互矛盾的，此即为该体系崩溃的根本原因。

其直接原因在于：一方面，战后美国的经济因种种情况发展相对缓慢，为了刺激经济的发展，美国按照凯恩斯主义的政策主张，大量增发美元，使得通货膨胀大于国外。而根据布雷顿森林体系的安排，美元却被固定在每盎司黄金35美元的价位上，导致了与国外其他货币针对黄金的价值背离。另一方面，其他发达资本主义国家经济发展很快，产品竞争能力增强，取得了大量国际收支顺差，它们手里掌握大量美元，并且可以用这些美元向美国政府兑换黄金，导致美国大量黄金外流，黄金储备急剧减少。

之后，在20世纪70年代，伴随石油危机，石油涨价后，石油输出国组织掌握大量的石油美元，在国际市场上抢购黄金，引起黄金价格暴涨。在这种情况下，美国政府再也无法维持黄金官价，也根本无法满足各国政府用泛滥成灾的美元兑换黄金的要求，不得不隔断美元与黄金的联系。

2.有专家指出"布雷顿森林体系的瓦解并不意味着美元霸权的衰落，相反，却是美国追求更强大货币霸权的起点"。请问为什么？

分析：

其中有三个原因：

首先，虽然美元不再等同于黄金，但是由于美元是世界上最主要的清算货币、结算货币和货币市场交易货币，所有对美贸易顺差国（例如20世纪70年代的日本和21世纪的中国）都只得被动地通过购买美国国债等形式保持美元币值稳定，以避免自己的出口利润贬值，造成美国因贸易逆差流出的美元"回流"。

其次，美国在1974至1975年联合沙特阿拉伯等产油国，达成石油贸易只能采用美元计价的协议，并被绝大多数石油出口国遵守至今，导致其他国家若需进口石油必须支付美元，所以必须储备美元。

最后，美国绝大多数对外债务采用美元计价，尽管美国财政部和美联储为了确保美元的价值，大多数时候对于发行美元的数量采取较为慎重的态度，但是以2008年美国金融危机之后的大规模量化宽松和美国国债上限不断创新高为代表，仍无法改变美国不断超发美元、稀释自身债务进而剥削全世界财富的本质。

基于上述三点原因，以1976年国际货币基金组织各成员签署《牙买加协议》为标志，全世界正式进入了美元本位时代，各国货币因其制度和政策不同，或直接或间接地受到美元霸权的牵制，美元的地位空前强大，与美国本身的霸权相辅相成。

3.当前，美元在国际货币体系中处于什么样的地位？

分析：

在当前国际货币体系中，美元居于全球第一位，占据优势；欧元是全球第二大货币，但与美元相比仍存在较大差距；人民币、英镑、日元等国际货币的总体地位都不高。

美元的主导地位是在第二次世界大战后重建国际货币秩序的布雷顿森林体系下确立的，尽管此后经历了布雷顿森林体系的瓦解，以及德国马克、日元、欧元等货币的冲击，但都没有对其造成根本性的影响。

美元是世界上最重要的储备货币。2022年底，美元储备在全球外汇储备中的占比仍达到58.36%，是排在第二位的欧元的近3倍。

美元在大宗商品定价、国际结算和国际投融资等领域依旧是最为强势的货币。在大宗商品计价领域，罗杰斯国际商品指数（RICI）篮子涵盖的38种商品期货合约中有34种都以美元计价，权重占比为95%。美元与绝大多数大宗商品挂钩，这使得各国在进行大宗商品交易时不得不以美元计价和结算。

在国际结算领域，根据环球银行金融电信协会（SWIFT）的统计，美元在国际支付（包含贸易支付和金融活动）领域长期保持第一，占比在40%左右，在国际贸易结算领域美元占比更是达到了85%以上。

在国际投融资领域，美国拥有全球最发达的金融市场，扬基债券（在美国债券市场上发行的外国债券）是各国政府和企业发行国际债券的首选，在美国债券市场发行的以美元计价的国际债券占比超过了50%。

▶▶【实践探索】

一、实践内容

1.结合英镑的国际化道路，了解英镑在国际货币体系中的兴衰演变；

2.结合美元的国际化道路，理解美元在当前国际货币体系中的地位和作用；

3.分析美元国际货币霸权地位的支柱及其变化；

4.分析美元的未来发展前景。

二、实践方式

1. 观看 CCTV2《经济半小时》栏目的纪录片《货币战争》第1集《英镑是怎样取代黄金的？》和第2集《美元是如何击败英镑的？》；

2. 上网收集整理美元霸权的相关资料；

3. 小组成员相互交流和讨论。

三、实践结果

1. 制作小视频，介绍任务完成的经过及心得；

2. 通过 PPT 展示。

任务二　欧洲货币一体化

》【知识要点】

区域货币一体化是二战后国际货币领域出现的新现象。为了规避浮动汇率制度下国际贸易的风险，在二战后世界经济一体化发展趋势的推动下，一定地区内的各国在货币金融领域中通过协调与合作，结成货币联盟，实行统一的货币体系，如非洲的西非货币联盟和中非货币联盟、中东地区的阿拉伯货币基金组织、中美洲的货币同盟、欧洲货币一体化以及早就出现的"卢布集团"等。其中一体化程度最深、影响范围最大的当属欧洲货币一体化。

一、欧洲货币一体化的概念

自1970年第一次美元危机后，西欧各国受到剧烈的冲击和严重的影响，深切感到有必要进一步统一货币政策，加强协作，建立一个稳定的欧洲货币区，摆脱美元的控制影响，与美国抗衡。

所谓欧洲货币一体化，是指欧洲经济共同体各成员在货币金融领域进行合作，协调货币金融关系，最终建立一个统一的货币体系，其实质是这些国家集团为了货币金融领域的多方面合作而组成的货币联盟。这种货币一体化有三个典型特征：

（1）汇率的统一，即货币联盟成员之间实行固定汇率制，对外则实行统一的浮动汇率；

（2）货币的统一，即货币联盟发行单一的共同货币；

（3）机构的统一，即建立统一的中央货币机构，发行共同的货币，规定有关货币联盟的国家以及保管各成员的国际储备。

欧洲货币一体化对本区域的国际收支、汇率制度、国际货币管理乃至经济贸易的发展都产生了重大的影响。

二、欧洲货币一体化的进程

从创设欧洲计算单位到创设欧洲货币单位，再到1999年1月1日欧元的推出，欧洲货币一体化走过了近半个世纪的历程。其中，欧洲货币体系的建立和欧元的推出，是欧洲货币一体化进程中重要的里程碑。

（一）欧洲货币体系（EMS）的建立及主要内容

1.欧洲货币体系的产生

布雷顿森林体系瓦解后，为了稳定和加强欧共体的经济一体化、摆脱对美元的依赖与美元危机的影响、在经济上与美国和日本抗衡，除英国外的德国、法国、意大利、荷兰、比利时、卢森堡、爱尔兰、丹麦等欧洲共同市场各国于1971年2月成立了欧洲货币联盟，而后经过多年酝酿协商，于1979年3月13日正式成立欧洲货币体系。欧洲货币体系的建立，使共同体经济在一体化道路上前进了一大步，同时也标志着国际货币秩序发生重大变化。

2.欧洲货币体系的主要内容

欧洲货币体系的主要特征体现在汇率体系的运营上，其核心是欧洲货币单位。

EMS由三个有着有机联系的部分构成：

（1）欧洲货币单位（European Currency Unit，ECU）。

欧洲货币单位是欧洲货币体系的核心，是一个"货币篮子"，即由欧共体12个成员中的12种货币各按一定比重加权计算定值的复合货币单位。每种货币在货币篮子中的比重是由各国在共同体内部贸易总额以及GNP中所占份额加权平均计算得到的，每5年调整一次。但如果任何一国货币权数构成超过25%时，权数构成可随时调整。由于欧洲货币单位由多种货币构成，因此其币值具有相对的内在稳定性，因为各种货币间汇价的波动在"货币篮子"内有互相抵消的作用，因而具有某种自动调节的功能。以欧洲货币单位订立的金融合同，可以减少外汇风险，这在国际金融动荡不定的情况下，对银行业和产业界具有相当的吸引力。

最初设立欧洲货币单位的主要作用在于：①作为成员决定其中心汇率的参考标准；②作为欧洲货币基金与成员之间的信贷尺度；③作为欧共体内部的记账单位和清算手段；④作为成员的外汇储备。

（2）欧洲货币基金（European Monetary Cooperation Fund，EMCF）。

欧洲货币基金是欧洲货币体系的主要基础。1979年4月参加欧洲货币体系的各成员将自己20%的黄金、外汇储备交给共同体建立欧洲货币基金，作为发行欧洲货币单位的准备金。这部分资金总额当时就达到540亿欧洲货币单位，对稳定欧洲货币单位的币值和欧洲货币体系起到了积极的作用。共同基金主要用于干预汇率和向成员提供相应的贷款，以稳定外汇市场，渡过暂时性的国际收支难关，保证欧洲货币体系的运转。

（3）双重中心汇率制度（Exchange Rate Mechanism，ERM）。

以ERM作为EMS的中心，实行稳定的汇率体系。各参与国的货币之间保持一种可调整的固定汇率，对 ERM 以外国家的货币则实行联合浮动。这当中，ERM 成员货币间的固定（或准固定）汇率是通过 ECU 所确定的中心汇率及规定的波动幅度，以及必要的外汇市场干预措施实现的。当干预措施不能奏效时，则调整中心汇率来达到新的稳定。

综上所述，EMS 是一个以 ECU 为核心、以 ERM 为主体、以信贷体系为辅助手段的区域性可调整的固定汇率制度，与国际金本位制下严格典型的固定汇率制的最大区别首先在于它是以特定经济条件为客观基础，人为制定并共同执行，为保持汇率稳定而形成的；其次在于它的这种固定汇率制度的可调整性，有别于国际金本位制的严格固定而有序变动的特征。

（二）欧洲货币体系的发展及欧元的产生

EMS 的建立和运转，对欧洲经济一体化的建设起到了显著的积极作用，突出地表现在该货币体系当中加入 ERM 的各成员货币汇率波动的幅度大大缩小，通货膨胀率明显降低，多数成员收支状况总体趋于改善等不同方面。除此之外，该货币体系起到的对国际金融市场的稳定作用，不仅使成员受益匪浅，而且对整个国际金融市场的动荡起到了一定的平抑作用。

正是基于这一现实，为巩固和进一步推进经济一体化的成果，1991 年 12 月，在荷兰的小镇马斯特里赫特（Maastricht）召开的欧盟首脑会议上，就欧共体政治、经济和货币同盟的深化所达成的《马斯特里赫特条约》（Maastricht Treaty，简称《马约》），进一步将建立欧洲经济和货币联盟（EMU）提到了议事日程。按此条约关于货币联盟的最终要求，最迟在 1999 年要在欧共体建立一个负责制定和执行欧共体共同货币政策的欧洲中央银行（ECB），并实行单一货币。

《马约》要求分三个阶段来实现上述目标。

第一阶段，从 1990 年 7 月 1 日到 1993 年末，主要任务是实现所有成员加入欧洲货币体系的汇率机制；实现资本的自由流动，协调各成员的经济政策；建立相应的监督机制。第二阶段，从 1994 年 1 月 1 日到 1997 年，进一步实现各国宏观经济政策的协调；建立独立的欧洲货币管理体系，称为"欧洲中央银行体系"，作为欧洲中央银行的前身。第三阶段，从 1997 年到 1999 年 1 月 1 日，其目标是在这段时间内最终建立统一的欧洲货币和独立的欧洲中央银行。

1998 年 5 月 2 日，在布鲁塞尔召开的欧盟特别首脑会议上，正式批准欧盟 11 个国家——比利时、德国、西班牙、法国、爱尔兰、意大利、卢森堡、荷兰、奥地利、葡萄牙和芬兰——首批参加欧洲货币联盟，成为欧元的创始国，首批加入欧洲单一货币体系，同时决定在原有的欧洲货币局基础上成立欧洲中央银行，由荷兰人杜伊森贝赫出任欧洲中央银行行长。欧盟的其余 4 个国家，即英国、丹麦、瑞典和希腊，因暂时不愿加入欧元体系或未能达标，没能成为首批欧元国家。

1999 年 1 月 1 日，欧元准时启动。欧洲货币单位以 1:1 的比例转换为欧元，欧元与成员货币的兑换率锁定，欧洲中央银行投入运作并实施统一的货币政策，欧元可以通过支票、信用卡等非现金交易的方式流通，各成员货币亦可同时流通，人们有权选择是否使用或接受欧元。从 2002 年 1 月 1 日起，欧元纸币和硬币开始全境流通，欧洲中央银行和成员将逐步回收各国的纸币和硬币，届时人们必须接受欧元。至 2002 年 7 月 1 日，各成员货币完全退出流通，欧盟货币一体化计划完成，欧元国际化启动。

欧元的产生和运行，不论是对欧盟经济一体化的深化，还是对当代国际货币金融体系，乃至世界经济，都产生了重要的影响。

三、欧元启动产生的影响

欧元的启动，是国际政治和经济生活中的一件大事，也是布雷顿森林体系崩溃以来国际金融史上最重大的事件。它不仅有助于推动欧元区经济一体化的进程，促进欧元区的经济增长，而且还会对整个国际金融市场和国际货币体系产生深远而重大的影响。

（一）对欧元区经济的影响

（1）减少了成员之间的内部矛盾。欧元诞生之前，各成员币值软硬不一、利率存在差别，使得成员货币的固定比价较难维持，加之美元的冲击，造成了欧盟内部货币秩序的混乱与不稳定。作为单一货币的欧元正式使用后，成员内部因汇率导致的矛盾随之消失。

（2）增强了成员的经济实力。欧元的使用与欧元区的形成扭转了以往德国、法国等欧盟国家在与美国和日本等国经济竞争中处于劣势的局面，也使欧盟诸国经济实力得到不同程度的提升。目前，欧元区整体经济实力强于日本，已与美国相当。

（3）消除了汇率变动的风险，降低了交易成本。欧元的使用结束了欧盟诸成员使用不同货币的历史，消除了外汇风险，免除了货币兑换与佣金的损失，降低了交易的成本。

（4）带动了消费和投资。实施单一货币后，欧元区形成了一个统一的大市场，各种生产要素自由流动，经济资源重新配置，各国物价、利率、投资收益将逐步缩小，差别或趋于一致，使得物价和利率水平总体下降，社会消费和企业投资随之增加，促进欧盟和欧元区经济的良性发展。

此外，单一货币的使用也加强了欧盟防范与化解国际资本冲击的能力。

（二）对世界经济的影响

（1）促进了国际货币体系的多元化。欧元单一货币推行后，欧元区国家总的经济规模与贸易规模和美国相当，这为欧元成为国际货币中的一员奠定了基础。只要欧元币值保持稳定，国际公众对欧元的信心便会增强，欧元必将在参与国际货币体系规则的制定中削弱美元的主导地位，使国际货币体系向多元化的方向演进。

（2）促进了国际储备的多元化。欧元区的建立，使欧元得以与美元、日元并驾齐驱，成为一种主要储备货币，从而也使国际储备的分配格局日趋合理。

（3）促进了欧洲市场的发展。欧元区诸国放弃本国的货币主权，拆除相互之间的贸易壁垒，不仅可以实现商品、资本和劳动力的自由流动，而且可以加强欧洲政治经济的向心力与凝聚力，从而形成一个透明的、流动性更强的商品资本市场，吸引更多的国际资本流向欧元资本市场。

拓展思考 2-6

欧元区的中央银行是谁？它有什么特点？

分析提示： 欧洲中央银行（ECB）是欧元区的中央银行，于1998年在德国法兰克福成立，独立于政府，负责制定和实施欧元区的货币政策。欧洲中央银行管理委员会是欧洲中央银行的主要决策机构，负责制定利率和实施货币政策，由6名执行理事会成员和20名欧元区国家中央银行行长组成。

欧洲中央银行的特点有：一是欧洲中央银行需要统一20个不同的国家，各成员国之间经济差异很大，制定统一的货币政策比单一国家更复杂。二是欧洲中央银行施行的是单一目标制，即维持通胀稳定，而其他央行一般是多个目标，比如美联储是维持价格稳定和全面就业。三是欧洲中央银行没有统一的财政政策支持，欧元区各成员国之间都是各自财政独立的，这限制了欧洲中央银行在危急时刻采取行动的能力。四是欧洲中央银行实行单一监督机制，旨在确保所有成员国的银行都接受一致的高标准监督，以确保金融体系的稳定和安全。

四、欧元诞生以来的发展

欧元创建是国际货币史上的创举。它的诞生体现了区域经济一体化深入发展的客观要求，也是欧洲国家联合自强、摆脱不合理国际经济秩序的必然选择。

1999年1月1日的欧元只是"簿记货币"，即仅在金融交易中使用，直到2002年实体欧元被正式引入，欧元区人们的生活才开始被影响与改变。2002年1月1日，欧元纸币及硬币在各成员国发行，逐步取代旧存的各国货币。

2002年2月28日，遗留货币与欧元双重流通的过渡期结束。欧元取代比利时、德国、希腊、西班牙、法国、爱尔兰、意大利、卢森堡、荷兰、奥地利、葡萄牙及芬兰等12国货币，欧洲一体化进程达到新的高度。

2007年至2008年，斯洛文尼亚、塞浦路斯和马耳他、斯洛伐克、爱沙尼亚、拉脱维亚、立陶宛依次加入欧元俱乐部。至此，19个欧元区成员国将欧元视为官方货币，其中央银行与欧洲中央银行也一并组成欧元体系。

2008年8月，欧元纸币和硬币的流通总值超过美元。据欧洲央行统计，欧元的国际地位综合指数在2003—2008年位于24%左右的高位。

2008年的金融危机和2010—2012年的欧债危机使得欧元内部的脆弱性充分暴露出来，一是因为欧元区各国经济发展水平差异很大，加之各国采用不同的财政政策，在经济遭遇非对称性冲击的时候，核心国家的收入难以转移到边缘国家，最终边缘国家只能承担"单边硬着陆"的经济社会代价；二是欧洲央行的金融监管力度不够，存在明显的监管漏洞，无法对跨境风险进行有效监控，从而造成了大规模的资产泡沫。

2018年，欧盟领导人再度重提提升欧元国际地位。同年，欧元的国际地位综合指数触底回升至19%以上，2019—2021年这一指数也在19%左右保持平稳。

2021年1月，欧盟发布《欧洲经济和金融体系：促进开放、实力和韧性》，明确提出促进欧元发挥更强大的国际作用并通过与第三国合作伙伴联系以促进其使用，支持开发以欧元计价的工具和基准，并提升其作为能源和商品部门（包括氢等新能源）的国际参考货币的地位。

2020年7月，欧盟最终达成了7 500亿欧元的"复苏基金"。2021年2月，欧洲议会批准了"复苏和恢复基金"（RRF），欧元区的财政和货币政策的协调更加紧密，同时欧盟积极推动数字税，为欧元区财政注入新源泉。

时至今日，欧元是目前全球最重要的国际储备货币之一，已成为仅次于美元的世界第二大货币，在国际金融市场中扮演着重要角色。根据国际货币基金组织（IMF）发布的数据，截至2022年第四季度，欧元的占比达到20.47%。在特别提款权（SDR）篮子货币中，欧元权重占比29.31%，远高于英镑、日元等国际货币。在全球支付中，欧元占31.6%，美元占47.6%。

在欧洲，使用欧元的国家和人口也在逐渐扩大。欧元启动时，使用欧元的只有11个欧盟成员，2024年已扩大到27个，其中有20个国家参加欧元区，每天约有3.5亿人使用欧元。欧盟以外的60个国家和地区（代表全球1.75亿人口）已将其货币直接或间接与欧元挂钩。

拓展思考 2-7

在欧元发展实践中，欧元区暴露出了哪些问题？

分析提示：在要素流动方面，欧元区虽然保持要素自由流动，但要素流动出现分化，以德国为代表的北欧资金持续流入，而以意大利等国为代表的南欧地区资金持续流出。

在产业结构方面，北欧产业体系完善，而南欧产业空心化现象明显。

在通货膨胀方面，2022年以来欧洲饱受高通胀困扰。当前，欧元区通胀虽在紧缩货币政策下有所回落，但仍面临反弹风险，中期能否保持2%的通胀率仍存在较大的不确定性。

在政策协调方面，欧元区统一的货币政策和独立的财政政策使成员国更加依赖财政政策，成员国只能通过扩大财政赤字等手段刺激本国经济，导致赤字现象普遍，债务危机日益严重。同时，它也使得欧洲中央银行在实施货币政策时经常面临两难境地，尤其是当外部冲击对成员国产生不对称的影响时，货币政策的有效性减弱，欧元汇率由此承压。财政政策和货币政策的不协调，导致欧元区经济系统累积诸多问题，增加了欧元区的不稳定性。

五、欧洲货币一体化发展中面临的冲击

拓展阅读2-2

欧元诞生以来
的汇率走势

欧洲经济货币联盟是主权国家货币集中型、财政分散型的货币联盟，使用单一货币而财政政策各不相同，这极易引发危机，希腊主权债务危机就是很好的例证。2008年金融危机后，欧洲面临的一系列政治经济和社会问题又严重影响了欧洲一体化进程，欧洲货币体系及欧元的前景蒙上了一层阴影。

（一）欧债危机

欧债危机始于2009年12月的希腊债务危机，希腊政府称其2009年债务高达300亿欧元，财政赤字和政府负债占国内生产总值（GDP）的比重分别为12.7%和113%，远超出欧元区规定的3%和60%上限。随着三大评级机构下调希腊主权债务评级，希腊财政状况严重恶化，债务负担也异常沉重，2010年4月不得不向欧盟和国际货币基金组织求助。随后，希腊主权债务危机蔓延到欧洲的银行业，欧元区出现了大规模的银行流动性危机，并传导至爱尔兰、西班牙、葡萄牙和意大利等多个欧元区国家。

2010年5月初，欧盟扩充1 100亿欧元贷款救助陷入主权违约危机的希腊。6天后，欧盟又设立7 500亿欧元的救助计划。欧盟有意向市场传递出将足够支付成员国债务的信号，这个经济信号的背后是欧盟决心化解欧元危机的政治意愿。救助计划宣布以后，英国金融时报指数收市上涨5%，欧洲银行股大幅反弹，许多银行股当日上升超过20%。在该救助计划以及欧洲央行入市购买政府债的计划下，希腊主权债务危机告一段落，欧元的危机也暂时解除了。

2012年3月，欧债危机治理取得阶段性成果，债务国国债收益率与德国之间的利差明显回落，融资能力增强，融资环境改善。爱尔兰、西班牙、葡萄牙分别于2013年12月、2014年1月、2014年5月退出由欧盟、欧央行和国际货币基金组织"三驾马车"提出的国际救助计划，并实现了经济恢复和增长。2018年8月，希腊正式退出历时8年的救助计划，成为欧元区最后一个退出救助计划的国家，希腊在国际金融市场的回归也意味着该轮欧债危机的正式结束。

欧债危机是欧洲一体化进程中最深刻的危机之一，给欧洲带来深刻的政治和经济困境。欧元区乃至欧盟经受住了债务危机和经济危机的考验，欧洲一体化并未发生根本性衰退，但也对欧盟制体系构成长期挑战。

（二）英国"脱欧"

由于历史与地理原因，19世纪晚期以来，英国一直奉行对欧洲大陆事务不干预政策，被称为"光荣的孤立"。英国并非欧元区国家，拥有自主的财政政策，可以发行自己独立的货币，虽然有利于保持其出口竞争力，但这也使英国很难真正地加入欧洲大陆处理事务。尤其是在欧债危机的关键时期，由于各种利益分歧明显，这一传统强国正在逐步丧失其在欧盟中的地位与参与权。英国国内认为欧盟内部的政策对于欧盟有负面作用，未来一些政策趋势也可能损害到英国的利益。而欧债危机的蔓延，不仅使英国的疑欧之心快速发酵，也加快了"脱欧"脚步。

"脱欧"公投于英国当地时间2016年6月23日上午7点（北京时间6月23日下午2点）开始，持续15个小时，公投结果是英国退出欧盟。2017年3月16日，英国女王伊丽莎白二世批准"脱欧"法案，3月29日，"脱欧"程序正式启动。2019年10月22日，英国议会下院投票否决了首相约翰逊为推动"脱欧"协议尽快在英国议会通过而制定的立法时间表。2020年1月，英国国会投票通过脱欧协议，欧洲议会将于1月29日对"脱欧"协议进行最后的审议和表决。1月30日，欧盟正式批准了英国"脱欧"。1月31日，英国正式脱欧。

英国"脱欧"对欧盟是一个重大的历史性事件，对欧盟和欧元区的发展产生巨大影响。一方面，英国"脱欧"向其他欧盟成员国说明，欧洲一体化的进程是可逆的；另一方面，英国"脱欧"对欧洲金融市场的影响是巨大的，英国伦敦是世界最著名的国际金融中心之一，英国退出欧盟，无疑是欧盟国际金融市场地位的损失，这会进一步影响欧元的国际地位。

（三）2022年的俄乌冲突[①]

2022年的俄乌冲突将从根本上改变欧洲未来的发展格局。

欧盟是一个严重依赖石油和天然气进口的区域。俄罗斯是重要的石油天然气出口国，俄乌冲突一方面进一步扩大了欧元区的石油和天然气供给约束，能源价格飙升；另一方面，俄乌冲突身处欧洲，在政治、军事安全、经济发展、民族冲突等方面均给欧盟和欧元区带来巨大挑战。

尽管俄乌冲突使得欧洲各国更加意识到一个统一和强大的欧洲的重要性，提升了欧洲一体化的向心力；但是欧洲各国与俄罗斯的亲疏关系、对俄罗斯能源的依赖程度、对欧洲安全防卫战略的认知程度、处理与俄罗斯关系的战略思维、与美国关系等各方面都存在较大差异，这种异质性会带来欧洲一体化的离心力，加剧固有的一些矛盾和冲突，使得欧洲一体化困难加大。

在今后相当长的时间里，欧洲领导人将不得不将重点转移到构建军事硬实力、强化安全防卫、处理与俄罗斯的冲突、重构欧洲政治安全版图，而欧洲经济一体化进程中的诸多议题，诸如欧盟绿色发展转型问题、欧盟信息安全和信息保护问题、欧元区的财政一体化问题、欧元区存款保险问题，等等，都将可能被搁置。能源依赖、产业链重构、金融市场动荡、债务危机、资本逃离等问题，将长期困扰欧元区的政治经济。

拓展思考 2-8

与单一主权货币相比，欧元有什么特点？

分析提示： 欧元是一种无国界的、非政治化的、新型的信用货币。欧元不同于美元等其他国家的单一货币，而是欧盟这一主权国家联合体建立的统一货币，它把经济实力、发展水平、财政状况存在巨大差异的国家联合在一起而建立

---

① 孙杰，等.欧元的过去和未来 [J]. 中国外汇，2022（17）：22-35.

起一种"货币联盟"。财政政策不由欧洲中央银行去管，而是继续掌握在各个主权国家手里。其特点可以概括为以下两点：①跨主权国家创造的信用本位货币。其信用将来自人们对欧洲货币联盟高效率的协调能力、经济实力和经济增长潜力所赋予的信心；②货币政策与财政政策的分离造成欧元的缺陷。一国范围内的货币政策与财政政策是有矛盾的，该矛盾对于具有第一个特点的欧元来讲显得更加突出。因为其统一的欧洲中央银行与分离的各国主权政府之间，并不能保证在必要时能够完全协调一致，所以分离的财政政策和货币政策也可能从内部动摇欧元的生命所在——币值稳定。

【案例分析】

面临新挑战，欧元区走向何方？

案例资料：

2024年1月1日，欧元迎来25周岁"生日"。

近日，欧盟官方网站刊登由欧洲理事会、欧元集团、欧央行等多个机构领导人共同发表的文章称，虽然欧元给欧元区国家带来了便利和稳定，但眼下欧洲面临新的发展问题，包括日益紧张的地缘政治局势、不断加剧的气候危机以及世界其他地区给欧洲竞争力构成挑战等。

当前，欧元区内部主权债务问题仍然是欧元区发展的重要风险。

根据《马斯特里赫特条约》和欧盟《稳定与增长公约》，欧盟成员国年度财政赤字不得超过其国内生产总值（GDP）的3%，公共债务不得超过GDP的60%。2020年以来，欧盟暂时放松成员国预算赤字和债务上限约束，部分国家财政赤字和公共债务上升，给欧元区主权债务市场稳定性留下一定隐患。如何促使欧元区国家遵守欧元区相对严格的财政赤字和公共债务规定，对保持欧元区平稳发展至关重要。

此外，如何在控制通胀与经济复苏之间保持平衡，正在考验欧央行。

自2022年7月以来，为应对通胀高企问题，欧央行开启货币紧缩周期，连续10次加息，累计加息450个基点。随着近期欧元区通胀率降至两年多来新低，欧洲央行暂停加息步伐，但货币政策收紧对信贷继而对实体经济的影响正在逐步显现。

欧元区的经济复苏前景不容乐观。欧盟统计局数据显示，自2022年第四季度以来，欧元区经济增长一直停滞不前。欧元区2023年GDP增速从2022年的3.4%回落至0.6%。欧央行还将2024年GDP增长预期下调至0.8%。最新欧元区采购经理人指数（PMI）显示，欧元区制造业已经连续一年多在50荣枯线下运行，综合PMI低于这一水平也已经有7个多月。

资料来源：高乔.面临新挑战，欧元区走向何方？［N］. 人民日报（海外版），2024-01-11.

阅读以上材料，分析以下问题：

1.从欧元诞生和发展的历程来看，欧元对欧元区和全球经济带来了哪些积极影响？

分析：

对欧元区国家而言，使用欧元这一单一货币，大大降低了成员国之间的货币兑换成本和交易成本，促进了欧元区贸易往来和人员流动，推动了欧洲单一市场的形成和发展。对于全球经济而言，欧元诞生后，成为国际货币体系中除美元外最重要的国际货币，为全球各国在欧元区开展国际贸易活动提供了便利，有力地促进国际货币体系多元化进程，也为国际货币体系注入稳定性。

2.欧元区制度缺陷是什么？

分析：

欧洲一体化的制度设计特别是欧元区的制度存在重大的缺陷，统一的货币政策与分散的财政政策之间存在矛盾。欧元诞生之后，欧洲央行成为统一货币政策的唯一实施主体，但欧元区各国仍然保留了财政政策制定权。各主权国家和欧洲央行的宏观经济政策目标在一定时期内不可避免地存在冲突。各国政府为了刺激经济增长，只能动用财政手段，而货币的统一使得各国无须考虑财政政策对国内物价稳定的负面影响。同时，欧元区成员政府无法通过货币贬值的方式刺激出口、增加财政收入和稀释政府债务，只能以更高的成本借新债还旧债，这使得赤字扩大与债务累积形成恶性循环。

3.在欧元发展中，欧盟国家完善了哪些政策工具？

分析：

2009年，希腊主权债务危机爆发，引发席卷欧元区多国的欧洲主权债务危机（欧债危机），成为欧元发展历程中的重大考验。为共同应对这次考验，欧央行及欧元区各国实施短期、中期、长期解决方案和机制建设。短期方面，欧盟、国际货币基金组织和欧洲央行通过引入欧洲金融稳定基金、欧洲稳定机制、直接货币交易、长期再融资操作计划等政策工具，对陷入债务危机的欧元区成员国进行援助，逐渐平息欧债危机。中期方面，欧盟强调严肃财政纪律，推出"欧洲学期""财政契约"、重大偏离程序等政策工具，预防欧元区国家出现违反《稳定与增长公约》、财政赤字和公共债务超标等问题。长期方面，欧盟推动建立银行业联盟、切断银行等金融机构私债与主权债务转换的链接，打造资本市场联盟，以期建立一个共同高效的欧洲资本市场，同时组建涵盖银行、保险及证券业的金融监管体系。

2020年5月，在新冠疫情背景下，欧盟委员会出台"下一代欧盟"复苏基金，该计划提议在1.1万亿欧元的欧盟多年期财政预算基础上增加7 500亿欧元的专项复苏基金，以支持各成员国克服疫情引发的公共卫生和社会经济危机。这被普遍认为是欧盟层面新的财政转移支付机制，是欧盟和欧元区朝财政联盟迈出的关键一步。

拓展阅读2-3

25周年的
欧元

【实践探索】

一、实践内容

1. 了解欧元在当前国际货币体系中的地位和作用；

2. 了解欧元诞生以来的汇率走势；

3. 分析欧元国际化之路对我国的启示。

二、实践方式

1. 观看中央电视台《经济半小时》栏目的纪录片《货币战争》第4集《欧元为何没能打败美元占据霸权地位？》；

2. 观看中央电视台《深度国际》栏目的纪录片《欧元的麻烦》；

3. 上网收集整理欧元未来走势的相关新闻报道；

4. 小组成员相互交流和讨论。

三、实践结果

1. 制作小视频，介绍任务完成的经过及心得；

2. 通过PPT展示。

任务三　当前国际货币制度改革与人民币国际化

【知识要点】

一、现行国际货币体系的主要特征

现行的国际货币体系是在"牙买加体系"的基础上逐步演化而来的。布雷顿森林体系下较为严格的汇率制度、资本流动控制以及国际收支调节等方面的纪律和秩序也不是通过国际上有效的金融合作与协调来形成的，这使得现行的国际货币体系的存在和运行没有稳固的基础，从一开始就处于一种无序的状态。但它又并非由"看不见的手"自发调节的完全竞争的市场体系，仍是一种由美元充当关键货币、美国充当实际主导力量的垄断型市场体系。

其主要特征为：

（1）美元仍是最重要的国际支付工具、储备资产和外汇市场干预手段。

（2）主要大国间实行浮动汇率制度。

（3）美国不再承担维持美元对外币值稳定的责任，其货币政策与汇率政策完全服务于本国政策目标。

（4）IMF不再提供全球性汇率稳定机制等国际公共产品与明确的国际金融规则，其最后贷款人职能也在无形中受到削弱。

（5）世界范围内不再存在以往制度化的汇率协调机制，取而代之的是大国（西方五国或七国）之间非正规化的汇率政策协调。

（6）汇率波动性增强与国际货币多元化促使新的金融技术与金融工具不断涌现，进而使国际金融市场中以发达国家为资金来源的投机力量大规模扩张。

这种国际货币制度明显表现出各国收益与责任不对称、国际金融环境不稳定、国际协调机制不健全等弊端。

二、现行国际货币体系存在的缺陷

1. 主权国家货币作为国际本位货币导致全球经济失衡

布雷顿森林体系解体至今，美元在国际货币中所占的比重虽有所下降，但至今仍然在60%左右。在美元本位主导国际货币体系的情况下，美元的国际循环模式造成了全球经济的失衡，成为影响世界经济稳定运行的主要因素，具体表现为：美国国内居民过度消费，储蓄率极低。美国凭借美元作为国际货币的特殊地位，能够通过对外负债来支撑国内的高消费，因而没有动力去调整自身的经济失衡。由于美元是国际本位货币，因此美国可以用美元向世界各国购入稀缺资源来发展本国的经济。这一行为使得美国形成贸易逆差，并由此对外供给美元。由于美国有发达的金融市场，顺差国为了使外汇储备保值、增值，又用美元外汇去购买美国的金融资产。顺差国的投资既促进了美国金融市场的快速扩张，同时也促使了美国资产价格的上升，资产价格上升又带来财富的效应，加上美国的赤字财政政策的作用，这些都支撑着美国居民的高消费、低储蓄，形成美国持续、大量的贸易逆差局面，这是全球经济失衡的主要原因。全球经济失衡会有相当的可持续性，而美国又没有积极主动地进行调整，长此以往，其失衡的格局必然以金融危机的形式硬性调整，从而对全球经济造成破坏性影响。

2. 美国经济政策的调整存在巨大的外溢风险

布雷顿森林体系解体后，美国的货币发行和宏观经济政策不再受到约束，只顾及自身利益的政策选择极易引发其他国家经济的动荡。对于其他经济体来说，美联储货币政策在"一推一拉"中，其负面外溢性就传递到世界其他经济体：美联储加息吸收流动性导致其他经济体资本流出，造成汇率大幅波动风险，资产价格剧烈下跌，甚至出现金融危机；美联储降息释放流动性导致美元流入新兴市场国家，推高资产价格，甚至出现资产价格泡沫风险；在下一次美国加息紧缩货币政策时，美元资金又从新兴市场流出，刺破资产价格泡沫，美国可以通过美元加息-降息金融周期的转换获取外部投资净收益或称之为财富转移。美联储如果采取激进的货币政策，会带来其他经济体外汇市场汇率"超调"。例如，在2020年3月的全球金融大动荡中，汇率"超调"几乎是普遍现象，大量货币出现了超出其经济基本面的贬值。汇率"超调"除了可能导致汇率危机和金融危机之外，也可能带来经济衰退动荡，导致贸易急剧下降，经常账户恶化。无论是从金融层面还是从贸易层面来说，美国以自我为主的货币政策带来的负面外溢性都可能对全球经济产生巨大影响，并且这些外溢性大部分不需要由美国自身承担。

拓展思考 2-9

历史上美元利率调整曾引发了哪些金融危机？

分析提示： 从历史上看，美元利率和汇率的调整往往对其他国家造成冲击，成为引发金融危机的导火索。

20世纪70年代末80年代初，美国为了抑制通胀采取高利率政策，导致美元快速升值，引发了拉美国家的债务危机。

20世纪80年代中后期，美国为缩小贸易逆差，实行美元贬值的策略，迫使日元大幅升值，日本为防止日元升值对其国内经济的冲击而被迫实行低利率政策，催生了股市和楼市泡沫。从1989年开始，美国进入升息周期，直接引发了日本泡沫经济的破灭。

20世纪90年代初，美国的低利率政策导致大量国际资本涌入新兴市场国家，而90年代中期开始的美国利率上调和美元升值，又使新兴市场国家出现货币贬值预期和资本外逃的现象，引发了墨西哥金融危机和亚洲金融危机。

进入21世纪，次贷危机发生后，美国为了刺激经济，采取了扩张的财政政策和极度宽松的货币政策，一方面大量发行国债，另一方面不断增发美元，这必然导致美元贬值，给美元资产持有者造成巨大损失。美国作为储备货币发行国，其根据自身状况做出的政策选择与世界经济的要求不可避免地存在矛盾，势必会引发金融市场的动荡。

从2022年3月美联储开启本次加息周期至今，斯里兰卡、巴基斯坦、黎巴嫩、土耳其、埃及、加纳、阿根廷等新兴市场与发展中国家已经爆发了由短期资本外流加剧而引发的金融震荡（如本币贬值、外债负担加剧、国内资产价格下跌）。从美联储加息的频率与累计幅度而言，迄今为止，美联储11次加息，累计加息幅度达到了525个基点，是自20世纪80年代初期以来的最大幅度。

3. 现行国际货币体系下国际收支调节责任的不对称性

在现行国际货币体系下，如果国际收支的逆差国是国际储备货币发行国，在事先没有任何监督机制来预防储备货币发行国逆差的出现，事后也没有有效的制度约束来促使逆差国实现国际收支平衡的情况下，经常出现国际储备货币发行国对顺差国进行贸易制裁，或对顺差国的汇率政策横加干涉的行为，即顺差国在逆差国的干预下被动调节汇率或出口来实现国际收支平衡，以满足逆差国的需要。而当逆差发生在非储备货币发行国时，国际收支则由本国自行调节，在外汇储备不足的情况下，逆差国偏向于过早开放本国资本市场，通过引进国际资本来平衡国际收支，而不愿通过调整汇率或减少进口来调节。当外债积累到一定程度时，偿债压力会使得暂时被缓解的国际收支和货币贬值的矛盾突然爆发；或由于某些因素导致国际资本短期内大规模撤离，引发金融危机，以1994年的墨西哥金融危机、1997年的韩国金融危机最为典型。国际收支调节的不对称性导致非储备货币国家始终居于从属地位，其国内经济受到外来因素的影响越来越大，且任何危机的发生总是不可避免的，亚洲金融危机如此，美国次贷危机亦如此。非储备货币国在国际金融危机中总是受害者，而现有国际货币体系却没有针对弱势国家的保护机制。

4. 现行国际货币体系的基础具有强权政治色彩

现行国际货币体系继承了布雷顿森林体系的某些重要特征，仍然受制于大国的意志。以IMF的投票机制为例，尽管该机制在创立时考虑了各国平等地位的问题，并为此设立了250票基本票作为各国行使"平等权利"的象征，但表决票却是以加权票的形式按各成员认购的基金份额予以分配，这种做法无疑有利于资金雄厚的发达国家。作为超级大国的美国，其在IMF的投票权最高曾达到30%，目前仍拥有17%的投票权，在IMF中需经85%的特别多数票通过的事项上拥有单方面的否决权。少数发达国家利用IMF取得了国际货币事务上的决策权，而绝大多数发展中国家处于唯命是从的境地。这种国际货币体系显然不符合各主权国家在国际事务中一律平等的国际法法理，也与建立国际经济新秩序的要求不相符。

5. 现行国际货币体系缺乏有效的协调与合作机制

国际货币体系的形成与运行应充分体现"国际性"，其宗旨和交易规则应当得到国际经济社会绝大多数成员的认同和支持，体现多数国家的利益。体系中要有对各成员利益和冲突进行协调的高效机制，以及与之相适应的国际金融机构，并按照能体现绝大多数国家利益的统一的金融监管标准来监控国际金融活动，防止出现金融危机中各自为战、相互损害的情况。特别是20世纪90年代以来，随着金融全球化和自由化的发展、全球金融市场的形成和资本国际流动的增加，在汇率变动、国际资本流动、国际收支调节和金融危机防范等方面，国际协调与合作的作用日益重要，协调与合作的效率已成为国际货币体系稳定运行和防止国际金融风险的重要因素。而目前国际货币体系中还没有这样的主体，现有的国际金融机构由于其自身的功能缺陷难以担此重任，一些区域性的金融协调活动如西方七国财长及央行行长的定期协商、20国集团非正式对话机制等也难以担此重任。

6. 现行的国际货币体系缺乏灵活性

现行的国际货币体系在调节国际金融利益关系时，灵活性不足。如国际货币基金组织向处于金融危机中的国家提供经济援助时，不顾条件和实际，一味地提出紧缩经济和金融的要求，这不仅不能恢复市场的信心，反而使受援国出现高失业率和经济衰退的现象。这种金融救助属于"事后调节"，"事前"并没有充分关注遭遇危机国家的金融和经济状况，未对走向危机的国家进行早期预警，"事后"也没有提供条件宽松的金融支持，这几乎成为现行国际货币体系重要支柱的国际货币基金组织进行金融救助时的定势。

三、国际货币制度改革的方案

从20世纪70年代开始，有关国际货币体系改革的讨论就一直没有停止，但多数时间主要集中在学术探讨的层面，现实中缺乏足够的力量来推进制度的变迁。2007

年美国次贷危机引发的全球金融危机，重创了美国、欧盟各国、日本等发达国家的金融体系和实体经济，使国际社会加深了对国际货币体系缺陷的认识。因此，改革以美元为核心的国际货币体系成为世界各国的共识。

目前，加快国际货币体系改革的呼声日渐高涨，有关改革的方案和建议层出不穷。综合而言，比较有代表性和影响力的改革方案模式主要有：

1. 建立"第二代布雷顿森林体系"

2008年10月以来，法国、英国、德国等主要欧洲国家领导人和欧盟中央银行行长纷纷呼吁改革现行的国际金融体系，要求建立"第二代布雷顿森林体系"，以避免全球金融危机的重演。2008年11月，G20金融峰会前夕，欧盟召开的非正式会议出台了金融改革路线图，具体包括5条原则：加强监管金融评级机构、统一会计准则、缩小法律漏洞、制定银行行为准则以规避风险，以及确定国际货币基金组织为协调国际金融风险预警和应对措施的主要多边机构。欧洲提出重建布雷顿森林体系，主要是期望欧元能够挑战美元，享受作为全球储备货币的铸币税收入和其他好处。

2. 恢复黄金地位，重建金本位制

这一方案认为现行的国际货币体系不具备自动调节的机能，对付通货膨胀和经济不稳定的唯一办法就是恢复金本位制，使纸币和黄金重新建立联系，借此增强人们对持有的纸币的信心，从而起到增加储蓄和投资并促进经济增长的作用。同时，提高黄金价格，国际债权债务关系完全以黄金清算。由于黄金价格的提高将会刺激黄金产量的增加，因此黄金的国际清偿能力将不会成为问题。

拓展思考 2-10

你认为"重建金本位制"这一改革设想可行吗，为什么？

分析提示：不可行。第一，世界黄金总库存量和年产量远远赶不上世界经济发展的需要，无法满足世界各国对流通手段和支付手段的要求；第二，黄金矿藏、生产和储备分布严重不均衡，只集中在为数不多的几个国家，难以支持全世界的金本位制；第三，提高黄金价格难以解决国际清偿能力不足的问题，反而会使问题更加恶化。因为各国国际储备资产主要是黄金和关键货币，并且黄金比重仅为7%，所以黄金价格的提高，对增加国际流通和支付手段所起的作用不大。黄金价格的提高，还会导致储备货币的相对贬值，而其又占国际清偿能力的绝大部分，所以国际清偿能力不仅不会提高，反而会因此降低。

3. 创立一种独立于主权国家的超主权货币

这一方案建议将国际货币基金组织改为世界中央银行，并发行一种"国际货币"来代替境外流通的美元。创建独立于一国主权的超主权货币一直是国际经济学界的理想。国际货币基金组织也创立了以特别提款权作为超主权货币的尝试性载体。2009

年 G20 金融峰会前夕，时任中国人民银行行长周小川专门撰文探讨国际货币体系改革的问题，他认为特别提款权是超主权货币的最佳备选，应以特别提款权为切入点，逐步扩大特别提款权的使用范围，最终谋求"创造一种与主权国家脱钩，并能保持币值长期稳定的国际储备货币"。

超主权货币设想更多的是基于经济理性，而没有考虑到政治权力在国际金融经济体系运作中的作用，包括世界银行和 IMF 在内的国际金融和经济组织的形成和运作都是政治权力运作的结果。没有政治权力的运作，经济理性很难体现为制度，更不用说是维持所建立起来的体制的运作了。目前，人们对 IMF 改革给予了较高的期望，但 IMF 已有的历史说明，在存在超级大国的形势下，国际权力政治较量的结果使其在很大程度上只具有象征意义，而实质上则被大国所操纵。

4. 推行区域性单一货币制度，创立区域货币群体

本次全球金融危机之后，世界经济将更多地表现为经济的区域化发展。区域汇率协调安排和货币区域化趋势会得到进一步加强，区域金融市场和区域性的国际货币将得以发展。区域性单一货币制度，即区域内的国家将金融市场连成一体，对内采用固定汇率或单一货币，对外则是可以自由调整的浮动汇率。就国际政治经济发展的趋势格局来看：欧元区对非成员欧盟国家的吸纳和对前法属殖民地非洲小型货币区的整合将接近尾声；美元区将包括整个北美地区并向南美国家拓展；海湾合作理事会（GCC）成员的海湾货币区、俄罗斯与中亚的卢布区、以巴西雷亚尔为核心的拉美货币区也可能得到发展；非洲可能分化为西非五国、东非五国的统一货币区和南非十四国的货币联盟；东盟国家可能实现货币统一，但最终将会被亚洲核心国收编；随着海峡两岸经济相互融合速度的加快，大中华人民币区有望形成。

未来世界范围内将形成若干区域性国际货币，IMF 负责进行全球性的监督并协调汇率的稳定。这样，既可降低经济交易的成本和汇兑风险，刺激世界经济的增长，也可以在公平的基础上促进国际货币的合作，联手抑制国际金融市场的动荡，防范危机的爆发和深化。如果能够创建各经济区域的地区国际货币，并建立以美元、欧元和亚洲共同货币三足鼎立的多极化国际储备货币群体，将比单极或两极制度下的储备体系更稳定。

5. 建立一个多元主权货币的货币体系

目前，大多数人认为，解决全球经济金融失衡的关键就是建立一个多元化的储备货币体系。种种迹象也表明，未来国际货币体系的演进方向将是多极化的，可能会形成美元、欧元、日元、人民币、黄金、特别提款权等多种货币相互制衡的国际货币格局。由美元、欧元、日元、黄金和特别提款权组成一篮子货币并以此为平价，各国货币与此挂钩。经过若干时期，可过渡到在世界性固定汇率下为补充世界流动性而发行世界货币的阶段。国际货币的多元化实质上使储备货币发行国引入了一种竞争机制。如果某一货币超发，则全球投资者就会更多地选择其他货币，这种竞争机制的引入对储备发行国将形成新的纪律约束。当然，多元化货币体系的创建是一个渐进、分阶段实施的过程，需要较长时间才能完成。

6. 放弃浮动汇率制，建立可调整的固定汇率制

在浮动汇率制度下，由于国际政策协调机制的缺失，汇率波动的程度不断提升，资本无序流动也越来越严重，国际收支失衡和外汇储备在各国之间的不均衡也在不断加剧。为此，有专家呼吁放弃浮动汇率制，建立可调整的固定汇率制。

但这样的货币体系很难建立起来。首先，在金融自由化进程不可逆转的背景下，各国为实现本国宏观经济目标，不会放弃货币政策，因而统一的固定汇率制度在现实中很难实现。其次，建立可调整的固定汇率制度，需要改组国际货币基金组织，扩大其职能，让其承担起"世界央行"的重任。但是，在现行的国际货币体系下，美联储实际扮演着"世界央行"的角色。尽管在欧元诞生、中国崛起，以及财富向亚洲和中东转移的背景下，美联储已无力独自领导世界经济，但对国际货币基金组织引领世界的期望也不能过高。在过去的数十年间，国际货币基金组织对发达国家的影响力逐渐变小，在亚洲和拉丁美洲的公信力也在不断下降。

此外，关于国际货币体系改革的方案和设想还包括：建立预警机制，强化国际性和区域性金融合作，尤其是加强国际货币基金组织对危机快速反应和进行处理的能力；设立集浮动汇率制的灵活性和固定汇率制的稳定性于一体的汇率目标区的方案；实行美元本位制；改进金汇兑本位制；建立替代账户方案等。以上改革方案或是不具备可操作性，或是可行性较差，或是因为各国之间利益难以协调等原因而进展缓慢。

由于国际经济矛盾错综复杂，发达国家与不发达国家间利益冲突严重等原因，建立一个制度设计完善、能协调各国利益，同时又可以促进国际贸易发展的理想的国际货币体系任重道远。

四、人民币国际化

人民币国际化是指人民币能够跨越国界，在境外流通，成为国际上普遍认可的计价、结算及储备货币的过程。其实质是货币的价值尺度、流通手段、贮藏手段、支付手段等职能由国内市场向国际市场的延伸。

改革开放40多年来，我国经济增长迅速，开放程度不断提高，目前我国经济总量和国际贸易总额都稳居全球第二，已成为对世界经济增长和金融稳定具有重大影响力的国家。金融作为现代经济的核心，已经成为国家重要的核心竞争力。美国金融危机引发的百年不遇的全球金融危机表明，美国的财政、货币政策很大程度上是以邻为壑的。美国政府滥用国际储备货币的发行权，制造巨额赤字，鼓励居民超前消费，最终让其他国家为其房地产市场崩盘、金融泡沫破灭买单。鉴于此，欧盟、俄罗斯提出了降低美元霸权地位、提高自身国际储备货币地位的方案。随着中国综合国力的不断增强和对外开放的进一步扩大，加快推进人民币国际化已成为历史的必然，它将直接关系到中国金融业未来的发展战略。

拓展思考 2-11

人民币国际化与人民币的可自由兑换是同一个概念吗？

分析提示： 人民币国际化与人民币的可自由兑换是既密切联系又有区别的两个完全不同的概念。资本项目可兑换是指一种货币不仅可以在国际收支经常性往来中自由兑换成其他货币，而且可以在资本项目上进行自由兑换。而货币国际化则是一国货币成为国际通用货币或是成为各国政府的外汇储备货币，主要表现为三个基本特点：可兑换性、普遍接受性和价值的相对稳定性。人民币资本项目可兑换与人民币国际化有密切的联系，前者是后者所必然要求的技术性条件。

（一）人民币国际化对我国的现实意义

第一，人民币的国际化有利于提高我国的竞争力。人民币有可能成为国际储备货币，在国际贸易，尤其是资源、能源国际贸易中，人民币有可能成为计价货币，从而提高我国对石油、矿产等资源的定价权。人民币如果成为国际储备货币，中国将享有"铸币税"[①]，享受到独立的"经济主权"，从而摆脱受美元政策的负面影响，并作为新兴国家的代表制衡西方发达国家的经济霸权。

拓展思考 2-12

"金融强国"包括哪几个关键核心要素？

分析提示： 2023 年中央金融工作会议首次提出"加快建设金融强国"。2024 年 1 月，习近平总书记在省部级主要领导干部推动金融高质量发展专题研讨班开班式上提出"六个强大"，明确了金融强国建设需同时具备的关键金融要素，即"拥有强大的货币、强大的中央银行、强大的金融机构、强大的国际金融中心、强大的金融监管、强大的金融人才队伍"，为金融强国建设指明了实践路径。其中"强大的货币"位居金融强国六大关键金融要素之首。

第二，在推进人民币国际化的进程中，我国必然会不断创新和推出更多的以人民币计价的金融产品或金融衍生品，并在国内外金融市场上进行交换，从而逐步确立我国作为金融大国的地位，进而促进国内金融资本市场的繁荣，为我国实体经济的长期持续增长保驾护航。

第三，人民币的国际化将促进生产要素的国际流动，尤其是在我国企业的对外投资、劳务人员的流动、技术创新与进步等方面。

第四，人民币实现国际化将巩固我国作为政治大国的地位。国家经济实力的增强，对全球经济发展影响力的提高，必然巩固我国的世界大国地位。通过参与更多的

[①]　铸币税，指货币当局因发行货币而获得的收入。主权国家发行不兑现的信用货币都是借助货币垄断发行权向持有者筹集资金的一种行为。在本国发行纸币，取之于本国用之于本国，而发行世界货币则相当于无偿从别国征收铸币税。

国际事务和多边协商事务，我国最终将顺利实现和平崛起。

第五，人民币的国际化进程将有利于我国改变原有的经济增长模式。其理论基础是：人民币的可自由兑换和自由浮动汇率，将减少净出口，降低外汇占款，减少货币发行量，从而降低我国的通胀水平，提高我国居民的实际购买力，进而增加我国的消费需求。减少我国净出口的实质就是减少对进口国的补贴，增加本国居民的收入，实现"藏富于民"。

（二）人民币国际化的基本条件

作为位居全球前三的经济体，中国的主权货币具有成为国际货币的可能性。全球金融危机已从经济基础和政府信用两方面造成美元本位制基础的松动，这给人民币的国际化带来了机会，但是人民币国际化的成功需要三个基本条件：

拓展阅读2-4

人类货币体系
大国定律

（1）经济的可持续发展。这一条件有赖于中国经济转型的成功，以本土消费市场的拓展、技术进步、产业升级和经济运行效率的提高为主要特征。

（2）具有健全的以保护产权为核心的市场经济基础性制度。这涉及政府职能的转变和相对独立的立法和司法程序。

（3）建立亚洲最重要的国际金融中心，即本土拥有规模巨大，流动性、安全性和成长性兼具的现代化金融市场体系。

总之，中国要想让人民币成为主要国际储备货币，还需要完全开放资本市场，并向世界证明这种开放程度的稳定性和可持续性。

（三）我国人民币国际化的发展历程①

2000年左右，我国在一些与越南、缅甸和蒙古国等国家交界的边境地区就已出现零星的人民币贸易结算情形，而由监管部门通过政策调整等制度性变革所启动的人民币国际化进程则始于2009年。

人民币国际化大致经历了三个发展阶段，并在范围和深度上逐渐呈现出积极进展。

1. 启动与快速发展阶段（2009—2014年）

2009年7月，根据国务院常务会议的决定，中国人民银行等多个部委联合启动了跨境贸易人民币结算的试点。首批试点城市包括上海、广州、深圳、珠海、东莞5个城市。在之后的两年内，试点范围持续扩大。2012年6月，跨境贸易人民币结算业务全面铺开，并拓展至全部经常项目。

跨境贸易结算制度的改革，显著推动了人民币在跨境贸易结算中的使用，还有一些其他因素也推动了这一时期的人民币国际化。2010年之后，人民币出现了明显的升值势头。为了配合人民币从境外回流，中国人民银行允许境外央行或货币当局、港澳地区人民币清算行、境外跨境贸易人民币结算参加行这三类机构，以人民币投资境内银行间债券市场。2012年，宣布实施RQFII制度，即允许人民币合格境外机构投资

---

① 张礼卿. 稳慎扎实推进人民币国际化：发展历程与路径探析［J］. 学术前沿，2024（1）.

者在境内开立银行账户并进行银行间债券投资。2014年，我国跨境贸易中，实现以人民币结算的比重大约为25%。香港的离岸人民币存款超1万亿元，全球离岸人民币存款规模达到2万亿元。

2. 调整与平稳发展阶段（2015—2017年）

2015年，受股市波动、"8.11汇改"、美联储开始退出量化宽松货币政策等多重因素的影响，人民币汇率出现了显著的市场波动（贬值）。为了阻止人民币对美元的快速贬值，中国人民银行在进行大规模市场干预的同时，强化了宏观审慎政策的运用，包括通过引入"参考一篮子货币汇率变化"和"逆周期调节因子"恢复对中间汇率的适当管控，并且明显放缓了资本账户开放的速度。受上述因素的影响，这一阶段人民币国际化出现了相对停滞的局面。香港离岸市场的人民币存款大约下降了50%，跨境贸易的人民币结算额占比下降到了12%左右，差不多也是减少了50%。

3. 回升与持续发展阶段（2018年至今）

2018年，新一轮金融业对外开放启动。在不到两年的时间里，合格境外机构投资者（QFII）和人民币合格境外机构投资者（RQFII）的额度限制相继废除，外资对境内各类金融机构投资的持股比例限制也显著放松乃至最终全面取消，这些举措鼓励了外资流入。新冠疫情暴发后，美联储实行无限量化宽松政策，导致中外息差进一步扩大，外国证券资本流入增多，人民币汇率出现了较为强劲的上升态势。与此同时，通过签署和更新人民币双边货币互换协议、与国际清算银行合作设立人民币流动性安排等措施，国际货币金融合作也有所增强。所有这些因素，使得人民币国际化重新进入一个较快发展的阶段。

从总体上看，过去十余年，人民币国际化从零起步，在波动中向前发展，取得了显著的成绩。从数据资料看，尽管与美元、欧元等主要国际货币还有一定差距，但人民币作为国际性交易媒介、计价手段和储藏工具的情形已经在不同程度上出现。

拓展思考 2-13

我国对人民币国际化的推进基调有过怎样的变化？

分析提示：人民币国际化作为服务经济社会发展的金融战略，需要与国内外局势、经济发展阶段等相适应。伴随着国内外政治经济形势的快速变化，中国对人民币国际化的推进基调做出不同的政策安排。

2014年12月，中央工作经济会议提出"稳步推进人民币国际化"，取代了此前"跨境人民币计价结算业务""跨境人民币流通使用"等表述。

2020年11月，"十四五"规划纲要提出"稳慎推进人民币国际化"，突出人民币国际化过程中的稳健审慎态度。

2022年10月，党的二十大报告提出要"有序推进人民币国际化"，再次对人民币国际化前行路径做出系统性规划。

（四）人民币国际化的最新进展

最新数据显示，人民币是当前全球第五大支付货币和外汇交易货币、第二大贸易融资货币和第六大储备货币。

1. 人民币的跨境使用规模持续增加，支付结算职能显著增强

根据中国人民银行统计数据，人民币跨境结算规模从2009年的3 781亿元增至2022年的42.4万亿元。2023年，人民币在境内非银行部门中的跨境结算占比于3月首次超过美元，并于上半年份额占比达到57%。从国际范围来看，人民币的国际支付排名从2010年10月的第35位攀升至2023年11月以来的第4位，市场份额占比于2023年11月达到4.61%，创下历史新高。

2. 人民币离岸市场稳步发展，在岸金融市场逐渐开放

以中国香港为代表的人民币离岸市场快速发展，人民币存款规模从2009年末的630亿元左右经历上升、回落后，于2022年1月达到1.1万亿元，以人民币计价的离岸金融产品也逐渐丰富。2018年以来，通过放松境外投资者进入门槛、"沪港通""深港通"和"债券通"等金融市场互联互通、金融资产指数纳入全球金融市场指数等，我国在岸金融市场的开放也逐渐加快。2023年1—9月，资本项目下的人民币跨境结算规模为28.8万亿元，其中证券投资占比达到75%。股票和债券市场的"债券通""沪深港通"业务活跃。

3. 人民币货币互换网络不断拓展，双多边金融合作持续深化

自2008年中国人民银行与韩国银行签署首个双边货币互换协议以来，我国货币互换网络不断拓展。2022年7月，内地与香港地区的货币互换安排升级为常备互换协议。截至2023年9月，我国已累计与40个国家和地区签署双边货币互换协议，人民币货币互换存量规模达3.66万亿元。此外，我国大力建设跨境金融基础设施，加强结算清算、数字货币、金融安全等方面的双多边合作。2015年跨境人民币支付系统（CIPS）上线以来取得飞速发展，截至2023年12月，共有139家直接参与者和1 345家间接参与者接入CIPS系统。

4. 人民币区域锚定效应逐渐显现，国际地位和影响力显著提升

随着我国对外开放持续深化，"一带一路"倡议持续推进，人民币在东亚、东南亚等经贸往来密切的周边国家的区域锚定效应日益凸显。在全球范围内，人民币的国际储备货币功能也稳步增强。截至2022年，超过80家境外央行或货币当局将人民币纳入外汇储备。人民币在全球官方外汇储备（COFER）中占比也在2022年第一季度达到最高的2.88%。此外，2016年人民币以10.92%的权重被纳入特别提款权（SDR）货币篮子，这是人民币国际化启动以来的里程碑式成就。2022年5月，人民币在SDR中的权重被IMF上调至12.28%，标志着人民币国际地位的进一步提升。

》【案例分析】

人民币国际化与金融强国建设

案例资料：

习近平总书记在2024年初的省部级主要领导干部推动金融高质量发展专题研讨班开班式上指出，金融强国应当基于强大的经济基础，具有领先世界的经济实力、科技实力和综合国力，同时具备一系列关键核心金融要素，即"拥有强大的货币、强大的中央银行、强大的金融机构、强大的国际金融中心、强大的金融监管、强大的金融人才队伍"。其中，强大的货币位于各金融要素之首。构建强大的货币体系，是我国从金融大国迈向金融强国、实现金融高质量发展的重要内容，稳慎扎实推进人民币国际化，是构建强大货币体系不可或缺的一环。

中国的经济地位、对外贸易总量为人民币国际化提供了有利条件，但人民币国际化是一项长期战略，需要稳慎扎实推进，需要根据我国高水平对外开放的进程不断优化调整资本账户开放进程，需要在扩大开放与防范系统性风险中寻求稳慎之策，需要在实现人民币汇率稳定和人民币有条件自由兑换间寻求平衡，需要在扩大人民币在"一带一路"建设中的作用和扩大数字货币使用范围上寻找增长点。

资料来源：屈满光.稳慎扎实推进人民币国际化 助力金融强国建设〔N〕.光明日报，2024-01-30.

阅读以上材料，分析以下问题：

1.如何理解强大的货币的内涵？它具有哪些特征？

分析：

"强大的货币"包括两层含义：一层是实现货币币值稳定，对内物价稳定，对外汇率保持基本稳定；另一层是"好用"，即使用便捷、高效且安全，能够有效履行货币职能，特别是在国际上被广泛用于支付货币、投融资货币和储备货币。人民币国际化是金融强国建设的应有之义。

强大的货币通常具有五大特征：一是外在价值体现为国际外汇市场的高汇率，即相对于其他货币的购买力较强，且汇率相对稳定；二是内在价值体现在货币的信用背书上，由发行国家或地区的强大经济实力、健全的金融体系、稳定的政局以及低通胀率等因素共同支撑；三是国际地位体现在作为国际贸易的主要结算货币、储备货币，以及国际投资中的计价单位，在国际支付体系、国际清算体系、国际标价体系及国际储备体系中扮演重要角色；四是市场需求体现在投资者对以其计价的资产（包括安全资产和风险资产）有强烈需求，这与该货币所在经济体的利率水平、经济预期和金融市场深度密切相关；五是政治影响体现在强大的货币往往由全球有较强影响力的国家或地区发行，这些国家在全球政治舞台上拥有较大话语权，并通过诸如国际货币基金组织（IMF）、世界银行等国际机构进一步增强其货币地位。

2.在加快建设金融强国的过程中，强大的货币可以发挥哪些作用？

分析：

第一，强大的货币可以增加我国宏观政策的有效性，为货币政策提供更多自主空间。这有助于维护宏观经济的稳定性。第二，强大的货币可以帮助我国有效抵御外部冲击，其可以作为一种缓冲，提高金融系统的稳定性和安全性。第三，强大的货币可以提升我国在全球贸易和投融资领域的地位，可以充分利用国内国外两个市场构建"双循环"新发展格局。第四，强大的货币通常与发达的金融市场相关联，能够吸引更多海外投资者参与，提升金融市场的深度和广度，也能够吸引全球高质量的人才和机构流入，帮助提升金融产品的多样性和金融市场效率。

3.怎么理解稳慎扎实推进人民币国际化？

分析：

可以从两个方面理解：

一方面，人民币国际化自2009年跨境贸易人民币计价结算试点开始，到今天已经走过了十五载春秋，从初期的数量扩张进入质量提升的新发展阶段。未来，人民币国际化将更加注重围绕服务国家经济发展和改革开放客观需要，稳步推动国际化，确保金融开放与金融体制改革相辅相成，共同推动经济的高质量发展。

另一方面，我们应以平常心看待人民币国际化指标短期的波动。当人民币国际化走过初期规模扩张阶段以后，一些货币国际化指标出现一些非线性变化是在常理之中，不必过度解读和过度反应。人民币国际化是系统工程，要更加注重改革系统集成，增强改革系统性、整体性、协同性，坚持顺势而为、市场驱动、互利共赢的原则。

4.当前人民币国际化面临哪些有利条件和不足之处？

分析：

有利条件：一是中国经济多年保持稳定增长，位居全球第二大经济体；二是当前中国经济回升向好，高质量发展卓有成效；三是出口优势持续提升，对一篮子货币汇率稳中有升；四是全球地缘政治格局巨变，去美元化逐渐成为共识。

不足之处在于，中国金融市场开放程度仍不足，外资参与力度亟待提升，人民币占全球外汇交易比重、人民币在全球外汇储备中的比重与中国经济地位仍不匹配。

》【实践探索】

一、实践内容

1.结合日元的国际化道路，了解日元国际化道路上遇到的挫折。

2.结合我国人民币国际化的发展历程，了解我国人民币国际化取得的成绩和遇到的问题。

3.探讨党的二十大报告提出"有序推进人民币国际化"的科学内涵。

4.理解"强大的货币"的内涵和特征。

5.分析当前我国人民币国际化面临的挑战与机遇。

6.分析我国人民币国际化的未来发展前景。

二、实践方式

1. 观看中央电视台《经济半小时》栏目的纪录片《货币战争》第3集《美元是如何阻击日元国际化的》和第5集《人民币能否称霸世界》。

2. 在中国人民银行网站上查阅2020年以来的一系列《人民币国际化》报告，追踪了解我国人民币国际化的进程和变化。

3. 小组成员相互交流和讨论。

三、实践结果

1. 制作小视频，介绍任务完成的经过及心得。

2. 通过PPT展示。

项目小结

国际货币制度是指各国政府对货币在国际上发挥职能作用，以及有关国际货币金融问题所确定的原则、协议，采取的措施和建立的组织形式。

国际金本位制是以黄金作为国际本位货币的制度。按其货币与黄金的联系程度，可分为金币本位制、金块本位制和金汇兑本位制。布雷顿森林体系是二战后以"怀特计划"为蓝本确立的以美元为中心的国际货币制度，其中心内容是"双挂钩"，即美元与黄金挂钩，其他各国货币与美元挂钩。牙买加协议后的国际货币制度实际上是以美元为中心的多元化国际储备和浮动汇率的货币体系。

欧洲货币一体化，是指欧盟各成员在货币金融领域进行合作，协调货币金融关系，最终建立一个统一的货币体系，其实质是这些国家集团为了货币金融领域的多方面合作而组成的货币联盟。

现行国际货币制度明显表现出各国收益与责任不对称、国际金融环境不稳定、国际协调机制不健全等弊端。2007年始于美国次贷危机的全球金融危机，使国际社会加深了对国际货币体系缺陷的认识，改革以美元为核心的国际货币体系成为各国的共识。目前，加快国际货币体系改革的呼声日渐高涨，有关改革的方案和建议层出不穷。

人民币国际化是指人民币能够跨越国界在境外流通，成为国际上普遍认可的计价、结算及储备货币的过程。随着中国综合国力的不断增强和对外开放的进一步扩大，加快推进人民币国际化已成为历史的必然。

项目训练

一、主要概念

国际货币制度 国际金本位制 布雷顿森林体系 牙买加国际货币体系 欧洲货

币一体化　人民币国际化

二、单项选择题

1.历史上第一个国际货币体系是（　　　）。

A.国际金汇兑本位制　　　　　　　B.国际金本位制

C.布雷顿森林体系　　　　　　　　D.牙买加国际货币体系

2.第一次世界大战前的国际货币体系是（　　　）。

A.国际金汇兑本位制　　　　　　　B.国际金块本位制

C.国际金本位制　　　　　　　　　D.严重削弱的金本位制

3.二战后的国际货币体系称为（　　　）。

A.金汇兑本位制　　　　　　　　　B.金本位制

C.布雷顿森林体系　　　　　　　　D.牙买加体系

4.布雷顿森林体系实际上是以（　　　）为中心的国际货币体系。

A.美元　　　　　　　　　　　　　B.黄金

C.特别提款权　　　　　　　　　　D.多种储备资产

5.特别提款权的创立是（　　　）。

A.第一次美元危机的结果　　　　　B.第二次美元危机的结果

C.第三次美元危机的结果　　　　　D.以上都不是

6.布雷顿森林体系实行的是（　　　）。

A.自发的固定汇率制度　　　　　　B.可调整的固定汇率制

C.浮动汇率制度　　　　　　　　　D.弹性汇率制度

7.二战后的第一次美元危机发生于（　　　）。

A.1960年　　　　　　　　　　　　B.1969年

C.1971年　　　　　　　　　　　　D.1973年

8.目前欧洲经济货币联盟实行的单一货币是（　　　）。

A.特别提款权　　　　　　　　　　B.欧元

C.欧洲计算单位　　　　　　　　　D.欧洲货币单位

9.欧元正式启动的时间是（　　　）。

A.1999年1月1日　　　　　　　　　B.2000年1月1日

C.2002年1月1日　　　　　　　　　D.2002年7月1日

10.根据欧盟的有关规定，欧元现钞开始流通的时间是（　　　）。

A.1999年1月1日　　　　　　　　　B.2000年1月1日

C.2002年1月1日　　　　　　　　　D.2002年7月1日

11.发行特别提款权的时间是（　　　）。

A.1968年　　　　　　　　　　　　B.1970年

C.1971年　　　　　　　　　　　　D.1973年

12.布雷顿森林体系是采纳了（　　　）的结果。

A.怀特计划　　　　　　　　　　B.凯恩斯计划

C.布雷迪计划　　　　　　　　　D.贝克计划

13.最早实行金本位制的国家是（　　　）。

A.德国　　　　　　　　　　　　B.英国

C.美国　　　　　　　　　　　　D.法国

14.下列不属于金币本位制的特征的是（　　　）。

A.金币自由铸造　　　　　　　　B.金币与纸币的自由兑换

C.本位货币为纸币　　　　　　　D.黄金的自由输出入

15.在金币本位制下，两种货币之间汇率的决定基础是（　　　）。

A.法定平价　　　　　　　　　　B.铸币平价

C.利率平价　　　　　　　　　　D.购买力平价

16.货币制度的演变根据时间先后，大致经历的几个阶段是（　　　）。

A.金本位→银本位→纸币本位　　B.银本位→金本位→纸币本位

C.金本位→金汇兑本位→银本位　D.金本位→金汇兑本位→纸币本位

17.下列哪种货币制度属于典型的国际金本位制：（　　　）。

A.殖民地国家的金汇兑本位制　　B.金币本位制

C.金块本位制　　　　　　　　　D.独立国家的金汇兑本位制

三、实训题

【实训操作】

对当前国际货币体系改革各方方案和内容的理解及分析能力训练。

【实训任务】

（1）对当前国际货币体系基本内容和特点等相关内容进行正确把握。

（2）对布雷顿森林体系和牙买加国际货币体系的区别与作用进行对比分析。

（3）对各方就当前国际货币体系的改革所体现的博弈关系进行分析评价。

（4）通过分析讨论形成自己对当前国际货币体系改革基本方向的研判。

【实训要求】

（1）实训前学生要了解并熟记本章国际货币体系发展演变的相关基础知识，把其作为本实训的操练点和考核点来准备。

（2）实训前学生要了解并熟记本章布雷顿森林体系的内容和运行机制等相关基础知识，将其作为本实训的操练点和考核点来准备。

（3）实训前学生要了解并熟记本章牙买加国际货币体系的内容和运行机制的相关基础知识，将其作为本实训的操练点和考核点来准备。

（4）通过"实训步骤"，将"实训任务"所列的四种训练整合并落实到本实训的"活动过程"和"成果形式"中。

（5）实训后学生要对本次四个方面的实训活动进行总结，并在此基础上撰写实训报告。

【情境设计】

背景资料：

当前重建和改革国际货币体系的三大主要立场见表2-1。

表2-1　　　　　　　　　当前重建和改革国际货币体系的三大主要立场

各方立场	国际储备货币	汇率制度或调节机制	国际最后贷款人
美国立场	当然美元最好	主张浮动汇率	IMF
欧洲立场	继续扩张欧元	主张固定汇率或重回布雷顿森林体系	EMF（欧洲货币基金组织）
发展中国家立场	多元化储备货币或SDR	主张固定汇率或汇率稳定	储备资产库或储备合作

【指导准备】

专业知识准备：

（1）布雷顿森林体系的内容和运行机制。

（2）牙买加国际货币体系的内容和运行机制。

（3）当前国际货币体系中存在的问题。

操作指导：

（1）教师向学生阐明"实训目的"和"知识准备"。

（2）教师就"知识准备"中的各项内容对学生进行培训。

（3）教师指导学生就当前有关全球经济和金融形势进行资料的收集与整理。

（4）教师指导学生就当前国际货币体系改革各方方案和内容进行对比分析。

（5）教师指导学生撰写"当前国际货币体系改革各方方案和内容的对比分析实训报告"。

【实训时间】

本章课堂教学内容结束后的双休日和课余时间，为期两天。

【实训步骤】

（1）将学生分成若干个实训组，每8~10名同学分成一组，每组确定1~2名负责人。

（2）对学生进行当前国际货币体系改革各方方案和内容的培训，对比分析各方方案和内容的可行性和实施条件。

（3）指导各实训组上网收集整理当前有关全球经济和金融形势的资料。

（4）指导各实训组形成对当前国际货币体系改革基本方向的研判，并说明理由。

（5）各实训组对分析讨论及收集整理的资料进行汇总，撰写作为最终成果形式的"当前国际货币体系改革各方方案和内容的对比分析实训报告"。

（6）在班级交流、讨论各组的"当前国际货币体系改革各方方案和内容的对比分析实训报告"。

（7）根据交流、讨论结果，各组修订其"当前国际货币体系改革各方方案和内容的对比分析实训报告"，并使之各具特色。

【成果形式】

实训课业："当前国际货币体系改革各方方案和内容的对比分析实训报告"。

课业要求：

（1）本课业应包括学生对当前国际货币体系基本内容和特点、当前国际经济金融基本态势、当前国际货币体系改革各方方案和内容的对比分析，对当前国际货币体系改革基本方向的研判等。

（2）各组的"当前国际货币体系改革各方方案和内容的对比分析实训报告"初稿必须先经小组讨论，然后才能提交班级交流讨论。

（3）经过班级交流讨论的"当前国际货币体系改革各方方案和内容的对比分析实训报告"由各小组进一步修改与完善。

（4）"当前国际货币体系改革各方方案和内容的对比分析实训报告"定稿后，在其标题下注明"项目组长姓名"和"项目组成员姓名"。

项目三
国际金融市场

学习目标

知识目标：1. 了解国际金融市场的发展状况，掌握国际金融市场含义、特征和作用，把握国际金融市场的发展趋势；

2. 了解欧洲货币市场的起因与发展，掌握欧洲货币市场的含义和特征；

3. 了解亚洲货币市场和人民币离岸市场的发展情况；

4. 了解国际债券市场和股票市场的构成和运行规则，掌握国际金融工具的种类、特点及具体应用。

技术目标：1. 能够运用国际金融市场的基础知识，对国际金融市场在一国经济发展的地位和作用进行分析；

2. 能够对欧洲货币市场的发展变化及人民币的参与情况进行分析，对人民币离岸市场的发展提出自己的见解；

3. 能够熟练运用国际金融市场的基本融资工具，对企业参与国际证券市场融资进行分析，并提出建议。

素养目标：1. 结合我国上海国际金融中心的建设和发展情况，深入理解国际金融中心和"金融强国"的关系，培养辩证思维能力，增强对建设"金融强国"的理想自信；

2. 结合我国人民币离岸市场的发展历程，以习近平总书记关于金融工作重要论述为指导，深入理解我国金融业的对外开放及维护金融安全的审慎考量，增强"金融安全"意识；

3. 以改革开放为背景，深入了解我国金融市场发展所取得的伟大成就，增强参与国际金融市场竞争和建设"金融强国"的理想自信。

任务一　国际金融市场

>> **【知识要点】**

金融即资金的融通，金融市场是资金的供求双方进行金融资产（银行存款、债券、股票、外汇、黄金）或衍生金融工具交易的场所，是因资金融通关系的形成而产生的。作为现代经济体系的重要组成部分，金融市场引导资金的流向，将资金由盈余的部门转移到短缺的部门。国际金融市场将这种资金的流动从一国国内扩大到国家之间。

一、国际金融市场的含义及类型

（一）国际金融市场的含义

国际金融市场（International Financial Market）有广义和狭义之分。广义的国际金融市场是指进行各种国际金融业务活动的市场。这些业务活动包括长短期资金的借贷和融通、外汇的买卖和黄金的交易等。此外，20世纪70年代以来形成和发展的国际金融期货和期权交易市场是国际金融市场新的组成部分。这几类国际金融市场相互连接、相互作用。狭义的国际金融市场仅指从事国际资金借贷或融通的市场，亦称国际资金市场。这是本章介绍的对象，主要包括国际货币市场、国际证券市场。

（二）国际金融市场的类型

1.有形市场和无形市场

所谓有形市场是指有固定的场所、有专门的组织机构和人员、有专门设备的组织市场，如世界各地的股票交易所、商品期货交易所等。它作为国际性金融资产交易的场所，往往是国际性金融机构聚集的城市或地区，也称为国际金融中心。它们已经遍布北美、欧洲、亚太、中东和拉美及加勒比海地区，其中既有传统意义上的国际金融中心，也有新型的离岸金融中心。

无形市场是指无集中固定场所的非组织化市场。这个无形的市场由各国经营国际金融业务的机构，如银行、非银行金融机构或跨国公司构成，它们在国际范围内进行资金融通、有价证券买卖及有关的国际金融业务活动，是通过与电话、电传、计算机等现代化的通信设施相联系的网络体系来完成的，如全球外汇市场、场外交易市场等。应该强调的是，国际金融市场主要是无形的交易网络。

拓展阅读3-1

主要的全球性
国际金融中心

2.传统市场和新兴市场

传统国际金融市场又称在岸金融市场（Onshore Financial Market），是从事市场所在国货币的国际信贷和国际债券业务，交易主要发生在市场所在国的居民与非居民之间，并受市场所在国政府的金融法律法规管制。传统的国际金融市场被冠以"在岸"的名称，这个"岸"不是地理意义上的概念，其主要特点是：①该市场要受到市场所在国法律和金融条例的管理和制约，各种限制较多，借贷成本较高；②交易活动在市场所在国的居民和非居民之间进行；③通常只经营所在国货币的信贷业务，本质上是一种资本输出的形式。因此，传统的国际金融市场还称不上真正意义上的国际金融市场。

　　新兴的国际金融市场又称离岸金融市场（Offshore Financial Market）或境外市场（External Market），是指非居民的境外货币存贷市场，其交易涉及所有可自由兑换的货币。同样"离岸"也不是地理意义上的概念，而是指不受任何国家国内金融法规的制约和管制。因此，离岸金融市场有如下特征：①市场参与者是市场所在国的非居民，即交易关系是外国贷款人和外国借款人之间的关系；②交易的货币是市场所在国之外的货币，包括世界主要可自由兑换的货币；③资金融通业务基本不受市场所在国及其他国家政策法规的约束。离岸金融市场的产生主要是制度和政策推动的产物，是真正意义上的国际金融市场。所有离岸金融市场结合而成的整体，就是我们通常所说的欧洲货币市场，是当今国际金融市场的核心。

　　由此可见，国际金融市场是居民与非居民之间、非居民与非居民之间的金融资产交易的场所。通常还把非居民之间金融资产交易的场所称为"离岸金融市场"或"境外金融市场"，这是相对于国内金融市场而言的。其一般含义为在原货币发行国境外进行各种金融资产交易的场所，比如欧洲美元市场或者欧洲货币市场。由于是境外交易，其参与者就应该是交易地点东道国的非居民。

拓展思考 3-1

　　国际金融市场与国内金融市场的参与者有何不同？

　　分析提示：国内金融市场上的交易活动仅发生在居民之间，不涉及非居民；而国际金融市场由非居民参与交易。

　　根据这样的理解，金融市场可以分为国内金融市场、国际金融市场和离岸金融市场三部分，金融市场的构成如图3-1所示。

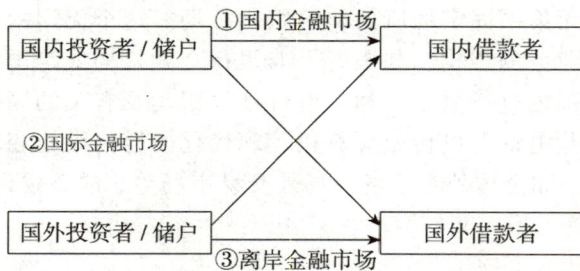

图3-1　金融市场的构成

二、国际金融市场的形成和发展

　　国际金融市场是在资本主义经济从自由竞争向垄断阶段发展的过程中，随着国际贸易、资本输出和生产的国际化逐步形成和发展起来的。

（一）传统国际金融市场的兴起

　　国际金融市场的形成是在英国。一战以前，英国的自由资本主义迅速发展并向海外扩张，其经济实力跃居世界首位。英国伦敦在当时囊括了世界上大部分的财富，英镑成为世界上主要的国际储备货币和国际结算货币。伦敦以其政治稳定、经济繁荣和金融制度完备等优越条件率先成为世界上最大的国际金融市场。

一战爆发至二战结束后，英国的经济受到严重破坏，伦敦国际金融市场的作用也相对削弱，英镑的地位逐渐下降。美国的纽约金融市场趁机崛起，美元成为各国的储备货币和重要的结算货币。美国凭借其在二战期间积累的巨额资本成为世界上最大的资金供应者，控制着西方世界的经济。国际借贷和资本筹措都集中在纽约，纽约成为西方最大的长短期资金市场。同一时期，瑞士利用免受战争灾难、具有良好的金融环境、瑞士法郎能够自由兑换的优势，使得苏黎世金融市场上自由外汇交易和黄金交易非常活跃，金融市场迅速发展。在这一阶段，纽约、伦敦和苏黎世成为世界三大国际金融市场。

国际金融市场发展初期，实质上都只是带有国际性特点的国内金融市场，就是通常所说的"传统的国际金融市场"。虽然外国人（非居民）可以在这种国内金融市场上参与融资活动，使其具有涉外性、国际性，但是这些市场要受到各国政府政策和法令的管制，只能用市场所在国的货币进行国际借贷。这种市场上的借贷关系，通常是国内贷款人与国外借款人之间的交易，本质上是一种资本输出。

（二）欧洲货币市场的建立和扩展

20世纪50年代末期欧洲货币市场的产生，标志着金融市场国际化的最新发展，其特点突出地表现在信贷交易的国际化代替了金融中心必须是国内资本供应者的旧传统。这个市场上的借贷关系，是外国贷款人（投资者或存款人）与外国借款人之间的关系。他们的国籍几乎包括了世界上所有的国家。在这个市场上借贷的货币，也几乎包括了西方各国的货币，借款人可以任意选择借取各种可兑换的货币。这些都为国际金融中心的扩展创造了重要的前提条件。

从此，国际金融市场不再局限于少数几个传统的金融中心，而是迅速地、广泛地扩展到巴黎、法兰克福、布鲁塞尔、阿姆斯特丹、米兰、斯德哥尔摩、东京、蒙特利尔等传统的金融市场。一些非传统的市场如卢森堡、新加坡、中国香港甚至一些比较不知名的地方如巴哈马、开曼群岛等地，也成为比较重要的境外美元或其他货币市场。

（三）新兴国际金融市场的兴起

进入20世纪70年代以后，新兴工业国家的经济迅速发展。从20世纪80年代开始，国际资本和产业技术转移掀起了浪潮，许多新兴工业国家成为国际投资的新热点。国际资本流动要求建立与之相适应的金融环境，各国也更加注意与国际惯例接轨，以适应国际金融一体化的要求，从而加速了这些国家的金融发展和国际金融市场的形成。由此，亚洲的新加坡、马来西亚、菲律宾、泰国、印度尼西亚等国家的金融市场获得了较大的发展，拉丁美洲、非洲等发展中国家的金融市场也有逐渐兴起之势，特别是发展中国家的石油输出国，由于拥有大量石油美元而获得巨额的国际收支顺差，在国际金融市场中已占有举足轻重的地位。这些国家的金融市场正在逐步发展为国际性的金融市场。

三、国际金融市场发展的新特点

国际金融市场出现的主要发展趋势可以概括为以下几个方面：

（一）自由化、全球化的进程加快

进入20世纪80年代，科技创新和金融创新相互促进，国际金融市场联系日益紧密，金融自由化呼声越来越高。很多国家逐步减少了政府对金融机构及其业务的直接干预和限制，逐步放开金融市场，进行业务自由化、市场自由化、价格自由化、资本流动自由化等改革。以前在地理上和金融业务上彼此分割的一些西方主要金融市场在新形势下已紧密地联系在一起，它们互相影响、互相促进，基本上形成了一个统一的全球性金融市场。对于全世界的金融投资者来说，他们可以全天24小时在任何一个主要的金融市场上不停地进行各种金融活动。

（二）融资证券化的比重越来越高

随着市场经济的进一步发展和电子技术的广泛应用，国际金融市场的格局和运行机制发生了深刻的变化。传统的国际融资方式——国际银行贷款呈下降趋势，在国际融资总额中所占比重逐渐下降，资产证券化、融资方式证券化更是呈现加速发展的趋势。国际银行贷款在国际融资格局中的主导地位已不复存在，取而代之的是国际证券融资。金融证券化为国际金融市场提供了满足其自由发展和流动性需求的金融工具，加强了国际金融市场之间、发达国家与发展中国家之间的联系，加速了金融市场全球一体化的进程。

（三）金融机构向大型化、全能型方向发展

随着国际投资和贸易日益一体化、全球化的发展，跨国企业集团迅速扩张，对金融服务提出了更高的要求，传统的银行和中小型金融机构显然已不能适应时代的需求。金融自由化的发展和又一个大规模的混业经营时代的到来，将进一步促进全球金融业的兼并重组，形成全能型、"一站式"超级市场模式的大银行体制。

在金融创新的推动下，跨国银行向"全能银行"发展，开始经营投资银行、保险公司和其他金融业务。金融电子化为跨国银行全球经营提供了技术条件，现代跨国银行以整个世界为市场，以全球化战略作为行动战略，利用现代通信设备形成全球金融网络，在全球范围内追求利润最大化，在国际资本的全球流动中居于主导地位。

（四）国际金融市场创新不止

国际金融市场创新主要表现在以下几个方面：

（1）类型创新，如20世纪60年代出现的欧洲货币市场、20世纪70年代兴起的期货和期权市场、20世纪80年代形成的全球性国际股票市场等。

（2）金融工具创新，互换业务、金融期货、票据发行便利和浮动利率债券被称为金融市场的"四大发明"。

（3）交易网络创新，如CHIPS、SEAQ等大型网络的投入使用等。

（4）国际货币创新，如20世纪80年代以来，日元表现出明显的国际化趋势，欧

洲货币单位在国际信贷中得到日益广泛的应用。

这些金融创新的起因十分复杂，有的是为了避开政府的各种管制，也有的是为了降低交易成本或减少风险。金融创新的不断涌现，反映了国际金融市场适应环境变动的生存能力。

四、国际金融市场的结构体系

国际金融市场的结构体系可以按照不同的分类方法来划分。

（一）根据功能不同来划分

1.国际货币市场（International Money Market）

国际货币市场是资金融通业务和借贷期限在一年以下（含一年）的短期资金市场。国际货币市场的主要功能是为政府、中央银行、工商企业及个人等参与货币市场交易的各方调节短期资金余缺，解决临时性资金周转的困难。货币市场具有期限短、资金周转速度快、数额巨大、金融工具流动性强、货币性较强、价格波动小、投资风险较低等特征。

2.国际资本市场（International Capital Market）

国际资本市场是指经营一年期以上的国际性中长期资金借贷和证券业务的国际金融市场。其主要功能包括：一是提供一种使资本从剩余部门转移到不足部门的机制，使资本在各国间进行优化配置；二是为已发行的证券提供流动性充分的二级市场，以保证市场的活力。国际资本市场与国际货币市场相比，其特征是期限较长，资产价格波动和投资风险都较大。国际资本市场由国际信贷市场和国际证券市场组成。

3.国际外汇市场（International Foreign Exchange Market）

国际外汇市场是进行国际性货币兑换和外汇买卖的场所或交易网络，是国际金融市场的核心。外汇市场作为国际经济联系的纽带，集中反映了国际经济、世界金融及各国货币汇率变化的趋势，为促进国际贸易、信贷、投资及各种国际资金活动的实现提供了便利条件。随着现代通信技术和国际金融业的迅猛发展，外汇交易日益脱离实物经济。

4.国际黄金市场（International Gold Market）

国际黄金市场是世界各国集中进行黄金交易的场所，是国际金融市场的特殊组成部分。随着国际金本位制的消亡以及信用货币制度的建立，黄金已退出货币流通领域，黄金市场逐渐在名义上成为一种贵金属商品市场。由于黄金市场既是国家调节国际储备资产的重要手段，又是居民调整个人财富储藏形式的一种方式，是黄金的保值、清偿功能的现实延续，黄金在实质上仍然保留着货币的作用，黄金市场仍然属于国际金融市场。

目前世界上有五大国际黄金市场：伦敦、苏黎世、纽约、芝加哥和中国香港，它们都可以进行现货和期货交易，但各有侧重。

5.金融衍生工具市场（Financial Derivatives Market）

金融衍生工具市场也称派生市场，是相对于商品市场、资本市场、证券市场等基础市场而言的。该市场交易的工具是金融衍生工具，它是当代金融创新最重要的成果之一。金融衍生工具是一种交易者为转嫁风险的双边合约，其价值取决于基础市场工具或资产的价格及其变化。金融衍生工具市场既包括标准化的交易所，也包括场外交易（柜台交易），即 OTC 交易。金融衍生工具市场主要有金融期货市场、期权市场、互换市场、远期合约市场等。

（二）按照融资渠道的不同来划分

1. 国际信贷市场（International Credit Market）

国际信贷市场主要从事资金借贷业务，按照借贷期限的长短不同，又可以分为短期信贷市场和长期信贷市场。短期信贷市场是从事 1 年期以下借贷业务的市场，以银行同业间拆放市场为主。长期信贷市场主要从事 1 年期以上的中长期信贷业务，通常为 1~10 年，最长可达 30 年。

2. 国际证券市场（International Securities Market）

国际证券市场是股票、公司债券和政府债券等有价证券发行和交易的市场，是长期资本投资人和需求者之间的有效中介，是金融市场的重要组成部分。证券市场包括国际股票市场和国际债券市场，这两个市场又可以分别分为新证券的发行市场和已发行证券的交易市场。新证券的发行市场又称为一级市场或初级市场，已发行证券的交易市场又称为二级市场。

五、国际金融市场的作用

（一）积极作用

国际金融市场是世界经济的重要组成部分，它对世界经济的发展具有积极作用。

（1）促进世界经济的发展。国际金融市场不但为对外贸易融通资金，还为资本短缺国家利用外资、扩大生产规模提供了便利。国际金融市场通过汇集资金、提供贷款和进行证券交易，把大量闲置的货币资本转化为现实的职能资本。各国利用国际金融市场筹集资金，扩大了本国的社会资本总额，从而可以增加投资和扩大生产规模，进而促进世界经济的发展。

（2）调节国际收支。一方面，有国际收支顺差的国家，将其外汇的盈余资金投放于国际金融市场；另一方面，有国际收支逆差的国家则越来越依赖国际金融市场的贷款来弥补国际收支逆差。比如，中东产油国曾经将很大一笔石油出口收入存到欧洲货币市场，形成石油美元。这笔石油美元又以国际信贷的方式，贷给了因石油涨价引起国际收支逆差的国家。国际金融市场在促进石油美元的再循环、调节各国国际收支失衡方面起了决定性的作用。

（3）促进经济国际化的发展。其重要表现之一是跨国垄断组织（主要形式是跨国公司与跨国银行）的出现与发展。国际金融市场促进了跨国垄断组织的发展，跨国垄断组织的发展又推动了国际金融市场的发展。首先，国际金融市场是跨国公司获取外部资金的最重要的来源，为跨国垄断组织进行资金调换提供了便利条件；其次，国际金融市场是跨国公司存放暂时闲置资金的有利可图的场所，也为跨国银行进行贷放款活动和获取丰厚的利润提供了条件。

（4）对优化国际分工，形成世界经济一体化起着推动作用。国际金融市场的发展使国际资金调拨的成本大大降低，促进了国际贸易的发展，也加快了国际资本的流动。同时，国际金融市场上的市场规律也使资金流向经济效益最好、资本利润率最高的国家和地区，从而使国际金融市场在加速生产和资本国际化的同时，对优化世界经济资源配置、建立合理的国际分工体系起到了一定的积极作用。随着国际金融市场的发展，各国之间的经济联系必然越来越紧密，世界经济一体化的趋势也必然越来越明显。

（二）消极作用

国际金融市场在世界经济发展中也有其不利的影响和消极的一面，主要反映在以下几个方面：

（1）国际金融交易日益与实体经济相脱节，加大了金融风险。据统计，目前全世界金融交易量大约是商品和服务交易总量的2.5倍，在巨额的国际资本流动中只有10%与实体经济交易和投资有关。全球性金融衍生品市场的迅猛发展也滋生了过度投机和经济泡沫，使实体交易量、金融原生品交易量和金融衍生品交易量形成倒金字塔，增加了国际金融市场的脆弱性，加大了金融风险。

（2）国际金融市场一体化使金融风险随全球化而扩展。在国际金融市场一体化的进程中，金融风险随市场的扩大而增加。金融业各机构之间、金融机构与其他部门之间以及国内市场和国际市场之间相互依赖，任何一个地方出现问题，风险都具有连锁反应和波及整个系统的蔓延效应。一国的金融风险或危机会迅速传播到世界各地，从而使来自国际金融市场的风险对各国金融业形成较大的冲击。

（3）国际金融市场融资的便利性与无限制性增加了国际性债务危机发生的可能。逆差国在国际金融市场借款规模不断扩大，如果对资金缺乏合理的配置，将造成资金的浪费，无法形成有效的创汇增长点，结果进入借新还旧的恶性循环轨道。一旦借款国如南美、非洲一些国家无力偿债，就会在国际范围内引发债务危机。

（4）巨额的国际资本流动增大了国际金融市场的风险。国际资本流动在20世纪90年代的增长十分迅速，直接投资和证券投资取代了商业银行贷款，成为国际资本流动的主流。在很大程度上，国际流动资本尤其是短期资本已脱离了世界经济和贸易活动，形成了一种相对独立的力量，难以控制。国际游资规模迅速膨胀，在国际社会频繁流动，国际社会的干预能力又相对有限，因此它们极易通过外汇市场及整个国际金融市场冲击相关国家的经济。

此外，国际金融市场也成为国际走私、贩毒及其他金融犯罪活动洗钱的场所，在一定程度上削弱了有关国家在这方面的执法力度，尤其是欧洲货币市场，由于各国货币当局难以监管，成为犯罪分子最为青睐的金融市场。

≫【案例分析】

金融强国需要与之地位相匹配的国际金融中心

案例资料：

自20世纪90年代起，上海就开始着手打造国际金融中心。近年来，上海通过建设自贸区、推动资本市场改革等一系列举措，进一步提升了国际金融中心的地位。

　　上海金融科技实验室的建立和区块链、人工智能等前沿技术的应用，为上海市的金融业注入了新的活力。根据2023年的统计数据，上海市金融科技企业数量增长超过20%，金融科技产业规模达到6 000亿元人民币以上。

　　在国际金融舞台上，上海证券交易所的科创板也是一大亮点。于2019年正式上市的科创板，以其市场化、法治化、国际化的特点，吸引了众多科技型企业的关注。截至2023年底，科创板已经成功上市的企业数量超过200家，融资金额超过千亿元人民币。科创板的崛起，进一步彰显了上海在金融创新和科技领域的领先地位。

　　随着上海金融市场的不断发展壮大，上海逐渐成为全球金融业的重要参与者和引领者。大量国际化、总部型、功能型金融机构在沪集聚，上海国际金融中心辐射力、带动力和影响力持续增强。例如，上海证券交易所的A股市场自2018年起被纳入富时罗素指数，成为全球投资者的重要参考标的之一。同时，上海证券交易所与伦敦证券交易所的合作协议也为中英两国的金融合作提供了新的机遇和平台。2023年上海持证金融机构总数已达1 700余家，其中外资占比超30%。

　　上海市国际金融中心建设仍面临一系列挑战和机遇。例如，随着全球金融市场的竞争日益激烈，上海需要进一步加强金融市场监管，提升金融业务的国际竞争力。同时，上海还需不断优化金融服务环境，吸引更多国际金融机构和人才进驻。

　　金融强国需要与之地位相匹配的国际金融中心。中央金融工作会议指出，增强上海国际金融中心的竞争力和影响力，巩固提升中国香港的国际金融中心地位。

资料来源：1.叶宇，吴丹璐.面临新挑战，上海："五个中心"建设［N］.解放日报，2024-05-23.

2.谢卫群.上海国际金融中心建设稳步推进［N］.人民日报，2023-05-13.

　　根据以上材料，分析说明以下问题：

　　1.强大的国际金融中心有哪些特征和条件？

　　分析：

　　强大的国际金融中心的特征体现在：一是规模庞大，包括市场规模、交易规模、机构规模、人才规模等；二是各类金融市场和相关的基础设施建设完备；三是丰富多样的金融产品体系。

　　强大的国际金融中心须具备四大条件：一是完备的法律体系和稳定的执法环境；二是宽松的创新环境；三是强大的防范和化解风险的能力；四是保持高度的开放性。

　　2.上海建设国际金融中心有什么优势？

　　分析：

　　从国际环境和国内环境看，当前上海发展前景和实力是相当可观的。纽约和伦敦的经济空心化严重、实体经济支撑不如上海坚实。在亚洲，东京地位在上海之上，但日本经济的疲弱不振使其发展后劲不足；香港优越的地理位置条件以及金融自由赋予其强大的优势，各个金融市场齐全，但它对内地的经济依赖严重；新加坡靠政府支持形成的国际金融中心地位也在日渐衰落。相比之下，上海却是蒸蒸日上，金融业在实体经济的推动下不断提高发展速度。

具体来看，在金融市场发展方面，上海的股票市场、债券市场、商品期货市场与一流金融中心相比，不存在量的差距；在金融产业集聚方面，银行业和保险业大力发展，资产管理、政府监管以及专业服务也迅速成长；在产业支撑方面，上海在人才、教育上的投入正逐步显现成效，自贸区的开展进一步打开了上海的对外开放大门，产业不断成长和发展；在基础设施方面，办公建筑、交通、信息技术、环境等均在不断优化。

上海已建立了较为完备的金融市场体系，集聚了一大批中外资金融机构，成为中国内地金融对外开放的最前沿、金融改革创新的先行区和国内金融发展环境最佳的地区之一。在最新一期英国独立智库Z/YEN集团发布的全球金融中心指数（GFCI）排名中，上海位列第三。截至目前，上海已成为国际上金融市场门类最为完备的城市之一，集聚了股票、债券、货币、外汇、黄金、期货、票据、保险等各类金融要素市场。

从国内来看，北京作为中国的政治、文化中心，聚集了央行、国家金融监督管理总局、证监会等监管部门，以及各大银行总部和其他众多金融机构等，北京拥有国内其他城市无法比拟的决策中心、信息中心和人才聚集带来的先天禀赋优势。但北京尚未形成自己的证券、期货、黄金等金融交易市场，金融产品较单一，这与上海相比是不够发达的。

因此，上海构建国际金融中心的先发优势是相当突出的，这也正是上海国际金融中心建设上升到国家战略高度的根本意义所在。

3.对标国际一流金融中心，上海国际金融中心建设目前面临哪些挑战？

分析：

上海国际金融中心建设目前存在四方面短板：一是与成熟的国际金融中心相比，机构国际化程度仍比较低，超大型金融机构比较少。二是重要大宗商品价格影响力不强。目前，上海重要大宗商品的市场定价权和议价权较弱，国际市场对"上海价格"的认可度有待提高。三是上海资本市场配置全球金融资源功能不强。比如，企业上市资源还是以国内为主，除个别红筹企业回归外，真正意义上的国际发行人还没有实现突破；银行间和交易所债券市场的基础设施和业务还相对独立，尚未实现互联互通和规则统一，交易所债券对外开放水平还比较低；与风险管理中心相匹配的金融期货期权产品创新能力较弱，有重大影响力的境内外长期投资者较少等。四是金融基础设施互联互通面临监管挑战，而监管制度的完善非上海自身可以完成。以债券市场为例，我国债券市场实行分市场、分券种多头监管，即债券的发行审批、流通交易分别由不同的监管部门负责。目前，我国债券市场处于中央国债登记结算有限责任公司、中国证券登记结算有限责任公司、上海清算所三个托管后台并立分割的状态。托管结算分割对参与机构造成了技术障碍，降低了市场效率。

4.当前上海国际金融中心建设面临哪些机遇？

分析：

全球发展进入多元格局深度调整阶段，以中国为代表的发展中国家和新兴经济体在国际金融事务中的话语权继续提高。上海国际金融中心建设需要在全球格局调整中把握新的发展趋势、塑造新的竞争优势。同时，我国经济发展进入"新常态"，对金融服务提出新需求。金融开放不断扩大，金融改革不断深化。经济、贸易、航运和科创中心建设加快推进以及"一带一路"倡议等，都为国际金融中心建设提供了重要机遇。

5.如何理解国际金融中心和"金融强国"的关系？

分析：

"金融强国"中六大金融要素其中之一就是要建设强大的国际金融中心。

强大的国际金融中心是金融强国建设的力量集聚点。强大的国际金融中心对国际金融机构具有强大的吸引力，有强大的吸纳和消化大量国际资金的能力，有在各国间高效配置资源的能力，有强大的金融创新能力，能帮助国际资本投资中国，助力中国资本走向世界，还能帮助国际资本投资全球，更重要的是有吸纳和化解国际金融风险向国内输入的强大能力。

强大的国际金融中心是对金融强国的重要支撑。我国建设金融强国需要强大的国际金融中心：一是发挥国际金融中心配置全球资源功能，有力支持国内实体经济发展，促进国内、国际双循环，实现我国从经济和金融大国向经济和金融强国的转化；二是发挥国际金融中心人民币国际化重要策源地作用，不断推进人民币国际化进程，提升人民币在国际货币中的地位，扩大我国在国际金融治理体系中的话语权，维护我国金融稳定和金融安全。

》【实践探索】

一、实践内容

1.了解华尔街的发展历史，理解华尔街对美国经济崛起所起到的推动作用；

2.了解我国改革开放40多年来金融业的发展变化；

3.理解上海国际金融中心建设对我国的作用。

二、实践方式

1.观看中央电视台《经济半小时》栏目的纪录片《华尔街》（重点观看第1集《资本无眠》、第5集《硅谷方程》、第6集《投资之道》、第10集《资本之河》）；

2.上网收集整理改革开放40多年来我国金融市场发展的相关资料；

3.查阅习近平总书记关于"金融安全"的论述；

4.小组成员相互交流和讨论。

三、实践结果

1.制作小视频，介绍任务完成的经过及心得；

2.通过PPT展示。

任务二 欧洲货币市场

》【知识要点】

国际金融市场的核心部分是从事境外金融业务的离岸市场。离岸市场不是指某一市场的地理位置，而是相对于在岸市场（传统的国内市场）而言，以区别于市场中交易货币的性质。欧洲货币市场是二战结束后国际金融市场的一个重要内容，是国际金融市场的核心部分。

一、欧洲货币市场的含义

（一）欧洲货币

欧洲货币（Eurocurrency）又称境外货币（Off-shore Currency），是在货币发行国境外被存储和借贷的各种货币的总称。必须指出的是，这里的欧洲货币并非指欧洲国家的货币，"欧洲"一词也不是地理意义上的概念，而被赋予了经济上的含义，是"境外"、"离岸"和"在货币所在国管辖之外"的意思。例如，在美国境外的银行（包括美国银行在国外的分支行）所存贷的美元资金称为欧洲美元（Euro-dollars），在英国境外所存贷的英镑资金称为欧洲英镑，依此类推，还有欧洲日元等。货币名称之前被冠以"欧洲"，是因为欧洲美元最初是在欧洲地区的银行交易的。现在，欧洲货币（以及后面要提到的欧洲票据和欧洲债券）既不限于欧洲，也不限于欧洲国家的货币。从理论上讲，任何货币只要可以自由兑换，就可以成为欧洲货币。

在境外金融市场上经常使用的欧洲货币包括美元、瑞士法郎、日元、英镑和欧元等，其中美元仍占主导地位。

（二）欧洲货币市场

欧洲货币市场是指非居民之间，以银行为中介在某种货币发行国国境之外从事该种货币借贷的市场，即经营非居民的欧洲货币存贷活动的市场，又称为离岸或境外金融市场。欧洲货币市场交易主体主要是市场所在地的非居民。传统的国际金融市场以国内金融市场为依托，主要从事居民与非居民之间的借贷，而欧洲货币市场主要从事非居民与非居民之间的借贷，成为与国内金融市场相分离的离岸金融市场。传统的国际金融市场是各国金融市场的对外部分，而欧洲货币市场是各国金融市场的境外部分。

欧洲货币市场的交易中介是欧洲银行。欧洲银行专指那些经营欧洲货币业务的银行。它们拥有全球性的分支机构和客户网络，利用现代化的通信工具，依赖其先进的业务技术和严格的经营管理，将世界各地的欧洲货币供求者联系在一起，形成一个以若干著名的离岸金融中心为依托、高效且高度全球一体化的欧洲货币市场整体。因此，欧洲货币市场基本上是以运营网络形式存在的无形市场。在欧洲货币市场，银行就像在国内市场一样，从顾客那里吸收存款并借贷给其他顾客。不同的是，这里的银行、借款者和贷款

微课3-1
欧洲货币市场

者皆不受经营所在地国家有关当局的直接管辖。

在习惯上，货币市场指短期资金融通市场。在人们最初使用欧洲货币市场概念时，欧洲货币市场是一个以短期资金借贷为主的市场，但后来随着业务的不断发展和扩大，也经营中长期境外信贷业务和中长期欧洲债券，形成了短、中、长期并存，信贷与债券业务共同发展的丰富的业务格局。欧洲货币市场是国际金融市场最重要的制度性创新。

拓展思考 3-2

欧洲货币是指欧洲某一个国家的货币吗？如何正确理解"欧洲货币市场"的概念？

分析提示：欧洲货币并非特指欧洲某一个国家的货币，而是泛指境外货币，如欧洲美元、欧洲日元等。

正确理解"欧洲货币市场"这一概念需注意以下几点：（1）"欧洲"不是地理概念；（2）"欧洲货币"指境外货币；（3）"欧洲货币市场"是指欧洲货币的市场，而非货币市场；（4）"欧洲货币"的发行国境内也可设立欧洲货币市场。

二、欧洲货币市场的起因和发展

欧洲货币市场起源于20世纪50年代末的英国伦敦，后来扩散到世界其他许多地方，包括东京、中国香港和新加坡等亚洲国家或城市，形成众多的离岸金融中心。

欧洲货币市场发展的最初诱因是二战后美国和苏联两国的对抗。在20世纪50年代，苏联通过出口黄金和其他商品赚取了美元外汇。苏联货币当局不愿意把这些美元存在美国，因为担心两国的冷战升级后美国政府会采取法律手段冻结这些美元，于是便把出口挣得的美元存在英国和法国的银行里，如苏联在巴黎开设的北欧商业银行和在伦敦开设的莫斯科国民银行以及在伦敦的其他欧洲国家的商业银行。这些银行对这些美元存款进行投资，如购买美国政府国库券、商业和金融票据等，以获取利息，并利用投资收益向苏联支付美元存款的利息。后来，其他持有美元的欧洲人也发现把美元存在欧洲的银行比存在美国银行更方便。欧洲各国的中央银行也把一部分美元外汇转移到新兴的欧洲美元市场。

促使欧洲货币市场出现的最初诱因，即保护美元存款不受美国政府可能冻结或没收的威胁，在后来欧洲美元市场的发展中仍然起了一点作用。例如，来自阿拉伯国家的投资者为了给石油美元寻找流动出口，在20世纪70年代后期纷纷把资金转移到欧洲货币市场。在1979—1981年美国人质危机中，美国冻结了伊朗在美国的存款余额，这也许更加强了一些人的信念，即把资金存在美国银行系统是要冒政治风险的。

然而，这种出于政治考虑而把资金转移到欧洲货币市场并不是20世纪60年代早期以来这一市场发展壮大的主要原因。相反，欧洲货币市场发展的原因是欧洲美元市场上的美元存款利率比美国国内货币市场的同期存款利率高（因为对它的管制极为宽松）。事实上，大量美元流入欧洲的主要动机是躲避美国金融法规和条令的限制。例如，根据美国联邦储备银行颁布的 Q 条例，美国商业银行的存款利率最高不能超过限定的利率，而欧洲美元存款则不受此限制。因此，当境外美元的存款利率高于美国国内利率时，就导致美国的美元存款流入欧洲美元市场。又例如，根据上述同一机构颁布的 M 条例，美国银行对国外银行的负债，包括其海外分支机构在国内总行账面的存款，必须缴存一定的存款准备金（不能用于贷款）。而经营美元的欧洲央行则不受此限制。另外，在 20 世纪 60 年代后期美国政府为了改善国际收支和控制资金外流而采取了一系列限制措施，结果促使跨国公司不得不转向欧洲货币市场融通资金，从而大大促进了该市场的发展。

后来，这一市场向欧洲以外的地区扩展。从 1969 年开始，新加坡的金融机构就一直被授权接受美元和其他货币的存款并以这些货币进行贷款。这一境外市场通常称为亚洲货币市场。其运行机制与欧洲货币市场完全相同。实质上，以新加坡和中国香港为中心的亚洲货币市场是国际境外金融市场的一个重要组成部分。

美国银行在欧洲货币市场上一直很活跃，许多美国银行已在离岸金融中心设立了分行或子银行，以便经营欧洲货币业务。从 1981 年起，在美国经营的银行可以在美国境内设置国际银行机构（International Banking Facilities，简称 IBF），以经营欧洲货币业务。国际银行机构不受美国金融法律法规对存款准备金及最高存款利率等的制约，但它只能接受非美国居民的存款，资金也只能用于海外。以纽约为代表的 IBF 成为依靠政策主动培育境内金融业务并与离岸金融业务严格分离的离岸市场类型，纽约逐步成为欧洲货币交易的主要中心之一。由于美国政府除了把在美国境内流通的外国货币视为欧洲货币外，又将在美国境内流通但不受美国金融当局管理的非居民美元存贷款定义为欧洲美元，因此欧洲货币的概念从此突破了特定地理区域限制，表现出鲜明的国际借贷机制的特点。

概括起来，欧洲货币市场的发展主要是由以下几个方面的原因促成的：

（1）英国政府对英镑使用的限制。为绕开管制，英国商业银行利用美元存款贷给国际贸易商。美国境外经营美元存放款业务的资金市场在伦敦出现。

（2）西欧国家外汇管制的放松。自 20 世纪 50 年代末开始，西欧主要资本主义国家放松或取消了外汇管制，许多国家恢复了货币自由兑换，允许资本自由流动，这就使欧洲银行的美元存放款业务迅速发展，同时也促进了经营这类业务的银行机构迅速增加。此外，对非居民的外币存款不加干预，并免缴存款准备金，这些都为欧洲货币市场的发展提供了良好的环境。

（3）美国当局对国内银行活动的限制。为限制美元外流，1963 年美国政府实施的利息平衡税（Interest Equalization Tax）、Q 条例（Regulation Q），1965 年实施的自愿的国外信贷约束准则（Voluntary Foreign Credit Restrain Guideline）等促使美国银行把美元转移到海外和欧洲。

（4）美国国际收支逆差。美国巨额的国际收支逆差是欧洲美元迅速增长的根本原因。大量外流的美元，主要积存在西欧国家的商业银行，从而为欧洲美元市场提供了大量的资金，促进了欧洲美元的存储与放贷规模的扩大。

（5）石油输出国组织（OPEC）的石油提价后石油美元的回流。1973—1976 年期间，OPEC 在欧洲货币市场上的存款猛增，主要贷给石油进口国。

（6）欧洲国家对非居民本币存款的限制（倒收利息）。为了应对美元危机对本国经济的影响，这些资金就转存到该货币发行国以外的地区，形成了欧洲英镑、欧洲法国法郎、欧洲荷兰盾、欧洲瑞士法郎等欧洲货币，欧洲美元市场也逐渐扩大到欧洲货币市场。

三、欧洲货币市场的类型

根据业务对象、营运特点、境外货币的来源和贷放重点的不同，欧洲货币市场可分为以下四种类型：

（一）内外混合型

内外混合型是指离岸金融市场业务和所在国的在岸金融市场业务不分离。这一类型的市场允许非居民在经营离岸金融业务的同时，也可以经营在岸业务和所在国的国内业务。内外混合型离岸金融市场是典型的国内市场和国际金融市场一体化的市场。这一点无论在货币市场、证券市场还是外汇市场都表现得非常明显。随着管制的放松，不同市场的界限被打破，各类市场日益互相依存，它们中间的界限日趋模糊。内外混合型离岸金融市场的目的在于发挥两个市场资金和业务相互补充和相互促进的作用。这类市场的典型代表是伦敦市场和中国香港市场。

（二）内外分离型

内外分离型是指离岸市场业务与在岸市场业务严格分离，这种分离可以是地域上的分离，也可以是账户上的分离，目的在于防止离岸金融交易活动影响或冲击本国货币金融政策的实施。美国纽约的离岸金融市场是一个典型的代表，其主要特征是将存放在离岸银行账户上的美元视同为境外美元，与国内美元账户严格分开。此外，东京、新加坡也接近美国离岸市场的类型。

（三）分离渗透型

分离渗透型与内外分离型有相似的特征，它是在内外严格分离的基础上，允许部分离岸资金渗透到国内金融市场上来，目的在于利用地理优势更好地利用外资，典型的市场是马来西亚的纳闽岛和泰国的曼谷市场。但渗透到国内市场的离岸资金应取消作为离岸资金的一切优惠，以防止扰乱国内金融市场。一般来说，该类型的市场有较大的管理难度，若管理不善，将带来负面影响。1997 年泰国发生金融危机，离岸资金过于放松就是原因之一。

（四）避税港型

避税港型是指在不征税的地区设立名义上的机构，通过这种机构在账簿上进行境外与境外的中介交易。实际上资金的提供和筹集并不在那里进行，一些国际银行只是在那里开立账户，目的是逃避管理和征税，所以称为避税港型的离岸市场，它又称为"账面上的离岸金融市场"。

这种市场大多位于北美、西欧、亚太等经济发达或投资旺盛、经济渐趋繁荣的地区附近，大多原系发达国家的殖民地或附属国。由于这些国家或地区多为岛屿，与大陆相分离，资源贫乏，制造业非常有限，对经济的发展产生制约和不利的影响。这些国家或地区为了发展本国经济，改善国际收支状况，挖掘自身有利的条件，通过向非居民提供税收优惠，吸引非居民开展离岸金融业务。这些国家或地区的共同特点就是，虽然政治经济不太发达，但政治经济稳定，一般都有较充分的商务基础设施，特别是有较先进的交通设施和通信设施。这些国家或地区汇集了一大批银行、保险公司、外汇及证券交易机构，形成了较完善的金融业务门类，同时还拥有一大批有经验的专业金融服务人才，高效率地为非居民提供各种金融服务。另外，当地政府还对离岸金融市场业务提供了一些较为宽松的管理氛围和优惠政策：对非居民外汇交易没有管制，资金自由转移。这类离岸金融市场的典型地区是加勒比海的巴哈马、开曼群岛以及百慕大、巴拿马和西欧的海峡群岛。

上述四种类型的欧洲货币市场基本上反映了不同的金融业发展水平和金融监管水平。从实践来看，各国都是根据自身的条件，主要是经济对外开放程度、金融业发达程度、金融监管严密程度等，选择不同类型的离岸市场。

拓展思考 3-3

欧洲货币市场与离岸金融中心有何区别？

分析提示：欧洲货币市场和离岸金融中心同为经营境外货币市场，前者是境外货币市场的总称或概括，后者则是具体经营境外货币业务的一定地理区域。根据业务对象、营运特点，境外货币的来源和贷放重点的不同，可分为四种离岸金融中心：（1）功能中心，指诸多的外资银行和金融机构中的几种，从事具体的存储、贷放、投资和融资业务；（2）名义中心，指纯粹记载金融交易的场所，这些中心不经营具体的金融业务，只从事借贷投资业务的转账或注册等事务手续，因此也称为"记账中心"，其目的是逃避税收和金融管制；（3）基金中心，主要用来吸收境外资金，贷放给本地区借款人；（4）收放中心，主要用来筹集本地区多余的境外货币，贷放给世界各地的借款人。

四、欧洲货币市场的特征

欧洲货币市场之所以能够快速成长，是因为该市场具有以下几个特点：

（一）管制较松

这个市场的货币当局对银行及金融机构从事境外货币的吸存贷放，管制一般都比较松。例如，一国政府机构或企业筹集资金，在美国纽约市场发行美元债券或借款等，美国有关当局对此审查相当严格，一般中小国家或企业很难获准；而它们在欧洲货币市场发行美元债券或借款，审查的手续则比较简单，没有美国市场严格，比较容易获得批准。因此，一些发展中国家的政府或企业常常在此借取资金，以适应经济发展的需要。

（二）调拨方便

这个市场，特别是以英国伦敦为中心的境外货币市场，银行机构林立、业务经验丰富、融资类型多样、电信技术发达、银行网络遍布世界各地、资金调拨方便。在这个市场取得资金融通后，极易转换成所需的各种货币，可以在最短的时间内将资金调拨到世界各地。

（三）税费负担少

这个市场税负较轻，银行机构的各种服务费相对较低，从而减轻了融资者的成本负担。

（四）可选货币多样

这个市场所提供的资金不限于市场所在国的货币，而是几乎包括了所有主要西方国家的货币，从而为借款人选择货币提供了方便条件。

（五）资金来源广泛

这个市场打破了资金供应者仅限于市场所在国的传统界限，从而使非市场所在国的资金拥有者也能在该市场上进行资金贷放。与此同时，借款人也不受国籍的限制。

（六）以银行间交易为主

欧洲货币市场的经营以银行间交易为主，银行同业间的资金拆借占欧洲货币市场业务总额的比重很大。它也是一个"批发市场"，因为大部分借款人和存款人都是一些大客户，所以每笔交易数额都很大，少则数百万美元，多则可达数亿甚至数十亿美元。

（七）金融中心多

这个市场的形成不以所在国强大的经济实力和巨额的资金积累为基础，只要市场所在国家或地区政治稳定、地理位置优越、通信发达、服务周到，并实行较为突出的优惠政策，就有可能发展为新型的国际金融市场。

欧洲货币市场对国际金融市场发展的贡献是非常显著的，但是也存在明显的缺陷：一方面，欧洲货币市场没有中央银行机构，这意味着该市场没有最后融资的支持者，若经营欧洲货币业务的银行发生问题，倒闭或发生清偿困难时，将没有中央银行出面支持；同时，欧洲货币市场没有设立存款保险制度，这使存款的安全性缺乏保障，一旦市场潜在的风险外化，所形成的外部负效应会更大。另一方面，欧洲货币市场充斥着庞大的国际游资，数万亿美元的国际游资在国际金融市场上横冲直撞，极易造成市场的频繁动荡，危及各国金融市场的稳定。20世纪90年代以来，国际金融危机频频爆发，充分验证了市场的这个缺陷。

五、欧洲货币市场的构成

根据资金的借贷期限、方式和业务性质，欧洲货币市场可以分为欧洲短期信贷市场、欧洲中长期信贷市场和欧洲债券市场。

（一）欧洲短期信贷市场

欧洲短期信贷市场包括银行对境外工商企业的信贷和银行同业间拆放的市场。前者主要解决企业流动资金的需要，后者主要解决银行平衡一定时间的资金头寸，调节资金余缺的需要。其中，银行同业间拆放市场处于重要地位，这一市场形成最早、规模最大。

1. 欧洲短期资金信贷市场的特点

（1）期限短。大部分交易是按日计算的短期放款，期限一般为7天、30天、90天、180天，最多不超过1年。3个月期以内的借贷业务较多，3个月至1年期的交易较少，其中隔夜交易比例相当大。

（2）成交金额起点高。每笔短期借贷金额起点通常以百万或千万美元以上为单位。由于起点较高，参加该市场者多为大银行和大型跨国公司。

（3）条件灵活、选择性强。借款期限、币种、金额和交割地点可由借贷双方协商确定，灵活方便。

（4）存贷利差小。欧洲货币市场存款利率一般略高于国内市场，而贷款利率一般略低于国内市场，因而存贷款的利差较小，二者之间一般相差0.25%~0.5%。

（5）无须签订协议。短期借贷通常发生于有长期业务交往的银行与企业或银行与银行之间，彼此了解，信贷条件相沿成习，双方均明悉各种条件的内涵与法律责任，无须签订书面贷款协议，通过电信联系，双方即可确定贷款金额与主要贷款条件。

2. 欧洲短期信贷市场上的金融创新工具

为了应对来自债券市场的竞争，欧洲银行创造了一种新的融资工具：欧洲票据。欧洲票据的使用方式是：借款人用自己的名字发行短期债券，由一批同意担保的银行组成一个受托银团，负责购入借款人未能出售的票据，或者提供备用信贷。对银行借款人来说，欧洲票据类似于短期定期存单，而对非银行借款人来说就是本票的一种形式。欧洲票据有以下两种形式：

（1）欧洲商业票据。欧洲商业票据就像世界其他地区或国家在国内发行的商业票据一样，是一种公司或银行的短期债务，期限通常是1个月、3个月或6个月。这种票据通常折价销售，偶尔也附息票销售（类似短期债券）。在外发行的90%以上的欧洲商业票据使用美元标价，但这并不妨碍公司在欧洲商业票据市场上筹措日元及其他货币资金，并且公司也可以利用即期和远期外汇市场对欧洲商业票据的外币进行套期保值。

（2）票据发行便利。票据发行便利是一种融资方法，借款人通过循环发行短期票据，达到中期融资的效果。它是银行与借款人之间签订的在未来的一段时间内由银行以承购连续性短期票据的形式向借款人提供信贷资金的协议。票据发行便利的优越性在于把传统的欧洲银行信贷的风险由一家机构承担转变为由多家机构分担。票据发行便利对借款人和承购银行双方都有好处，借款人据此可以稳定地获得连续的资金来源，而承购包销的银行无须增加投资就增收了佣金费用。

票据发行便利自1981年问世以来发展很快，特别是1982年债务危机之后。由于其职能分担、风险分散的特点，票据发行便利受到贷款人的青睐，目前已成为欧洲货币市场中期信用的主要形式。

3. 短期资金的供应与需求

欧洲货币市场的存款来源主要是各国的国有银行及企业、国际财团、跨国公司和私人企业的资金、石油输出国油款收入以及个人在短期内的闲置资金。从资金需求来看，主要是进口商支付进口货款需要或纯粹为了国内资金需要，即在欧洲美元贷款利率低于国内利率时，借入欧洲美元兑换成本币使用。

（二）欧洲中长期信贷市场

欧洲中长期信贷市场是经营期限在1年至10年的欧洲货币借贷业务的市场。在欧洲短期借贷市场发展的同时，欧洲中长期资本市场也迅速发展壮大。

1.欧洲中长期贷款的特点

（1）期限长、金额大。其期限一般为1年、3年或5年，甚至更长，金额均在100万美元以上。

（2）需签订贷款协议。办理中、长期信贷，一般都需要签订协议，有的协议还需借款国的官方机构担保。

（3）浮动利率。利率以伦敦银行同业拆放利率为基础，根据金额大小、时间长短以及借款人的资信状况，加上不同幅度的附加利率，一般为0.25%~2.5%。此外，在贷款期内每3个月或半年根据市场利率的实际情况，随行就市，调整利率。

（4）以辛迪加贷款为主。对金额大、时间长的贷款，几家甚至数十家银行联合起来，组成银团，由一家或几家大银行牵头，向借款人共同提供贷款。

2.中长期资本市场的资金来源与贷放对象

中长期资本市场的资金来源主要有：吸收短期欧洲货币存款（包括石油输出国短期闲置的石油美元、跨国公司或一般企业在资本循环中暂时闲置的欧洲货币资金，以及一些国家中央银行的外汇储备）、发行欧洲票据筹集到的短期资金、大额银行存款单、银行间的资金调拨。中长期资本市场的资金贷放对象主要为外国政府、国际组织、大型跨国公司、中央银行、其他银行和金融机构。

（三）欧洲债券市场

1.欧洲债券与欧洲债券市场

欧洲债券是指一些国家的企业、地方政府、团体以及一些国际组织，为了筹措中长期资金，在欧洲货币市场上发行的以市场所在国以外的货币所标示的债券。欧洲债券市场是欧洲债券发行与流通的市场，其特点是债券发行人属于一个国家，债券在另一个或另几个国家金融市场上发行，债券面值用第三国货币表示。例如，日本融资机构在伦敦发行的以美元计值的债券属于欧洲债券，而日本融资机构在东京市场上发行的美元债券则算外国债券，而不是欧洲债券。1997年7月，中国在欧洲债券市场上发行了以德国马克标价的欧洲债券，承销商为瑞士银行和德意志银行。

2.欧洲债券市场的特点

欧洲债券市场的主要特点是管制较松、审查不严，如发行债券不需要官方的批准、债券不记名等。此外，欧洲债券市场发行费用低，债券发行不缴纳注册费，债券持有人不缴纳利息税等特点也促进了欧洲债券市场的飞速发展。欧洲债券的利率高于银行存款的利率，一般为固定利率，但在欧洲债券市场上浮动利率债券也在不断增加。债券的利率水平视不同时期、不同货币单位、不同发行单位而有所差异。

欧洲债券市场上的借款人都是声名显赫、信用等级极佳的政府和企业（发达国家、国际组织和一些大型跨国公司），例如通用汽车公司。债券发行要通过承销团进行，即使只发行2 500万美元，通常也需要上百家甚至更多的承销银行参与。越来越多的欧洲债券采用私募的方式，因为这样既简便、快捷，又可以保密。

3. 欧洲债券的种类

目前，欧洲货币债券市场上的债券主要有五种：第一种是普通固定利率债券，即在发行时与到期日利率均有明确的规定，不再改变；第二种是浮动利率债券，即利率按约定时间调整，多数是半年调整一次，以6个月期的伦敦银行同业拆放利率或以美国商业银行优惠放款利率为基础，再加上一定的附加利率计算；第三种是可转换为股票的债券，认购者可以按照发行时规定的兑换价格转换成相应数量的股票；第四种是授权债券，其特点是购买者可获得一种权利（而非责任），并据此按协定条件购买某些资产，类似于对有关资产的买入期权；第五种是合成债券，它具有固定利率债券和利率互换合同的特点。

4. 欧洲债券市场的参与者

欧洲债券市场主要由以下三类参与者组成：

（1）发行人。欧洲债券发行人主要有国际金融机构、各国政府和政府机构、跨国公司、银行与非银行金融机构、国有企业等，其中大多数发行人来自发达国家。发行欧洲债券需要很高的资信等级，发行人进入市场的目的是筹集中长期资金。

（2）投资者。欧洲债券的投资者包括个人投资者和机构投资者。其中机构投资者的力量已远远超过个人投资者，起着主要作用，主要有国际组织、各国政府、中央银行、养老金、投资基金、跨国公司和国际性大银行等。在欧洲债券市场上，投资的主要动机是获得高收益，减少甚至逃避税收也是一个重要动机。

（3）中介机构。中介机构是指债券承销和买卖中介的金融机构，其中承销是其主要的职能。欧洲债券的发行一般没有固定的场所，主要由中介机构代理发行。中介机构大多是来自发达国家的信誉卓著的金融机构，包括证券公司、投资银行和商业银行的投资银行分支机构。

拓展思考 3-4

欧洲债券与中长期借贷有什么区别？

分析提示：欧洲债券与中长期借贷主要有以下区别：一是债权人不同。金融组织、保险公司和私人为债券持有人，即债权人；而中长期贷款的债权人为贷款银行。二是流动性不同。持有人可随时转让债券，流动性强；而中长期贷款一般不能转让。三是延长期限的难易程度不同。债券可以很容易地通过更换续债、延长期限；中长期贷款到期后，重新展期较困难。四是资金使用的限制不同。通过债券发行筹集到的资金，其使用方向与目的一般不会受到干涉与限制；而利用中长期贷款筹集到的资金，由于贷款银行比较集中，对借款人资金的使用方向比较关注，资金使用要遵循原定的方向。

六、欧洲货币市场的延伸——亚洲货币市场

亚洲货币市场是存储和流通在亚洲地区的境外货币市场。它实际上是欧洲货币市场的一个重要分支。这里所说的"亚洲货币"泛指亚洲货币市场经营中所使用的有关货币，如美元、英镑、瑞士法郎等14种可自由兑换的货币。因为交易额90%以上是美元，所以又称为亚洲美元市场。

20世纪60年代，亚洲的许多国家和地区从二战中复苏，经济开始迅速发展，从而产生了对美元及其他发达国家货币的大量需求。但由于经济上和政治上的原因，亚洲国家在欧洲货币市场上筹集资金的竞争力不强，因此亚洲国家急于建立一个本地区的国际金融市场，把流散在亚洲各地的美元和其他货币集聚起来，以满足亚洲国家在经济发展和对外贸易中产生的货币需求。1968年10月，新加坡政府接受了美洲银行的建议，允许美洲银行新加坡分行内部设立一个"亚洲货币单位"，经营亚洲美元，形成亚洲美元中心。当前亚洲货币市场的中心在新加坡，此外还有中国香港、东京和马尼拉以及后来出现的巴林等金融中心。

亚洲货币市场的主要功能是集聚银行同业存款、中央银行外汇储备、基金组织、各种政府机构、跨国公司以及私人暂时不用的闲置资金，转化为短期或中长期贷款，来解决亚太地区发展经济的资金短缺问题。当亚洲国家或地区遇到国际收支不平衡，或面临本国（地区）无力承担的大规模建设时，都会向亚洲货币市场借款。亚洲货币市场的产生与发展为亚太地区的经济活动提供了融通资金的便利场所。

亚洲货币市场所提供的存贷款项目与欧洲美元市场相同，其所接受的存款项目包括：①活期存款；②3天或7天通知存款，最低限额为10万美元；③到期日在5年以上的定期存款。限额的固定到期日存款和定期存款，其数目有时甚至低于5 000美元。亚洲货币市场所提供的贷款项目有：①短期贷款（包括隔夜放款）；②各种期限的固定利率贷款，近年来通常为1年以上；③商业上的信用贷款，有固定期限，但可展期；④3年以上的贷款，采取浮动利率，每3~6个月调整一次，利率按银行间拆放利率加佣金计算。

亚洲货币市场的主要作用包括以下几个方面：

（1）最主要的用途是对亚洲地区以外的企业发放贷款或购买亚洲地区以外的企业债券。

（2）用于亚洲地区内的企业（包括欧美企业）的贸易和投资方面的资金需要。

（3）用于各银行间的往来和被指定收受亚洲美元的各银行间的相互融资交易。这一项对亚洲地区融资的贡献颇大。

七、人民币离岸市场

（一）人民币离岸市场的概念

所谓人民币离岸市场，是相对于在岸市场而言的，指的是在中国境外负责处理非中国居民的人民币存贷款业务，进而提供投资、贸易结算、外汇买卖以及证券交易等金融服务的人民币市场。这个市场不受中国政府的直接监管，但受到全球金融市场的广泛影响。

在人民币尚不能自由兑换、资本项目尚未完全开放的情况下，人民币离岸市场的发展对于推动人民币国际化进程具有重要意义，可以满足境外机构和个人对人民币的金融需求，也可以促进人民币在国际贸易和投资中的使用。同时，离岸金融市场的建设也会对国内金融体系改革产生倒逼作用，不仅有利于加强对利率和汇率风险的防控，而且有助于加速中国利率和汇率市场化改革。

离岸市场可位于境外，也可位于境内。人民币离岸金融市场包括两类：一类是境外的离岸金融市场，主要包括香港、伦敦、新加坡、巴黎、卢森堡、法兰克福等地区。这些地区都设有离岸人民币交易中心，为全球的投资者提供人民币交易服务。此外，一些新兴市场国家也正在积极开展离岸人民币业务，如巴西、南非等。这些国家的离岸人民币市场正在逐渐壮大，为当地企业提供更加便捷的金融服务。另一类是境内的离岸金融市场，如正在建设的中国（上海）自由贸易试验区（简称上海自贸试验区）、中国（海南）自由贸易试验区（简称海南自贸试验区）、中国（广东）自由贸易试验区（简称广东自贸试验区）等。

拓展阅读3-2

离岸人民币市场在形成人民币国际环流中的作用

拓展思考3-5

离岸人民币与在岸人民币有何联系和区别？

分析提示：在岸是指中国内地市场之内，而离岸则是指中国内地市场之外。与上述相对应，在岸人民币就是指在中国境内经营的人民币存放款业务，而离岸人民币则是指在中国境外经营的人民币存放款业务。

在岸人民币和离岸人民币的区别主要在于：在岸人民币市场存在较严格的管制，其中央行是外汇市场的重要参与者，汇率受央行政策的影响会很大。离岸人民币较在岸人民币发展时间更短、规模更小，所受的限制较少，主要的市场参与者有进出口企业、离岸金融机构、对冲基金等。通常离岸人民币受海外经济金融局势影响较多，也更充分地反映了市场对人民币的供给与需求，汇率自由浮动，更容易受到国际市场波动的影响。因此，在国际金融市场较动荡的时候，在岸人民币和离岸人民币汇率会出现比较明显的差价。在人民币还未能完全自由兑换的情况下，人民币在岸市场和离岸市场是分隔开的，但这种分隔并不是绝对的。在岸市场和离岸市场之间通过贸易项目、直接投资和金融市场这三座桥梁建立起相互影响的联系纽带。

（二）离岸人民币市场的发展历程

在离岸市场发展早期，中国香港金融管理局（下称"香港金管局"）2010年2月对当地金融机构使用人民币发出指引，允许人民币流入香港市场后，只要不涉及资金回流内地，可依照与香港离岸市场其他货币类似的运作开展业务，包括：离岸人民币可不限于贸易结算；允许银行比照美元等离岸货币；对离岸人民币进行记账和流动性管理等。这些措施扩大了人民币在离岸金融体系内的运用场景和功能，离岸人民币（CNH）汇率、拆借市场随之发展起来。随后，中国香港、新加坡地区不断开发出人民币计价的汇率、利率工具，逐步构建起以离岸人民币存款、借贷、债务融资、资金拆借、远期兑换等多种资产和金融产品为主体的离岸人民币金融生态圈。

2015年"8·11"汇改以及2016年人民币加入SDR货币篮子后，中国资产逐步被纳入MSCI新兴市场指数及彭博巴克莱等国际主流债券指数。离岸市场发展不再单纯依赖人民币汇率单方向升值，而是配合在岸金融改革提升政策透明度和可预期性，依托离岸市场金融工具和市场架构，进一步强化人民币在各项国际金融交易的便利使用，增强人民币的投融资货币属性。

（三）人民币离岸市场的最新发展

建设和发展人民币离岸金融市场具有深远意义。人民币离岸金融市场不仅是中国大国实力的重要组成部分，还是中国金融开放的长期需求和构建"双循环"新发展格局的客观需要。近年来，离岸人民币市场内生动能进一步增强，市场平稳健康发展。

1. 离岸人民币市场流动性逐步提高

2022年7月，中国人民银行与香港金管局将货币互换协议升级为常备互换安排，为离岸人民币市场提供更加稳定、长期限的流动性支持。支持香港金管局、新加坡金管局常态化使用人民币互换资金，充实离岸人民币市场流动性。离岸人民币市场交易更加活跃。截至2022年末，主要离岸市场人民币存款余额为1.5万亿元，处于历史高位。

2. 离岸人民币市场的产品和服务也得到了较大发展

在人民币产品方面，香港市场推出了人民币存贷款、商业票据、人民币债券（点心债）等产品，并陆续推出人民币兑美元、欧元等货币期货和美元兑人民币期权等人民币衍生品，产品类型日趋丰富。在境内外市场互联互通方面，随着"沪港通""深港通""沪伦通"等机制的开通，人民币在境内外市场的流动更加便利。

3. 离岸人民币市场参与主体更加丰富，产品体系逐步完善

国际清算银行（BIS）调查显示，近三年来人民币外汇交易在全球市场的份额由4.3%增长至7%，排名由第八位上升至第五位，成为市场份额上升速度最快的货币，显示离岸主体更多使用人民币进行汇兑和风险管理。2023年2月，中国证监会发布规定支持境内企业境外发行股票上市使用人民币分红派息，香港交易所推出"港币-人民币双柜台模式"，为发行人和投资者提供港币和人民币计价股票选择。内地与香港利率互换市场互联互通合作业务正式开通，全球投资者获准进入在岸衍生品市场对冲利率风险。广东省政府、海南省政府、深圳市政府在中国香港和中国澳门发行离岸人民币地方政府债，丰富了离岸人民币市场信用级人民币金融产品。中国银行（香港）启动人民币央票回购做市机制，为境外投资者提供人民币流动性支持工具。

拓展思考 3-6

影响人民币离岸市场发展的主要因素有哪些？

分析提示：人民币离岸市场的发展受到多方面因素的影响，主要有以下三个方面：

1.全球经济和金融形势的变化对离岸金融市场的需求和供给有着重要影响。例如，全球经济增长放缓、贸易摩擦加剧、货币政策分化等因素可能会导致离岸金融市场的波动和风险增加，也可能会刺激一些国家和企业寻求离岸金融市场的优势和机会。

2.人民币国际化进程是推动人民币离岸金融市场发展的重要动力。随着中国经济实力和国际地位的提升，人民币在全球贸易、投资、储备等领域的使用范围和比重不断扩大，人民币离岸金融市场也随之发展壮大。

3.中国金融市场的改革开放是影响人民币离岸金融市场发展的重要因素。一方面，中国在利率、汇率、资本账户等方面的改革，有利于提高人民币的市场化程度，增强人民币离岸金融市场的活力和效率。另一方面，中国对外开放境内金融市场，有利于扩大人民币离岸金融市场的规模和深度，促进人民币离岸与在岸市场的互动和协调。

》【案例分析】

全球最大的离岸人民币中心：香港

案例资料：

党的二十大报告强调，要"有序推进人民币国际化"，国家"十四五"规划提出要"强化香港作为全球离岸人民币业务枢纽"。

香港作为中国的特别行政区和全球瞩目的国际金融中心，是连接中国与世界的门户，具有发展离岸人民币的天然优势。经过近十几年的发展，香港已发展成全球最大离岸人民币市场和全球离岸人民币业务枢纽。

根据香港金融发展局的数据，香港发起及协调了中国约三分之二的外商直接投资和对外直接投资。自 2009 年以来，香港银行办理的人民币贸易结算业务呈指数级增长，其结算金额于 2019 年达到 5.38 兆，占跨境贸易人民币结算总额的 89%。

自 2014 年沪港通和 2016 年深港通推出以来，沪深两市累计交易额（买入和卖出交易）为 63 万亿元人民币（截至 2021 年 10 月）。通过促进跨境投资的流动性，进一步巩固了香港作为进出中国内地金融门户的地位，而现在大部分的双向投资现金流均会经过香港。

与此同时，香港在离岸人民币支付清算的地位也在不断强化。根据环球银行金融电信协会（SWIFT）数据，全球约 75% 的离岸人民币支付通过香港结算。金融发展局在最近的一份报告中指出："我们之所以能有效地提供这些服务，是因为我们拥有庞大的人民币流动资金池。"

香港拥有世界最大的人民币存款池，占所有离岸人民币存款的近一半。正因为这个庞大的人民币流动资金池，香港成为全球最大的离岸人民币外汇及利率衍生品市场。

资料来源：梁凤仪.全球最大离岸人民币中心的出发与再出发［EB/OL］．［2023-11-06］. https：//news.qq.com/rain/a/20231106A0860900.

根据以上材料，分析说明以下问题：

1.香港的离岸人民币业务最早是如何开始的？

分析：

早在1993年，中国内地开先河，允许个人游客每次可携带不超过6 000元人民币出入境。随后，中国香港市场开始流通人民币。而香港与人民币首次建立起真正意义上的紧密联系，是在10年后，即2003年《内地与香港关于建立更紧密经贸关系的安排》签订后，49座内地城市的居民可以个人身份到访香港旅游。2023年12月，中国人民银行委任中银香港成为香港人民币清算行，自此，拉开了香港发展离岸人民币的序幕。

2.目前，在香港人民币离岸中心开展的业务有哪些？

分析：

香港在离岸金融领域的主要业务有三个方面：为中国内地企业提供上市平台和融资渠道，提供人民币离岸服务，以及转口贸易，涵盖贸易结算、信贷融资、现金管理、金融市场、清算结算、债券及证券投资、资产管理、个人财富管理等全业务品种。

香港提供的离岸人民币产品，包括点心债券（于香港发行的人民币债券）、人民币投资基金、交易所买卖基金（ETF）、房地产投资信托基金（REIT）、股本证券及保险等；通过互联互通机制全球投资者还可直接投资于中国内地的在岸人民币资产。同时，香港交易所还有丰富的人民币/外币衍生产品，包括美元兑人民币（香港）期货、欧元兑人民币（香港）期货等，可有效帮助投资者对冲人民币货币风险。

3.香港作为人民币离岸中心的优势有哪些？

分析：

香港金融的发展有两个关键因素，其一是香港良好的营商环境、简单低税制、资金自由港、与西方接轨的司法制度、金融监管高效，以及最自由经济体等制度优势；其二是内地与香港不断增强的经济贸易联系。

中国政府在监管和政策上的支持，也是香港离岸人民币市场发展迅速和成功的重要原因。作为我国能够行使完全主权的特别行政区，中央政府对香港的发展提供了一如既往的支持。香港在离岸金融市场发展上，不必与新加坡、纽约、伦敦直接竞争离岸人民币业务。香港"背靠祖国、联通世界"，作为中国的缓冲区，香港拥有进出内地资本市场的独有渠道，包括沪港通、深港通、债券通，以及内地与香港基金互认安排等。这些渠道让海外投资者可以通过内地与香港市场之间的连接进入内地资本市场。2022年9月中共中央、国务院印发的《粤港澳大湾区发展规划纲要》明确提出，要"巩固和提升香港国际金融中心地位，强化香港全球离岸人民币业务枢纽地位"，在顶层设计上再次对香港离岸人民币中心建设提出了明确支持。

【实践探索】

一、实践内容

1. 了解人民币离岸市场的形成和发展；
2. 了解人民币参与国际石油结算的进展，理解"石油人民币"的意义；
3. 结合上一项目人民币国际化的进程，了解当前离岸人民币在欧洲货币市场中的参与情况；
4. 分析人民币离岸市场的未来发展前景。

二、实践方式

1. 上网收集整理人民币离岸市场的相关资料；
2. 小组成员相互交流和讨论。

三、实践结果

1. 制作小视频，介绍任务完成的经过及心得；
2. 通过PPT展示。

任务三　国际证券市场

【知识要点】

一、国际证券市场概述

国际证券市场是采用发行各种有价证券（包括债券和股票）的形式组织吸收国内外的长期资金，提供政府和企业所需的财政资金和长期资金的市场。

证券市场是一个证券发行和流通的场所，纽约、伦敦、东京证券市场都是重要的国际性资本市场。在这些市场中，不仅本国政府、企业可以筹措中、长期资本，外国政府、企业也可以筹措资本。证券市场的资金来源主要是保险公司、投资信托公司、储蓄银行和各种基金等。这些机构从存户、保户、投资者方面吸收大量的资金，将其中一部分投放到市场，形成证券市场资金的主要来源。而需要筹措中、长期资金的本国政府、地方政府和企业公司等，成为证券市场的主要资金需求者。此外，需要筹措资金的外国政府、企业公司，也可以利用国际证券市场发行各种债券，吸收市场的中、长期资金。

证券市场是发行并买卖有价证券的场所。从具体任务的角度出发，它可以分为初级市场和证券流通市场。

（一）初级市场

初级市场又称发行市场，是指发行者出售新证券的场所。它没有固定的地点，参与者包括证券发行者、承销者和购买者三类。一级市场是一种分散的、无固定场所的市场。在该市场中，投资人所购买的证券全部为新发行的证券，并且一般要通过证券承销机构购买。新证券的发行要经过发行所在地国家的证券监管机构的审核批准、认可或按所在国的有关法律程序进行。新证券的发行可以与上市相连，也可以不相连，这取决于证券的发行量、价格、公众的接受程度及证券发行监管机构审批的难易程度。

该市场基本存在两种发行方式：

（1）私下销售，即证券发行者在投资银行的协助下，以私下联系的方式自行销售证券。它可以节约承销费用，投资银行只是充当发行者和购买者之间的介绍人，但是它使证券集中于少数投资大户之手。

（2）公开销售，即证券发行者通过投资银行，以公开的方式向全社会发行证券。投资银行承担收购经销和承销保证的任务。前者指它提供包销便利；后者指它承担发售未能直接售出的剩余证券的义务。为了减少风险，证券发行者常采取联合经销的方式。

（二）证券流通市场

证券流通市场也称二级市场，是指投资者转让有价证券的场所。它可分为证券交易所市场和场外市场两大类。

1. 证券交易所市场

证券交易所市场是通过证券交易所会员以公开叫价的方式，在集中的有正式组织的场所进行证券交易的市场，只有通过严格的注册手续获批的证券才能上市交易。在二级市场上最活跃的部分是股票市场，目前国际股票市场的交易在主要交易所分布地点（伦敦证券交易所、纽约证券交易所、东京证券交易所、香港联合交易所等）和交易时间上已经形成了全球化全天候的交易。在这一市场中，股票交易活跃、价格波动频繁。

2. 场外市场

场外市场泛指交易所之外进行证券转让的所有市场。它的交易地点是分散的柜台，目前更多的是依靠电信设施进行交易。它对交易量没有硬性的规定，价格则通过私下议价方式来决定。场外交易大多不收佣金，中间商的利润来自加价（Markup），即买入与卖出的价格差额。场外市场还可分为三级市场和四级市场。前者指通过非交易所会员从事大宗上市股票交易的市场，后者指投资者之间直接进行证券交易的市场。

二、国际债券市场

国际债券市场是国际资本市场的又一个主要组成部分，它可以分为外国债券市场和欧洲债券市场两类。这里重点介绍外国债券市场。

（一）外国债券

外国债券是由来自国外的公司、政府或政府机构在某一国家的债券市场发行的、以发行地国家的货币为面值的债券。中国银行在美国发行的美元债券就是外国债券的一个例子。外国债券的发行要受到发行地国家的管制。

外国债券与欧洲债券存在以下差别：

第一，外国债券一般由市场所在地的国内金融机构组成的承销辛迪加承销；欧洲债券则由来自多个国家的金融机构组成的国际性承销辛迪加承销。

第二，外国债券受市场所在地国家证券主管机构的监管，对公募发行的管理比较严格，需要向证券主管机构注册登记，发行后可申请在证券交易所上市；私募发行无须注册登记，但不能上市挂牌交易。欧洲债券发行不必向债券面值货币国或发行市场所在地的证券主管机构登记，不受任何一国的管制，通常采用公募方式发行，发行后可申请在某一证券交易所上市。

第三，外国债券的发行和交易必须受当地市场有关金融法律法规的管理和约束；欧洲债券不受面值货币国或发行市场所在地的法律限制，因此债券发行协议中必须注明一旦发生纠纷应依据的法律标准。

第四，外国债券的发行人和投资者必须根据市场所在地的法规缴纳税金；欧洲债券采取不记名债券形式，投资者的利息收入是免税的。

第五，外国债券付息方式一般与当地国内债券相同；欧洲债券通常都是每年付息一次，以减少投资者国际分散化付息带来的不便。

拓展思考 3-7

如何简单区分欧洲债券、离岸债券和外国债券？

分析提示：根据定义，欧洲债券是指境外发行人在境内市场，或者境内发行人在境外市场发行的以第三国货币计价的债券，其相当于 A 国在 B 国发行的，以 C 国货币计价的债券；离岸债券是指境内发行人在境外市场，或者境外发行人在境内市场发行的以发行人本国货币计价的债券，其相当于 A 国在 B 国发行的，以 A 国货币计价的债券；外国债券指的是境内发行人在境外市场或境外发行人在境内市场发行的以发行地货币计价的债券，其相当于 A 国在 B 国发行的，以 B 国货币计价的债券。

（二）外国债券市场

纽约、苏黎世、法兰克福和东京是目前四大外国债券市场中心。按照面值货币与发行市场的关系，外国债券市场可以分为以下几种：

1.扬基债券市场

扬基债券是外国借款人（加拿大除外）在美国发行的，以美元为面值的中期债券。它以纽约为中心，期限多为 6~8 年，一般由美国的银团包销。发行扬基债券必须注册登记，包括符合美国证券交易委员会的披露要求。如果债券向美国机构投资者出售，则必须经过定级。美国主要的评级机构是穆迪投资服务公司和标准普尔公司，它们都采用三等九级的评级标准。由于评级审查严格，因此只有国际组织、发达国家政府、跨国公司和少数拉美国家能取得发行扬基债券的资格。

2. 武士债券市场

武士债券是外国借款人在日本发行的以日元为面值的债券。该市场以东京为中心。发行武士债券要经过大藏省的批准，而且要满足穆迪公司、标准普尔公司和日本社团债务研究所的评级标准，至少要达到 A 级。1970 年末，亚洲开发银行发行第一批武士债券；1979 年，出现首批由私人企业发行的武士债券；1984 年以后，日本逐步放宽对武士债券发行的限制，该市场成为发展最快的外国债券市场。

3. 瑞士的外国债券市场

它是由苏黎世、巴塞尔、日内瓦和伯尔尼四个中心构成的，以瑞士法郎为面值的外国债券交易市场。它以发行市场为主，流通市场很小，大部分债券都保留到期满。其以公募方式发行的债券期限为 8~15 年，以私募方式发行的债券期限为 18 个月~8 年。大部分债券以私募方式发行，这是它不同于其他外国债券市场的显著特点。在这里发行的外国债券并非主要依赖瑞士居民的储蓄，更多的是依赖流入瑞士的资金。瑞士法郎长期坚挺，加上瑞士有严格的保密制度并免征利息预扣税，保证了世界各地资金源源不断供应。瑞士中央银行限制以瑞士法郎计价的欧洲债券的发行，外国人只好通过发行外国债券来筹集瑞士法郎资金。

4. 熊猫债券市场

熊猫债券是所有由境外机构发行、以人民币计价，并在中国境内发行的债券的总称。2005 年，国际多边金融机构亚洲开发银行（ADB）和国际金融公司（IFC）成为首批外资机构发行人。自此，以国宝熊猫命名的"熊猫债"登上历史舞台。2023 年，熊猫债发行量创历史新高，全年发行量首次突破 1 500 亿元大关。发行人类型包括主权政府及地方政府、国际开发机构、金融机构、非金融企业，来自西欧、中东欧、北美、中东、东南亚等。这种债券发行的批准权在中国财政部，偿还信用是由发行债券的机构所承担。未来随着人民币在贸易结算中的使用日益增加和我国债券市场持续扩大开放，熊猫债市场将成为国际融资的重要支柱之一。

外国债券名目繁多，名字都是约定俗成的，而且一般都很响亮，容易让人一下联想到发行目的国的"土特产"，且容易得到该国政府和市场的好感。例如，在澳大利亚发行的叫"袋鼠债券"，在俄罗斯发行的叫"套娃债券"，在英国发行的叫"猛犬债券"，在加拿大发行的叫"枫树债券"，在韩国发行的叫"阿里郎债券"，而土耳其的"巴卡拉债券"，得名于土耳其人爱吃的果仁蜜饼。

三、国际股票市场

国际股票是指由股票市场所在地的非居民股份公司发行的股票。它是发行人在国际资本市场上筹措长期资金的工具。国际股票市场是指市场参与者从事国际股票发行和流通的场所。狭义的国际股票市场是交易市场所在地非居民公司股票所形成的市场；广义的国际股票市场还包括国际化的各国股票市场。

在国际上发行股票要比在国内发行股票复杂得多。股票发行涉及的当事人有：发行人（包括政府、银行、公司企业等）、证券监管机构（政府或政府授权机构）、公证机构（包括会计师事务所、审计师事务所、律师事务所和信誉评级机构等）、承销机构（投资银行和相关证券商）、投资人。股票的发行要考虑发行所在国的法律法规、发行量、发行对象、范围和方式等。

在国际股票市场中，近年来规模位居前三的是纽约证券交易所、东京证券交易所和纳斯达克证券交易所，其中规模最大和最有影响力的交易所是纽约证券交易所。纳斯达克证券交易所是美国第二大股票市场，也是一个场外交易市场，采用屏幕交易技术和做市商拍卖混合的运作方式，是世界上第一个洲际间的股票市场。

（一）国际股票市场的优点

20世纪80年代以来，国际资本市场的开放大大促进了国际股票市场的发展，在国际股票市场上发行股票和交易股票的优点更加凸显，主要体现在：

拓展阅读3-3

全球主要的股票价格指数

1. 交割成本相对较低

交割成本是股票的执行价格与其不存在交易时可能的价格之差。这里所指的交割成本是指投资者在国际股票市场上交易所发生的成本，包括市场冲击成本、佣金、税收、政府管制、上市交易的限制等产生的成本总和。国际化程度越高的股票市场，其交割成本越低。近年来，许多国家加快了金融自由化的进程，放松资本管制、废除固定交易佣金制、降低税率甚至零税率、放宽挂牌上市的程序限制等，使筹资者进入国际股票市场融资的交割成本明显降低。

2. 在更高的技术平台上分享高效率的服务

国际股票市场技术平台的优势主要体现在交易程序的网络化上。计算机技术、远程通信技术、互联网技术和电子商务在国际股票市场的广泛使用，迅速增大了其交易量，这些新技术使自营商和经纪人可以更加迅速地掌握更多有价值的信息，大大提高了市场交易活动的效率。对市场参与者而言，交易程序的网络化提高了股票交易的效率和公平度，投资者可以通过交易指令的排序和执行、信息发布、结算及兑现手段进行更加便捷的交易。

3. 可以多重上市

多重上市是指一些公司的股票既在本国证券交易所上市，也在其他国家的证券交易所挂牌上市，特别是一些跨国公司的股票会同时在好几个国家（地区）的证券交易所上市，这在美国和欧洲国家的著名证券交易所最为突出。与国内市场不同，利用国际股票市场多重上市，进行多样化投资，可以在预期收益没有降低的条件下减少组合风险，或在未增加风险的前提下提高组合投资的预期收益。同时，企业利用国际股票市场发行股票，打通全球性金融中心的融资渠道，提升国际投资者对该公司股票的需求，而需求的增加又可以提高其股票的市场价格。

4. 增强资产的流动性

国际股票市场的二级市场更为活跃，更大的市场需求和更宽厚的投资者基础提高了其股票的流动性，也有利于降低公司遭受恶意收购的可能。

5. 提高公司的形象

在国际股票市场上挂牌上市能够提高公司的形象，能够加深公众的印象和认识，提升市场知名度，有利于公司全球化战略的推进。

（二）国际股票融资的形式

1. 海外直接上市

企业在海外直接上市，就是以当地货币标明股票面值供外国投资者在当地直接购买，参加当地交易所的交易。海外上市是企业利用国际资本市场融资的最直接的途径，也是直接走向全球化经营，熟悉国际市场及其运行规律和规则的有效、便捷的方式。申请在海外直接上市的企业，必须遵循当地的证券法规和会计标准，符合该国企业上市的要求，经该国证券主管机构的批准才能发行股票。发行这种股票对上市企业的经营业绩等指标要求较高。

2. 全球存托凭证（GDR）

全球存托凭证，即发行者将其发行的股票交本国银行或外国银行在本国的分支机构保管，然后以这些股票为保证，委托外国的银行再发行与这些股票对应的存托凭证。外国投资者持有的是存托凭证。存托银行负责将股息兑换成外国货币，交给外国投资者，也可代其买卖股票。存托凭证可在外国股票市场上转让流通。在美国发行存托凭证的外国企业最多。存托凭证在美国发行的称为美国存托凭证（ADR），在欧洲发行的称为欧洲存托凭证（EDR）。

3. B股

B股属于把外国股权资本投资请进来的形式，我国和泰国等都在采用这种形式。B股是准许有外商投资的公司发行的以本国货币标明面值、以外币认购和进行交易、专供海外投资者买卖的股票。发行B股的优点是可以在本国证券市场范围内利用外资，只需遵循本国公司法、证券法的规定，得到本国证券管理机构的批准即可，省却了信息传递的成本，可以节约发行时间和发行费用；缺点是市场规模小，二级交易市场资金支持不足，流动性差，双重汇率使股票价格发生扭曲，外国投资者难以真实透彻地了解发行企业的实际经营绩效，信息障碍再加上交易手续不便，很容易在发行后使流通市场陷入疲软状态。

4. 买壳上市

买壳上市，即先出资收购已在外国股票市场上市的外国公司的部分或全部股份，然后通过该公司在当地证券市场上进行配股融资，所筹集的资金用于母公司或其他子公司的投资项目。这种方式融资较为便捷，扩股融资所获得的资本不必还贷，因而融资成本较低，但是需要一大笔资金用于收购壳公司。

5. 私募

私募市场作为债务融资和股票融资的场所已有很长的历史，私募的销售对象主要是机构投资者，传统的投资者主要是保险公司和投资公司。由于证券没有注册就不能销售给公众，因此典型的投资者遵循的是"买并且持有"的政策。

拓展阅读3-4

我国资本市场
的对外开放

【案例分析】

海垦集团再次成功发行3亿美元境外债券

案例资料：

2024年1月23日，海南省农垦投资控股集团有限公司（以下简称"海垦集团"）成功在境外资本市场发行3亿美元高级无抵押固定利率债券，期限为3年，票面利率为6.2%，债券评级为惠誉BBB，是该集团成功发行的第二单境外债。

具体条款如下：

发行人：海垦国际（香港）有限公司（Hainan State Farms International （HK） Co., Limited）。

担保人：海南省农垦投资控股集团有限公司。

担保人评级：穆迪：Baa3，负面；惠誉：BBB，稳定。

预期发行评级：BBB（惠誉）。

类型：固定利率、高级无抵押有担保债券。

发行规则：Reg S。

发行规模：3亿美元。

期限：3年期。

息票率：6.2%。

发行价格：100。

交割日：2024年1月29日。

到期日：2027年1月29日。

资金用途：用于现有离岸债务再融资。

其他条款：港交所上市；最小面额/增量为20万美元/1 000美元；英国法。

联席全球协调人、联席账簿管理人和联席牵头经办人：中金公司（B&D）、工银国际、中国银行。

清算机构：欧洲清算银行/明讯银行。

据了解，本次境外债发行，海垦集团抓住美国国债收益率企稳的市场窗口，通过全球路演，与超过60家国际专业机构投资者进行交流及答疑，讲述海垦集团发展历程、近期概况与信用亮点，受到了投资者的高度赞赏。债券开簿后即受到投资人热烈追捧，吸引了包括贝莱德、嘉实基金、易方达、野村等知名国际投资者的投资认购，最终订单规模超过7.5亿美元，实现超2.5倍认购。在高质量账簿的支持下，最终价格指引相较初始引导价格收窄45个基点，取得了理想的定价成果，体现了海垦集团近三年来在塑造国际资本市场形象、培养国际投资者群体方面卓有成效。

资料来源：根据海南省人民政府官网资料整理。

根据以上材料，分析以下问题：

1.海垦集团此次发行的是什么债券？我国企业发行的境外债都有哪些？

分析：

此次海垦集团发行的是中资美元债券，即中资企业在离岸债券市场发行的、向境外举借的、以美元计价、按约定还本付息的债券。作为内地的离岸金融中心，香港承接了最大部分的中资美元债发行及交易市场。

我国企业发行的境外债主要有三种：除中资美元债外，还有点心债和自贸区债券。

点心债，学名又称"离岸人民币债券"，是指中国内地境外发行的，以人民币计价，定期获得利息、到期归还本金及利息皆以人民币支付的债券。由于初期单笔发行规模较小，如同点心一样小巧，这种债券被市场称为"点心债"。点心债的定价较为市场化，其价格主要取决于无风险的基准利率及发行者的信用质量。它与中资美元债的发行市场都为境外市场，区别在于发行债券的币种不一样。

自贸区债券是指面向自由贸易试验区内已开立自由贸易账户的区内及境外机构投资者所发行的债券品种，发行人可以为境内、自贸区内及境外的金融机构或企业，发行币种包括人民币和外币。简言之，自贸区债券可以视为"在岸的离岸债券"。

2.美元境外债的发行方式有哪些？海垦集团此次采用的是哪种？

分析：

对中资企业而言，美元债券的发行结构主要分为直接发行与间接发行。

直接发行是指境内企业借助自身评级直接发行债券。发行人通常为实际经营主体，有一定的运营能力及资产。此类发行方式无须在境外设立子公司或分支机构，发债结构相对较为简单，而且信用度较高、利率较低、资金回流监管较少，通常没有担保、维好协议等增信措施，不涉及跨境担保。

间接发行是指境内公司间接在境外发行债券，即境内母公司以其在境外成立的特殊目的公司作为发行主体在境外发行债券，境内母公司为境外子公司提供担保等增信措施，通常境外子公司无实际经营，且设立在英属维尔京群岛、开曼等离岸金融中心。相较于直接发行模式，间接发行模式的结构更为复杂。实务中，间接发行主要有三种模式：

（1）维好协议，即以境外子公司作为主体发行债券时，境内母公司出具维好协议承诺在境外子公司出现现金流困难时提供支持，但在法律层面不具备强担保责任。维好协议通常还会搭配签署股权回购协议。

（2）境内跨境担保（境内母公司提供担保），即以境外子公司（通常为无实际业务的SPV）作为发行人，境内母公司作为担保人为子公司提供跨境担保的发行模式。

（3）SBLC（银行提供备用信用证担保），即以境外子公司为发行人，境内或者境外银行提供备用信用证，以银行信用为债券发行提供担保的发行方式。注：备用信用证的增信效力较强。

海垦集团此次采用的发行方式是间接发行中的境内跨境担保（境内母公司提供担保），也就是"内保外贷"。

3.案例中的联席全球协调人、联席牵头经办人兼联席账簿管理人分别是什么角色？

分析：

国际债券发行涉及承销商、评级机构、境内外律师、审计师、信托人及代理人等，需各方机构协调合作、共同完成。上述案例中，担任联席全球协调人、联席牵头经办人兼联席账簿管理人的中金公司（B&D）、工银国际、中国银行，是本次海垦集团发行美元债券的承销商，其中联席牵头经办人主要是参与对公司债券的市场推介及销售工作。联席全球协调人主要负责协调角色，协调各方参与该美元债券的发行工作。全球协调人对债券的总体销售承担主要责任。联席账簿管理人拥有决定债券的定价及分配的权力，例如经办人收到客户认购订单，但是否分配债券、分配多少，则由账簿管理人决定。

4.BBB评级是什么？

分析：

BBB评级是该美元债券的信用等级。国际信用评级可以提升债券发行的信息透明度，尤其在规模较大的发行项目中，提供多家评级有助于拓宽投资者渠道，确保债券顺利发行。目前，国际上一共有三大评级公司，分别是标准普尔（S&P）、穆迪（Moody's）以及惠誉（Fitch）。根据评级准则，债券信用等级划分为三等、九级，关注点在于特定债券的违约风险和违约损失风险，即违约可能性高低及发生违约时投资收回的可能性。信用级别由高到低分别为：投资级AAA、AA、A，非投资级BBB、BB、B和违约级CCC、CC、C。除了AAA和CCC级以下等级外，每一个信用等级可以用"+""-"符号进行微调以表示略高或略低于本等级。国际评级较高债券的发行人承担的债券票息也相对较低。评级不是一成不变的，会根据各种因素的影响，综合进行动态的调整。

惠誉给予BBB评级，意味着该债券目前有足够偿债能力，但若在恶劣的经济条件或外在环境下其偿债能力可能较脆弱。

5.中资企业在境外发债的意义是什么？

分析：

境外发债融资对于发行企业来说，具有重要的经济意义：

一是为企业打开新的融资渠道，可以更加灵活地筹集外汇资金，满足企业发展需求。境外市场化发行债券，执行效率较高，有利于发行企业抓住市场时机，实现低成本融资。同时，境外法规对债券募集资金的使用没有限制，发行企业可将募集资金用于项目建设、偿还银行贷款、补充营运资金等。企业还可以新债还旧债，实现资金的滚动使用。

二是中资企业通过境外发债路演可以向国际投资者展示中国经济发展成果，面对面地介绍企业经营状况，提高国际市场知名度，有助于中资企业更好地"走出去"。

三是通过境外发债，企业可收集国际市场对企业价值投资的看法和信息，为企业后续的境外IPO（首次公开上市）、组建银团借款等招商引资安排试水，寻找潜在的战略投资者。

6.目前针对境外债的监管主要有哪些？

分析：

境外债不仅要受境内监管，也受境外监管。

（1）境内监管。

我国自 2023 年 2 月 10 日起开始施行的外债新规《企业中长期外债审核登记管理办法》①将国家发展改革委的外债登记程序由"备案登记"调整为"审核登记"，在法规层面明确了国家发展改革委对红筹架构的企业（包括 VIE 架构）借用 1 年期以上外债的监管，并首次提出了"境内企业间接到境外借用外债"的概念，将主要经营活动在境内的企业以境外企业名义间接借用外债也纳入了管理范围，扩大了对外债的监管范围。对于央企而言，2023 年 5 月 6 日，国务院国资委印发《中央企业债券发行管理办法》，把境外发债也纳入了监管。

（2）境外监管。

对比国内相对严格的监管政策，国际监管相对宽松。以美元债为例，美元债发行无须审批，只需要按照相关规定进行信息披露即可。根据美国相关监管规则，美元债发行方式主要包括三类：Reg S 规则、144A 规则以及 SEC 注册。三种方式的主要区别在于不同规则项下所对应的披露要求和发行对象不同。由于 Reg S 规则的美元债披露标准最低，目前中资企业大都采用 Reg S 规则的发行方式。

7.中资企业发行美元债券面临的风险有哪些？

分析：

美元债作为企业重要的加杠杆渠道，可能引发企业融资不当和过度融资的风险。首先，作为外币计价债务，汇率风险是美元债市场的最普遍风险。当本币贬值时，外币敞口可能通过交易结算和资产负债表等渠道增加企业的债务风险。第二，前期过度举债、激进投资的企业在偿债高峰期也会面临较大的违约风险，相比个体违约，行业层面甚至跨行业、跨市场的集体违约会冲击金融市场的稳定，值得关注。第三，政策转向风险是美元债市场普遍面临的第三大风险，监管政策的松紧将直接影响企业的流动性和融资成本，从而影响企业的债务风险。第四，债券市场开放进程下美元债市场与境内债券市场的联动将更加频繁、紧密，大规模的跨境资本频繁流动会对境内金融市场的稳定造成一定的冲击和挑战。

》【实践探索】

一、实践内容

1.了解美国纽约证券交易所、纳斯达克证券交易所、新加坡证券交易所及香港证券交易所的发展历史；

2.理解和掌握美国纽约证券交易所、纳斯达克证券交易所、新加坡证券交易所及香港证券交易所的上市要求和特点；

---

① 这是自 2015 年《国家发展改革委关于推进企业发行外债备案登记制管理改革的通知》实施以来首次对外债管理模式进行修订，将效力从规范性文件上升为部门规章。

3.了解改革开放以来，我国企业利用海外证券市场融资的历史；

4.分析中国企业选择海外证券市场融资的优势和劣势。

二、实践方式

1.上网收集整理美国纽约证券交易所、纳斯达克证券交易所、新加坡证券交易所及香港证券交易所的相关资料；

2.收看《红色财经·信物百年》百集微纪录片之《"信物"背后的故事——新中国第一支海外债券凭证》，了解1982年中国国际信托投资公司海外发债的故事；

3.分别以腾讯、阿里巴巴、京东、小米、滴滴为例，上网收集整理我国企业参与海外证券融资的相关资料；

4.小组成员相互交流和讨论。

三、实践结果

1.制作小视频，介绍任务完成的经过及心得；

2.通过PPT展示。

项目小结

国际金融市场是指居民与非居民之间，或者非居民与非居民之间进行国际性金融业务活动的场所。广义的国际金融市场包括国际货币市场、资本市场、外汇市场、黄金市场以及国际金融衍生品市场等各种金融资产交易的场所。

欧洲货币市场是新兴的国际金融市场，是指非居民之间在某种货币发行国国境之外从事该种货币的资金融通及相关业务活动的市场，包括短期货币市场和长期资本市场。欧洲货币市场起源于20世纪50年代末的英国伦敦，后来扩散到世界其他许多地方，包括东京、中国香港和新加坡等亚洲城市，形成众多的离岸金融中心。

人民币离岸市场，指的是在中国境外负责处理非中国居民的人民币存放款业务，进而提供投资、贸易结算、外汇买卖以及证券交易等金融服务的人民币市场。

国际证券市场是采用发行各种有价证券（包括债券和股票）的形式组织吸收国内外长期资金，提供政府和企业所需要的财政资金和长期资金的市场。它包括国际债券市场和国际股票市场。

项目训练

一、主要概念

国际金融市场　欧洲货币市场　离岸金融中心　银团贷款　扬基债券市场　武士债券市场　欧洲债券市场

二、单项选择题

1.目前一些经济发达国家以证券交易方式实现的金融交易，已占有越来越大的份额。人们把这种趋势称为（   ）。

　　A.资本化　　　　B.市场化　　　　C.证券化　　　　　　D.电子化

2.下列不属于直接金融工具的是（   ）。

　　A.可转让大额定期存单　　　　　　B.公司债券

　　C.股票　　　　　　　　　　　　　D.政府债券

3.短期资金市场又称为（   ）。

　　A.初级市场　　　B.货币市场　　　C.资本市场　　　　　D.次级市场

4.长期资金市场又称为（   ）。

　　A.初级市场　　　B.货币市场　　　C.资本市场　　　　　D.次级市场

5.下列不属于货币市场的是（   ）。

　　A.银行同业拆借市场　　　　　　　B.贴现市场

　　C.短期债券市场　　　　　　　　　D.证券市场

6.下列属于短期资金市场的是（   ）。

　　A.票据市场　　　B.债券市场　　　C.资本市场　　　　　D.股票市场

7.金融工具的价格与其盈利率和市场利率分别是（   ）的变动关系。

　　A.反方向，反方向　　　　　　　　B.同方向，同方向

　　C.反方向，同方向　　　　　　　　D.同方向，反方向

8.在代销方式中，证券销售的风险由（   ）承担。

　　A.经销商　　　B.发行人　　　C.监管者　　　D.购买者

9.下列不属于初级市场活动内容的是（   ）。

　　A.发行股票　　　B.发行债券　　　C.转让股票　　　　　D.增发股票

10.下列关于初级市场与二级市场关系的论述正确的是（   ）。

　　A.初级市场是二级市场的前提

　　B.二级市场是初级市场的前提

　　C.没有二级市场，初级市场仍可存在

　　D.没有初级市场，二级市场仍可存在

三、多项选择题

1.能够直接为筹资人筹集资金的是（   ）。

　　A.发行市场　　　　　　　　B.一级市场　　　　　　　C.次级市场

　　D.二级市场　　　　　　　　E.交易市场

2.按金融交易的交割期限可以把金融市场划分为（   ）。

　　A.现货市场　　　　　　　　B.货币市场　　　　　　　C.长期存贷市场

　　D.证券市场　　　　　　　　E.期货市场

3.股票及其衍生工具交易的种类主要有（   ）。

　　A.现货交易　　　　　　　　B.期货交易　　　　　　　C.期权交易

　　D.股票指数交易　　　　　　E.贴现交易

4.下列属于货币市场金融工具的是（   ）。

A.商业票据   B.股票   C.短期公债

D.公司债券   E.回购协议

5.下列金融工具中，没有偿还期的有（   ）。

A.永久性债券   B.银行定期存款   C.股票

D.CD单   E.商业票据

6.按金融交易对象，可以把金融市场划分为（   ）。

A.股票市场   B.票据市场   C.证券市场

D.黄金市场   E.外汇市场

四、实训题

【实训操作】

中国企业参与国际股票市场融资技能训练。

【实训任务】

（1）对国际股票市场融资渠道的相关知识点进行正确的把握。

（2）对企业参与国际股票市场融资风险和优势的相关内容进行正确的分析和判断。

（3）对香港、纽约、东京股票市场上市的条件和程序进行对比分析和讨论。

【实训要求】

（1）实训前学生要了解并熟记本章国际股票市场相关的基础知识，把其作为本实训的操练点和考核点来准备。

（2）通过"实训步骤"，将"实训任务"中所列的三种训练整合并落实到本实训的"成果形式"中。

（3）实训后学生要对本次实训活动进行总结，并在此基础上撰写实训报告。

【情境设计】

背景资料：

A药业公司有一个总额近2 000万美元的融资项目计划。通过调查研究和多方比较，A公司决定通过美国××公司借壳上市，拓展融资渠道。该公司财务人员估计，如果该海外融资计划能够取得成功，将极大地提升公司在国内的信誉和形象，逐步走出公司过去两年多所面临的资金不足的困境。

【指导准备】

专业知识准备：

（1）国际股票市场及其构成。

（2）国际股票市场的优点。

（3）国际股票融资的形式。

操作指导：

（1）教师向学生阐明"实训目的"和"知识准备"。

（2）教师就"知识准备"中的第（2）和第（3）项，对学生进行培训。

（3）教师指导学生就国内 A 股上市与香港、纽约、东京股票市场的上市条件和程序进行资料收集与整理。

（4）教师指导学生就公司参与国际股票市场融资可选方式进行市场对比分析。

（5）教师指导学生撰写"A 药业公司参与国际股票市场融资实训报告"。

【实训时间】

本章课堂教学内容结束后的双休日和课余时间，为期一天。

【实训步骤】

（1）将学生组成若干个实训组，每 8~10 名同学分成一组，每组确定 1~2 人负责。

（2）对学生进行企业参与国际股票市场融资可选方式培训，对比分析各融资方式的优缺点。

（3）指导各实训组上网收集整理香港、纽约、东京股票市场上市条件和程序的相关资料。

（4）指导各实训组分别选择一海外上市地，并对该公司进行上市程序设计，并分别制订"A 药业公司海外上市融资安排计划"。

（5）各实训组对分析讨论及收集整理的资料进行汇总，撰写作为最终成果的"A 药业公司参与国际股票市场融资实训报告"。

（6）在班级交流、讨论各组的"A 药业公司参与国际股票市场融资实训报告"。

（7）根据交流、讨论结果，各组修订其"A 药业公司参与国际股票市场融资实训报告"，并使之各具特色。

【成果形式】

实训课业：

"A 药业公司参与国际股票市场融资实训报告"。

课业要求：

（1）本课业应包括学生对 A 药业公司参与国际股票市场融资可选方案的对比分析、国内 A 股上市与海外上市的优缺点，所选海外上市地股票市场发展情况的介绍以及该公司上市程序的设计等内容。

（2）各组的"A 药业公司参与国际股票市场融资实训报告"初稿必须先经小组讨论，然后才能提交班级交流讨论。

（3）经过班级交流讨论的"A 药业公司参与国际股票市场融资实训报告"由各小组进一步修改与完善。

（4）"A 药业公司参与国际股票市场融资实训报告"定稿后，在其标题下注明"项目组长姓名"和"项目组成员姓名"。

项目四
国际收支

学习目标

知识目标： 1. 掌握国际收支及国际收支平衡表的概念和内容，理解其编制原理和记账规则；

2. 理解对国际收支的静态分析、动态分析和比较分析，掌握国际收支顺差和逆差对一国经济的影响；

3. 了解一国国际收支失衡的原因及类型，理解国际收支失衡时的自动调节机制和政策调节措施；

4. 掌握我国国际收支平衡表中各项目的内容及具体含义，了解我国国际收支结构的阶段性演进和近年来的基本状况。

技能目标： 1. 能够根据经济交易进行国际收支平衡表的编制，并针对一国国际收支的具体状况对该国经济发展进行基本分析；

2. 能够对一国国际收支失衡的原因及影响进行简要分析与评价，针对国际收支失衡的具体情况提出调节措施和政策建议；

3. 能够对我国国际收支状况进行基本分析，并对失衡情况提出符合我国目前经济发展的措施和建议。

素养目标： 1. 培养关注经济数据、重视国际收支动态的宏观分析视角；根据国际收支状况，能够从辩证角度、多维思路分析一国对外交往能力及在全球经济中的地位；

2. 根据我国近年来的国际收支状况，分析我国经济基本面以及融资能力和资信地位的变化，总结中国特色金融发展之路的基本要点。

任务一　国际收支与国际收支平衡表

》【知识要点】

一、国际收支的概念

（一）国际收支概念的演变

1.第一阶段（17世纪初至20世纪初）

最早的国际收支概念出现在17世纪初的重商主义时代，表述为一国对外贸易的差额。重商主义者认为：经常维持出口超过进口是国家致富的永恒原则，贸易顺差可以聚集金银。这一概念流行了很长时间，直到金本位制崩溃。

2.第二阶段（两次世界大战之间）

一战后，随着国际经济交往内容与国际信用的不断扩大，人们开始把国与国之间的债权债务关系以及由此产生的清偿问题列为国际收支的内容。国际收支的概念演化为一个国家在一定时期内由于政治、经济、文化等各种对外交往而发生的、必须立即结清的、来自其他国家的货币收入总额与付给其他国家的货币支出总额的对比。这就是狭义的国际收支概念，这一概念具有两个特点：一是以支付为基础；二是外汇收支必须立刻结清。

3.第三阶段（二战以后至今）

二战后，诸如政府之间的无偿援助、赔偿、私人侨汇、资本大规模国际流动等经济活动频繁发生，极大丰富了国际经济交易的内容。此外，并非所有的国际经济交易都表现为外汇的收支，如易货贸易、补偿贸易、无偿援助和私人捐赠中的实物部分、清算支付协定下的记账等，都不涉及对应外汇的转移支付，而这些经济往来在世界经济中的影响越来越大。因此，世界各国开始广泛采用广义国际收支概念，即国际收支是指一定时期内一个国家的居民与非居民之间所进行的全部经济交易的系统记录。

国际收支概念的演变如图4-1所示。

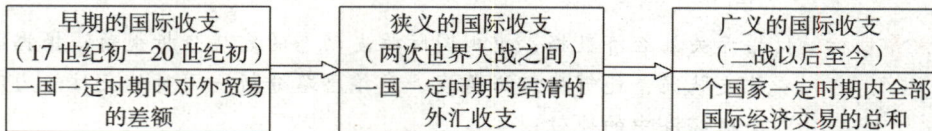

早期的国际收支 （17世纪初—20世纪初）	狭义的国际收支 （两次世界大战之间）	广义的国际收支 （二战以后至今）
一国一定时期内对外贸易的差额	一国一定时期内结清的外汇收支	一个国家一定时期内全部国际经济交易的总和

图4-1　国际收支概念的演变

国际货币基金组织在《国际收支和国际投资头寸手册》（第六版）中对国际收支做出了如下解释："国际收支是某一时期的统计表，它表明：①某一经济体同世界其他国家或地区之间在商品、劳务和收益方面的交易；②该经济体所持有的货币、黄金、特别提款权以及对世界其他国家或地区的债权、债务的所有权的变化和其他变化；③从会计意义上讲，对平衡不能相互抵消的上述交易和变化的任何账目所需的无偿转让和对应项目。"

（二）国际收支概念的理解

要正确理解广义的国际收支概念及国际货币基金组织对国际收支的定义，必须把握以下几点：

1. 以经济交易为基础

国际收支反映的内容是以经济交易而不是外汇支付为基础的。国际收支中的经济交易涉及所有从一个经济实体向另一个经济实体转移的经济价值，既包括用外汇收付的经济交易，也包括以实物、技术等形式进行的经济交易。

2. 以一定时期为界限

国际收支是一个流量概念，也是一个事后概念。它记录的是在一段时期（通常指1年）内，一国与他国发生的各项经济往来的情况，这与记录一个国家在一定时点对外资产和对外负债的国际借贷有所不同。

3. 以居民与非居民为交易双方主体

国际收支记录的交易必须是在一个国家的居民与非居民之间进行的。

拓展思考 4-1

居民与公民的区别是什么？居民与非居民又该如何区分？

分析提示：居民与公民在概念上有交叉，但二者并不等同。公民是一个法律概念，仅指个人，以国籍为标准来划分；而居民是一个经济概念，以居住地为标准来划分，包括个人、政府、企业和非营利机构等。

判断一项经济交易是否应包括在国际收支范围内，所依据的不是交易双方的国籍，而是交易双方是否分属居民与非居民的范畴。所谓居民，是指在一个国家的经济领土内居住达1年或1年以上的、具有经济利益的个人和机构，否则为非居民。按照这样的原则，移民属于其工作所在国的居民；逗留时间在1年以上的留学生、旅游者属于所在国的居民；一个企业的国外子公司是其所在国的居民，是其母公司所在国的非居民。需要注意的是，官方外交使节、驻外军事人员永远是派出国的居民，所在国的非居民；国际性机构，如联合国、国际货币基金组织、世界银行等是任何国家的非居民。

二、国际收支平衡表的概念及内容

（一）国际收支平衡表的概念

国际收支平衡表，也称国际收支账户，是系统记录一国在一定时期内各种国际经济交易项目及其金额的统计报表，它集中反映了一国国际收支的总貌和具体构成。

微课 4-1

国际收支平衡表的含义及内容

国际收支平衡表在编制时需要遵循会计学的复式簿记原理，以某一特定货币为计量单位，采用简明的表格形式，将一个国家在某一特定时期内（1年、半年或1个季度）与其他国家发生的经济交易反映出来，它包含的内容十分繁杂，其账户或项目一般应根据国际经济交易的内容与范围，按照经济分析的需要来设置。

（二）国际收支平衡表的内容

国际货币基金组织在《国际收支和国际投资头寸手册》（第六版）中对国际收支账户的标准构成做出了规定，主要包括经常账户、资本和金融账户、净误差与遗漏三大类（见表4-1）。

表4-1　　　　　　　　　　　　　　　国际收支平衡表　　　　　　　　　　　单位：××

项目	差额	贷方（+）	借方（-）
Ⅰ.经常账户			
A.货物和服务			
a.货物			
b.服务			
1.加工服务			
2.维护和维修服务			
3.运输			
4.旅行			
5.建设			
6.保险和养老金服务			
7.金融服务			
8.知识产权使用费			
9.电信、计算机和信息服务			
10.其他商业服务			
11.个人、文化和娱乐服务			
12.别处未提及的政府服务			
B.初次收入			
a.雇员报酬			
b.投资收益			
c.其他初次收入			
C.二次收入			
a.个人转移			

续表

项目	差额	贷方（+）	借方（−）
b.其他二次收入			
Ⅱ.资本和金融账户			
A.资本账户			
B.金融账户			
a.非储备性质的金融账户			
1.直接投资			
2.证券投资			
3.金融衍生工具			
4.其他投资			
b.储备资产			
1.货币黄金			
2.特别提款权			
3.在国际货币基金组织的储备头寸			
4.外汇储备			
5.其他储备资产			
Ⅲ.净误差与遗漏			

1. 经常账户

经常账户（Current Account，也译为"经常项目"或"往来账户"）是指对实际资源在国家间的流动行为进行记录的账户，是本国与外国进行经济交易时经常发生的项目，是国际收支平衡表中最基本、最重要的部分。它包括以下内容：

（1）货物（Goods）。

货物是经常账户乃至整个国际收支平衡表中最重要的项目，它记录一国商品的进口和出口情况。其中借方记录进口总额，贷方记录出口总额，商品进出口的差额称为贸易差额，即有形贸易收支（Balance of Visible Trade）。

（2）服务（Services）。

服务是经常账户中的第二大项目。相对于商品的有形贸易来说，服务贸易属于无形贸易（Invisible Trade），主要记录劳务的输出和输入。贷方记录劳务的输出，即本国为外国提供的各种劳务数额；借方记录劳务的输入，即本国利用外国的各种劳务数额。

（3）初次收入（Primary Income）。

初次收入是指生产要素在居民与非居民之间流动而引起的报酬的收支。国家间的生产要素流动包括劳工的输出入和资本的输出入，因此该项目相应下设"雇员报酬"、"投资收益"和"其他初次收入"。

（4）二次收入（Secondary Income）。

二次收入是指商品、劳务或金融资产在居民与非居民之间单向流动后，并未得到补偿与回报的转移，因此也被称为无偿转移（Unrequited Transfers）或单方面转移（Unilateral Transfers）。它包括所有非资本项目的转移，具体有：政府间的无偿转移（如战争赔款、政府援助、政府向国际组织定期缴纳的费用以及国际组织作为一项政策向各国政府定期提供的转移等）、私人间的无偿转移（如侨汇、捐赠、继承、资助性汇款、退休金等）。本国向外国的无偿转移记入借方，外国向本国的无偿转移则记入贷方。

2. 资本和金融账户

资本和金融账户（Capital and Financial Account），是指对资产所有权在国家间的流动行为进行记录的账户，它包括资本账户和金融账户两大部分。

（1）资本账户（Capital Account）。

资本账户反映资产在居民与非居民之间的转移，表明本国在一定时期内资产与负债的增减变化。同经常账户以借方总额和贷方总额记录的方法不同，资本账户是按净额（借贷差额）计入借方和贷方的。债权或资产的净减少，以及债务或负债的净增加，记为贷方；债权或资产的净增加，以及债务或负债的净减少，记为借方。

拓展思考 4-2

无形资产在经常账户中的服务项目下记录的内容和在资本账户下记录的内容有什么不同？

分析提示：在经常账户中的服务项目下记录的无形资产，是由于无形资产使用权的运用所引起的收支；在资本项目下记录的无形资产，是由于无形资产所有权的买卖所引起的收支。

（2）金融账户（Financial Account）。

金融账户反映居民与非居民之间投资与借贷的增减变化，按净额记录。居民对非居民的投资和提供的信贷的净增加记入借方；非居民对居民的投资和提供的信贷的净增加记入贷方。金融账户可分为非储备性质的金融账户和储备资产，前者按照投资类型或功能可分为直接投资、证券投资、金融衍生工具和其他投资。储备资产有时单独列项。一国国际收支中，经常账户的差额与资本和金融账户（不包括储备资产）的差额形成的总差额经常会出现不平衡现象，因此需要用储备资产来调节。如果总差额为顺差，则官方储备增加；如果总差额为逆差，则官方储备减少。

3. 净误差与遗漏

净误差与遗漏（Errors and Omissions Account）是一种人为设置的抵消账户，用来使国际收支平衡表保持账面平衡。国际收支平衡表是一项会计报表，借贷双方应相互平衡、余额为零，但在编制过程中，难免因统计资料的不完整或不准确、统计数字重复计算或漏算、统计时间和计价标准不一致以及货币换算等原因造成差错和遗漏，形成净的借方或贷方余额。为此，需要人为设置一个"净误差与遗漏"项目，使平衡表差额为零。如果经常账户、资本和金融账户（包括储备资产账户）的贷方出现余额，就在"净误差与遗漏"项下的借方列出与余额相等的数字；如果这几个账户的借方出现余额，则在"净误差与遗漏"项下的贷方列出与余额相等的数字。

三、国际收支平衡表的编制原理和记账规则

国际收支平衡表是按照"有借必有贷、借贷必相等"的复式记账原理来编制的，对每一笔国际经济交易都要以相同的金额分别记录在借、贷两方。按照复式簿记的惯例，收入项目以及资产（本国对外金融资产）的减少和负债（外国在本国的金融资产）的增加记录在贷方，称为正号项目，记为"+"；支出项目以及资产的增加和负债的减少记录在借方，称为负号项目，记为"–"。上述规则可以用下面的等式来反映：

贷方项目=非居民向本国居民支付的交易=引起本国外汇供给的项目
借方项目=本国居民向非居民支付的交易=引起本国外汇需求的项目

另外，一项国际经济交易可能涉及若干个时期，如签约日期、所有权变更日期、付款日期等，按照国际货币基金组织的规定，交易在登记到国际收支平衡表时，应以商品、劳务和金融资产的所有权变更日期为准。

四、国际收支平衡表的分析

一国的国际收支在账面上总是平衡的，即使由于统计误差造成借贷方失衡，也会通过"净误差与遗漏"项目加以调整，但这种结果只是会计意义上的平衡。在实际中，国际收支总会出现不同程度的顺差或逆差，称为国际收支失衡。各国政府和国际经济组织都将国际收支平衡作为金融状况良好的指标，而把国际收支失衡作为政策调节的重要对象。这就需要对国际收支平衡表进行分析，找出顺差或逆差的原因，并采取相应对策，使国际收支状况朝着有利于本国经济发展的方向变化。国际收支平衡表的分析方法一般包括静态分析法、动态分析法和比较分析法，其中静态分析法中的差额分析是对国际收支进行分析的基本方法。

（一）静态分析法

静态分析法是指对某国在某一时期（1年或1季）的国际收支平衡表进行账面分析的方法。这种分析方法需要对国际收支平衡表的各个项目及其差额进行定量分析，依据国际收支不平衡的口径进行政策决断。

1. 贸易收支差额

对多数国家来说，贸易收支在全部国际收支中所占的比重相当大。一国商品的进

出口情况综合反映了该国产业结构、产品质量和劳动生产率状况，体现了该国产业在国际上的竞争力。同时，贸易收支尤其是商品贸易收支的数据可通过海关途径收集，相对准确客观，因此对贸易收支的差额进行分析是十分重要的。通过分析可以看出一国商品进出口的结构和地区分布是否合理，进而了解该国产业结构、生产技术水平是否与世界经济发展相适应，其贸易条件在世界贸易中所占的地位和比重如何，从而找出贸易出超或入超的原因。如果贸易收支出现逆差，必须有某种资金来源与之相抵，或是经常项目中的服务和二次收入项目的顺差来抵补，或是金融项目中的外资流入来弥补，也可能是用国家的储备资产来解决。贸易收支如果是顺差，必然会引起国际收支其他项目的相应变化。

2.经常项目收支差额

经常项目收支综合反映了一个国家对外经济贸易的一般态势，各国政府和国际货币基金组织都特别重视经常项目差额情况。如果经常项目有逆差，表示从国外净动用了一些商品和服务供国内使用，相应地会减少本国在外国的资产或是增加对外负债。如果经常项目有顺差，表示向国外净供应了一些商品和服务，相应地会增加本国对外资产或减少对外负债。

3.资本和金融账户（剔除官方储备）差额

资本和金融账户差额具有两方面作用：首先，通过资本和金融账户余额可以看出一个国家金融市场的开放和发达程度，进而对一国货币政策和汇率政策的调整提供有益的借鉴。其次，资本和金融账户与经常账户之间具有融资关系，所以资本和金融账户的余额可以反映出一国经常账户的状况和融资能力。当经常账户出现赤字时，必然对应着资本和金融账户的相应盈余，这意味着一国利用金融资产的净流入为经常账户的赤字融资。值得注意的是，直接投资和证券投资对经常项目逆差的弥补效果是不同的，直接投资不构成一国的对外债务，而证券投资和其他投资则是要偿还的。因此，若一国国际收支平衡是通过在金融账户中证券投资和其他投资的顺差来弥补经常项目的逆差而获得的，则此平衡是不健康的；反之，若平衡是由经常项目盈余或直接投资引起的，则此平衡是良性的。

4.综合账户差额或总差额

综合账户差额即总差额是指经常账户与在资本和金融账户中的资本和非储备性质的金融账户所构成的余额，也就是将国际收支账户中的官方储备账户剔除后的余额。由于综合账户差额必然导致官方储备的反方向变动，因此它的意义在于可以衡量国际收支对一国储备造成的压力。总差额为正，则储备资产增加；总差额为负，则储备资产减少。

有些国家还注重分析基本差额的情况。基本差额是指经常账户差额与长期资本差额之和，它反映一国用长期资本流动来调节经常账户差额的情况。

（二）动态分析法

动态分析法是指对一国若干连续时期的国际收支平衡表进行分析的方法。可以将历年国际收支平衡表的各个项目、总体情况及差额并列起来进行综合分析，考察各指标在一个较长时期内的发展变化，力求实现国际收支的动态平衡。国际收支动态平衡，亦称国际收支均衡，它是以经济实际运行可能实现的计划期为平衡周期，保持在周期内国际收支的平衡。

（三）比较分析法

比较分析法是指将一国的国际收支平衡表与其他国家，尤其是主要的经济大国进行比较的方法。通过比较，找出本国与他国的国际收支顺逆差的异同及原因，分析本国与他国的国际收支结构以及调节措施，从而了解本国在世界经济中的地位，正确认识国际金融格局，并借鉴他国经验，为调节本国国际收支所用。

▶ 【案例分析】

国际收支平衡表的编制

案例资料：

现以美国为例来说明国际收支平衡表的编制原理和记账规则。假定美国在某一年发生下列几笔对外经济交易，做出会计分录，并编制其国际收支平衡表。

【例4-1】美国企业向英国商人出口价值40万美元的机器设备，并开具一张以英国商人为付款人的见票后30天付款的汇票，要求英国商人见票后30天内将款项汇入纽约银行伦敦分行的美国企业账户。

分析：商品出口应记入货物项目下的贷方。同时，由于该笔交易使得美国企业在海外银行的存款（资产）相应增加，美国对外短期债权增加，应记入其他投资项目的借方。

借：金融账户——其他投资（对外私人短期债权）　　　　　400 000

　　贷：货物——商品出口　　　　　　　　　　　　　　　　　　　　400 000

【例4-2】美国公司从中国购买300万美元的机电产品，用纽约银行的美元支票付款。

分析：商品进口应记入货物的借方。同时，中国在纽约银行的美元存款增加，意味着美国对外短期负债增加，应记录在其他投资项目的贷方。

借：货物——商品进口　　　　　　　　　　　　　　　　3 000 000

　　贷：金融账户——其他投资（对外私人短期负债）　　　　　3 000 000

【例4-3】一批法国游客在美国花费了10万美元，所需美元是在美国机场的银行用欧元兑换的。

分析：美国为外国居民提供了服务，是劳务输出，应在贷方的服务项目下记录。同时，美国银行在巴黎的欧元存款增加，即美国持有的外币资产增加，应在其他投资项目的借方中记录。

借：金融账户——其他投资（私人对外短期资产）　　　　100 000

　　贷：服务——旅游　　　　　　　　　　　　　　　　　　　　100 000

【例4-4】美国石油进口商租用希腊经营的油轮，支付30万美元，用支票支取在瑞士银行的存款结余。

分析：美国从国外获得服务，是劳务输入，应列入借方。同时，美国在国外的短期资产（瑞士银行的结余）减少，应列入贷方。

借：服务——运输   300 000
　　贷：金融账户——其他投资（美国的海外资产）   300 000

【例4-5】美国华人为中国的希望工程捐款5万美元。

分析：美国对外国无偿转让，应在二次收入的借方中反映。同时，中国希望工程基金会的银行账户增加了5万美元，即美国对外短期负债增加，应在其他投资项目的贷方中反映。

借：二次收入（私人）   50 000
　　贷：金融账户——其他投资（对外私人短期负债）   50 000

【例4-6】美国以价值500万美元的设备投资墨西哥，兴办合资企业。

分析：美国对外国直接投资，应反映在金融账户的借方中。同时，以实物投资相当于向被投资国出口商品，应反映在商品出口的贷方中。

借：金融账户——直接投资   5 000 000
　　贷：货物——商品出口   5 000 000

【例4-7】德国居民在纽约证券交易所买进50万美元的普通股。纽约德国银行的美元结余减少。

分析：美国输入长期证券投资，应列入金融账户的贷方。同时，美国银行对外负债减少，应列入其他投资项目的借方。

借：金融账户——其他投资（对外私人短期负债）   500 000
　　贷：金融账户——证券投资   500 000

【例4-8】英国居民在伦敦证券交易所购买美国的10年期国债35万美元。

分析：美国政府由于出售公债而使官方持有35万美元的储备资产，应记入"官方储备"的借方。同时，美国获得从国外输入的长期资本，应记入金融账户的贷方。

借：官方储备   350 000
　　贷：金融账户——证券投资   350 000

【例4-9】美国政府动用外汇储备40万美元向印度尼西亚提供无偿援助。

分析：美国向外国无偿捐赠属于转移支出，应记入"二次收入"的借方。同时美国的外汇储备减少，应记入"官方储备"的贷方。

借：二次收入（政府）   400 000
　　贷：官方储备   400 000

【例4-10】美国某企业在海外投资所得利润200万美元，其中120万美元用于当地的再投资，30万美元购买当地商品运回国内，50万美元调回国内结售给政府以换取本国货币。

分析：美国对外直接投资所得利润应在投资收益的贷方中反映。同时，利润再投资相当于美国对海外直接投资，购买被投资国物品视为商品进口，将外汇结售给政府使得官方储备增加，这些都应该在对应账户的借方中反映。

借：金融账户——直接投资   1 200 000

    货物——商品进口   300 000

    官方储备   500 000

  贷：初次收入——投资收益（海外投资利润收入）   2 000 000

上述各笔交易可编制成一个完整的国际收支平衡表（见表4-2）。

表4-2   **国际收支平衡表**   单位：万美元

项目	差额	贷方（＋）	借方（－）
A.经常账户	+345	750	405
1.货物和服务	+190	550	360
（1）货物	+210	①40+⑥500	②300+⑩30
（2）服务	−20	−	−
①旅游	−	③10	−
②运输	−	−	④30
2.初次收入	+200	⑩200	−
3.二次收入	−45	−	⑤5+⑨40
B.资本和金融账户	−345	460	805
1.资本账户	−	−	−
2.金融账户	−345	−	−
（1）直接投资	−620	−	⑥500+⑩120
（2）证券投资	+85	⑦50+⑧35	−
（3）金融衍生工具	−	−	−
（4）其他投资	+235	②300+④30+⑤5	①40+③10+⑦50
（5）储备资产	−45	⑨40	⑧35+⑩50
C.净误差与遗漏	−	−	−
总计	0	1 210	1 210

注：为方便，所有账户均按总额登录。

▶ 【实践探索】

一、实践内容

假设中国在某一年度发生如下7笔国际经济交易：

1.中国A公司向英国出口价值100万美元的大米，外国进口商将货款汇入该公司在英国的境外银行存款账户。

2. 中国居民甲到外国旅游花费30万美元，该笔费用从该居民在美国的境外存款账户中扣除。

3. 中国B公司在海外投资获得利润150万美元。其中75万美元用于当地再投资，50万美元购买当地商品运回国内，25万美元调回国内结售给政府以换取本国货币。

4. 中国政府动用外汇储备70万美元向某国提供无偿援助，另提供价值60万美元的粮食、药品援助。

5. 非洲某国企业向中国C公司借款300万美元用来建筑生产车间，现在经过协商C公司决定注销此笔债务。

6. 外商将价值1 000万美元的设备投入中国，兴办合资企业。

7. 中国居民乙用其在美国花旗银行的存款40万美元，购买花旗银行的股票20万股。

请根据国际收支平衡表的记账原则，对上述业务做出会计分录，编制中国该年度的国际收支平衡表，并分析国际收支在该年的状况。

二、实践目标

通过活动，练习对基本国际经济业务的分析，进一步熟悉国际收支平衡表的编制，并提高对国际收支状况的分析能力。

三、实践结果

根据上述交易，编制我国该年的国际收支平衡表（见表4-3），并做基本分析。

表4-3　　　　　　　　　　×××年中国国际收支平衡表　　　　　　　　单位：万美元

项　　目	行次	××××年
1.经常账户	1	
贷方	2	
借方	3	
1.1　货物和服务	4	
贷方	5	
借方	6	
1.1.1　货物	7	
贷方	8	
借方	9	
1.1.2　服务	10	
贷方	11	

续表

项　　目	行次	××××年
借方	12	
1.2　初次收入	13	
贷方	14	
借方	15	
1.3　二次收入	16	
贷方	17	
借方	18	
2.资本和金融账户	19	
贷方	20	
借方	21	
2.1　资本账户	22	
贷方	23	
借方	24	
2.2　金融账户	25	
资产	26	
负债	27	
2.2.1　非储备性质的金融账户	28	
2.2.1.1　直接投资	29	
资产	30	
负债	31	
2.2.1.2　证券投资	32	
资产	33	
负债	34	
2.2.1.3　金融衍生工具	35	
资产	36	
负债	37	

续表

项　　目	行次	××××年
2.2.1.4　其他投资	38	
资产	39	
负债	40	
2.2.2　储备资产	41	
2.2.2.1　货币黄金	42	
2.2.2.2　特别提款权	43	
2.2.2.3　在国际货币基金组织的储备头寸	44	
2.2.2.4　外汇储备	45	
2.2.2.5　其他储备资产	46	
3.净误差与遗漏	47	

任务二　国际收支调节

》【知识要点】

一、国际收支平衡与否的判断标准

判断一国国际收支是否平衡，涉及两个概念：自主性交易和调节性交易。自主性交易或称事前交易，是指个人或经济实体为了某种经济目的而进行的交易，如为获取利润而进行的商品和劳务的输出输入、海外直接投资等。这种交易活动体现的是各经济主体或居民个人的意志，不代表哪个国家和政府的意图，具有自发性和分散性的特点。经常项目、长期资本项目和部分短期资本项目所包含的交易活动属于自主性交易。调节性交易或称事后交易，是指货币当局出于调节国际收支差额的目的而进行的交易活动，体现了一国政府的意图，具有被动性和集中性的特点。短期资本项目和官方储备项目所包含的交易活动属于此类。

自主性交易代表一个国家的对外交易能力，如果一国在一个较长时期内自主性交易能够实现基本平衡，无须依靠调节性交易来弥补，那么该国的国际收支就是平衡的；反之，一国自主性交易失衡，需要通过调节性交易来实现平衡时，国际收支就是不平衡的。因此，自主性交易是否平衡，是衡量国际收支平衡与否的一个重要标准。

二、国际收支不平衡的原因及类型

一国的国际收支不平衡可能由多种原因引起，按照这些原因，国际收支不平衡可以分为以下六种：

（一）结构性不平衡

结构性不平衡是指国内经济、产业结构不能适应世界市场的变化而引起的国际收支失衡，通常反映在贸易账户或经常账户中。结构性失衡有两层含义：第一层是指因经济和产业结构变动的滞后和困难所引起的国际收支失衡。例如，一国的国际贸易在一定的生产条件和消费需求下处于均衡状态，当国际市场发生变化、新产品不断出现的时候，如果该国的生产结构不能及时根据形势加以调整，那么原有的贸易平衡就会被破坏，贸易逆差就会出现。这种结构性不平衡，在发达国家和发展中国家都有发生。第二层是指一国产业结构比较单一，产品出口需求的收入弹性低，或虽然出口需求的价格弹性高，但进口需求的价格弹性低所引起的国际收支失衡。这种结构性不平衡在发展中国家尤为突出，且具有长期性，扭转起来相当困难。

（二）货币性不平衡

货币性不平衡是指在一定的汇率水平下，一国的货币成本和一般物价水平与他国相比发生变化而引起的国际收支失衡。一国发生通货膨胀，物价普遍上升，引起出口减少、进口增加，从而导致国际收支逆差；反之，通货紧缩则导致国际收支顺差。货币性失衡可以是短期的，也可以是中期或长期的。

（三）周期性不平衡

周期性不平衡是指一国因经济周期波动而引起的国际收支失衡。当一国经济处于衰退期时，社会总需求下降，进口需求也相应下降，国际收支出现盈余。反之，如果一国经济处于扩张和繁荣时期，国内投资与消费需求旺盛，对进口的需求也相应增加，国际收支便出现逆差。

（四）收入性不平衡

收入性不平衡是指因一国国民收入发生变化而引发的国际收支失衡。国民收入变动的原因可能是受经济周期的影响，也可能是经济增长率的变化。当国民收入相对快速增长，导致进口需求的增长超过出口增长或其他方面的国际支付增加时，国际收支容易出现逆差；相反，国民收入减少，居民消费和投资的需求都会下降，进口也会减少，国际收支容易出现顺差。

（五）临时性不平衡

临时性不平衡是短期的，由非确定或偶然因素引起。这种性质的国际收支失衡程度一般较轻、持续时间不长、带有可逆性，可以认为是一种正常现象。在浮动汇率制度下，临时性国际收支失衡有时不需要政策调节，市场汇率的波动就能将其纠正。在固定汇率制度下，一般也不需要采用政策措施，只需动用官方储备便能加以克服。

（六）冲击性不平衡

冲击性不平衡是指由于游资（Hot Money）流动而引起的国际收支失衡。国际上存在的为追逐高息而流动的高达数万亿美元的短期资本，被称为国际游资。这些游资大多时候并非为了躲避风险而流动，而是在利益的诱惑下有意冲击一个甚至几个国家和地区的金融市场，造成这些国家和地区金融秩序动荡，导致国际收支严重失衡。

一般而言，由经济结构性原因和经济增长率变化造成的收入性因素所引起的国际收支不平衡具有长期性，被称为持久性不平衡。由其他因素所引起的国际收支不平衡仅具有临时性，被称为暂时性不平衡。

三、国际收支不平衡的影响

（一）国际收支逆差的影响

持续大量的国际收支逆差通常会给一国带来以下几个方面的不利影响：

1. 导致外汇储备大量流失

一国发生持续性逆差时，一般会采取三种方式来弥补：一是动用外汇储备，二是对外举债，三是调整经济结构。如果主要以动用外汇储备来弥补，则必然会消耗该国的储备资产，削弱其对外支付能力。

2. 阻碍经济增长

首先，一国存在长期的巨额逆差，外汇储备减少，国际清偿能力降低，必然会影响发展经济所必需的生产资料的进口，使经济增长受到抑制，导致失业增加和国民收入增长率的相对或绝对下降。其次，逆差会使该国的货币汇率承受下跌的压力，货币当局如果要维护本币地位，就要对外汇市场进行干预，抛售外汇买进本币，形成国内货币紧缩，促使利率上升，投资受到抑制，进而影响经济增长。最后，由于本币贬值或汇率下浮，引起进口商品的价格及国内物价上涨，从而加重通货膨胀。严重的通货膨胀还会引起资本大量外逃，导致国内资金短缺，从而影响国内投资和金融市场的稳定，阻碍经济增长。

3. 损害国际信誉

在浮动汇率制下，存在持续逆差的国家会增加对外汇的需求，促使外汇汇率不断上升，本币不断贬值且国际地位日益下降，影响本国的经济和金融实力。与此同时，长期国际收支逆差会使一国的偿债率降低，如果陷入债务困境不能自拔，会严重损害该国的国际信誉，对本国对外经济贸易产生消极的影响。

（二）国际收支顺差的影响

持续大量的国际收支顺差会产生以下几个方面的影响：

1. 本币持续坚挺，出口受到影响

长期的巨额顺差会使外汇供过于求，迫使本国的货币汇率上升。本币过于坚挺，会引发大规模的套汇、套利和外汇投机活动，破坏国内和国际金融市场的稳定。同时，国际收支顺差会使出口处于不利的竞争地位，影响出口贸易的发展，从而加重国内的失业问题。

2. 导致通货膨胀

持续顺差使得外汇储备急剧上升，外汇占款大幅度增加。同时，持续顺差会增加外汇的供给及对本币的需求，货币当局不得不在外汇市场上购入大量的外汇进行干预。这两种情况都会迫使国内货币投放量扩大、物价上涨，从而引发通货膨胀。此外，巨额国际储备使得持有外汇的机会成本增加，外汇资金的使用缺乏效率。

3. 不利于发展国际经济关系

一国的国际收支出现大量顺差，意味着有关国家国际收支发生逆差，常常表现为

出口和进口的失衡，因而容易引起贸易摩擦，影响国际经济关系。

尽管国际收支顺差和逆差都会产生种种不利影响，但相对而言，逆差所产生的影响更为显著，各国都注重对逆差采取调节措施。通常国际收支偏离平衡程度越大，持续时间越长，带来的不利影响也越大。

拓展思考 4-3

如果一国的综合收支顺差持续过高导致储备资产持续增加，则对其经济会产生什么不利影响？

分析提示：首先，储备资产的增加需中央银行增加投放基础货币，货币供给量增加带来通货膨胀压力；其次，储备资产的收益率低于长期投资的收益率；最后，在浮动汇率条件下，储备外汇会蒙受外币贬值的损失。

四、国际收支不平衡的调节

国际收支不平衡的调节包括自动调节和政策调节。在完全或接近完全的市场经济条件下，国际收支不平衡可以通过市场经济变量的调节自动恢复平衡，但这只能在纯粹的自由经济中才会起作用，而且需要的中间过程较长，其作用程度和效果也无法衡量。因此，当国际收支发生失衡时，一国政府或货币当局往往要采取各种政策措施加以调节。

（一）国际收支自动调节机制

国际收支自动调节机制，是指国际收支失衡必然会直接或间接地引起市场经济系统内其他经济变量发生变化，后者又反作用于国际收支，在不考虑政府干预的情况下，这一相互作用的过程会引起国际收支失衡缩小并趋于平衡。

1.货币-价格机制

当一个国家国际收支发生逆差时（顺差则相反），意味着对外支付大于收入，货币外流。在其他条件既定的情况下，物价下降，本国出口商品价格也下降，价格优势使出口增加，贸易差额因此得到改善。货币-价格机制的自动调节过程如图4-2所示。

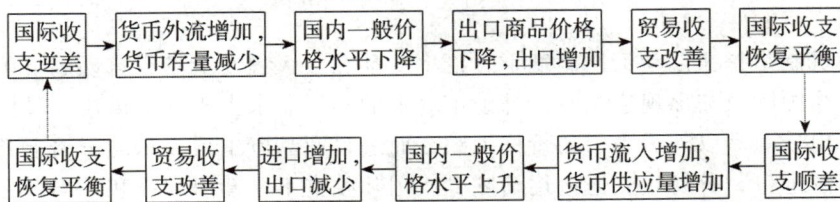

图4-2　货币-价格机制的自动调节过程

上述过程描述的是国内货币存量与一般物价水平变动对国际收支的影响。货币-价格机制的另一种表现形式是相对价格变动对国际收支的影响。当国际收支发生逆差，对外支出大于收入，对外币需求的增加使外币汇率上升、本币汇率下降，由此引起以外币表示的本国出口商品价格相对下降、以本币表示的外国进口商品价格相对上升，导致出口增加、进口减少，贸易收支得到改善，如图4-3所示。

国际收支逆差 → 本国货币外流增加，对外币需求增加 → 外汇汇率上升，本币汇率下降 → 进口相对昂贵，出口相对便宜 → 贸易收支改善

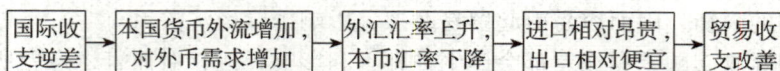

图4-3　货币-价格机制的另一种表现形式

2. 收入机制

收入机制是指当一国国际收支不平衡时，其国民收入水平也会随之改变，进而影响社会总需求及进口需求，而这些变动反过来又会减弱国际收支的不平衡。一国国际收支出现逆差，国民收入随之减少，引起总需求及进口需求下降，贸易逆差逐渐缩小，国际收支恢复平衡。反之，出现顺差时，国民收入随之增加，总需求及进口需求上升，贸易顺差减少，国际收支趋向平衡。收入机制的自动调节过程如图4-4所示。

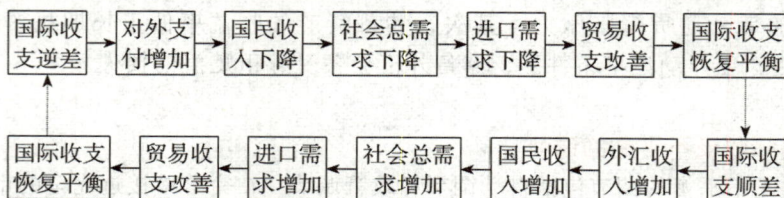

国际收支逆差 → 对外支付增加 → 国民收入下降 → 社会总需求下降 → 进口需求下降 → 贸易收支改善 → 国际收支恢复平衡

国际收支恢复平衡 ← 贸易收支改善 ← 进口需求增加 ← 社会总需求增加 ← 国民收入增加 ← 外汇收入增加 ← 国际收支顺差

图4-4　收入机制的自动调节过程

3. 利率机制

利率机制的自动调节是指一国国际收支不平衡会影响利率水平，而利率水平的变动反过来又会对国际收支不平衡起到一定的调节作用。当国际收支发生逆差时，本国货币存量（供应量）相对减少、利率上升，表明本国金融资产收益率提高，导致对本国金融资产的需求相对增加，对外国金融资产的需求相对减少，于是资金外流减少或资金内流增加，国际收支得到改善。反之，国际收支顺差时则呈现相反的运作过程，使顺差缩小。利率机制的自动调节过程如图4-5所示。

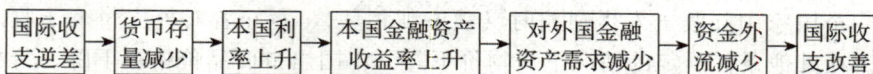

国际收支逆差 → 货币存量减少 → 本国利率上升 → 本国金融资产收益率上升 → 对外国金融资产需求减少 → 资金外流减少 → 国际收支改善

图4-5　利率机制的自动调节过程

4. 汇率机制

汇率机制是指在浮动汇率制度下，汇率变动在很大程度上具有自动调节国际收支的功能。当国际收支出现逆差时，外汇市场上的外汇需求大于外汇供给，导致外汇汇率上升，出口商品以外币表示的价格下跌，而进口商品以本币表示的价格上升，刺激出口、抑制进口，贸易收支逆差逐渐减少，国际收支不平衡得到缓和。当国际收支出现顺差时，外汇供给大于外汇需求，本币汇率上升，进口商品以本币表示的价格下跌，而出口商品以外币表示的价格上涨，因此出口减少、进口增加，贸易顺差减少，国际收支不平衡得到缓和。汇率机制的自动调节过程如图4-6所示。

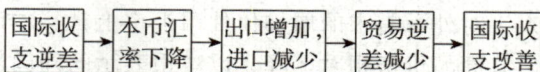

国际收支逆差 → 本币汇率下降 → 出口增加，进口减少 → 贸易逆差减少 → 国际收支改善

图4-6　汇率机制的自动调节过程

国际收支自动调节机制能够自发地促使国际收支趋向平衡，不需要政府付出成本加以干预，可以避免各种人为造成的价格扭曲。因此，各国政府都不同程度地为自动调节机制创造适宜的市场环境。

（二）国际收支的政策调节

国际收支自动调节机制虽然有其优点，但只能在某些经济条件或环境下发生作用，而且程度和效果无法保证，在市场失灵时会被削弱或失效，且调节过程比较长。因此，政府或货币当局不能完全依靠经济体系的自动调节来使国际收支恢复均衡，一般会主动采取各种经济政策和措施加以人为调节。

当一国出现国际收支失衡时，政府面临着三个层次的政策选择。以国际收支赤字为例，首先，需要决定是通过融资来弥补国际收支赤字，还是通过调节来消除赤字，或是寻求弥补与调节的某种适当组合。前者是指通过借款或动用外汇储备向市场提供外汇，以弥补供求缺口；后者是指通过各种调节政策来消除外汇市场的供求缺口。其次，如果确定用调节手段，则在确定调整程度后，需要决定是用支出变更政策还是用支出转换政策来达到增加外汇收入、减少外汇支出的目的。前者是指改变支出的水平，后者是指改变支出的结构，即改变支出在外国产品与本国产品之间的比重。最后，转换政策可以通过贬值或贸易政策得以实现，即通过提高外币价格诱使进口减少、出口增加，或通过外汇管制和进口配额等直接限制进口，通过补贴、退税等措施奖励出口。因此，一国在实施支出转换时，还需在这两类手段之间进行权衡。

具体来说，一国政府所能采取的政策性调节措施主要有外汇缓冲政策、财政和货币政策、汇率政策、直接管制等。

1. 外汇缓冲政策

外汇缓冲政策是指一国政府通过动用官方储备，或使用国际信贷便利，来消除国际收支不平衡造成的外汇供求缺口，从而使国际收支不平衡所产生的影响仅限于外汇储备的增减。

外汇缓冲政策是一种简便易行、收效迅速的调节方法，当一国发生临时性国际收支逆差时，可以运用外汇储备或通过对外举债方式，来抵消市场的超额外汇需求，稳定汇率，进而平衡国际收支。但是由于一国外汇储备数量有限，外汇缓冲政策也有其局限性，不适合用于调节长期、巨额的国际收支逆差，否则可能造成外汇储备枯竭。如果向国外大量借款来填补外汇储备的不足，又会加重外债负担，会加剧国际收支逆差。因此，外汇缓冲政策适合作为支出政策的辅助手段与之配合使用，缓解支出政策带来的冲击，更有效地调节国际收支。

2. 财政政策和货币政策

（1）财政政策。

财政政策是指一个国家通过扩大或缩小政府财政开支、提高或降低税率的办法来平衡国际收支。当一国国际收支出现逆差时，政府可以实行紧缩性的财政政策，削减财政开支或提高税率，抑制投资和消费，降低社会总需求，迫使物价下跌，从而促进出口、抑制进口，逐步消除国际收支逆差。反之，当一国国际收支出现顺差时，实行扩张性的财政政策，增加政府开支或降低税率，刺激投资和消费，增加对商品的需求，从而使物价上升，抑制出口、增加进口，达到减少国际收支顺差的目的。

（2）货币政策。

货币政策是指一国货币当局通过调整再贴现率、法定存款准备金率和公开市场操作等手段影响银根的松紧和利率的高低，引起国内货币供应量和总需求以及物价水平的变化，以实现对国际收支的调节。当一国出现国际收支逆差时，一般采取紧缩性的货币政策，中央银行提高再贴现率及法定存款准备金率，或在公开市场上出售政府债券，从而使市场利率提高，银行缩减信贷规模，社会总需求受到抑制，同时吸引国外资本流入，进而改善国际收支。当出现顺差时则实行扩张性的货币政策，央行调低再贴现率和法定存款准备金率，或在公开市场买入债券，则利率下降，投资增加，总需求增加，从而导致经济扩张，外汇支出增加，国际收支顺差减少。

上述财政和货币政策都是通过改变社会总需求或国民经济中的支出总水平，来改变对外国商品、劳务和金融资产的需求，以此来调节国际收支，故这类政策被统称为支出增减型政策（或称支出变更型政策）。这类政策的局限性在于，国际收支的改善往往与国内经济目标发生冲突，是以牺牲国内经济为代价的。紧缩性政策在减少进口支出的同时也抑制了本国居民对国内产品的需求，由此会导致失业和生产能力过剩，如果所造成的负担主要体现在投资上，还会影响长期的经济增长。因此，在本国经济不振、失业严重的情况下，国际收支赤字的出现，常常使当局的宏观经济政策陷入左右为难的境地。只有在国际收支赤字是因总需求大于充分就业条件下的总供给引起的情况下，采取紧缩性经济政策才不至于牺牲国内经济目标。

3. 汇率政策

汇率政策是指一个国家通过调整汇率来改变外汇的供求关系，影响进出口商品的价格和资本流动的实际收益，进而达到调节国际收支失衡的一种政策。汇率政策不是通过改变社会总需求和总支出，而是通过改变需求和支出的方向来调节国际收支的，因而也被称为支出转换政策。一般说来，一国的货币贬值或汇率下浮，则该国的出口商品和劳务价格相对下降，出口竞争力提高，出口增加。同时，汇率政策会使进口商品和劳务的价格相对上升，从而使居民将一部分支出转移到购买进口替代品上，进口减少，国际收支因此改善。相反，一国的货币升值或汇率上浮，则会起到扩大进口、抑制出口的作用，从而减少国际收支顺差。

汇率政策是否能够奏效，要视其他具体情况和因素而定。首先，汇率政策效果取决于进出口商品的需求弹性，即马歇尔-勒纳条件，出口商品的国外需求弹性与进口商品的国内需求弹性之和大于1，是本币贬值改善贸易收支的前提。其次，汇率政策受"时滞"因素即"J曲线效应"的影响：汇率调整不会立刻显示出其有利于国际收支的一面，而是有一个时间滞后的过程，有时还表现为对经济先产生不利影响，而后才转为产生有利影响。再次，人们的预期往往会抵消汇率调整的效应。当汇率下调时，如果人们预期汇率还将进一步下跌，本国资金就会大量外逃以避免贬值所带来的损失，那么汇率下调不但起不到改善国际收支的作用，还可能会恶化国际收支状况。最后，只有在各国没有贸易限制及不采取报复措施的条件下，货币贬值才能扩大出口。

4. 直接管制

直接管制是指政府直接对国际经济交易进行行政干预，以使国际收支达到平衡的政策措施，主要包括外汇管制和贸易管制。外汇管制是指国家通过颁布外汇管理法令、法规和条例，对外汇买卖、国际结算、资本流动和外汇汇率等直接加以管制，控制外汇的供给或需求，维持本国货币汇率的稳定，以调节国际收支。当一国的国际收支发生长期逆差时，一般要加强外汇管制使逆差减少。当一国的国际收支发生长期顺差时，则放松外汇管制。常用的外汇管制一般包括限制私人持有和购买外汇、限制资本输出输入、实行复汇率制度等。贸易管制是指一国政府通过实行"奖出限入"的政策，对商品进出口实行管制，旨在增加外汇收入，限制外汇支出，从而改善国际收支。常采用的限制进口的手段有：进口配额制、进口许可证制、苛刻的进口技术标准、歧视性的采购政策与税收政策等。

直接管制和汇率政策一样，属于支出转换政策，但后者属于全面性控制工具，而前者属于选择性控制工具。直接管制的特点是比较灵活，各国可以按照本国的不同需要，对进出口贸易和资本流动区别对待，通常能起到迅速改善国际收支的效果，同时又不会牵动整个经济。但是，它并不能真正解决国际收支失衡的问题，只是将显性国际收支赤字变为隐性，一旦取消管制，除非经济结构得到改善，否则国际收支赤字仍会出现。此外，管制政策的实行容易引起他国报复，导致贸易伙伴国之间的"贸易战"，使管制措施不能达到预期效果。

总之，调节国际收支失衡的政策是多样化的，每一种政策都有各自特色与调节效果，各国可根据具体情况予以选择。基本原则是：第一，应根据国际收支失衡的具体原因选择调节政策；第二，应通过政策搭配方式来调节国际收支；第三，选择调节手段时，应尽量不与国内经济发生冲突及尽量减少来自他国的压力，以免影响国家间正常的经济秩序。

》【案例分析】

1997年亚洲金融危机中泰国的国际收支调节

案例资料：

1997年7月2日，泰国政府和金融当局宣布放弃长达13年之久的泰铢与美元挂钩的汇率制度，随后，泰铢贬值高达48%。之后，菲律宾、马来西亚、印度尼西亚、新加坡等国也相继爆发了金融危机，这就是著名的亚洲金融危机。此次危机爆发并非偶然，以泰国为首的相关国家，对国际收支差额的调整不当，是诱发金融危机的一个主要原因。

从1976年至1996年，泰国经济保持了年平均增长率8%的高速度，一时泰国经济成为亚洲乃至世界各国关注的焦点。其中政府积极运用财政预算收支调控经济的做法，受到多方赞誉。同时，财政盈余也保持了较低的通货膨胀率，并引导了国内的高储蓄和高投资。但是，其中也潜伏着问题。由于国内储蓄不足，总需求膨胀和进口过

国际金融

124

多，随着国内工资成本的上升，传统的出口产业的竞争力下降，出口增长乏力。1988年以来泰国的经常账户就一直处于赤字状态，并不断加剧。为了弥补经常项目的赤字，自1993年起，泰国政府为吸引外资，进一步放开资本市场，基本实现了资本项目下的可兑换。随后，大量外资流入，特别是短期外债增加很快，导致国内信贷宽松。国内企业大量举借外债，进行房地产与股票投资，形成严重的泡沫经济。

1995年以后，美元开始升值。由于泰铢与美元挂钩，导致泰铢相对升值，出口能力进一步下降。而为了保持资本流入，以实现国际收支平衡，泰国中央银行被迫提高利率，使国际游资得以进行套利活动，加剧了国内经济的不景气，外资大量流出。在外汇需求增加的情况下，泰国货币当局并未对泰铢实行贬值，而是加大对外汇市场的干预力度。在这种形势下，国际资本市场投机者借机对泰铢发动攻击。泰国中央银行在多次干预后，外汇储备大幅度下降，难以有效控制基础货币，被迫放弃钉住一篮子货币的汇率制度，改为采取有管理的浮动汇率制度。

实行浮动汇率制度后，泰铢大幅度贬值。1997年7月2日之前，泰铢汇率经常保持在1美元对25泰铢的水平，7月2日以后，泰铢汇率最低曾达到1美元对32.6泰铢，泰铢贬值幅度最高达30%，远远超过泰国中央银行预计的1美元对28泰铢的水平。在严重的危机形势下，泰国财政部部长和中央银行行长先后辞职；同时，泰国政府宣布接受国际货币基金组织的贷款，为了满足贷款条件，泰国政府采取了一系列的紧缩政策，使经济进一步面临沉重的压力，并极大地影响了社会和政治的稳定。

资料来源：作者根据相关资料整理。

阅读以上材料，分析以下问题：

国际收支失衡是如何导致泰国货币体系崩溃并引发金融危机的？由此带给我们哪些启发和思考？

分析：

国际收支展现的是经济体对外与世界其他国家之间的经济关系，以及经济体从外部引进的经济活动，还包括经济体融入世界经济的各项经济活动。所以，国际收支状况能够反映出经济体内外经济的整体运行状况。

1. 国际收支失衡是导致泰国爆发金融危机的重要原因之一

首先，从经济政策来看，泰国政府忽视了经常账户的赤字问题。在经常账户出现赤字时，货币当局应首先对赤字的性质加以判断，如果是短期性的，可以通过外汇储备的变动来加以调节。如果是长期性的，可以通过两种不同方式来加以弥补：一是通过放开资本账户的管制，吸引外资，以便通过增加资本账户的盈余来弥补经常账户的赤字；二是通过对本国货币实行贬值，同时采取紧缩的财政货币政策，以便达到在防止通货膨胀上升的同时，实现经常账户的平衡。由于泰国经常账户赤字是长期性的，泰国政府主要采取了上述第一种政策，在汇率上采取钉住美元的政策，将泰铢稳定在1美元对25泰铢的水平上；同时，采取一系列放宽资本账户管制的政策，以吸引外资。因此，从宏观政策上看，泰国政府没有正确处理好国内经济平衡目标与国际收支平衡目标的统一问题，在经常账户出现赤字时，没有选择调整国内经济结构，促进出口，而是过分依靠短期外债，通过制造资本账户的顺差来平衡经常账户逆差。虽然国际收支表面实现了平衡，但导致两个恶果：第一，经常账户逆差这一根本问题没有得到解决；第二，在本国金融体系不完善的情况下外资大量流入，使本国过度暴露在金融危机的风险中，这种宏观经济政策的失调是导致金融危机的最主要原因。

其次，从汇率政策与货币政策的配合来看，钉住汇率制降低了货币政策调节经济的作用。泰国自1984年6月30日起，就实行了钉住以美元为主的一篮子货币的汇率制度，并以此保证汇率的稳定和货币的可兑换性。泰国进出口的80%是以美元结算的，稳定的汇率有助于出口商的成本核算，因此，钉住美元有助于进出口的稳定。但是在实践中，钉住汇率制能否成功，要取决于其他政策的配合。同时为了维持固定汇率，还必须付出其他相应的代价，其中最重要的代价之一是，无法有效地实施本国货币政策。在泰国，这突出地表现在以下几个方面：第一，中央银行无法有效地实施对于货币供给量的调节；第二，由于实行钉住汇率制，使得中央银行只能以稳定汇率为目的，保持美元与泰铢的利差，在利率水平上基本失去了控制，从而使货币政策在调节经济的能力上受到很大的限制。例如在1993—1994年，泰国出现了经济过热，但中央银行无法提高利率，因为提高利率，将导致短期资本的进一步流入，国内流动性加大，利率会降到原有水平，使得货币供给量增加。反之，到了1995年和1996年，当美元利率开始上升，而泰国经济不景气，需要降低泰铢利率时，泰国银行又无法实现这一目标。因此，金融监管不力，也是导致此次金融危机的重要原因。

最后，从危机后泰国政府的调节政策来看，其经济复苏计划主要着眼于两点：一是通过货币政策、财政政策和外汇政策稳定宏观经济；二是维持金融市场稳定。自1997年8月，泰国政府与国际货币基金组织共同制定了宏观政策，利用财政和货币杠杆防止泰铢继续贬值，以稳定经济并重振信心。另外还实行了紧缩的货币政策，利率维持在相当高的水平。随后，金融政策由保持汇率稳定转而促进货币量的增长，利率因此降低，金融系统的压力得到缓和，并在一定程度上推动了国内需求。1999年3月30日，政府出台了旨在促进私人消费的措施，8月政府又出台了促进私人投资措施，这些措施的出台大大改善了中小企业融资状况，使处于困境中的中小企业更加容易得到融资。金融改革方面的主要举措有：一是开放金融系统，允许外资的更大参与；二是调整金融系统结构，发展债券市场；三是加强央行的独立性和监管能力；四是进行资产结构调整，减少不良贷款率。

2. 泰国国际收支失衡带给我们的思考

亚洲金融危机虽已过去二十余年，但以史为鉴，仍带给我们一些有益的思考：

第一，经济发展主要应依靠国内的储蓄，而不能过分依靠外资，特别是不能依靠外债来支撑经济发展。

第二，在引进外资的过程中，要特别注意促使产业结构的升级和出口能力的提高。

第三，要充分利用汇率机制调节国际收支，同时使货币政策更具有自主性。

第四，加强离岸金融业务的管理和外汇管制，加强对于非居民和外资银行的人民币业务的监督和管理，以规避开放过程中可能带来的风险。

第五，要正确处理金融体制改革和金融监管的关系，金融监管与金融体制改革必须同步进行，没有有力的金融监管手段，就无法推进金融机构和金融工具的创新。

≫ 【实践探索】

一、实践内容

历史上，国际金融市场震荡对我国国际收支形成的冲击主要有三次。一是1997年亚洲金融危机后，我国1998年非储备性质金融账户出现63亿美元小幅逆差，但由于经常账户顺差较高，外汇储备稳中略升；二是2008年国际金融危机及随后的欧美债务危机，我国国际收支"双顺差"格局没有发生根本改变，外汇储备进一步增加；三是2014—2016年美国货币政策转向，新兴经济体普遍面临资本外流、货币贬值问题，我国外汇储备下降较多，但国际支付和外债偿还能力依然较强、风险可控。

1. 查阅我国在上述三次金融危机前后的国际收支状况，分析金融危机的冲击对我国国际收支造成了哪些影响。

2. 通过对我国国际收支具体项目的分析，总结我国国际收支状况在金融危机中保持总体稳健的原因。

二、实践目标

通过活动，进一步了解导致国际收支不平衡的原因及国际收支不平衡的影响，并结合资料分析国际收支的调节手段。

三、实践结果

通过对所查资料的思考和分析，形成《金融危机对我国国际收支影响分析报告》。

任务三　我国的国际收支

≫ 【知识要点】

一、我国国际收支平衡表的编制原则

我国在相当长的历史时期内都未编制国际收支平衡表，只是通过编制外汇收支平衡表来反映一定时期内已经发生的对外贸易和非贸易外汇收支情况。1980年4月，我国恢复了在国际货币基金组织的合法席位后，于1981年制定了国际收支统计制度。1985年，国家外汇管理局按照基金组织的要求，首次公布了1982—1984年我国的国际收支概览表。从1987年起，我国开始实行国际收支统计申报制度，逐年统计和编制国际收支平衡表并对外公布。2015年开始，我国国际收支平衡表按照《国际收支和国际投资头寸手册》（第六版）进行编制，以权责发生制为统计原则，采用复式记账原理记录发生在我国内地居民与非居民之间的国际经济交易。

拓展阅读4-1

在"恢复"和"渐变"中中国国际收支稳健运行

二、我国国际收支平衡表各项目的含义

（一）贷方项目

国际收支平衡表的贷方项目包括：货物和服务的出口、收益收入、接受的货物和资金的无偿援助、金融负债的增加和金融资产的减少。

（二）借方项目

国际收支平衡表的借方项目包括：货物和服务的进口、收益支出、对外提供的货物和资金的无偿援助、金融资产的增加和金融负债的减少。

（三）各项目具体含义

1.经常账户

经常账户包括货物和服务、初次收入和二次收入。

（1）货物和服务。

① 货物，是指经济所有权在我国居民与非居民之间发生转移的货物交易。数据来源主要以海关进出口统计资料为基础，根据国际收支统计口径要求，进出口货物以商品所有权变化为原则，均采用离岸价格计价。账户中还补充了部分进出口退运以及海关未统计的转手买卖下的货物净出口数据。贷方记录货物出口，借方记录货物进口。

② 服务，包括加工服务，维护和维修服务，运输、旅行、建设、保险和养老金服务，金融服务，知识产权使用费，电信、计算机和信息服务，其他商业服务，个人、文化和娱乐服务以及别处未提及的政府服务。贷方记录提供的服务，借方记录接受的服务。

（2）初次收入。

初次收入是指由于提供劳务、金融资产和出租自然资源而获得的回报。贷方记录我国居民从非居民处获得的相关收入，借方记录我国居民向非居民进行的相关支出。

① 雇员报酬，是指根据企业与雇员的雇佣关系，因雇员在生产过程中的劳务投入而获得的薪资、津贴、福利及社保缴款等酬金回报。

② 投资收益，是指因金融资产投资而获得的利润、股息（红利）、再投资收益和利息，但金融资产投资的资本利得或损失不是投资收益，而是金融账户统计范畴。

③ 其他初次收入，是指将自然资源让渡给另一主体使用而获得的租金收入，以及跨境产品和生产的征税和补贴。

（3）二次收入。

二次收入包括侨汇、无偿捐赠和赔偿等项目，包括货物和资金两种形式。贷方表示外国对我国提供的无偿转移，借方反映我国对外国的无偿转移。

2.资本和金融账户

该项目包括资本账户和金融账户。

（1）资本账户。

资本账户包括居民与非居民之间的资本转移，以及非生产非金融资产的取得和处置，如债务减免、移民转移等内容。

（2）金融账户。

金融账户包括我国对外金融资产和负债所有权变动的各类交易，分为非储备性质的金融账户和储备资产。根据记账原则，当期对外金融资产净增加记录为借方，净减少记录为贷方；当期对外负债净增加记录为贷方，净减少记录为借方。

①非储备性质的金融账户。

第一，直接投资，是指以投资者寻求在本国以外运营企业获取有效发言权为目的的投资，包括直接投资资产和直接投资负债两部分。相关投资工具包括股权和关联企业债务。

第二，证券投资，包括证券投资资产和证券投资负债，相关投资工具包括股权和债券。

第三，金融衍生工具，用于记录我国居民与非居民金融衍生工具和雇员认股权交易情况。资产记录我国持有的外国金融衍生工具数量的增减变化，负债记录非居民持有我国金融衍生工具数量的增减变化。

第四，其他投资，是指除直接投资、证券投资、金融衍生工具和储备资产外，居民与非居民之间的其他金融交易，包括其他股权、货币和存款、贷款、保险和养老金、贸易信贷及其他项目。

②储备资产。

储备资产是指我国中央银行拥有的对外资产，具体包括以下五项：

第一，货币黄金，是指我国中央银行作为储备持有的黄金。

第二，特别提款权，是指国际货币基金组织对成员根据其份额分配的，可用以归还国际货币基金组织债务和偿付成员国政府之间国际收支赤字的一种账面资产。

第三，在国际货币基金组织的储备头寸，是指在国际货币基金组织的普通项目中成员可自由提取使用的资产。

第四，外汇储备，是指我国中央银行持有的可用于国际清偿的流动资产和债权。

第五，其他储备资产，是指以上未提及的我国中央银行持有的可用作国际清偿的流动资产和债权。

3.净误差与遗漏

国际收支平衡表采用复式记账法，由于统计资料来源和时点不同等原因，造成经常账户与资本和金融账户不平衡，形成统计残差项，称为净误差与遗漏。如果借方总额大于贷方总额，其差额记入此项目的贷方；反之，记入借方。

》【案例分析】

我国2023年国际收支平衡表的运行评价

案例资料：

2024年3月，国家外汇管理局公布2023年中国国际收支平衡表，见表4-4。

表 4-4 　　　　　　　　　　**2023 年中国国际收支平衡表** 　　　　　单位：亿美元

项目	行次	2023 年
1.经常账户	1	2 530
贷方	2	37 887
借方	3	−35 357
1.A 货物和服务	4	3 861
贷方	5	35 112
借方	6	−31 252
1.A.a 货物	7	5 939
贷方	8	31 792
借方	9	−25 853
1.A.b 服务	10	−2 078
贷方	11	3 321
借方	12	−5 399
1.A.b.1 加工服务	13	120
贷方	14	130
借方	15	−10
1.A.b.2 维护和维修服务	16	41
贷方	17	100
借方	18	−59
1.A.b.3 运输	19	−731
贷方	20	870
借方	21	−1 601
1.A.b.4 旅行	22	−1 717
贷方	23	248
借方	24	−1 965
1.A.b.5 建设	25	79
贷方	26	158

项目	行次	2023年
借方	27	−78
1.A.b.6 保险和养老金服务	28	−92
贷方	29	69
借方	30	−162
1.A.b.7 金融服务	31	7
贷方	32	44
借方	33	−37
1.A.b.8 知识产权使用费	34	−317
贷方	35	110
借方	36	−427
1.A.b.9 电信、计算机和信息服务	37	193
贷方	38	581
借方	39	−388
1.A.b.10 其他商业服务	40	380
贷方	41	982
借方	42	−602
1.A.b.11 个人、文化和娱乐服务	43	−26
贷方	44	14
借方	45	−40
1.A.b.12 别处未提及的政府服务	46	−15
贷方	47	15
借方	48	−30
1.B 初次收入	49	−1 482
贷方	50	2 400
借方	51	−3 882
1.B.1 雇员报酬	52	72

项目	行次	2023年
贷方	53	226
借方	54	−154
1.B.2 投资收益	55	−1 590
贷方	56	2 128
借方	57	−3 718
1.B.3 其他初次收入	58	35
贷方	59	45
借方	60	−10
1.C 二次收入	61	152
贷方	62	375
借方	63	−223
1.C.1 个人转移	64	17
贷方	65	65
借方	66	−48
1.C.2 其他二次收入	67	135
贷方	68	310
借方	69	−175
2. 资本和金融账户	70	−2 151
2.1　资本账户	71	−3
贷方	72	2
借方	73	−5
2.2　金融账户	74	−2 148
资产	75	−2 282
负债	76	134
2.2.1　非储备性质的金融账户	77	−2 099
资产	78	−2 234

项目	行次	2023年
负债	79	134
2.2.1.1 直接投资	80	−1 426
2.2.1.1.1 资产	81	−1835
2.2.1.1.2 负债	82	427
2.2.1.2 证券投资	83	−632
2.2.1.2.1 资产	84	−773
2.2.1.2.2 负债	85	141
2.2.1.3 金融衍生工具	86	−75
2.2.1.3.1 资产	87	−49
2.2.1.3.2 负债	88	−27
2.2.1.4 其他投资	89	34
2.2.1.4.1 资产	90	441
2.2.1.4.2 负债	91	−407
2.2.2 储备资产	92	−48
2.2.2.1 货币黄金	93	0
2.2.2.2 特别提款权	94	−24
2.2.2.3 在国际货币基金组织的储备头寸	95	11
2.2.2.4 外汇储备	96	−35
2.2.2.5 其他储备资产	97	0
3.净误差与遗漏	98	−379

资料来源：根据国家外汇管理局网站资料整理。

根据案例资料，对我国2023年国际收支运行状况进行评价。

分析：

2023年，我国国际收支运行总体稳健，经常账户和非储备性质金融账户呈现"一顺一逆"的自主平衡格局。储备资产稳中有增，年末外汇储备余额稳定在3.2万亿美元以上。

1.经常账户保持较高规模顺差，继续处于合理均衡区间

2023年我国经常账户顺差为2 530亿美元，继续发挥稳定国际收支的基本盘作用；与国内生产总值（GDP）之比为 1.4%，保持在合理均衡区间。其中，货物贸易保持韧性，贸易伙伴多元化稳步推进，出口产品竞争优势持续巩固，货物贸易进出口提质增效，顺差规模继续运行在历史高位。服务贸易稳步提升，居民跨境旅游留学逐步恢复推升旅行支出，但仍低于疫情前水平；同时，我国货物和服务贸易深度融合、数字贸易创新发展带动电信计算机和信息服务等新兴生产性服务贸易收入稳步增长。

2. 资本项下跨境资金流动逐步趋稳，第四季度外资来华投资总体上升

2023 年我国非储备性质金融账户逆差为 2 099 亿美元，与经常账户顺差形成自主平衡格局，储备资产保持稳定。一方面，来华各类投资总体呈现净流入态势，第四季度净流入规模明显提升。其中，外商股权性质直接投资保持净流入，第四季度净流入规模较第二、三季度平均水平增长近 2 倍；来华证券投资由 2022 年净流出转为净流入，第四季度外资投资，我国债券净流入 595 亿美元，为 2020 年第四季度以来的最高值。另一方面，境内企业等主体对外投资有序开展。对外直接投资稳定在较高水平，企业"走出去"步伐保持稳健；受国际市场环境和外部流动性变化影响，对外证券投资有所减少，对外存贷款等其他投资呈现净回流。

3. 经常账户等顺差主要转换为境内主体对外投资，我国对外资产负债结构持续优化

国际收支平衡表显示，2023 年我国对外资金来源合计 2 664 亿美元，主要是经常账户顺差以及外商股权性质直接投资净流入；对外资金运用合计 2 282 亿美元，其中九成多表现为企业、银行等主体各类对外投资，对外资金来源与运用总体均衡。近年来，在市场调节机制下，我国跨境贸易投资顺差带来的资金，主要由企业、银行通过直接投资、证券投资、存贷款等形式对外投资运用，储备资产占比稳步下降。我国对外资产持有主体和投资类型更加多元化，进一步提升了境内主体资源配置效率和资产负债匹配度，有效促进了对外资产负债结构优化和国际收支自主平衡。

我国国际收支结构保持稳健，体现了稳经济、稳外贸、稳预期等政策成效，也反映了提升外汇市场韧性的积极作用。一方面，我国顶住压力推动经济回升向好，稳步推进高水平对外开放，多措并举促进外贸平稳发展，不断提升境内外投资者信心，稳定市场预期。另一方面，我国外汇市场韧性持续提升，人民币汇率弹性增强，可以更好地发挥调节国际收支的自动稳定器作用；企业汇率风险管理水平不断提高，人民币跨境收付增多，有助于更好地应对外部环境波动。此外，我国不断完善外汇市场"宏观审慎＋微观监管"两位一体管理框架，有效维护跨境交易的理性和有序性。

在世界很多经济体复苏乏力、物价高位、债务高企，一些国家和地区社会动荡甚至发生战乱的局势下，我国顶住外部压力、克服内部困难，全面深化改革开放，加大宏观调控力度，实现经济较快发展，就业物价平稳，国际收支基本平衡，社会大局稳定。这样的成绩来之不易，我国应当倍加珍惜，继续高质量发展，扎实推进，增强战胜困难、继续前行的信心和底气，向全面建设社会主义现代化国家迈出坚定的步伐。

【实践探索】

一、实践内容

登录我国国家外汇管理局、国家统计局等官方网站，查询2016年以来的国际收支情况及差额数据，并与当年的GDP进行对比，完成以下国际收支差额构成表（见表4-5）。

表4-5　　　　　　2016—2023年我国国际收支差额构成表　　　　　单位：亿美元

项目	2016年	2017年	2018年	2019年	2020年	2021年	2022年	2023年
经常账户差额								
与GDP之比								
非储备性质的金融账户差额								
与GDP之比								

二、实践目标

通过活动，进一步了解我国国际收支平衡表收支差额的情况及近年来的变化。

三、实践结果

关注2016年以来我国国际收支平衡表的各个账户差额，在静态分析的基础上从以下几个方面对我国主要收支差额进行动态分析：

第一，货物贸易、服务贸易的差额情况及变化；

第二，初次收入、二次收入的顺差及逆差变化情况；

第三，直接投资、证券投资和其他投资等构成的非储备性金融账户的差额情况；

第四，储备资产的变化。

项目小结

国际收支是在一定时期内一国居民与非居民之间全部经济交易的系统记录。国际收支平衡表是一个国家或地区在一定时间内，以货币形式表示的国际经济交往的系统记录，也是对各笔交易进行分类汇总的一种统计报表。它是按照复式簿记原理编制的，通过国际收支平衡表可以反映并说明一国的国际收支状况。

国际收支平衡表的主要项目有经常项目、资本和金融项目以及净误差与遗漏项目。导致一国国际收支失衡的原因主要有结构性因素、货币性因素、周期性因素、收入性因素、临时性因素和冲击性因素等。国际收支失衡会对一国经济产生重要影响，因此各国政府有必要对国际收支进行调节，主要的调节手段有外汇缓冲政策、财政政策、货币政策、汇率政策、直接管制等。

我国在1985年首次公布了1982—1984年的国际收支概览表，并从1987年开始，逐年统计和编制国际收支平衡表,并对外公布。

项目训练

一、主要概念

国际收支　国际收支平衡表　自主性交易　调节性交易

二、单项选择题

1.发展中国家以初级产品出口为主的贸易格局所引起的国际收支顺差属于（　　）。

A.结构性失衡　　B.收入性失衡　　C.周期性失衡　　　　D.货币性失衡

2.国际收支的长期性失衡是指（　　）。

A.偶然性失衡　　B.结构性失衡　　C.货币性失衡　　　　D.周期性失衡

E.收入性失衡

3.若在国际收支平衡表中储备资产项目为-100亿美元,则表示该国（　　）。

A.增加了100亿美元的储备　　　　B.减少了100亿美元的储备

C.人为的账面平衡,不说明问题　　D.无法判断

4.IMF规定,在国际收支平衡表的统计过程中进出口贸易额的计价方式为（　　）。

A.离岸价　　　　　　　　　　　　B.到岸价

C.进口按到岸价,出口按离岸价　　D.各国自行决定

5.国际收支全面反映一国的对外（　　）。

A.政治关系　　　B.经济关系　　　C.军事关系　　　　　D.文化科技关系

6.国际收支是一个（　　）。

A.流量概念　　　B.变量概念　　　C.存量概念　　　　　D.等量概念

7.国际收支平衡表进行统计记录的记账原理是（　　）。

A.单式记账　　　B.复式记账　　　C.增减记账　　　　　D.收付记账

8.易货贸易属于（　　）。

A.转移收支　　　　　　　　　　　B.外汇收支

C.广义的国际收支　　　　　　　　D.狭义的国际收支

9.由于国内生产结构不能和国际市场相适应,造成的国际收支逆差是（　　）。

A.结构性失衡　　　　　　　　　　B.收入性失衡

C.周期性失衡　　　　　　　　　　D.货币性失衡

10.在国际收支平衡表中,投资收益被记入（　　）。

A.贸易收支　　　B.经常项目　　　C.资本项目　　　　　D.官方储备

三、多项选择题

1.调节国际收支的政策有（　　）。

A.财政政策　　　　　　　　　B.产业政策　　　　　　C.汇率政策

D.货币政策　　　　　　　　　E.融资政策

2.下列项目应记入贷方的是（　　　）。

A.反映进口实际资源的经常项目

B.反映出口实际资源的经常项目

C.反映资产增加或负债减少的金融项目

D.反映资产减少或负债增加的金融项目

3.记入国际收支经常项目的交易有（　　　）。

A.出口　　　　　　　　　　　B.旅行　　　　　　　　C.证券投资

D.直接投资　　　　　　　　　E.储备变动

4.以下交易属于国际收支范畴的是（　　　）。

A.物物交换　　　　　　　　　B.商品和劳务的交易　　C.金融资产之间的交易

D.无偿的商品劳务转移　　　　E.无偿的金融资产转移

5.下列各项属于国际收支调节的主体是（　　　）。

A.国际货币基金组织　　　　　B.国际清算银行　　　　C.世界银行

D.各国政府　　　　　　　　　E.世界贸易组织

6.记入国际收支平衡表贷方的交易有（　　　）。

A.进口　　　　　B.出口　　　　C.资本流入　　　　D.资本流出

7.国际收支差额通常包括（　　　）。

A.贸易差额　　　B.经常差额　　C.资本与金融差额　　D.总差额

8.净误差和遗漏发生的原因包括（　　　）。

A.人为隐瞒　　　　　　　　　B.资本外逃　　　　　　C.时间差异

D.重复计算　　　　　　　　　E.漏算

9.当一国出现国内通货膨胀、国际收支顺差时，合理的政策搭配是（　　　）。

A.松的财政政策　　　　　　　B.紧的财政政策　　　　C.松的货币政策

D.紧的货币政策　　　　　　　E.鼓励资本流出

10.记入国际收支经常项目的交易有（　　　）。

A.劳务收支　　　B.证券投资　　C.直接投资收益　　　D.储备减少

四、实训题

【实训操作】

国际收支平衡表的编制及分析能力训练。

【实训任务】

（1）对"国际收支平衡表的编制"等专业能力进行阶段性基本训练。

（2）对"国际收支平衡表的分析"等核心能力进行初级强化训练。

【实训内容】

（1）登录相关网站查阅最近几年的"中国国际收支平衡表"及《中国国际收支报

告》，分析我国国际收支状况。熟悉我国国际收支现状，找出适合我国国际收支的调节策略。

（2）根据所设一国对外经济交易记录模拟练习国际收支平衡表的编制。

（3）对该国的国际收支进行系统分析。

【成果形式】

实训作业：《××国××年国际收支平衡表及分析报告》。

项目五

国际储备

学习目标

知识目标： 1. 掌握国际储备的概念、特征、构成及作用，了解多元化国际储备体系的含义；

2. 掌握外汇储备、黄金储备、储备头寸及特别提款权的含义和具体内容；

3. 了解国际储备管理的原则和目标，掌握国际储备的规模管理和结构管理的含义及内容；

4. 了解我国国际储备的构成与特点，掌握我国国际储备具体项目的规模及结构，理解我国国际储备管理的内容与重点。

技能目标： 1. 能够分析国际储备与国际清偿能力的关系及国际储备对一国经济发展的影响；

2. 能够理解国际储备适度化的参照指标和确定方法，能够分析影响一国国际储备需求与供给的现实因素；

3. 能够对我国近年来储备资产的变动情况及原因做出分析，结合目前国际储备的规模和结构，分析我国国际储备水平及构成的合理性。

素养目标： 1. 把握当前储备货币多元化的现状，了解人民币逐步发展成为全球外汇储备货币的过程及意义；

2. 能够分析我国国际储备在维护我国经济金融安全、服务国家战略等方面发挥的作用。

任务一 国际储备概述

【知识要点】

一、国际储备的概念和特征

（一）国际储备的概念

国际储备（International Reserves）是指一国货币当局所持有的、能随时用于弥补国际收支逆差、维持本币汇率稳定以及用于应付紧急支付、作为对外偿债的信用保证，并为世界各国所普遍接受的各种形式的资产。

国际储备是一国对外经济交往的最终结果，也是一国国际金融实力及其国际经济地位的重要标志。一国国际储备的规模适度、结构合理、管理科学，是该国弥补国际收支逆差、维持对外支付能力及干预外汇市场、维持汇率稳定的前提条件，也是其对外借债和偿还外债的信用保证。

（二）国际储备的特征

根据上述定义，国际储备一般应具备以下三个特征：

1.官方持有性

这是指作为国际储备的资产必须是一国中央当局直接掌握的，并且可以自由地无条件支配使用的官方资产。非官方金融机构、企业和私人持有的黄金、外汇等资产，不能算作国际储备。这一特征使国际储备亦被称为官方储备。

2.普遍接受性

这是指国际储备必须是在外汇市场上或政府间清算国际收支差额时，能被世界各国在事实上所普遍承认并接受的资产。如果一种金融资产仅在小范围或区域内被接受和使用，尽管它也具备可兑换性和流动性，但是仍不能被称为国际储备。这一特征使储备资产具备了国际性。

3.充分流动性

这是指国际储备必须能随时动用或变现，能在各种形式之间自由兑换。这一特征使储备资产居于第一线储备的地位。

以上三点是国际储备最基本的特征。此外，国际储备还有一些其他特性，如稳定性，即储备资产的内在价值必须相对稳定；适应性，即储备资产的数量必须能适应国际经济活动和国际贸易发展的要求等。

二、国际储备的构成

目前，根据国际货币基金组织（IMF）的规定，一国的国际储备（自有储备）包括黄金储备、外汇储备、在国际货币基金组织的储备头寸和特别提款权四种。

（一）黄金储备

黄金储备（Gold Reserves），是指一国货币当局持有的货币性黄金（Monetary Gold）。在国际金本位制度下，黄金是最主要的储备资产，是充当世界货币以及平衡国际收支的最后手段。在布雷顿森林体系时期，黄金与美元共同作为国际货币体系的

基础，仍是重要的国际储备资产。布雷顿森林体系崩溃后，国际货币基金组织于
1976年实行黄金非货币化政策，黄金储备的地位显著下降。但由于黄金的贵金属特
性及良好的保值功能，黄金储备在各国的国际储备中仍占有一席之地。各国计算黄金
储备的方法有三种：按重量（盎司）计算；按黄金的价值计算，例如1盎司黄金=35
特别提款权；按黄金的市场价格计算。

    根据世界黄金协会（World Gold Council）的统计，截至2024年5月，世界官方黄
金储备情况见表5-1。

表5-1   **世界官方黄金储备一览表**

国家（地区/组织）	单位（吨）	黄金占外汇储备的比例
1.美国	8 133.5	71.3%
2.德国	3 352.3	70.6%
3.国际货币基金组织	2 814.0	—
4.意大利	2 451.8	67.6%
5.法国	2 436.9	68.6%
6.俄罗斯	2 332.7	28.1%
7.中国大陆	2 262.4	4.6%
8.瑞士	1 040.0	8.6%
9.日本	846.0	4.7%
10.印度	822.1	9.0%
11.荷兰	612.5	60.5%
12.土耳其	570.3	37.1%
13.欧洲央行	506.5	37.1%
14.中国台湾	422.4	5.0%
15.葡萄牙	382.6	73.3%
世界总储量	35 938.9	16.2%

    资料来源：根据世界黄金协会官网资料整理。

（二）外汇储备

    外汇储备（Foreign Exchange Reserves），是指一国货币当局持有的可兑换的外国

货币及外币金融资产，其主要形式为国外银行存款与外国政府债券。由于各国外汇储备的金额远远超过其他类型的储备，并在实际中使用的频率最高、规模最大，因此外汇储备是当今各国国际储备的主体。一国货币要成为储备货币，必须符合以下四个条件：第一，是可兑换货币，即不受任何限制，可随时与其他货币相兑换；第二，在国际货币体系中占有重要地位，被各国普遍接受，能随时转换成其他国家的购买力或偿付国际债务；第三，汇率或货币购买力相对稳定，中央银行和贸易商对其具有信心；第四，供给数量能同国际贸易、国际投资乃至世界经济的发展相适应。

（三）在国际货币基金组织的储备头寸

在国际货币基金组织的储备头寸（Reserve Position in the IMF），是指成员方在国际货币基金组织普通提款权（General Drawing Rights）账户中的储备档头寸和债权头寸，是成员方可以自由提取和使用的资产。按照规定，成员方需按一定标准向国际货币基金组织缴纳份额，份额中的25%用可兑换货币和特别提款权缴纳，另外的75%用本国货币缴纳。当成员方发生国际收支困难时，有权向国际货币基金组织申请可兑换货币贷款，即成员方拥有普通提款权。储备档头寸相当于成员方以可兑换外汇资产向国际货币基金组织认缴其份额的25%的部分而形成的对国际货币基金组织的债权。债权头寸是国际货币基金组织使用该国货币向其他成员方提供贷款而造成的其对该国（地区）货币持有量不足货币份额的差额部分。

（四）特别提款权

特别提款权（Special Drawing Rights，SDR），是国际货币基金组织根据成员方认缴份额分配的，可用于换取可兑换货币外汇、偿还国际货币基金组织债务、弥补成员方政府之间国际收支逆差的一种账面资产。特别提款权是国际货币基金组织创造的无形货币，是成员方普通提款权以外的另一种使用资金的权利。特别提款权只能用于国际货币基金组织成员国政府之间的结算，不能直接用于贸易与非贸易支付，不能直接作为国际商品流通的媒介。因此，特别提款权具有价值尺度、支付手段、贮藏手段职能，但没有流通手段职能，且其总体规模偏小，并不是一种完全的世界货币。

SDR于1970年1月1日首次发行，前两期发行数量不多，总计214亿SDR，在世界储备资产总额中只占很小的比重，且分配不平均，发展中国家分到的很少。2009年8月，国际货币基金组织理事会批准普遍发行相当于2 500亿美元的特别提款权，通过补充国际货币基金组织成员的外汇储备向全球经济体系提供流动性。2021年8月，国际货币基金组织理事会批准了规模为6 500亿美元的新一轮特别提款权普遍分配（约合4 560亿SDR），以增加全球流动性。这是历史上的第四轮，也是规模最大的一轮SDR发行，满足全球各国对储备的长期需求，巩固信心并提升全球经济的抗风险能力和稳健性。在本轮分配中，约有2 750亿美元（约合1 930亿SDR）提供给新兴市场和发展中国家，包括低收入国家。至此，全球各国持有的特别提款权总额达到6 601亿SDR（见表5-2）。

表 5-2　　　　　　　　　　SDR发行情况　　　　　　　　单位：亿SDR

发行时间	发行数量
第一期（1970—1972年）	93.3
第二期（1979—1981年）	121.7
第三期（2009年）	1 826
第四期（2021年）	4 560
合计	6 601

资料来源：根据国际货币基金组织官方网站资料整理。

以上各项构成一国的自有储备，也称为狭义国际储备，是一国具有的现实的对外清偿能力。广义国际储备，又称为国际清偿能力，则是该国具有的现实对外清偿能力和可能对外清偿能力的总和。除自有储备以外，广义国际储备还包括借入储备，即一国政府可以通过各种途径向外国政府或中央银行、国际金融组织和商业银行筹措资金取得的借款，主要包括：

1. 备用信贷

这是成员方在国际收支发生困难时同国际货币基金组织签订的一种备用借款协议，主要内容包括可借用款项的额度、使用期限、利率、分阶段使用的规定、币种等。成员方需要时无须办理新的手续便可提用，凡按规定可随时使用但尚未使用的部分，计入借入储备，且需缴纳约1%的年管理费。

2. 互惠信贷协议

互惠信贷协议又称互换货币安排和支付协议，是指两个国家签订的使用对方货币的协议。当其中一国发生国际收支困难时，可按协议规定的条件（如最高限额和最长使用期限）自动使用对方货币，然后在规定期限内偿还。互惠信贷协议是双边的，只能用来解决协议国之间的收支差额，而不能用来清算与第三国的收支差额。

3. 本国商业银行对外短期可兑换货币资产

这种资产虽然不属于政府所有，也未被政府借入，但其流动性和投机性很强，对政策反应特别敏感，政府可以通过政策、舆论及道义的手段诱导其流动方向，间接达到调节国际收支的目的。因此，这类资产又称诱导性储备资产。

三、国际储备的作用

国际储备的作用可以从两个层次来理解。第一个层次是从世界范围来考察国际储备的作用。随着世界经济和国际贸易的发展，各国国际储备也相应增加，起着对国际商品和金融资产的媒介作用。第二个层次是具体到每一个国家来考察。一国持有国际储备的作用主要表现在以下三个方面：

微课 5-1

国际储备与
国际清偿力

（一）清算国际收支差额，维持对外支付能力

当一国发生国际收支失衡时，可以利用国际储备缓解失衡压力，同时也可以为该国政府赢得时间，以采取措施对国际收支进行调节。如果国际收支失衡是暂时的，如因国际市场价格变化导致出口锐减或因特大自然灾害及战争等突发事件而造成临时性国际收支逆差，一般首先选择动用国际储备予以解决。这样可以避免采取影响整个宏观经济的财政和货币政策或压缩进口等限制性措施，减少对国内经济可能产生的负面影响。如果国际收支失衡是长期的、巨额的或根本性的，如因结构性因素而造成失衡，利用国际储备使政府有时间渐进地推进财政货币政策加以调节，避免因猛烈的调节措施而带来国内社会震荡。但是需要注意的是，一国的国际储备数额在一定阶段或周期内是有限的，因此其调节国际收支逆差的力度和周期也是有限的，针对根本性的国际收支不平衡，动用国际储备不但不能彻底解决问题，反而会导致国际储备枯竭。

（二）干预外汇市场，维持本币汇率稳定

当一国货币汇率在外汇市场上发生变动时，可以利用外汇储备来缓和汇率波动，甚至改变其变动方向。当外汇汇率上升而本币汇率下跌，超出政府的目标界限时，货币当局可抛售外汇储备购入本国货币，抑制本币汇率的下跌；相反，则购入外汇抛出本币，增加市场上本币的供应，使本币汇率下浮，外汇汇率上升。不过，各国的国际储备有限，用它来干预外汇市场只能对汇率产生短期影响，无法从根本上改变决定汇率的基本因素。

（三）提供举债和偿债的信用保证，增强国际清偿能力

一国拥有充足的国际储备，表明该国有较强的金融实力及较高的国际地位，对外资信状况好，有助于减少国际银行、国际金融机构和外国政府向该国提供贷款的风险，意味着该国能够以较为优惠的条件在国际金融市场融资，且还本付息能力稳定，国际清偿能力高。此外，充足的国际储备可以维持并增强其他国家和国际组织对该国货币的信心，从主观层面提高其货币的国际信誉度，有助于为该国提供信用保证。

四、多元化国际储备体系

国际储备体系是关于充当国际储备的货币或资产的构成及其在国际储备中地位配置的一种制度，它与国际货币体系有着密切的联系。国际储备体系的演变实际上就是中心货币或资产在国际经济交易中的延伸与扩大，迄今为止共经历了四个发展阶段。

第一阶段，黄金-英镑储备体系。这一体系从19世纪中叶开始一直维持到一战之前。这一阶段国际贸易中的主要流通手段和支付手段是黄金，因此黄金成为国际储备的最初形式。但是，随着国际贸易的不断增长，黄金产量已赶不上贸易发展的需要。而当时英国在世界工业和金融业中处于统治地位，在国际结算中英镑和以英镑表示的票据成为国际流通手段和支付手段。因此，英镑和黄金共同成为国际储备体系的中心货币，形成了黄金-英镑储备体系。

第二阶段，英镑-美元-黄金储备体系。这一体系存在于两次世界大战之间。一

战后，由于美国的经济实力不断上升，英国经济实力相对下降，国际结算中的美元使用不断增多，成为仅次于英镑的另一种国际流通手段和支付手段，从而形成英镑–美元–黄金储备体系。

第三阶段，美元–黄金储备体系。这一体系从二战后开始一直持续到20世纪60年代末期。二战结束后，由于美国成为世界最大的债权国和黄金储备国，美元的国际地位已远远超过英镑。其后布雷顿森林体系的建立、"双挂钩"制度的实行，最终使美元成为新的国际货币体系的中心货币以及最主要的国际储备货币，几乎占据了当时世界外汇储备的全部份额，从而形成了美元–黄金储备体系。

第四阶段，多元化储备体系。这一体系是现行的国际储备体系。20世纪60年代末70年代初，频繁的美元危机使美元的国际信誉大大降低，在国际储备体系中的地位不断下降。同时，日元和德国马克的地位不断提高，国际储备不再集中于美元、黄金形式，而是逐渐趋于多样化，形成了包括黄金、外汇、特别提款权等多元化储备体系。欧元诞生后，其国际地位日益上升，成为第二大储备货币，英镑和日元紧随其后。2016年，人民币加入SDR货币篮子，得到越来越多的官方认可。2018年，欧洲央行宣布将价值5亿欧元的外汇储备从美元换成人民币，这是发达国家第一次将人民币作为储备货币，也是储备体系多元化道路上的重要变革。

拓展阅读5-1

国际货币的历史和多元化趋势分析

根据国际货币基金组织数据，截至2023年12月底，人民币在全球外汇储备中的占比已达到2.29%，居第六位。这标志着人民币在国际货币体系中的地位得到了广泛认可。

当前国际储备体系的特点是国际储备外汇化，外汇储备多元化，从而形成了以多种主要货币为储备资产的储备体系。未来的国际储备体系已经不太可能出现由单一国家的货币来充当国际性主导货币的现象，国际储备体系多元化的趋势将会继续发展。

❯ 【案例分析】

特别提款权

案例资料：

SDR创始于1969年，起初以黄金定值，与美元等值，即1SDR=0.888671克纯金=1美元，或1盎司黄金=35SDR。自1974年7月1日起，SDR与黄金脱钩，改用一篮子16种货币作为定值标准；1980年9月18日又改为用美元、德国马克、日元、法郎和英镑定值，欧元发行后代替了德国马克和法郎的地位。国际货币基金组织每5年调整一次"货币篮子"的构成及其权重，调整的依据是这些货币在世界贸易和金融体系中的相对重要性。2001年、2006年以及2011年的3次调整仅涉及"货币篮子"中各种货币的权重。2015年11月30日，国际货币基金组织对构成SDR的货币及其权重进行了例行评估和调整，将人民币纳入了SDR的"货币篮子"。2016年9月30日，国际货币基金组织宣布启用包括中国人民币在内的新的特别提款权"货币篮子"（见表5-3）。

表5-3　　　　　　　　　　**1980年后SDR "货币篮子" 权重变化（%）**

年份 币种	1981— 1985	1986— 1990	1991— 1995	1996— 2000	2001— 2005	2006— 2010	2011— 2015	2016— 2020	2021- 2024.4
美元	42	42	40	39	45	44	42	41.73	43.38
欧元	–	–	–	–	29	34	37	30.93	29.31
英镑	13	12	11	11	11	11	11	8.33	7.44
日元	13	15	17	18	15	11	10	8.09	7.59
德国马克	19	19	21	21					
法郎	13	12	11	11					
人民币	–	–	–	–				10.92	12.28

资料来源：根据国际货币基金组织官方网站资料整理。

2022年5月，国际货币基金组织执行董事会完成了五年一次的特别提款权（SDR）定值审查，新的SDR货币篮子在2022年8月1日正式生效，价值是表5-4中每种货币的价值之和。

表5-4　　　　　　　　　　　　　**特别提款权的货币量**

一篮子货币	货币量
美元	0.57813
欧元	0.37379
人民币	1.0993
日元	13.452
英镑	0.080870

资料来源：根据国际货币基金组织官方网站资料整理。

阅读以上材料，分析人民币纳入特别提款权货币篮子对于人民币国际化进程的重要意义。

分析：

人民币正式纳入SDR货币篮子是人民币国际化的一个重要里程碑，是对中国经济发展成就和金融业改革开放成果的充分肯定。加入SDR以来，人民币从小范围结算币种逐步发展成为全球外汇储备的重要选项。据不完全统计，全球超过70个国家和地区的货币当局将人民币纳入外汇储备。截至2024年3月，全球人民币外汇储备规模达3 361亿美元，在全球可识别外汇储备总额中的占比为2.79%，创下历史新高，是加入SDR之初（2016年第四季度）占比1.08%的2.5倍。

我国作为全球第二大经济体，人民币在SDR的权重仍有很大上升空间。一方面，我国经济发展长期向好，金融业高质量发展，为人民币国际化提供了坚实基础；另一方面，人民币在全球贸易支付结算、全球外汇储备、外汇交易和投融资方面的发展潜力巨大。加入 SDR 以来，人民币国际化经历了汇率贬值、离岸市场低迷、中美贸易摩擦、疫情冲击等诸多挑战，国际结算使用总体保持稳步发展态势，夯实全球第五大货币地位。人民币的加入也增强了 SDR 的代表性、稳定性和吸引力，客观反映世界经济格局变化，提升新兴市场经济体话语权，有利于国际货币体系改革向前推进，向更加合理、均衡和公平的方向发展。

》【实践探索】

一、实践内容

资料：

2024 年第一季度我国黄金产量 85.959 吨，黄金消费量 308.905 吨

中国黄金协会最新统计数据显示：2024 年第一季度，国内原料黄金产量为 85.959 吨，与 2023 年同期相比增产 0.987 吨，同比增长 1.16%。另外，2024 年第一季度进口原料产金 53.225 吨，同比增长 78.00%，若加上这部分进口原料产金，全国共生产黄金 139.184 吨，同比增长 21.16%。

2024 年第一季度，全国黄金消费量为 308.905 吨，与 2023 年同期相比增长 5.94%。高金价对黄金消费影响出现两极分化。快速上涨的黄金价格，叠加黄金首饰加工费和品牌溢价高等因素，使消费者观望情绪增强，使得黄金首饰消费在一定程度上受到了抑制，黄金首饰零售商销售压力增加。相比之下，由于避险需求的激增，实物黄金投资获得较高关注，溢价相对较低的金条及金币消费大幅上涨。

2024 年第一季度，上海黄金交易所全部黄金品种累计成交量为双边 1.53 万吨（单边 0.76 万吨），同比增长 32.29%，成交额为双边 7.49 万亿元（单边 3.74 万亿元），同比增长 54.73%；上海期货交易所全部黄金品种累计成交量为双边 2.90 万吨（单边 1.45 万吨），同比增长 14.89%，成交额为双边 12.53 万亿元（单边 6.26 万亿元），同比增长 33.98%。2024 年 3 月份以来，黄金价格快速上涨，交易量环比大幅上升，为此，交易所采取了一定的市场风险控制措施。2024 年第一季度，受金价上涨提振，国内黄金 ETF 持有量上升至 66.96 吨，较 2023 年底的 61.47 吨增长 5.49 吨，同比增长 8.93%。

资料来源：根据中国黄金协会网站资料整理。

阅读以上信息，并查阅相关资料，讨论下列问题：

1. 黄金除了作为国际储备资产构成的重要组成部分，还有哪些主要作用？
2. 黄金价格会受到哪些因素影响？
3. 我国黄金市场上有哪些交易种类？

二、实践目标

通过活动，了解黄金在我国的生产及消费情况，并进一步了解黄金价格的影响因素和黄金市场的交易方式。

三、实践结果

将班级人员分组，根据所需资料分工查阅，汇总后进行交流讨论，研究整理形成各组的书面汇报。

任务二　国际储备管理

》【知识要点】

一、国际储备管理的原则和目标

国际储备管理是一国政府或货币当局根据一定时期内本国的国际收支状况和经济发展要求，对国际储备的规模、结构和储备资产的使用进行调整、控制，从而实现储备资产规模适度化、结构最优化和使用高效化的整个过程。一个国家的国际储备管理包括两个方面：一是对国际储备规模的管理，以求得适度的储备水平；二是对国际储备结构的管理，使储备资产的结构得以优化。

（一）国际储备管理的原则

一国政府对国际储备尤其是外汇储备进行管理时，一般要遵循以下原则：

1.储备资产的安全性

这是指储备资产本身价值稳定、存放可靠、风险性小。首先，要考虑这种资产的价值及汇率走势是否稳定。其次，选择储备资产存放国时，必须考虑这个国家的经济是否发达，外汇管理是否宽松，银行资信是否优良，预先做好充分的风险评估。

2.储备资产的流动性

这是指储备资产要容易变现、能够灵活调用和稳定供给。应根据国际支付的时间、金额和币种，将储备资产（尤其是外汇资产）做短、中、长期投资，做到既能使储备资产增值，又不影响使用。同时，应根据为支撑本国货币汇率而实施干预时所需储备货币的种类和规模，确定合理的储备货币结构。

3.储备资产的盈利性

这是指储备资产在保值的基础上尽量能够获得较高收益。选择金融工具时，不仅要考虑利率水平，选择收益率较高的品种，还要考虑汇率风险，避免因汇价变动而使收益缩水。精心安排储备资产投放，使外汇储备存放于银行的部分和投资于证券的部分能够保持适当比例，实现资产的最佳组合，以获得最佳效益。

以上三项原则是统一的，即对国际储备资产要做到既安全又能保证随时调用以应对国际收支逆差，还能获得较高的盈利，这样才能实现国际储备管理的最终目标。但三者之间也存在着此消彼长的关系，流动性越强，盈利性越差；安全性越强，盈利性越差。所以，国际储备资产的管理要综合权衡、统筹考虑。总的原则是储备资产规模应当能满足国际经济交易的需要，同时在确保安全性和保持适度流动性的前提下，尽可能地提高收益性。

拓展思考 5-1

国际储备管理的原则是否在不同阶段会有不同侧重？

分析提示：不同经济环境下，国际储备管理的三项原则的相对重要性会有所不同。例如在国际收支逆差严重时，需要大量动用储备资产，保持储备资产的流动性较为重要；在恶性通货膨胀时期，保证储备资产的安全性更为重要；在国际收支大体平衡或出现顺差的时期，重视储备资产的盈利性可以使该国获取更大的资产增值收益。

（二）国际储备管理的目标

国际储备管理的总体目标是服务于一国宏观经济发展战略需要，即在国际储备资产的积累水平、构成配置和使用方式上，有利于经济的适度增长和国际收支的平衡。目前，国际储备管理的具体目标应着眼于以下几个方面：

第一，有充分的外汇储备来支持货币政策与汇率管理政策实施的信心；能够通过吸收货币危机的冲击以及疏通外部融资渠道的阻塞，来抵御一国经济的外部脆弱性；具有对外偿还债务和对内增强信心的支撑；满足政府偿还外部债务与使用外汇的需要；应对灾难及突发事件。

第二，谨慎管理国际储备的流动性风险、市场风险和信用风险。

第三，在流动性风险和其他风险的约束条件下，通过将国际储备投资于中长期金融工具而获得合理收入。

从以上表述可以看出，尽管诸如对付汇率波动、应对国际赤字支付等传统"务实"的国际储备管理目标仍然被提及，但当今国际储备管理目标的重心在于关注金融体系的健全和稳定性，能够对"保持信心"提供充分的支持。

二、国际储备的规模管理

（一）确定适度国际储备规模的意义

所谓国际储备规模，是指一国在一定时期内持有的国际储备总量或水平。国际储备规模一般表现为国际储备额同一些经济指标的对比关系，例如，一国的国际储备额同该国国民生产总值之比、同国际收支总差额之比、同外债总额之比、同月进口额的对比等。所谓国际储备规模管理是指对国际储备规模进行确定和调整，使一国国际储备数量保持在适度水平上，既能满足国家经济增长和支付需要，又不因储备过多形成积压浪费。

一国持有的国际储备并非越多越好。持有国际储备会有一定的机会成本，即该国放弃将它转化为进口生产资料等实际资源而可能获得的收益，国际储备数量过多会造成资源浪费。此外，在采取特定政策片面追求高储备的过程中可能出现一些消极影响。

一国持有的国际储备量过少也会使该国蒙受损失。首先，国际储备量过少，就是持有国际储备的边际收益高于储备增量的机会成本，这意味着资源配置的扭曲。其次，缺乏足够的外汇平准基金，本币汇率难以稳定，增加了国际贸易与金融活动的风险。再次，利用外资时缺乏国际信誉，可能面临偿债困难和支付危机。最后，由于缺乏国际清偿能力，受到冲击时可能付出格外沉重的代价。

（二）确定适度国际储备规模的参照指标

从理论上讲，适度的国际储备是指国际储备给该国带来的边际收益等于国际储备增量的机会成本时的国际储备量，但测算这一适度量难度很大，所以通常是通过考察各国储备的一般状况和本国实际情况来确定储备数量。从定量分析角度来看，确定适度国际储备量的参照指标包括：

1. 国际储备与国民生产总值之比

两者之比基本成正比例变化关系。一般情况下，发达国家该比例较低，而发展中国家较高，各国应根据本国经济发展状况找出两者的最适当比例。

2. 国际储备对外债总额之比

该比例越低，发生货币危机的可能性就越大。经验表明，一国国际储备应该能够覆盖100%的短期外债，并相当于该国外债总额的1/2。

3. 国际储备对进口额之比

即国际储备能支付月进口额的数量，这是最为流行的参照指标。一般认为，一国国际储备应能保证支付3个月的进口额，或者说储备对进口额的比例（年度数字）不低于25%。

拓展思考 5-2

为什么美国不需要过多的外汇储备？

分析提示：美国之所以外汇储备量少，是因为相对于欧元、日元、英镑等储备货币来说，美元可称为霸主货币，即它作为国际储备货币可以直接用于对外支付，无须用外汇储备调节国际收支、调节外汇市场和进行国际支付。一种货币在国际货币体系中的位置重要，经济实力强，币值稳定性好，外汇储备的需求量就低，反之亦然。

（三）确定适度国际储备规模应考虑的因素

一国国际储备量应保持在怎样的水平才算适度，需要从一国对国际储备的需求和供给两个方面进行分析。

1. 国际储备的需求

国际储备的需求是指一国在一定时期内，在既定条件下愿意而且能够获得并持有的国际储备资产量。决定一国国际储备需求量的因素主要有：

（1）持有国际储备的成本。

使用国际储备可以进口商品和服务等实际资源，增加国内投资并加快经济发展，而持有国际储备意味着牺牲和放弃实际资源可能给该国带来的收益。进口资源的投资收益率越高，持有国际储备的机会成本越大。同时，国际储备中有一些储备资产可以生息，如在国外的银行存款和外国政府债券等。所以，一国持有国际储备的成本等于投资收益率与利息收益率之差。差额越大，表明持有国际储备的成本越高，国际储备的需求量就越少，反之则越多。

（2）经济开放与对外贸易状况。

经济开放与对外贸易状况主要包括一国的对外开放度、进出口贸易在国民经济中的地位与作用、贸易条件和出口商品在国际市场上的竞争力等。如果一个国家对外开放程度较大，经济发展对进出口贸易的依赖程度较高，那么它会需要较多的国际储备；相反，则需要较少的国际储备。一个在贸易条件上处于不利地位、出口商品又缺乏竞争力的国家，需要较多的国际储备；相反，则需要较少的国际储备。

（3）对外资信与融资能力。

如果一个国家有良好的对外信誉和形象，能在必要时便捷地筹措到各种外汇资金，那么该国对国际储备的需求会少一些；反之，对国际储备的需求会多一些。但如果一国储备水平过低，不具备较高的国际信誉，其借用国外资金的能力也会降低。

（4）金融市场的发育程度。

发达的金融市场能够提供较多的诱导性储备，这些储备对利率和汇率等调节政策的反应比较灵敏。因此金融市场越发达，一国对国际储备的需求就越少，其保有的储备量就会越少；反之，对储备的需求就越多，调节国际收支对储备的依赖就越大。

（5）外汇管制的宽严程度。

一国发生国际收支逆差时，如果主要通过对外贸和外汇的直接管制来扩大外汇收入并限制外汇支出从而实现国际收支平衡，那么这些管制越严格，需要的储备就越少；管制越宽松，需要的储备就越多。

（6）汇率制度与外汇政策的选择。

国际储备的一个重要作用就是干预汇率，如果一国实行固定汇率制度并采取稳定汇率的外汇政策，为干预外汇市场、平抑汇率，就需要持有较多的国际储备；反之，对国际储备的需求就较少。

（7）货币的国际地位。

一国货币如果处于储备货币地位，可以直接用本国货币来支付短期逆差，也可以对外直接投资获取更高的投资报酬，不需要较多储备；相反，则需要较多的储备。

（8）应对各种因素对国际收支冲击的需要。

一国在考虑对国际储备的需求时，还要注意到各种可能的因素对本国未来国际收支的冲击，应该对这些冲击的类型和程度有正确的预测。冲击的概率和程度越大，国际收支越不稳定，需要的储备就越多；相反，需要的储备就越少。

从上述分析可以看到，确定一国对国际储备的需求量是很复杂的，应将以上各因素综合起来考虑。

2.国际储备的供给

在黄金储备、外汇储备、普通提款权和特别提款权这四种储备形式中，后两项与成员国缴纳给国际货币基金组织的份额密切相关，而份额又以该国经济实力为基础，在国际货币基金组织未调整份额的情况下，该国持有的普通提款权和特别提款权就不会增减。因此，一国国际储备的供给，主要取决于其黄金储备与外汇储备的增减。

（1）黄金储备。

一国黄金储备的增加，主要是通过黄金的国内外交易来实现的。储备货币发行国如果用本国货币在国际市场购买黄金，该国的国际储备可随之扩大；非储备货币发行国只能用其外汇储备在国际市场购买黄金，结果只能改变该国国际储备的构成，而不能扩大其国际储备。从黄金的国内交易来看，中央银行以本国货币在国内收购黄金，可增大黄金储备，即所谓的"黄金货币化"。

（2）外汇储备。

一国增加外汇储备有以下三种渠道：第一，国际收支顺差是增加外汇储备的根本渠道，经常账户的盈余是外汇储备最稳定的来源；第二，一国中央银行为阻止本国货币升值而抛售本国货币，获得的外汇收入将计入外汇储备；第三，一国政府或央行向外国政府或国际金融机构的借款也可以作为外汇储备。

（四）确定适度国际储备规模的方法

测算并判断一国适度储备量的方法主要有定性分析法和定量分析法两大类。

1.定性分析法

定性分析法也叫质量分析法，其基本思路是：国际储备的短缺或过剩会直接影响某些关键的经济变量和政策倾向，如利率政策、外汇外贸管制、紧缩性需求管理以及汇率变动等，因此考察这些指标的变动，可以判断储备水平是否适度。例如，一国政府已经明确适度储备量的水平，因而当其采取高利率政策或奖出限入政策来改善国际收支时，意味着该国可能存在储备不足的问题。但有时经济变量和政策措施的变化可能并非由储备过剩或不足引起，而是由其他经济甚至政治因素所引起。因此，定性分析法只能粗略地反映储备的适度性，不能测算出一个确定的储备量。

2.定量分析法

（1）比例分析法。

比例分析法即采用国际储备量与某种经济活动变量之间的比例关系来测算储备的适度水平。其中，进口比例法（R/M比例法）是目前国际上普遍采用的一种简便易行的衡量方法。其基本思路是：把国际贸易中的进口额作为唯一变量，用国际储备对进口额的比例（R/M）来测算适度的储备量。一国的R/M比例一般以40%为最高限，20%为最低限，通常为25%左右，即一国的储备量应满足三个月的进口付汇需要。

除此之外，比例分析法常用的比例指标还有：储备对外债总额的比例、储备对国民生产总值的比例等。但是该方法也有明显的缺点：首先，某一比例关系只能反映个别经济变量对储备需求的影响，并不全面。其次，各国经济情况不同，对持有国际储备的看法不同，在世界经济中的地位不同等，这些差异决定了各国储备政策的差异。

拓展思考 5-3

如果一个国家的国际收支多年连续顺差，该国是否有必要持有按进口比例法规定的储备数量？

分析提示： 国际储备的需求量主要取决于一国国际收支差额，国际收支如果是顺差，所需储备就比较少，只需满足进出口时差造成的收支差额即可；国际收支如果是逆差，国际储备除需要满足进口比例标准外，还必须能够弥补进出口之间的差额。因此，如果一个国家的国际收支连年出现顺差，就不需要一定持有 R/M 比例法所确定的储备量。需要指出的是，在各国确定适度储备规模的具体操作中，国际收支差额通常只作为进口比例法的辅助手段对后者进行必要的修正和调整，而不是衡量储备量大小的独立手段。

（2）成本-收益分析法。

成本-收益分析法又称机会成本分析法。一般情况下，国际储备的需求量与持有储备的机会成本成反比，与持有储备的边际收益成正比。当持有储备的边际收益等于机会成本从而带来社会福利最大化时，就是最适度的储备规模。但是成本-收益分析法的计算方法比较复杂，涉及的经济变量较多，而且宏观经济中有些变量并不像微观经济变量一样有界限分明的成本和收益，只能测算综合成本和综合收益，会影响计算结果的准确性。

三、国际储备的结构管理

国际储备结构管理是指如何使各项储备资产实现最佳组合配置，以及如何使外汇储备的各种储备货币保持合适比例。

（一）储备资产的结构管理

储备资产结构管理的目标，是确保流动性和收益性的恰当结合。由于国际储备的主要作用是弥补国际收支逆差，因此各国货币当局更重视流动性。按照流动性高低，可以把储备资产划分为三级：一级储备资产，富有流动性，但收益性较低，包括活期存款、短期存款和短期政府债券等；二级储备资产，收益性高于一级储备，但流动性低于一级储备，如2~5年期的中期政府债券等；三级储备资产，收益性高于二级储备，但流动性低于二级储备，如长期公债券等。

储备资产的各种形式中，普通提款权能随时从国际货币基金组织提取和使用，所以类似一级储备；特别提款权需事先提出申请，并由国际货币基金组织指定参与特别提款权账户的国家提供申请国所需货币，因此可视为二级储备；而黄金储备，由于各国一般只在黄金市价对其有利时才会转为储备货币，因此可视为三级储备。一级储备是货币当局随时、直接用于弥补国际收支逆差并干预外汇市场的储备资产，即作为交易性储备；二级储备是作为补充性的流动资产；三级储备主要用于扩大储备资产的收益性。一国应当合理安排三级储备资产的结构，以做到在保持一定流动性的前提条件下，获取尽可能多的收益。

（二）外汇储备的币种结构管理

对外汇储备的币种结构管理主要是储备货币的币种选择，即合理地确定各种储备货币在一国外汇储备中所占的比重。确定外汇储备币种结构的基本原则是：

第一，储备货币的币种和数量要与该国对外汇的需求结构、对外支付结构保持大体一致，这样可以降低外汇风险。

第二，排除单一货币结构，实行以坚挺货币为主的多元化货币结构。根据各储备货币的汇率走势，及时安排和调整币种结构，从而提高外汇资产的保值和增值能力，保持外汇储备购买力相对稳定。

第三，采取积极的外汇风险管理策略，安排预防性储备货币。如果一国货币当局有很强的汇率预测能力，那么可以根据无抛补利率平价（预期汇率变动率等于两国利率差）来安排预防性储备的币种结构。

》【案例分析】

各国央行增持黄金储备

案例资料：

2024年6月7日，中国人民银行官网发布数据显示，截至2024年5月末，我国黄金储备报7 280万盎司，较3月末增加6万盎司。

同时，全球央行继续保持迅猛的购金态势。4月30日，世界黄金协会发布的2024年第一季度《全球黄金需求趋势报告》显示，第一季度全球官方黄金储备增加了290吨，创下该统计以来最高的第一季度央行购金规模。

资料来源：根据中国人民银行官方网站及世界黄金协会官方网站资料整理。

根据以上材料，分析各国增加黄金储备的原因以及我国央行增持黄金的意义。

分析：

近年来，各国央行增持黄金，主要是优化官方储备资产结构，促进官方储备资产多元化，增强抵御全球金融市场波动能力，增强官方储备资产稳定性。央行增持黄金，不是看重短期金价波动，而是站在外汇储备资产配置分散化的战略性角度评估黄金的配置价值。目前，全球央行之所以愿意在金价相对较高的位置继续买入黄金，很大程度是看中黄金的避险属性、高流动性与长期较高的回报率。

对于我国央行增持黄金储备，主要是顺应全球发展趋势，优化和多元化官方储备资产结构，提升官方储备的稳定性，增强外围风险抵御能力。首先，在美债收益率波动明显加大的背景下，我国央行增持黄金，有助于储备资产保值增值。与此同时，黄金是全球广泛接受的最终支付手段，央行增持黄金能够增强主权货币的信用，为推进人民币国际化进程创造有利条件，即用增持黄金的方式为人民币背书，支撑人民币储备货币地位的提升，进一步夯实市场对人民币的信心。因此，黄金储备也是支持人民币国际化的基石之一，而人民币国际化程度的提高反过来又使中国可减持外汇储备。

【实践探索】

一、实践内容

请查阅我国国际储备数据资料，在此基础上分析特别提款权作为国际储备资产可以发挥哪些作用，并结合我国情况总结国际货币基金组织对特别提款权的分配原则。

二、实践目标

通过活动，了解特别提款权在我国国际储备中的数量和比重，理解特别提款权作为储备货币的分配原则和现实作用。

三、实践结果

请收集数据完成表5-5，并进行分析。

表5-5　　　2017—2023年我国特别提款权与国际储备情况表　　　单位：亿美元

项目	2017年	2018年	2019年	2020年	2021年	2022年	2023年
SDR数额							
国际储备合计数额							
SDR占国际储备比重							

任务三　我国的国际储备

【知识要点】

一、我国国际储备的构成与特点

我国国际储备是由黄金储备、外汇储备、在国际货币基金组织的储备头寸和特别提款权以及其他储备资产构成的。改革开放前，我国实行计划经济体制，没有建立与国际经济接轨的国际储备制度。1980年我国恢复了在国际货币基金组织和世界银行的合法席位，次年开始正式对外公布国家黄金和外汇储备。目前我国的国际储备体系日趋完善，具有几个明显的特点：

（一）黄金储备数量保持稳定增长

我国一直实行稳定的黄金储备政策，近年来，我国经济与世界经济结合更加紧密，对外贸易和资本流动规模大幅增加，为了加强对外交往的抗冲击能力，稳定国际收支，黄金储备开始有所增加。2009年以来，我国分阶段增持黄金，截至2024年5月末，规模达到2 245.36吨（7280万盎司），位居全球第六位（见表5-6）。

表 5-6   **我国黄金储备量的变化**   单位：万盎司

年份	1979—1980	1981—2001	2002—2008	2009—2014	2015	2016—2017	2018	2019—2021	2022	2023	2024.5
黄金储备	1 280	1 267	1 929	3 389	5 666	5 924	5 956	6 264	6 464	7 187	7 280

资料来源：根据中国人民银行网站资料整理。

（二）外汇储备成为我国国际储备主体

1.外汇储备构成变化

1979—1992 年，我国的外汇储备由国家外汇库存和中国银行外汇结存两部分构成。国家外汇库存是指国家对外贸易和非贸易外汇收支的累计差额，是我国货币当局持有的对外债权。中国银行外汇结存实际上是中国银行的运营资金，是该行的对外负债。为了和国际货币基金组织的规定保持一致，我国从 1992 年 10 月起把中国银行外汇头寸分离出来，将外汇储备的统计口径改为仅指国家外汇库存，使我国外汇储备构成发生了明显变化。

2.外汇储备数量迅猛增长

改革开放之初，我国外汇储备增长缓慢。从 1978 年到 1989 年的 12 年间，除 1989 年为 55.5 亿美元外，其余各年外汇储备余额均未超过 50 亿美元。20 世纪 90 年代以来，我国外汇储备不仅在构成上发生了变化，在数量上也开始迅猛增长。1996 年末，外汇储备首次突破了 1 000 亿美元；2006 年 2 月，我国外汇储备超过日本，首次成为全球外汇储备最大持有国；2008 年金融危机后，在全球经济整体低迷的背景下，我国外汇储备增速放缓，于 2014 年达到峰值后，出现储备水平下降的局面，但在世界范围内仍处于最高水平。表 5-7 显示了我国历年外汇储备数量。

表 5-7   **我国历年外汇储备**   单位：亿美元

年份	储备	年份	储备	年份	储备	年份	储备
1950	1.57	1969	4.83	1988	33.72	2007	15 282.49
1951	0.45	1970	0.88	1989	55.50	2008	19 460.30
1952	1.08	1971	0.37	1990	110.93	2009	23 991.52
1953	0.90	1972	2.36	1991	217.12	2010	28 473.38
1954	0.88	1973	-0.81	1992	194.43	2011	31 811.48
1955	1.80	1974	0	1993	211.99	2012	33 115.89
1956	1.17	1975	1.83	1994	516.20	2013	38 213.15
1957	1.23	1976	5.81	1995	735.97	2014	38 430.18
1958	0.70	1977	9.52	1996	1 050.49	2015	33 303.62
1959	1.05	1978	1.67	1997	1 398.90	2016	30 105.17

续表

年份	储备	年份	储备	年份	储备	年份	储备
1960	0.46	1979	8.40	1998	1 449.59	2017	31 399.49
1961	0.89	1980	-12.96	1999	1 546.75	2018	30 727.12
1962	0.81	1981	27.08	2000	1 655.74	2019	31 079.24
1963	1.19	1982	69.86	2001	2 121.65	2020	32 165.22
1964	1.66	1983	89.01	2002	2 864.07	2021	32 501.66
1965	1.05	1984	82.20	2003	4 032.51	2022	31 276.91
1966	2.11	1985	26.44	2004	6 099.32	2023	32 379.77
1967	2.15	1986	20.72	2005	8 188.72	2024.5	32 320.39
1968	2.46	1987	29.23	2006	10 663.44		

资料来源：根据中国人民银行网站资料整理。

（三）储备头寸和特别提款权数额有限，占比较小

我国在国际货币基金组织的储备头寸与分配到的特别提款权，受我国缴纳的份额比例制约，一直数量有限。1978年我国的储备头寸为1.5亿美元，特别提款权为0.7亿美元；经过2006年和2010年两次份额变革，我国份额占比从3.996%升至6.394%，排名从第六位跃居第三位，仅次于美国和日本。2023年底，国际货币基金组织批准了增加份额的决议，各成员将以50%等比例提高各自缴纳的份额。截至2024年4月，我国拥有的储备头寸为97.69亿美元，特别提款权为530.70亿美元，但因我国外汇储备规模持续增长，使之在整个储备资产中所占比重仍然较小，目前两者所占比重不到2%。

（四）其他储备资产数额较小

其他储备资产是从2015年起在国际收支平衡表里新增的项目，记录除以上几种形式以外我国所持有的官方储备，2015年该数额为7.27亿美元，截至2024年1月，下降为2.53亿美元。

拓展阅读5-2

国际货币基金组织的份额制调整愈发迫切

二、我国国际储备的管理

我国国际储备管理主要是对黄金储备和外汇储备的管理。

（一）我国黄金储备的规模管理

近年来，受金融危机、贸易保护主义、地缘政治局势紧张的影响，全球经济增长动能减弱，国际金融市场波动加大。世界各国为确保储备资产安全性，纷纷调整国际储备战略，黄金再次成为发达国家国际储备的"新宠"。我国目前是世界第六大黄金储备国，但黄金储备占国际储备的比重不足5%，面临的突出问题是"外汇储备过高，

黄金储备不足"。相比于外汇资产，黄金不会随汇率的波动而大幅增值或缩水，风险相对较小，在紧急关头能充当最终的支付手段。因此，无论就绝对数量还是相对规模而言，都有必要在现有基础上调整措施，适当增加黄金储备。

（二）我国外汇储备管理

我国国际储备发展中最明显的变化就是外汇储备数量迅猛增长，从2001年突破2 000亿美元激增为2014年的38 430.18亿美元。从2015年开始，外汇储备数量开始有所回落，截至2024年5月，我国外汇储备为32 320.39亿美元，仍为全球第一大外汇储备国。因此，外汇储备管理是我国国际储备管理的重心。

1.我国外汇储备规模管理

我国外汇储备规模管理的目标是将外汇储备维持在一个适度水平上，这一水平应以用汇需求为基础。近年来，我国外汇需求主要来自以下五个方面：维持正常进口用汇需求，偿还债务用汇需求，外商直接投资盈利返还用汇需求，政府干预汇市的用汇需求以及居民出境旅游、探亲、就医、留学等方面的用汇需求。除此之外，还必须考虑满足特殊需求的外汇储备量，如防范国际金融风险、政治动荡、突发事件和自然灾害等。特殊用汇需求与外汇储备之比缺乏一个国际公认的指标，我国一般将其确定为10%~15%。但是不难估算，即使将上述外汇储备需求量都考虑并折算进去，我国目前的外汇储备仍远远高于适度规模，有较大过剩。

2.我国外汇储备货币结构管理

我国外汇储备货币结构管理需要坚持以下原则：一是实行储备货币多元化，以减少汇率变动可能带来的风险；二是根据对外汇支付（贸易赤字和偿还外债本息等）的需要来确定各储备货币的比重，并适时根据汇率变动进行调整，避免形成过于倚重单一货币的币种结构。

3.我国外汇储备投资管理

我国外汇储备投资管理的原则是以安全性和流动性为主，适当兼顾盈利性。为此，要合理安排储备资产的投资结构，保持资产投资多样化，根据市场变化及时调整资产配置，把握市场机会优化投资策略。在我国外汇储备充足的情况下，加强中长期资产配置，稳步、审慎推进多元化运用，实现外汇储备资产的安全、流动和保值增值。

➤【案例分析】

国家外汇管理局公布2024年5月末外汇储备规模数据

案例资料：

国家外汇管理局统计数据显示，截至2024年5月末，我国外汇储备规模为32 320亿美元，较4月末上升312亿美元，升幅为0.98%。

2024年5月，受主要经济体货币政策预期、宏观经济数据等因素影响，美元指数下跌，全球金融资产价格总体上涨。由于汇率折算和资产价格变化等因素的综合作用，当月外汇储备规模上升。我国经济内生动能持续增强，经济回升向好态势不断巩固，将为外汇储备规模继续保持基本稳定提供支撑。

资料来源：张莫.外汇储备规模连续多年居世界第一［N］.经济参考报，2023-11-10.经过修改。

根据以上材料，分析我国当前外汇储备规模对经济发展的重要作用，以及我国外汇储备经营管理的目标和思路。

分析：

数据显示，自2006年起，我国外汇储备规模连续18年稳居世界第一，近年来始终稳定在3万亿美元以上。我国外汇储备规模保持基本稳定，有效增强了市场预期和投资者信心，在抵御外部冲击、维护我国经济金融安全、服务国家战略等方面发挥了重要作用。

值得注意的是，超大规模外汇储备的经营管理是一个国际性难题，没有现成的经验可以遵循。近年来，我国外汇储备经营管理机构开拓创新，不断探索完善中国特色的经营管理之路，专业化水平稳步提升，并取得显著成效。

我国外汇储备以安全、流动和保值增值为目标，按照市场化原则对全球主要国家和地区、主要货币及资产类别开展投资，实现了投资组合较为有效的多元化和分散化。近年来，面对高波动的国际金融市场，外汇储备统筹发展与安全，保持战略定力积极稳健经营，持续提升投资管理专业化水平，不断优化完善覆盖市场风险、信用风险等传统风险和气候变化风险等非传统风险的系统性风险管理框架，有效保障了外汇储备资产的安全、流动和保值增值。尤其是，我国外汇储备在安全、流动和保值增值的基础上，把可持续投资作为长期目标，近年来围绕ESG（环境、社会、治理）主题不断拓展绿色可持续投资的深度和广度，深入践行绿色投融资理念。

除此之外，近年来外汇储备持续创新多元化运用渠道和方式，多层次、大力度支持国家对外战略。坚持商业化原则拓展外汇储备多元化运用，已经形成涵盖股权、债权、基金、多边开发机构联合融资等多种产品的业务格局，积极开展国际合作。

当前，我国迈上全面建设社会主义现代化国家新征程，做好外汇储备经营管理的意义更加重大，要坚持以习近平新时代中国特色社会主义思想为指导，深入贯彻落实党的二十大精神和中央金融工作会议精神，进一步提升经营管理专业化水平，切实推动外汇储备高质量发展。

》【实践探索】

一、实践内容

请查阅近年来的《中国国际收支报告》等相关资料，了解我国国际收支各账户差额的具体构成，对有关数据进行对比，进一步分析我国外汇储备规模的影响因素。

二、实践目标

通过对我国近年来国际收支差额和外汇储备余额进行对比分析，进一步理解我国外汇储备的形成和影响因素。

三、实践结果

完成表5-8，对列出的有关数据进行对比分析。

表5-8　　　　**2017—2023年我国国际收支差额与外汇储备余额对比表**　　　　单位：亿美元

项目	2017年	2018年	2010年	2020年	2021年	2022年	2023年
经常账户差额							
非储备性质的金融账户差额							
外汇储备							

项目小结

　　国际储备是一国货币当局所持有的、能随时用于弥补国际收支逆差、维持本币汇率稳定以及用于应对紧急支付、作为对外偿债的信用保证并为世界各国所普遍接受的各种形式的资产。它具有官方持有性、普遍接受性、充分流动性等特点。国际储备由黄金储备、外汇储备、在国际货币基金组织的储备头寸和特别提款权组成。

　　国际储备管理包括两个方面：国际储备规模管理，以求得适度储备水平；国际储备结构管理，以求得合理的储备结构。确定适度规模储备水平的方法有定性分析法、比例分析法、成本-收益分析法等。外汇储备应注重多元化资产组合。

　　我国国际储备的规模和结构问题已成为各方关注的重点。外汇储备的增长加强了我国的金融实力，同时也迫切要求改革和完善储备管理体制和营运机制，提高我国国际储备管理水平，以确定适度的外汇储备量。

项目训练

一、主要概念

国际储备　外汇储备　黄金储备　储备头寸　特别提款权

二、单项选择题

1.国际储备不包括（　　）。

A.商业银行储备　　　　　　　　B.外汇储备

C.在 IMF 的储备头寸　　　　　　D.特别提款权

2.国际储备运营管理的三个基本原则是（　　）。

A.安全、流动、盈利　　　　　　B.安全、固定、保值

C.安全、固定、盈利　　　　　　D.流动、保值、增值

3.三级国际储备资产（　　）。

A.包括特别提款权　　　　　　　B.包括普通提款权

C.包括长期债券　　　　　　　D.收益性低于一级国际储备资产

4.国际储备最基本的作用是（　　　）。

A.干预外汇市场　　　　　　　B.充当支付手段

C.弥补国际收支逆差　　　　　D.作为偿还外债的保证

5.SDR是（　　　）。

A.欧洲经济货币联盟创设的货币

B.欧洲货币体系的中心货币

C.IMF创设的储备资产和记账单位

D.世界银行创设的一种特别使用资金的权利

6.我国国际储备管理的重点是（　　　）。

A.外汇储备　　　B.特别提款权　　　C.黄金　　　　　　　D.普通提款权

7.世界各国目前广泛使用（　　　）的进口额作为确定适度国际储备量的标准。

A.6个月　　　　B.3个月　　　　C.9个月　　　　　　　D.1年

8.特别提款权是一种（　　　）。

A.实际资产　　　B.账面资产　　　C.流动资产　　　　　D.固定资产

9.普通贷款的最高限制是成员份额的（　　　）。

A.100%　　　　B.25%　　　　C.75%　　　　　　D.125%

10.在国际储备中，（　　　）曾在历史上占有极其重要的地位，但从20世纪50年代开始，它在国际储备总额中所占的比重趋于下降。

A.黄金　　　　　B.普通提款权　　　C.外汇储备　　　　　D.特别提款权

三、多项选择题

1.影响一国国际清偿力大小的主要因素有（　　　）。

A.国际储备　　　　　　　　　B.借入储备

C.本国商业银行短期外汇债权　D.吸引外资的能力

E.持有一国资产的意愿

2.国际储备主要包括（　　　）。

A.黄金储备　　　　　　B.外汇储备　　　　　C.土地基金

D.普通提款权　　　　　E.SDR

3.关于特别提款权，下面说法正确的是（　　　）。

A.特别提款权是一种实际发行的货币

B.特别提款权可以充当流通手段

C.特别提款权是一种账面资产

D.特别提款权具有严格限定的用途

E.特别提款权不具有内在价值

4.在以下影响一国国际储备需求的因素中，与一国国际储备需求负相关的因素有（　　　）。

A.持有国际储备的成本　　　　　　B.外汇管制的程度

C.国际筹资的能力　　　　　　　　D.一国经济的对外开放程度

E.实行浮动汇率制

5.充当国际储备货币必须具备（　　）特征。

A.自由兑换　　　　　　　　　　　B.在国际货币体系中占重要地位

C.将来肯定会升值　　　　　　　　D.内在价值稳定

E.该国长期保持国际收支顺差

四、实训题

【实训操作】

外汇储备规模及适度性分析能力训练。

【实训任务】

（1）对"一国国际储备规模""外汇储备规模适度性""外汇储备币种结构"等专业能力领域的各技能实施阶段性基本训练。

（2）了解我国外汇储备资产的运用、保值增值等实际情况。

【实训内容】

（1）登录国家外汇管理局、中国人民银行等相关网站，查阅我国近年来国际收支平衡表、国际收支报告、进出口数额、外债规模及外汇储备等数据和资料，了解我国国际储备的基本状况，并选择其中某一年的数据进行分析。

（2）到具体部门了解我国国际储备资产的运作情况。

（3）了解中国投资有限责任公司的产生及其宗旨。

【成果形式】

实训作业：《××××年我国外汇储备规模及适度性分析报告》。

项目六
国际金融组织

学习目标

知识目标：1. 了解国际货币基金组织和世界银行集团产生的背景和设立宗旨，熟悉国际货币基金组织和世界银行集团的主要业务；

2. 了解亚洲基础设施投资银行创立的背景和组织结构，掌握亚洲基础设施投资银行的投资方向及业务运营；

3. 了解金砖国家新开发银行、国际清算银行、亚洲开放银行等区域性国际金融机构的宗旨、资金来源、主要业务与特点，了解我国与这些区域性国际金融机构的关系。

技能目标：1. 能够运用国际货币基金组织的基础知识，对我国参与国际货币基金组织改革进行分析并提出自己的见解；

2. 能够运用国际金融机构的基础知识，理解亚洲基础设施投资银行创立的重要意义，对我国积极参与国际金融合作，在国际金融事务治理中的作用和贡献进行深入分析和判断。

素养目标：1. 结合我国与国际货币基金组织和世界银行集团的合作历程，了解我国改革开放实践所取得的伟大成就及对世界带来的积极影响，深入理解我国在当前国际经济和金融事务治理的作用和贡献，树立我国积极协助国际金融机构发展的大国责任意识；

2. 结合我国在亚洲基础设施投资银行和金砖国家新开发银行中的主导作用和地位，深入理解习近平总书记提出共建"一带一路"倡议的深远意义和中国在构建人类命运共同体上的使命担当，树立全球共同发展的理念，增强制度自信和理论自信。

任务一　全球性的国际金融组织

》【知识要点】

国际金融组织是指协调国际金融关系、维护国际金融秩序、办理国际金融业务并促进世界经济稳定以及协调全球经济发展的超国家的金融组织。这类金融组织大多以银行的形式出现，有的国际金融组织采用了基金组织、协会、公司等名称。

一战以后，为处理德国战争赔款问题，欧洲几家央行联合美国的几家银行建立了国际清算银行，这是第一个国际金融组织。二战以后，由于形成了以美元为中心的国际货币体系，国际货币基金组织、世界银行集团等机构相继成立，属于全球性的国际金融组织。随后，各区域国家之间也组团成立金融机构，形成了区域性的国际金融机构。

尽管成立时目标各不相同，但总体的趋势是旨在帮助成员方开发资源、发展经济和平衡国际收支。这些国际金融组织通过开展各具特色的业务，在促进国际经贸发展和世界经济一体化的进程中发挥着非常重要的作用。

一、国际货币基金组织

国际货币基金组织（International Monetary Fund，简称 IMF）是根据 1944 年 7 月在布雷顿森林会议签订的《国际货币基金组织协定》，于 1945 年 12 月 27 日在华盛顿成立的国际组织。

（一）国际货币基金组织的成立初衷与发展

第二次世界大战后，各国都面临着战后恢复经济和遏制通货膨胀等问题，各国政府都希望加强彼此间的货币合作和金融政策的协调。为此，在以美国等西方国家为首召开的布雷顿森林会议上，通过了《国际货币基金组织协定》，并于 1945 年 12 月 27 日成立国际货币基金组织，总部设在华盛顿特区。1947 年，国际货币基金组织成为联合国的专门机构，属于联合国的社会经济委员会，在国际金融舞台上发挥着极其重要的作用。

微课 6-1

国际货币基金组织

布雷顿森林会议后近 80 年间，随着世界经济和金融机制的发展，IMF 的构成和功能也发生了巨大变化。首先，其成员数量大幅增加，从最初的 29 个发展到现在的 190 个；其次，其运行模式由开始的发放常规性的贷款转变成援助成员应对国际金融危机，其防范和解决危机的功能因此也大大加强；最后，其基金组织在全球经济治理方面的责任明显增强，借款成员参与决策的广度和深度显著扩大。

（二）国际货币基金组织的宗旨

国际货币基金组织的宗旨可以概括为以下三个方面：

（1）IMF 主张通过建立一个常设性的国际金融合作机构，促进国际货币合作，维持国际汇率稳定，协助建立多边支付系统，确保国际金融制度正常运作。

（2）推动国际贸易发展和成员经济增长，提高成员的生产发展、社会就业和人均收入，改善民众的生活水平。

（3）消除妨碍成员经济繁荣的政策障碍，支持实施有助于金融稳定和货币合作的经济政策，促进成员实现可持续增长和繁荣。

拓展思考 6-1

国际货币基金组织是否会向成员的企业提供资金支持？为什么？

分析提示：不会。国际货币基金组织只向各成员的政府提供资金支持。因为该组织成立的主要目的是通过对各成员政府提供短期资金借贷的方式，缓解各成员之间国际收支不平衡的程度，来减少或避免各国（地区）货币竞相贬值状况的出现，维护国际汇率的稳定。所以，国际货币基金组织不会向各成员的企业发放贷款。

（三）国际货币基金组织的资金来源和表决权

国际货币基金组织的运转及其宗旨的贯彻，需要有一定的资金作为支持。国际货币基金组织的资金来源主要是：①各成员认缴的份额，这是最主要的资金来源；②捐赠及特种基金；③贷款利息及其他收入；④向政府及其他金融机构的借款。

国际货币基金组织在重大决策中采用投票制，各国的票数就由认缴的份额的大小来决定。美国是 IMF 最大股东，持有约 17% 的份额，拥有对一些议题的否决权，在国际货币基金组织的决策中起着最重要的影响作用。目前，我国在 IMF 的份额占比是 6.4%，远低于美国，也低于日本的 6.5%，更低于中国在全球经济中所占的约 18% 的比重。

（四）国际货币基金组织的贷款和贷款条件

向成员提供各种贷款，是国际货币基金组织最主要的业务，旨在帮助其改善国际收支状况。

1. 贷款的特点

IMF 贷款不同于普通的商业银行贷款，其特点表现在以下四个方面：①贷款对象限为成员方政府，IMF 只同成员方的财政部、中央银行及类似的财政金融机构往来；②贷款用途只限于解决短期性的国际收支不平衡，用于贸易和非贸易的经常项目的支付；③贷款额度是按各成员方的份额及规定的各类贷款的最高可贷比例，确定其最高贷款总额；④贷款方式是根据经磋商同意的计划，由借款成员方使用本国（地区）货币向基金组织购买其他成员方的等值货币（或特别提款权），偿还时，用特别提款权或 IMF 指定的货币买回过去借用时使用的本国（地区）货币（一般称为购回）。

2. 贷款的种类

国际货币基金组织提供的贷款种类是不断演化的，以满足成员方的需要。常用的贷款种类有：

（1）备用安排，又称普通贷款，是国际货币基金组织最基本、设立最早的一种贷款，是为解决成员方暂时性国际收支困难而设立的。备用安排的最高额度为成员方份额的 125%，拨付期为 12~18 个月。

（2）中期贷款，是为解决成员方结构性缺陷导致的严重国际收支问题。

（3）减贫与增长贷款，是一种低息贷款，用于帮助面临长期国际收支问题的最贫困成员方而设立的。

（4）其他贷款，比如补充储备贷款、应急信贷额度、紧急援助。

2008年国际金融危机爆发前，国际货币基金组织的借款国都是发展中国家，包括转轨国家和遭受金融危机的国家。金融危机之后，一些发达国家陷入主权债务危机，成为目前国际货币基金组织贷款救助的主要对象。

3. IMF的贷款条件

国际货币基金组织对其成员方进行资金融通具有较为苛刻的条件和鲜明的政策性。

一般来说，当一成员方向其申请贷款时，IMF首先会组织"专家小组"，直接赴借款国（地区）实地考察，分析该国（地区）的经济形势，尤其是国际收支存在的问题，并由"专家小组"制定一组综合的经济政策和经济目标，即经济调整计划，借款国（地区）只有同意并接受该调整计划，才能获得贷款资格。而且IMF对贷款的发放也不是一步到位，而是以一定的时间间隔分期发放，如果借款国（地区）没有履行贷款条件，IMF便停止发放新的贷款。这种经济调整计划一般包括以下几项内容：减少财政赤字，削减各种开支，实行紧缩的货币政策，增加出口或减少进口以及扩大金融市场开放度等。

（五）我国与国际货币基金组织的合作

拓展阅读6-1

我国是国际货币基金组织的创始国之一。由于历史的原因，我国在该组织的代表权在1980年4月17日才得以恢复，中国人民银行是国务院授权主管国际货币基金组织事务的机构。改革开放以来，我国逐渐成为IMF的重要一员，份额占比不断提高。2016年人民币纳入IMF特别提款权（SDR）货币篮子，与美元、欧元、日元和英镑构成被国际社会正式认定

IMF的援助是良药还是砒霜？

的国际可自由使用货币。2022年，在维持现有SDR篮子货币构成不变的情况下，IMF将人民币在SDR货币篮子中的权重从10.92%上调至12.28%，成为国际储备货币。

作为国际货币基金组织的成员，我国与IMF建立了长期的双向、平等互利的合作关系，并且富有成效，主要表现在：

1. 向国际货币基金组织申请贷款，用于弥补国际收支逆差以及调整经济结构

我国先后于1981年和1986年从国际货币基金组织借入7.59亿特别提款权（约合8.8亿美元）和5.98亿特别提款权（约合7.3亿美元）的贷款，用于弥补国际收支逆差，支持经济结构调整和经济体制改革。到20世纪90年代初，上述两笔贷款已全部提前归还。此后，随着经济实力的不断增强和宏观经济管理水平的提高，我国没有再向国际货币基金组织提出新的借款要求，在该组织已逐渐成为净债权国。

2. 技术援助

1980年以来，IMF向中国提供了一系列技术援助，为中国20世纪80年代的中央银行体制改革，20世纪90年代以来相继实施的财税体制改革、外汇管理体制改革、人民币经常账户可兑换等重大改革措施提供了有益的咨询。在IMF的帮助下，中国建立了符合国际标准的货币银行统计体系和国际收支统计体系，改进了国民账户统计，建立了外债监测体系等，还在改善中国货币政策与财政政策的制定与操作，修改和完善银

行法规及会计与审计制度，加强金融监管以及发展金融市场工具等方面做出了贡献。

3. 在 IMF 中发挥积极作用

中国积极支持 IMF 为发展中国家的经济调整所做的努力，在 IMF 的资金使用上主张优先考虑低收入的发展中国家，虽然中国有资格使用 IMF 的优惠贷款，但常常是主动放弃这种权利，以支持贫困的发展中国家享有更多的优惠资金。更为重要的是，在亚洲金融危机爆发后，中国领导人多次公开承诺人民币不贬值，这为稳定亚洲乃至全球金融市场做出了重要的贡献。

4. 磋商和交流

IMF 章程第四条规定，成员每年要与 IMF 进行年度磋商，这是 IMF 对成员的外汇和贸易制度进行监督的一种形式。中国政府把这种磋商看作是向 IMF 和国际社会介绍中国经济金融情况和政策意向的理想途径，以便让世界更多、更好地了解中国。通过政策磋商，认真听取 IMF 的专家对中国经济和金融政策的评价和建议，这对中国制定和调整相关政策都是十分有益的借鉴和参考，使中国宏观经济决策更加稳健和科学，也便于 IMF 加深对中国的全面了解。

5. 参与国际货币体系的改革

中国积极地参加有关国际货币体系改革的讨论，并在其中发挥越来越多的积极作用。在 IMF 年会上，中国的理事和中国政府的高级官员系统地阐述中国对于国际货币体系改革的看法，呼吁增加发展中成员在 IMF 中的代表性和发言权，反对由少数发达成员垄断国际金融事务的做法，对 IMF 的一系列政策和决议产生了影响。

二、世界银行集团

拓展阅读 6-2

人民币加入特别提款权(SDR)货币篮子

世界银行集团是国际复兴开发银行（即世界银行，IBRD）、国际开发协会（IDA）、国际金融公司（IFC）等的统称，总部设在美国首都华盛顿，是一个与 IMF 联系非常密切的全球性国际金融集团，其主要职能是促进成员经济长期发展、协调南北关系和稳定世界经济秩序等。

从功能分工看，国际复兴开发银行主要是向发展中国家提供中长期贷款；国际开发协会专门向低收入的发展中国家提供长期贷款或直接股本投资；国际金融公司专门向发展中国家的私人部门提供融资窗口。

从组织结构上看，国际开发协会和国际金融公司是世界银行的附属机构，世界银行的行长、副行长分别兼任国际开发协会和国际金融公司的总经理、副总经理，世界银行的执行董事和理事分别在国际开发协会和国际金融公司中担任同样的职务，国际开发协会和国际金融公司不雇用职员，均由世界银行的职员代替，实际上是 3 个机构、1 套人马，但这 3 个机构中的任何一个都享有独立的合法地位，日常事务都由各自机构的常务理事会处理。3 个机构的章程规定，世界银行的成员资格是国际开发协会和国际金融公司成员资格的先决条件，但世界银行成员可以不加入国际开发协会和国际金融公司。

此外，世界银行集团还相继建立了一些其他机构，包括多边投资担保机构和解决投资争端的国际中心，前者为发展中国家投资提供商业风险担保和咨询，后者为调节和仲裁各国政府和投资者之间的争端提供方便。

（一）世界银行

世界银行又称国际复兴开发银行，是根据布雷顿森林会议上通过的《国际复兴开发银行协定》于 1945 年 12 月成立的政府间国际金融机构。该行于 1946 年 6 月开始营业，1947 年 11 月成为联合国的专门机构。建立之初，世界银行只有 39 个成员，到目前为止，已增至 189 个成员。

1. 世界银行的宗旨

通过向中等收入国家和信用好的贫困国家提供贷款和分析咨询服务，促进公平和可持续的发展，创造就业，减少贫困，应对全球和区域性问题。

拓展思考 6-2

国际货币基金组织和世界银行有何区别与联系？

分析提示：建立国际货币基金组织与世界银行的构想是在 1944 年 7 月的布雷顿森林会议上同时被提出的，至今仍发挥着重要的影响，并成为当代国际货币金融领域中最为重要的两个国际机构。国际货币基金组织与世界银行在职能上有明显的分工和区别。国际货币基金组织的工作主要是解决成员的国际收支问题，包括国际收支（特别是经常账户下的收支）行为准则的制定、监督及为国际收支不平衡提供融资。而世界银行的主要任务是为发展中国家提供援助。在贷款问题上，国际货币基金组织提供的贷款期限较短，往往同时要求受贷国进行国际收支调节；而世界银行提供的贷款期限较长，往往针对特定部门、特定项目提供，并要求受贷国采取相应措施以确保贷款资金的使用效率。这两个机构虽然有明确分工，但彼此的磋商和协调十分密切，并且每年要举行两次联合会议。根据惯例，国际货币基金组织的总裁来自欧洲，世界银行的主席则来自美国。

2. 世界银行的资金来源

世界银行的资金来源与国际货币基金组织一样，最基本的来源是各成员认缴的份额。根据世界银行的规定，参加世界银行的成员都需认股，认缴额按申请国的经济和财政力量分摊。成员在加入时首先缴纳应缴股金数额的 20%，其中 18% 可以本国货币缴纳，2% 以黄金或美元缴纳，另外的 80% 为待缴资本，另外还有捐赠、特别基金、贷款利息及其他所得、国际金融市场借款等。不同的是，世界银行有很大一部分资金来源于国际金融市场的借款，而国际货币基金组织的借款比例很低。

3. 世界银行的贷款业务

（1）世界银行的贷款原则和贷款方向。

根据有关规定，世界银行贷款遵循以下五项原则：第一，只能对成员政府或政府担保的机构提供贷款；第二，贷款只能用于世界银行批准的特定项目，该项目必须有助于该国的资源利用和经济增长；第三，贷款只能发放给有还款能力的、信誉良好的成员；第四，该借款国确实不能以合理条件从其他方面获得贷款；第五，必须接受世界银行监督贷款的使用过程，以保证贷款能专款专用。

世界银行在安排贷款方向时把支持农业和农村发展放在第一位，并重视运输、电力、教育等领域。它还设立了人口计划、小型企业、技术援助、电信、城市发展和供水排水等项目的贷款。工业贷款在世界银行的贷款中所占比重较小。

（2）世界银行贷款的特点。

世界银行贷款的特点突出表现在以下5个方面：第一，贷款期限比较长，一般为15~20年，最长可达30年，并有若干年的宽限期。第二，贷款实行浮动利率，根据国际金融市场利率的变化定期做出调整，在一般情况下，较市场利率稍低。第三，贷款与特定项目相结合，且世界银行只提供项目所需的外汇资金，其余部分由借款国自己筹措。第四，贷款程序严密、审批时间长。为确保贷款的各项原则能够得到贯彻和执行，世界银行对发放贷款的工作非常审慎，从贷款国提出贷款申请到最终获得资金一般需要一年到一年半的时间。第五，对还款时间的要求较严格，要求到期归还，不得拖欠，不得改变还款日期。

（3）世界银行贷款的种类。

① 项目贷款。项目贷款又称特定投资贷款，是世界银行贷款的重点，主要用于成员的工业、农业、能源、运输、教育、城市发展等诸多领域的某个具体发展项目。世界银行对项目的选定和实施过程制定了一套严密的审查程序。

② 非项目贷款。除项目贷款外，在特殊情况下，世界银行也会发放没有具体项目作保证的贷款。非项目贷款只能用于以下几个方面：满足成员遭受自然灾害后维持经济发展计划的资金需要；满足成员进口国内短缺的原材料和先进设备的资金需要；满足出口结构单一的成员出口突然下降导致的资金需要；满足成员因进口商品价格急剧上升而导致的资金需要等。

4. 世界银行的其他业务活动

（1）技术援助。

技术援助最初的目的是在借款国贷款项目准备、执行阶段，特别是项目的前期准备过程中，向其提供技术支持，以引进先进的管理办法，提高项目的质量。随着全球改革浪潮的出现，世界银行越来越多地在改善宏观管理、制定经济政策、加强政府机构建设、增强实施改革的能力等方面为发展中成员提供技术援助。

（2）研究工作。

世界银行还积极开展经济和社会研究工作。研究工作的重点通常是当前在发展中面临的挑战和长远发展的问题。世界银行研究工作的成功使其在全球有关发展进程问题的讨论中处于领导地位，同时也有利于其帮助发展中成员制定正确的发展战略，对提高其贷款项目的效益起着积极的推动作用。

此外，世界银行还积极参与组织、主持"国际援助协调小组会议"，并协调各国对有特殊困难国家的特别援助。

5. 我国与世界银行

我国是世界银行的创始国之一，合法席位在1980年5月恢复。世界银行在我国开展业务活动的主要对口部门是财政部，国家发展和改革委员会也参与双方合作计划的制订。我国是迄今为止世界银行贷款项目最多的国家之一，同时也是执行世界银行贷款项目最好的成员之一。世界银行贷款项目遍及我国大部分省、自治区、直辖市，主要集中在交通、城市发展、农村发展、能源和人力开发等方面。在积极引进资金的同时，针对我国当时技术缺乏、设备落后的局面，还引进了大量国际先进技术与设备，提高了我国的生产技术水平，有效地促进了经济发展。

拓展思考 6-3

世界银行与世界银行集团是否相同？

分析提示：不同。世界银行集团包括世界银行、国际开发协会、国际金融公司、多边投资担保机构和解决投资争端国际中心五个机构。这五个机构分别侧重于不同的发展领域，但都运用其各自的比较优势，协力实现共同的最终目标——减轻贫困。世界银行只是世界银行集团的一个组成部分。

（二）国际开发协会

世界银行的贷款规模和贷款利率无法满足广大发展中国家的贷款需求，发展中国家呼吁成立一个适合发展中国家国情的、能够提供长期优惠贷款的国际金融机构，满足其经济发展对资金的需求，因此国际开发协会应运而生。

1960年9月，国际开发协会正式成立，名义上是世界银行的附属机构，实际上与世界银行是"一套人马、两块牌子"，其理事、执行董事、经理和工作人员都由世界银行的相应人员兼任，故有"第二世界银行"之称。凡是世界银行的成员，均可加入国际开发协会。到目前为止，国际开发协会共有189个成员。国际开发协会主要是向符合条件的低收入国家提供长期优惠贷款，帮助这些国家发展经济，达到提高劳动生产率和改善人民生活水平的目的。

拓展思考 6-4

业务收入会成为国际开发协会的主要资金来源吗？为什么？

分析提示：不会。因为国际开发协会的宗旨在于向经济欠发达的成员提供比世界银行条件更优惠、期限更长的贷款，以促进这些成员经济的发展，改善国民的生活，所以该协会提供信贷的条件应该非常优惠，所以业务收入应该很少，不会成为其主要资金来源。

　　我国于 1980 年恢复在国际开发协会的席位，成为该协会的第二类成员，即借款国。截至 1999 年 6 月，协会共向我国提供了 102 亿美元的无息贷款。由于我国在改革开放后的 20 年里取得了举世瞩目的发展成就，不再符合使用国际开发协会优惠贷款的条件，因此从 1999 年 7 月 1 日起，协会停止对我国提供贷款。

（三）国际金融公司

　　世界银行的贷款对象仅限于成员的政府，将大量有着巨额贷款需求的私人部门排除在外，不仅制约了世界银行本身业务的开展，也影响了有迫切资金需求的广大发展中国家经济的发展。为了解决这一问题，世界银行于 1956 年成立了国际金融公司。1957 年，它同联合国签订协定，成为联合国的一个专门机构。截止到 2024 年 11 月，国际金融公司（IFC）已有 186 个成员。

　　国际金融公司主要通过向低收入国家的生产性企业提供无须政府担保的贷款和投资，鼓励国际私人资本流向发展中国家，支持当地资本市场的发展，以推动私营企业的成长，促进成员方经济发展。

　　国际金融公司的组织机构与世界银行相同，并且只有世界银行的成员才可以成为国际金融公司的成员。该公司的总经理由世界银行的行长兼任，主要机构工作人员也由世界银行相应部门的人员兼任；同时，它有自己的执行副总经理和自己的办事机构。国际金融公司的投票权同样仿效世界银行，即认缴股份额决定投票权。

　　贷款和投资是国际金融公司的主要业务。与世界银行相比，国际金融公司的业务具有如下特点：第一，贷款或投资的对象仅限于成员的私人企业或公私合营性质的企业；第二，贷款不需要成员政府担保；第三，主要向制造业、加工业、开采业、金融业和旅游服务等经济效益较好的部门或行业投资或贷款；第四，一般只对中小企业提供贷款，并且贷款额度较小，一般在 200 万~400 万美元之间，最高不超过 3 000 万美元；第五，贷款期限适中，一般为 7~15 年；第六，其贷款利率高于世界银行的贷款利率，具体水平视投资对象的风险程度和预期收益而定；第七，经常采用与国际私人投资者联合的方式完成对成员私人企业的投资，从而起到促进私人资本在国际范围内流动的作用；第八，采用贷款和投资相结合的方式提供资金；第九，要求按借入的货币种类还本付息。

　　目前我国是国际金融公司投资增长最快的国家之一。国际金融公司在我国投资的重点主要包括：通过有限追索权项目融资的方式，帮助项目融通资金；鼓励我国本土私营部门的发展；投资金融行业，发展具有竞争力的金融机构；支持我国西部和内陆省份的发展；促进基础设施、社会服务和环境行业的私营投资等。考虑到私营经济已成为我国经济非常重要的组成部分，国际金融公司也正在积极寻求时机，为这些目前只能获得有限支持的私营企业提供融资。

拓展思考 6-5

世界银行、国际开发协会和国际金融公司在业务上有何区别？

分析提示：在世界银行集团中，这3个金融机构的业务各有侧重，其主要区别见表6-1。

表6-1　　　　　　　　　　在世界银行集团中3个金融机构的业务

名称	贷款对象	贷款期限	年利率	其他费用	贷款目的	备注
世界银行（IBRD）	成员	20年左右，5年宽限期	随市场利率变化定期调整，一般低于市场利率	承诺费0.75%	促进成员经济发展	提供长期资金，条件严格
国际开发协会（IDA）	贫穷的发展中成员	50年，10年宽限期	无息	手续费0.75%	帮助贫穷的发展中国家发展经济	条件优惠，项目审查严格
国际金融公司（IFC）	成员的私人企业	7~15年	略高于世界银行的利率	手续费1%	扶持私人企业	以原借入货币偿还，多采用联合贷款的方式

【案例分析】

时隔十三年，IMF宣布正式决定增资50%

案例资料：

2023年10月18日，时隔十三年，IMF宣布正式决定增资50%，总份额资源将达约9 600亿美元，而上一次份额改革还是在2010年。

在摩洛哥举行的国际货币基金组织（IMF）和世界银行2023年秋季年会上，IMF增资方式成为讨论的热点。

IMF总裁克里斯塔利娜·格奥尔基耶娃在接受英国《金融时报》采访时表示，IMF应做出改革，更好地反映过去10年的全球经济格局变化。她对实现IMF投票权改革目标表示乐观。然而，专家分析指出，在IMF改革上，发达国家和欠发达国家在份额占比、增资方式和投票权重等方面存在严重分歧。IMF要实现民主化和现代化改革，依然面临重重挑战。

对于此次增资方案，IMF在近日总务会议上确保近93%（按表决权计算）的国家赞成，方案由此通过，而后将在各国的国内程序结束后生效，各国将支付追加出资额。从出资比例看，仍保持不变，位居第一的美国为17.4%，日本以6.5%位居第二，中国以6.4%位居第三，紧随其后的德国为5.6%。

此前IMF的增资方案一直未有定论，而此番考虑到要求扩大发言权的发展中国家，提出了增加来自非洲的IMF理事名额的方针，才争取到大多数同意通过协议。

回看上一轮的2010年的改革方案，有约6%的份额向新兴市场和发展中国家转移，中国份额占比从3.996%上升至6.394%，排名从第六位跃居第三位，仅次于美国和日本。也正因上次改革，美国的投票权从16.75%下降，但依旧保持超过15%的重大决策否决权，而中国的投票权则为约6.08%。

彼时，日本和中国在名义国内生产总值（GDP）方面几乎相同，而2022年中国GDP已是日本的4倍，IMF也透露，考虑到中国等方面的意见，将面向下次增资而启动变更比例的讨论。

早在2023年10月举行的第48届国际货币与金融委员会（IMFC）会议上，中国央行行长潘功胜强调：中方一贯认为，基金组织份额改革应实现份额增资和占比调整，体现基金组织以份额为基础的机构性质，并更好地反映成员在全球经济中的相对地位，提高新兴市场和发展中国家的话语权和代表性。

IMF总裁格奥尔基耶娃此前接受采访时称：IMF应做出改革，以更好地反映过去10年包括中国崛起在内的全球经济变化。她对实现IMF投票权改革目标表示乐观。然而，专家分析指出，在IMF改革上，发达国家和欠发达国家在份额占比、增资方式和投票权重等方面存在严重分歧。IMF要实现民主化和现代化改革，依然面临重重挑战。

资料来源：贾平凡.IMF改革面临重重挑战（环球热点）[N].人民日报（海外版），2023-10-26.

请结合以上资料，分析回答以下问题：

1.IMF的份额是什么？

分析：

IMF的"份额"相当于一个国家在IMF的股份，构成IMF的股本金，即自有资金。当一国加入IMF时，它会被分配到一个初始份额，该份额大致体现该成员国在全球的经济规模和贡献。IMF是通过公式决定份额分配，现行的份额公式由四个变量的加权平均值组成，即GDP（权重为50%）、开放度（30%）、经济波动性（15%）以及国际储备（5%）。因此，计算一个国家在IMF的"份额"比较复杂，我们可以简单地将"份额"理解为一个国家在全球经济中所占的相对比重，但又不完全相同。"份额"决定了成员向IMF出资的限额，也关系到成员可从IMF获得贷款的额度，"份额"也决定了成员的投票权，还有获得SDR分配得到的数量。因此，"份额"的多少对成员来说十分重要，尤其关乎成员在国际经济舞台上的话语权。

2.中国的份额和投票权的提升对中国有什么重要意义？

分析：

当前中国已经从全球治理规则的遵守者转变为全球治理规则的制定者，中国在国际货币基金组织中的积极表现向世界展示了中国参与全球治理的意愿与实力，更体现了中国的责任意识。中国积极推动国际货币基金组织的份额改革，提高发展中国家的代表权，使得国际货币基金组织更具有代表性，这增强了广大发展中国家在全球问题领域对中国的支持，提升了中国在全球问题领域中的影响力。除了可以获得直接的国际话语权，推进人民币国际化外，IMF份额还有一个最直接的作用——获得贷款。根据IMF的规定，成员可从IMF获得的贷款数额（贷款限额）以其份额为基础。例如，在备用和中期安排下，成员每年可以借入份额200%以内的资金，累计最多为份额的600%，特殊情况下的贷款限额可能更高。

3.此次 IMF 份额改革的目的是什么?

分析:

IMF 份额改革目的主要有两个:一是增加 IMF 的份额资金,以增强 IMF 帮助成员国应对金融危机的"弹药库";二是调整成员的份额占比,以反映其在全球经济中地位的变化,即提高新兴市场和发展中国家的话语权。具体来说,就是将 IMF 的份额增加 50%,并按照各成员国目前的份额比例进行分配,但不调整成员国的份额占比。

但这次所谓的"增资"并不是实质性的增资,而是由新增加的份额资金来替换部分非份额资金,使得 IMF 可贷资金总额度不变,依然保持在 1 万亿美元左右。尽管份额改革取得了进展,但是可以理解这次份额改革并不理想,没有满足新兴市场和发展中国家对现有国际经济治理体系改革和提高他们话语权的呼声。

目前,我国在 IMF 的份额占比是 6.4%,远低于美国的 17.4%,也低于日本的 6.5%,更低于中国在全球经济中所占的约 18% 的比重。随着经济的持续发展,我国在 IMF 的份额占比一定会大幅提高,这不是会不会的问题,而是时间问题。IMF(也包括世界银行)要发挥其在全球经济体系中应有的作用,改革自身的治理结构和有效性的任务势在必行。这要求 IMF 成员站在全球经济发展和变化的高度上,超越狭隘的自身利益,携手推进话语权改革的步伐。

4.为什么专家说此次 IFM 的改革依然面临重重挑战?

分析:

IMF 现在的份额安排是 2010 年第十四次份额总检查中做出并于 2016 年正式生效的。近年来,全球经济格局已经发生了很大变化。按照现有 IMF 份额公式,至少 25 个成员国存在经济实力和在 IMF 中的话语权和代表性严重不匹配的矛盾,需要大幅增加份额。即使这 25 个国家的份额增幅只满足一半的目标,美国在 IMF 中的投票权占比也将降至 15% 这个临界线附近。如果严格根据全球经济格局修改份额公式,将对美国更不利。

根据 IMF 协定,份额和投票权调整等重大事项的提案需得到 85% 的投票支持才能通过,而美国的投票权重为 16.5%,因而拥有了重大事项的一票否决权。无论如何,美国都不可能放弃自己的否决权。如果国际货币基金组织增加发展中国家特别是中国的投票权,美国一定会反对。即便 IMF 其他成员就份额和投票权改革达成一致,美国可能也会用一票否决权阻碍改革方案的最终落实。

2010 年在美国不反对的情况下,国际货币基金组织通过投票,增加了中国在国际货币基金组织的投票权。但前提条件是,美国 17% 的投票权没有发生改变。当前中美关系正处在紧张状态,美国不可能通过国际货币基金组织提出的投票权改革方案,中国要想增加在国际货币基金组织的投票权非常困难。

5.面对当前 IMF 改革局势,我国应该如何应对?

分析:

一是注意策略的灵活性。我国作为最大的发展中国家,将是 IMF 改革的受益国。要推动改革方案的落实,不仅需要联合新兴市场国家和发展中国家,还要善于发现与西方发达国家在 IMF 的利益聚合点。在现有秩序框架下，要最大限度地团结有共同利益和诉求的国家，据理力争，以建设者的角色积极推动全球治理完善。

二是加强与新兴市场国家合作，在 IMF 治理结构中发出共同声音。加强与新兴市场国家双多边经贸合作，促进结算和储备货币多元化，推动新兴市场国家在 IMF 改革过程中表现出更多一致性。

三是发挥主动性，主动构建新型国际金融治理体系。在强力推动 IMF 改革及方案落实的同时，积极联合有关国家继续推进金砖国家新开发银行和亚洲基础设施投资银行的建设，推动金融稳定理事会（FSB）快速发展，为构建新型国际金融治理体系探索道路。

四是要拓宽参与全球治理建设的思路。让发达国家主动推动实质性改革很难，新兴市场国家还没有能力主导全球治理改革，但是可以通过改变自己去撬动全球治理变革。积极推动区域性、集团性治理建设，减少受不公正、不合理国际秩序影响的程度，同时挤压现有秩序既得利益者所能攫取的利益空间，逼其走到正确的道路上来。

总而言之，我国一方面应继续呼吁国际货币基金组织加快改革的步伐，另一方面需要做好充分的准备，不要把建立公平合理的国际金融秩序的希望寄托在现有的国际组织改革上。

》【实践探索】

一、实践内容
1. 了解国际货币基金组织和世界银行的发展历史；
2. 了解我国与国际货币基金组织和世界银行的相互关系；
3. 理解国际货币基金组织和世界银行在世界上的地位和作用；
4. 了解国际货币基金组织份额改革的程序；
5. 理解我国参与国际货币基金组织改革的重要意义。

二、实践方式
1. 登录国际货币基金组织和世界银行的中文网站，查看相关新闻和资料；
2. 上网收集整理 2008 年后与国际货币基金组织改革有关的相关资料；
3. 查阅国际货币基金组织改革的相关论文资料；
4. 小组成员相互交流和讨论。

三、实践结果
1. 制作小视频，介绍任务完成的经过及心得；
2. 通过 PPT 展示。

任务二　区域性国际金融机构

》【知识要点】

区域性国际金融机构，也叫多边开发银行，是指在特定的区域范围内，由一国或多国提供且只服务于该特定区域金融稳定或金融发展的金融组织。

国际金融史上先后出现了四次创建区域性国际金融机构的浪潮，不断推动着国际金融治理体系的变革①。第一次浪潮出现在1945年二战结束以后。作为最早的区域性国际金融机构，国际复兴开发银行的创建目标是帮助二战后欧洲实现复兴和重建。第二次浪潮出现在20世纪60年代非殖民化运动之后。伴随着大量新独立的发展中国家的出现，亚洲开发银行、非洲开发银行、美洲开发银行等一大批区域性国际金融机构开始涌现。第三次浪潮出现在20世纪90年代冷战结束之后。为了帮助苏联、东欧国家向市场经济体制转轨，欧洲复兴开发银行得以创立，欧洲投资银行的业务也开始大规模扩张。第四次浪潮出现在2008年全球金融危机之后。在中国和印度等一批发展中大国群体性崛起的背景下，金砖国家新开发银行、亚洲基础设施投资银行等新型多边开发银行诞生。

根据股东国与借款国的关系，区域性国际金融机构可以划分为南北合作型和南南合作型两大类。其中，南北合作型往往由发达国家主导，包括国际复兴开发银行、亚洲开发银行、美洲开发银行、非洲开发银行、欧洲复兴开发银行、欧洲投资银行等，而南南合作型往往由发展中国家主导，包括拉美开发银行、伊斯兰开发银行、加勒比开发银行、金砖国家新开发银行等。

一般而言，南北合作型资源更为丰富，但给予发展中国家的话语权较少，而南南合作型能给予发展中国家较多话语权，但资源较为有限。相应地，南北合作型多对作为股东国的发达国家的国内舆论较为敏感，因而更加关注借款国的人权、民主、透明度、公共问责、反腐败、环境保护等状况，而南南合作型强调股东国和借款国之间的平等互利，更加尊重借款国的主权独立和发展需求。

一、亚洲基础设施投资银行

亚洲基础设施投资银行（Asian Infrastructure Investment Bank，缩写为AIIB），简称"亚投行"，是一个向亚洲各国家和地区政府提供资金以支持基础设施建设的区域多边开发机构，总部位于北京，法定资本为1 000亿美元。作为首个由中国发起并主导的政府间性质的亚洲区域多边开发机构，其成立宗旨是加强中国及其他亚洲国家和地区的合作，促进亚洲区域的建设互联互通化和经济一体化的进程，重点支持基础设施建设。

（一）亚投行的创立背景

进入21世纪以来，新兴国家日益成为全球经济增长的新引擎，但不合理的国际金融机制并未改观。为了充分发挥新兴国家在世界经济与全球金融治理中的作用，全球金融治理体系的改革已成为必然。

亚洲经济总量占比达全球经济总量的1/3，拥有全球六成人口。但因内部资金缺口巨大，一些国家与地区的交通、卫生、教育和通信等基础设施严重不足，在一定程度上限制了该区域的经济发展。由于基础设施投资的资金需求量大、实施的周期很长、收入不确定等因素，私人部门大量投资于基础设施项目是有难度的。现有的多边

---

① 参见：朱杰进.金砖国家新开发银行的制度创新与发展前景［J］.当代世界，2021（10）.

机构并不能提供如此巨额的资金，亚洲开发银行和世界银行每年能够提供给亚洲国家的资金大概只有200亿美元，没有办法满足这个资金的需求。同时，亚洲经济体之间难以利用各自所具备的高额资本存量优势，缺乏有效的多边合作机制，缺乏把资本转化为基础设施建设的投资。经过多年的发展和积累，中国基础设施建设已形成完整的产业链，在公路、桥梁、隧道、铁路等方面的工程建造能力在世界上首屈一指，对外投资规模不断扩大，相关产业期望更快地走向国际。

在此背景下，2013年10月2日，习近平总书记在雅加达同时任印度尼西亚总统苏西洛举行会谈时，首次提出了筹建亚洲基础设施建设银行的倡议。2014年10月24日，中国、印度、新加坡等21国在北京正式签署《筹建亚投行备忘录》，共同决定成立亚洲基础设施投资银行，这标志着亚投行由倡议正式进入筹建阶段。2015年6月29日，亚投行"基本法"《亚洲基础设施投资银行协定》在北京正式签署，2015年12月25日正式生效。2016年1月16日至18日，亚洲基础设施投资银行的开业仪式会在北京举行，筹备了800多天的亚投行正式投入运营。

（二）亚投行的主要成员

2016年初亚投行正式开业时，总计有57个意向创始成员以"首发阵容"亮相于世界舞台。其中，联合国安理会五大常任理事国已占4席，G20国家已占14席，西方七国集团已占5席，金砖国家全部加入亚投行。截至2024年10月，亚投行成员国数量已经增至110个，其中有95个本域国家与15个非本域国家。本域内成员主要来自亚洲、大洋洲以及欧洲的俄罗斯，区域外则来自欧洲、非洲、南美洲和北美洲等，其中以发展中国家为主体，同时包括一些发达国家，其覆盖范围包括了全球81%的人口以及65%的GDP，成为成员国数量仅次于世界银行的全球第二大国际综合多边开发机构。

（三）亚投行的股本和投票权

亚投行的初始法定股本为1 000亿美元（其中实缴股本200亿美元，待缴股本为800亿美元），分为100万股，每股的票面价值为10万美元。截至2022年5月11日，亚投行已公布认缴股本为969.397亿美元，区域内认缴比例为76.1886%，区域外认缴比例为23.8114%。出资最多的前20位成员认缴比例都超过了1%，其中，中国认缴比例最高，为30.7205，第2~5位分别是印度（8.6314%）、俄罗斯（6.7425%）、德国（4.6258%）和韩国（3.8567%）。

亚投行的总投票权包括三部分：股份投票权、基本投票权，以及创始成员享有的创始成员投票权。股份投票权等于成员持有的股份数；基本投票权占总投票权的12%，由全体成员（包括创始成员和今后加入的普通成员）平均分配。此外，每个创始成员同时拥有600票创始成员投票权。基本投票权和创始成员投票权占总投票权的比重约为15%。与出资比例类似，投票权前五位同样为中国（26.5794%）、印度（7.6010%）、俄罗斯（5.9781%）、德国（4.1594%）和韩国（3.4987%）。

（四）亚投行的组织结构

亚投行采用股份制银行的治理模式，设立理事会、董事会、管理层三层管理架构。其中，由所有成员国代表组成的理事会是亚投行的最高权力和决策机构。每个成员在亚投行有正副理事各一名。董事会由理事会选举的总裁主持，负责亚投行的总体运营，为非常驻，每年定期召开会议就重大政策进行决策。董事会共有12名董事，其中域内9名、域外3名。管理层负责亚投行日常业务的开展，由行长和5位副行长组成。行长从域内成员产生，任期5年，可连选连任1次。现任行长为金立群。

（五）亚投行的投资方向及业务运营

亚投行业务定位为准商业性，主要业务是援助亚太地区国家的基础设施建设。亚投行开展业务的方式包括直接提供贷款、开展联合融资或参与贷款、进行股权投资、提供担保、提供特别基金的支持以及技术援助等。

亚投行按照稳健原则开展经营，业务分为普通业务和特别业务。其中，普通业务是指由亚投行普通资本（包括法定股本、授权募集的资金、贷款或担保收回的资金等）提供融资的业务；特别业务是指为服务于自身宗旨，以亚投行所接受的特别基金开展的业务。

亚投行可以向任何成员或其机构、单位或行政部门，或在成员的领土上经营的任何实体或企业，以及参与本区域经济发展的国际或区域性机构或实体提供融资。在符合银行宗旨与职能及银行成员利益的情况下，经理事会超级多数投票同意，也可向非成员提供援助。

二、金砖国家新开发银行

拓展阅读6-3

金砖国家新开发银行（New Development Bank，NDB）是金砖国家合作的重要标志性成果，由金砖国家即巴西、俄罗斯、印度、中国和南非共同创立，并于2015年7月正式开业运营。其宗旨是动员资金支持金砖国家以及其他新兴市场国家和发展中国家的基础设施和可持续发展。

亚投行首个中长期发展战略（2021—2030）

（一）金砖国家新开发银行的建立历程

"新开发银行"是金砖国家合作机制进一步成熟的产物：成立"多边开发银行"的倡议，最早由印度于2012年在第四次金砖国家领导人峰会上提出。次年，五国在第五次峰会上就此达成共识。2014年，以"包容性增长的可持续解决方案"为主题的第六次金砖峰会公布《金砖国家领导人第六次会晤福塔莱萨宣言》，金砖五国宣布签署成立金砖国家新开发银行协议，规定"金砖国家新开发银行法定资本1 000亿美元。初始认缴资本500亿美元，由创始成员国平等出资"。2015年7月21日，金砖国家新开发银行正式开业，孟加拉国（2021年9月）、阿联酋（2021年10月）、埃及（2023年2月）等新成员先后加入。

（二）金砖国家新开发银行的机构设置和决策模式

新开发银行机构设置由理事会、董事会、行长和副行长等几级构成。银行理事会相当于全体会议机构，掌握组织的最高决策权，由8个成员国（5个金砖国家以及3个新成员国）各派遣1名理事和1名候补理事组成；银行董事会相当于组织的执行机构，行使理事会授予的权力，负责银行的运营事务，金砖五国各拥有1名董事和1名候补董事代表，3个新成员国共拥有1名董事和1名候补董事代表；高级管理层由1名行长和4名副行长组成，分别来自5个金砖创始成员国，行长负责银行的日常业务，4个副行长分管机构运营、风险评估、行政管理、财务预算等具体业务。

从新开发银行机构的人员代表来看，金砖国家拥有同等的代表席位，无论是在理事会、董事会还是高级管理层的职员结构中，几乎都是均等分配。孟加拉国、阿联酋和埃及等3个新成员国在理事会、董事会也拥有自己的代表。金砖国家新开发银行既注重新兴市场和发展中国家之间平等的原则，又突出新开发银行的"金砖性"。

（三）金砖国家新开发银行的运营特色①

作为南南合作型多边开发银行，新开发银行在运营过程中的"制度创新"主要体现在四个方面：平权治理结构、国别体系、本币投融资与可持续基础设施项目。

在治理结构上，新开发银行的5个创始成员国平均分配股权，拥有平等的投票权，任何国家都没有一票否决权，这就从制度上保障了五国之间的平等互利与相互尊重，体现了南南合作的基本理念。

在与借款国的关系上，与世界银行强加"国际最佳标准"给借款国不同，新开发银行采用了"国别体系"，即借款国自身的国家标准和制度体系，反映了南南合作的平等互利精神。一方面，国别体系有助于维护借款国的主权独立和发展自主性。世界银行所谓的"国际最佳标准"往往来自发达国家的标准，发达国家通常是借助多边开发银行的"国际最佳标准"将本国标准"输出"到发展中国家，干涉发展中国家的内政，而新开发银行直接采用借款国的国家标准，有利于支持借款国探索适合本国国情的发展道路和发展模式，实现发展经验的相互学习和借鉴。另一方面，国别体系还有助于降低借款国的融资成本。世界银行采用"国际最佳标准"的结果往往是借款国需要承担成本高昂且低效的"双重标准"，即"借款国的国家标准+多边开发银行的国际标准"，而新开发银行直接采用借款国的国家标准，有利于提高贷款项目的评估效率，缩短贷款项目的审批周期，从而减少借款国的贷款时间和成本。

在投融资上，与世界银行通常以美元等国际通用货币来进行投融资不同，新开发银行积极探索采用成员国的本币来进行投融资，有效降低了贷款项目的汇率风险，并促进了成员国本土资本市场的发展。由于基础设施项目的大部分收入都以本币计价，因此在成员国的本土资本市场上筹集本币资金，然后进行放贷，可以有效避免货币错配，具有合理的商业价值。

在投资项目上，新开发银行更为关注可持续的基础设施项目，包括可再生能源、数字基础设施、智慧城市、水资源卫生设施等。《新开发银行第一个五年总体战略：2017—2021》明确提出，新开发银行投资的项目约三分之二须为可持续基础设施项目。根据国际开发性金融俱乐部的数据，截至2019年底，新开发银行已经投资的项目中约60.4%为可持续基础设施项目。其中，在能源投资领域，新开发银行约73.8%的投资项目为可再生能源，主要集中在太阳能、风能及其储存设施上。但是，由于种

---

① 参见：朱杰进.金砖国家新开发银行的制度创新与发展前景［J］.当代世界，2021（10）.

种原因，新开发银行目前尚未公布具体领域的投资战略及其投资可持续基础设施项目的指标，也没有对可持续基础设施项目提出清晰的界定标准。

三、亚洲开发银行

亚洲开发银行（Asian Development Bank，ADB）简称亚开行或亚行，是亚太地区国家和西方发达国家合资开办的区域性政府间金融开发机构。它虽是根据联合国亚洲及太平洋经济社会委员会决议设立的，同联合国及其区域和专门机构有密切的联系，但不是联合国的下属机构。

拓展阅读 6-4

全球经济治理
新态势下的新
开发银行

亚行创建于 1966 年 11 月 24 日，由日本与美国各出资了 2 亿美元设立，总部位于菲律宾首都马尼拉。亚行的成立有多方面的因素。一是源于日本国内的推动，二是源于亚洲对于多边开发银行的需要。此外，美国在亚行的成立方面也起到了重要的推动作用。

（一）亚洲开发银行的成立宗旨

建立亚洲开发银行的宗旨是通过贷款和技术援助，帮助亚太地区发展中成员消除贫困，促进亚太地区的经济和社会发展，以实现"没有贫困的亚太地区"这一终极目标。

（二）亚洲开发银行的权力结构

从 1966 年成立时的 31 个成员发展到现在的 68 个成员，其中 49 个来自亚洲和太平洋地区，19 个来自其他地区。按各国认股份额，日本和美国并列第一位（15.60%），中国居第三位（6.44%）。按各国投票权，中国也是第三位（5.45%）；日本和美国并列第一（12.78%），在这个组织中都是第一大出资国，拥有一票否决权。

亚行理事会是亚行最高权力和决策机构，由各成员国财政部长或中央银行行长组成，每年举行一次会议。董事会有 12 个董事，8 个来自亚太地区，4 个来自其他地区，其中中国、美国、日本各有 1 个固定席位。亚洲开发银行行长一直由日本人担任。

（三）亚洲开发银行的业务领域和援助方式

根据其业务和战略目标，目前亚开行提供资金的主要领域包括：农业和以农业为基础的工业（一般农业、渔业和牲畜、森林、灌溉和农村发展）、运输（机场、港口、公路和铁路）、通信、供水和卫生、城市发展、健康和人口、工业、能源（发电、输电、配电、电力部门改革、数字化、可再生能源）以及金融行业，促进发展中成员国金融体系、银行体制和资本市场的管理、改革和开放。

作为多边发展融资机构，亚洲开发银行可以提供贷款、技术援助、奖助金，并通过股权投资和贷款向发展中成员国的私营企业提供直接援助。

亚洲开发银行发放的贷款按条件划分，有一般性贷款、优惠贷款和赠款三类。一般性贷款的贷款利率为浮动利率，每半年调整一次，贷款期限为 10~30 年（2~7 年宽限期）。优惠贷款只提供给人均国民收入低于 670 美元且还款能力有限的会员国或地区成员，贷款期限为 25~40 年（5~10 年宽限期），利息为 1%~2.5%。赠款用于技术援助，资金由技术援助特别基金提供，赠款额没有限制。贷款按方式划分，可分为项目贷款、规划贷款、部门贷款、开发金融机构贷款、特别项目执行援助贷款和私营部门贷款及联合融资等。

技术援助可分为项目准备技术援助、项目执行援助、咨询技术援助和区域活动技术援助。

此外，亚洲开发银行通过促进政策对话；提供咨询服务；通过利用官方、商业和出口信贷来源的联合融资活动来调动财政资源最大限度地发挥其援助的发展影响。

拓展思考 6-6

亚洲开发银行与亚投行之间是否存在竞争关系？

分析提示： 从成员数量来说，亚开行的成员只有 68 个，除了亚洲成员之外的成员仅仅只是捐款国，不参与具体项目，而亚投行的成员超过 110 个，覆盖了多个区域且参与多个项目。

从银行业务的角度来看，亚投行的业务突破了亚洲的地理范围，而亚开行的业务却还在亚洲的地理范围之内。它们在主权贷款领域不存在竞争关系，在非主权贷款领域，二者存在竞争关系，需要争取优质客户。当然，竞争也会推动联合融资，可以促进多边银行之间的合作。从地缘政治角度来看，二者的项目也能折射出一定的竞争关系。

（四）我国与亚洲开发银行

中国 1986 年加入亚洲开发银行。1987 年亚洲开发银行为中国投资银行发放了第一笔贷款，2000 年在北京建立了亚洲开发银行驻中国代表处。亚洲开发银行在中国的示范性项目众多，包括上海的南浦大桥、杨浦大桥项目、苏州河治理项目，京津冀地区空气质量改善项目等。

目前，中国已成为亚洲开发银行的第三大股东国、第二大借款国，并逐渐从亚洲开发银行的借款国转变为捐款国。与世界银行相比，亚洲开发银行的一项明显优势是它的技术援助赠款。我国在利用亚洲开发银行的技术援助业务方面表现突出，已成为亚洲开发银行所有发展中成员中的用款大户，是亚洲开发银行技术援助赠款的累计第一使用大国。

截至 2022 年，亚洲开发银行已承诺向中国提供 1 193 笔公共部门贷款、赠款和技术援助，总额为 429 亿美元，向中国累计发放的贷款和赠款总额为 357.4 亿美元。

中国作为亚洲开发银行的大股东之一，还积极参与亚洲开发银行事务，在亚洲开发银行战略政策制定、业务运作以及区域经济合作等方面发挥着重要作用。在亚洲开发银行框架下，中国参与了大湄公河次区域经济合作、中亚区域经济合作以及蒙古国的经济合作等区域合作项目，并通过东盟"10+3"机制，对推动本地区经济合作的发展做出了积极贡献。

拓展思考 6-7

成立"亚洲货币基金组织"为什么难度很大？

分析提示：成立"亚洲货币基金组织"最早是日本在亚洲金融危机之后首次提出的，当时就受到了 IMF 和美国方面的反对，例如美国彼得森国际经济研究所的创始人弗雷德·伯格斯滕认为这一提议将削弱 IMF 的领导地位，并在亚洲和北美之间制造裂痕。

2023 年 4 月，马来西亚总理安瓦尔再次提出成立"亚洲货币基金组织"，出发点有其合理性，但是实现难度依然很大。一方面亚洲国家内部就面临很大的协调问题，如何获得成员国的批准，以及如何让成员国承诺提供资金等，都是很大的问题。另一方面，在当前的地缘政治环境下，也面临很多交织性的冲突。尤其是日本、韩国等虽然是亚洲主要的发达经济体，但其发展步伐主要跟随美国，在这种情势下，成立一个新的货币基金组织，受到外部干预的可能性很大，且是非常困难的，起码在短期内难以实现。

四、国际清算银行

国际清算银行（Bank for International Settlements，简称 BIS）成立于 1930 年，为处理第一次世界大战后德国战争赔款问题而设立，后演变为一家各国中央银行合作的国际金融机构，是世界上历史最悠久的国际金融组织，总部设在瑞士巴塞尔。

国际清算银行是 1930 年 5 月由英国、法国、意大利、德国、比利时、日本等 6 国的中央银行，以及代表美国银行界利益的 3 家大银行——摩根银行、纽约花旗银行、芝加哥花旗银行——组成的银团共同出资建立的，这也是西方主要工业化国家的中央银行和私营商业银行合办的世界上最早的国际金融机构。后来，欧洲其他国家的中央银行陆续加入，国际清算银行的队伍日益壮大。随着战争债务问题的解决以及国际货币基金组织和世界银行的成立，国际清算银行的功能发生转变，变成了组织成员之间进行结算的代理机构以及通过各国中央银行向整个国际金融体系提供一系列高度专业化服务的国际性金融机构。

国际清算银行成员现已发展至 63 家中央银行或货币当局，代表着来自世界各地的国家，这些国家合计约占世界 GDP 的 95%。

（一）国际清算银行的宗旨

国际清算银行不是政府间的金融决策机构，亦非发展援助机构。其宗旨是"促进各国中央银行之间的合作以及为国际金融业务提供新的便利"，在国际金融清算中担当受托人或代理人角色。自 20 世纪 70 年代以来，国际清算银行已成为全球金融体系主要标准的制定者。

（二）国际清算银行的资金来源

国际清算银行的资金来源主要有三个方面：一是成员缴纳的股金。国际清算银行创立时的法定资本为5亿金法郎，全部由参加创立的各国中央银行和美国银行集团认购。二是向各成员的中央银行借款。三是吸收存款。国际清算银行接收各国中央银行和一些国际金融机构的存款，这些商业性存款形成了国际清算银行的主要资金来源。

（三）国际清算银行的主要业务

国际清算银行以各国中央银行和国际组织为服务对象，不接受来自私人或公司实体的存款或向其提供金融服务。

1.办理国际清算业务

作为各成员中央银行的"中央银行"，国际清算银行的一项基本业务就是为各国中央银行之间的资金往来办理清算业务。截至2021年3月，全球约有174家中央银行及国际金融机构在国际结算银行拥有存款。

2.其他银行业务

国际清算银行作为一个金融企业，不仅经营存款、贷款、黄金和外汇买卖等银行业务，同时还办理各国政府的国库券与其他债券的贴现业务。世界上很多中央银行在国际清算银行存有黄金和硬通货，并获取相应的利息。

3.推进国际货币合作，促进各国中央银行之间的合作

国际清算银行为各国中央银行提供了一个会晤的场所、交流的平台、协作的桥梁。每月的第一个周末在巴塞尔举行的西方主要国家中央银行行长会议，商讨有关国际金融问题，协调有关国家的金融政策，促进各国中央银行的合作，维护金融体系的稳定。国际清算银行也进行货币和金融问题研究，收集并公布国际银行业和金融市场的数据，并管理方便各国中央银行合作的经济数据库，为各国中央银行提供各种金融服务。

拓展思考 6-8

假设某两个国家的中央银行发生了资金往来，它们之间的资金清算可以通过什么方式完成？（假设两国均为国际清算银行的成员）

分析提示：由于两国均为国际清算银行的成员，都在国际清算银行开立有存款账户，那么就可以通过国际清算银行调增或调减双方存款账户上的余额来完成两国央行的资金清算。

（四）我国与国际清算银行

中国人民银行自1984年起就与国际清算银行建立了银行业务方面的联系。自1985年起，国际清算银行已开始向中国提供贷款。1996年9月9日，中国人民银行正式成为国际清算银行的成员，并于1996年11月认缴了3 000股的股本。

加入国际清算银行，开辟了中国人民银行与各国中央银行之间合作的新渠道。国际清算银行是中央银行家聚会的重要场所之一，加入国际清算银行有助于及时了解国际金融界主要决策者的政策取向，更好地把握国际金融体系和国际金融市场的重要动

态，还能通过加强与设在该行的各专业委员会如巴塞尔银行监管委员会和支付与清算系统委员会之间的联系，扩大我国金融监管人员与国际银行监管人员之间的密切合作，促进我国金融业监管水平的提高。

五、泛美开发银行

泛美开发银行（Inter-American Development Bank，IDB），也叫美洲开发银行，是主要由美洲国家及其他一些西方国家联合设立的，面向拉丁美洲国家提供信贷资金的区域金融组织。该行成立于1959年12月30日，总行设在华盛顿，是美洲国家组织的专门机构，其他地区的国家也可加入，但非拉美国家不能利用该行资金，只可参加该行组织的项目投标。其宗旨是"集中各成员国的力量，对拉丁美洲国家的经济、社会发展计划提供资金和技术援助"，并协助它们"单独地和集体地为加速经济发展和社会进步做出贡献"。

该组织有20个创始成员国（19个拉美国家和美国）。董事会是最高权力机构，由各成员国委派一名董事组成，每年举行一次会议。执行董事会为董事会领导下的常设机构，由12名董事组成，其中拉美国家9名，美国、加拿大和日本各1名，其他地区国家2名，任期3年。

泛美开发银行的资金来源主要是成员国认缴的股本，此外还有借款形式。它的主要业务是对成员国提供贷款，包括普通贷款和"特别业务基金贷款"两种。普通贷款向政府及公、私团体的特定经济项目发放，贷款期限为10～25年，贷款利率稍优惠于商业贷款。"特别业务基金贷款"主要对公共设施工程项目提供，贷款期限长，常为10～30年，贷款利率低于普通贷款，借款者可用本国货币来偿还贷款本息。

中国于1993年向泛美开发银行正式提出了入行申请，并于2004年重申了这一申请。近年来中国与拉美经贸关系发展迅速，很多拉美国家也希望中国尽早加入泛美开发银行。但由于美国和日本的阻挠，中国的申请曾多次被拒。2008年全球金融危机发生后，泛美开发银行迫切希望中国加入以共同应对金融危机，中国于2009年1月正式成为泛美开发银行第48个会员国，同时也是亚洲地区第4个参加该组织的国家。

六、非洲开发银行

非洲开发银行（African Development Bank，简称AfDB）成立于1964年，是非洲最大的地区性政府间开发金融机构，其宗旨是通过贷款向成员国的经济和社会发展提供资金，协助非洲大陆制定发展的总体战略，协调各国的发展计划，以便逐步实现非洲经济一体化。

非洲开发银行现有区内成员53个、区外成员27个。为了保持非洲银行的非洲特征，其组织结构的模式是，其领导主要由区域成员组成，其永久总部设在非洲，其主席必须是非洲成员国的公民。

非洲开发银行的资金来源主要是成员国认缴的股本和各方的捐资，主要业务是向成员国提供贷款，包括普通贷款和特别贷款两种形式。普通贷款主要是为成员国的经济发展提供一般开发性贷款，贷款期限一般较长，常为10～25年，贷款利率较为优惠。特别贷款主要是向成员国提供用于大型工程建设的贷款，这种贷款期限长，最长可达 50 年，贷款不计利息，只收取一定的手续费。此外，银行还为开发规划或项目建设的筹资和实施提供技术援助。

中国自 1985 年 5 月加入非洲开发银行以来，与非洲开发银行的合作关系不断发展。中国积极参与非洲开发银行股本增资认缴和非洲开发基金集资活动，为扶持非洲国家的建设项目做出了积极的贡献。中国与非洲开发银行关系的发展为中国加强与非洲国家的经济合作开辟了一条新渠道。许多中国公司积极参与非洲开发银行集团贷款项目的投标，中标合同金额可观。

七、欧洲复兴开发银行

欧洲复兴开发银行（European Bank for Reconstruction and Development，EBRD）是二战以后由美国、日本及欧洲一些国家政府发起成立的银行，于 1991 年 4 月 14 日正式开业，总部设在伦敦。建立欧洲复兴开发银行的设想是由法国总统密特朗于 1989 年 10 月首先提出来的。目前，该银行共拥有 61 个成员，包括 59 个成员国和 2 个国际机构——欧洲联盟和欧洲投资银行，目前资本额为 200 亿欧元，其中 30% 已入账，最大的股份拥有者是美国。

欧洲复兴开发银行的宗旨是在考虑加强民主、尊重人权、保护环境等前提下，帮助和支持东欧、中欧国家向市场经济转化，以调动上述国家中的个人及企业的积极性，促使它们向市场经济过渡。投资的主要目标是中东欧国家的私营企业和这些国家的基础设施。

欧洲复兴开发银行的贷款特点是：贷款期限在 2～10 年，贷款利率按照伦敦市场的利率计算，另外根据项目的风险程度和抵押条件上浮 2～5 个百分点。

八、欧洲投资银行

欧洲投资银行（European Investment Bank，EIB）是欧洲经济共同体各国政府间的一个金融机构，成立于 1958 年 1 月，总行设在卢森堡。该行的宗旨是利用国际资本市场和欧盟内部资金，促进欧盟的平衡和稳定发展。为此，该行的主要贷款对象是成员不发达地区的经济开发项目。从 1964 年起，贷款对象扩大到与欧共体有较密切联系或有合作协定的共同体外的国家。

欧洲投资银行的资金主要由两部分组成：成员认缴的股本金，初创时法定资本金为 10 亿欧洲记账单位[①]；借款，通过发行债券在国际金融市场上借款一直是欧洲投资银行的主要资金来源。

其主要业务活动是，在非营利的基础上，提供贷款和担保，资助欠发达地区的发展项目。贷款包括两种形式：一是普通贷款，主要向共同体成员国政府与私人企业发放，贷款期限可达 20 年；二是特别贷款，即向共同体以外的国家和地区提供优惠贷款，主要根据共同体的援助计划，向同欧洲保持较密切联系的非洲国家及其他发展中国家提供，贷款收取较低利息或不计利息。

---

① 欧洲记账单位是欧洲经济共同体创立的一种货币记账单位。它最初与美元等值，规定含金量为 0.888671 克。1971 年美元贬值后，欧洲记账单位的含金量保持不变，与特别提款权等值。1975 年 3 月 18 日，欧洲记账单位的定值标准改为使用共同体九国货币，按照"篮子货币"计值方法定值，并由共同体委员会逐日公布它与各成员国货币的汇价。

【案例分析】

亚投行助力高质量共建"一带一路"行稳致远

案例资料：

2023年是习近平总书记提出共建"一带一路"倡议十周年，也是亚洲基础设施投资银行（以下简称亚投行）开业运营的第八个年头。多年来，亚投行不仅作为共建"一带一路"的重要投融资平台不断拓展资金融通渠道，还以其国际发展合作实践助力"一带一路"建设高质量发展。

共建"一带一路"作为国际和区域经济合作平台，意在以基础设施建设为核心，加强共建国家和地区政治、经济、文化等多层面交流合作，带动区域经济增长。亚投行则聚焦缓解亚太经济体面临的基础设施建设融资瓶颈，旨在通过对成员方基础设施建设的投资为其经济发展提供重要支撑。多年来，亚投行作为共建"一带一路"重要投融资平台对推动资金融通发挥了重要作用。截至目前，亚投行已经累计批准项目235个，融资额超过448亿美元，带动各类资本近1 500亿美元。项目涉及交通、能源、卫生、教育、宽带网络等多个领域，且投资项目几乎都分布在"一带一路"共建国家和地区，为当地经济发展和民生福祉做出了重要贡献。

亚投行不仅直接支持共建"一带一路"项目，还是多边开发融资合作中心（MCDF）基金的托管方和MCDF项目的执行机构，并设立秘书处支持MCDF的日常运作。MCDF是首届和第二届"一带一路"国际合作高峰论坛的重要成果之一，同样致力于高标准、高质量的基础设施互联互通。

作为发展中国家倡议成立的国际多边开发机构，亚投行从成立之初就坚持国际性、规范性和高标准运营。成立以来，亚投行以其完备的法律体系、良好的治理模式和一流的业务标准，始终享有全球三大评级机构的最高信用评级及稳定的评级展望，得到国际社会广泛认可和高度肯定。

回顾过往，亚投行从无到有，从被质疑到被认可，从新型多边开发银行到国际多边合作典范，在高质量共建"一带一路"的新起点上，亚投行将充分发挥推进南南合作和南北合作的桥梁纽带作用，不断成长为构建人类命运共同体的创新实践平台，助力共建"一带一路"行稳致远。

资料来源：刘晓伟.亚投行助力高质量共建"一带一路"行稳致远［N］.大众日报，2023-10-19.

请结合上述资料中的信息，思考并回答下列问题：

1.在亚投行成立之前，国际社会上已经有认可度高、较为成熟的多边金融合作平台了，如世界银行、国际货币基金组织，在亚洲也有很知名的亚洲开发银行（ADB）。那为什么我国还要倡议筹建亚洲基础设施投资银行呢？

分析：

亚洲基础设施投资银行是首个中国作为大股东的多边机构，也是中国从被动的全球化参与者成长为主动参与者、参与塑造新的全球化秩序的首次尝试。

众所周知，美国是世界银行和国际货币基金组织的最大捐助国。尽管中国已是世界第二大经济体，但从在这两个机构中的份额来看，中国都只扮演着不重要的角色，而美国在世界银行的决策中拥有唯一的否决权。另一个机构亚洲开发银行则由日本主导，其西方主导的鲜明特色，使得贷款国在获得贷款时往往要被许多附加条款所限制。无论是世界银行还是亚洲开发银行，在发放贷款后往往会对贷款国形成较强的金融控制。贷款国为了偿债，可能不得不出让国家经济命脉行业（如自来水、电力等）。

基础设施是经济发展的必要条件，许多发展中国家基础设施建设瓶颈问题突出，需要大量资金投入。亚洲国家储蓄率较高，有大量闲置资金，但是难以形成可以有效利用的资金，需要有新的国际开发机构作为中介，将社会资金盘活，从而为基础设施建设动员更多资金。改革开放以来，中国经济发展取得了巨大成功，综合国力和国际影响力不断增强，有更大能力帮助其他发展中国家进行经济建设。建立一个发展中国家能够广泛参与并拥有足够话语权的新型多边开发机构是大势所趋。

此外，中国在基础设施建设方面存在一定优势，亚投行的成立可以促进产能合作，消化中国内部庞大的外汇储备，带动产业升级，带来正外部性，同时提高外汇回报率。亚投行的成立将加强中国与其他国家之间的互联互通，推动中国经济的稳定发展，满足中国内部的经济需求。对于未来的发展，亚投行将加强中国在世界经济体系中的地位，提升中国的国际话语权，同时也将推动人民币的国际化进程。

2.亚投行与金砖银行、丝路基金是什么关系？

分析：

金砖国家新开发银行（New Development Bank，NDB），又名金砖银行，是在2012年提出的，是金融危机以来，金砖国家为避免在下一轮金融危机中受到货币不稳定的影响，计划构筑的一个共同的金融安全网，可以借助这个资金池兑换一部分外汇用来应急。2015年7月21日，金砖国家新开发银行开业。金砖银行的启动资金是500亿美元，资金额由5个金砖国家均摊。

丝路基金是由中国外汇储备、中国投资有限责任公司、中国进出口银行、国家开发银行共同出资，依照《中华人民共和国公司法》，按照市场化、国际化、专业化原则设立的中长期开发投资基金，重点是在"一带一路"发展进程中寻找投资机会并提供相应的投融资服务。

三者虽然都有中国政府出资，但机构性质不同，也不影响各自的独立运作。同时，三者错位发展，各有侧重。亚投行和金砖国家新开发银行是多边开发机构，遵循多边程序和规则。亚投行侧重于亚洲地区的基础设施建设投资，金砖国家新开发银行则主要是为金砖国家及其他新兴和发展中经济体的基础设施和可持续发展项目动员资源。丝路基金主要是中国有关机构出资成立的中长期开发投资基金，服务于"一带一路"倡议，其融资渠道、运营模式、管理方式等与多边开发机构也有较大的不同。

3.亚投行的定位和主要使命是什么？

分析：

亚投行的定位，是具有21世纪治理水准的国际多边机构。作为国际机构大家庭中的一员，既要一脉相承，又要与众不同。亚投行之所以有那么大的感召力，使得五大洲国家纷纷申请加入，主要原因是其秉承了国际多边机构的基本原则，同时又展示了新的特点。亚投行没有完全照搬现有的多边开发机构的组织结构和管理方式，而是在遵循国际准则的同时，汲取中国和其他发展中国家最近几十年来的发展经验，充分体现了时代特色。

亚投行最主要的作用之一，是为其成员基础设施互联互通建设提供资金支持，并通过参与基础设施和互联互通项目的实践，与各成员一道，探索和总结最适合本国或本地区的融资方法和经验并加以复制、推广；亚投行自身也能够通过这些实践不断改进和完善。另外，在政策层面上，亚投行将推动各成员协调对接相关发展战略和政策，不断总结和汲取最新发展实践尤其是新兴市场与发展中国家的经验，成为推动区域和全球经济治理不断改革、完善的重要力量。

4.作为首倡国和最大出资方，中国在亚投行的筹建和运行过程中发挥了什么作用？

分析：

中国政府在创建亚投行的过程中体现了高度、力度和气度。"高度"是指中国的立意和起点高，要把亚投行创办成具有21世纪治理水平的国际一流多边开发机构，对现有国际机构的优点兼收并蓄，博采众长。"力度"是指中国政府对亚投行的大力支持。中国是亚投行最大的出资国家，根据以国内生产总值为比重的股份分配原则，中国出资约占1/3，另外还提供了赠款，作为对低收入国家技术援助的特别基金。在所有创始成员通力合作下，亚投行从2014年2月成立专门工作组到2016年1月正式开业，不到两年时间内完成筹建，并立即开始提供贷款。"气度"的核心是中国不以老大自居，在整个筹建过程中，始终坚持民主协商，求同存异，平等待人。亚投行成立之后，尽管中国人当选行长，在其职责范围内具有最终的决策权，但一切以所有成员和亚投行整体利益为重，不谋一国私利。

亚投行从一开始就秉承公开、透明的原则，自觉接受监督，不搞"一言堂"。中国强大之后，也不搞霸权。亚投行就是一块试金石。中国虽然是最大股东，但和其他成员一样，通过董事会来发挥其应有的作用，参与亚投行大政方针的制定，并提出自己的意见和建议，一切重大的政策决议都由董事会讨论决定，管理部门严格执行。中国赢得了国际社会的认可，已经建立起无可争议的公信力。三大国际信用评级机构近期先后给予亚投行3A最高评级就是有力的印证。

5.习近平总书记在亚投行第五届理事会年会开幕式上的致辞中，对亚投行未来的发展提出了哪些建议？

分析：

习近平总书记将亚投行定义为"促进成员共同发展、推动构建人类命运共同体的新平台"，并对这个新平台的建设提出了四条建议，要把亚投行打造成：（1）推动全球共同发展的新型多边开发银行；（2）与时俱进的新型发展实践平台；（3）高标准的新型国际合作机构；（4）国际多边合作新典范。

≫ 【实践探索】

一、实践内容

1. 了解我国提出的"一带一路"倡议及其发展；

2. 了解亚投行创立以来的发展情况；

3. 熟悉习近平总书记关于共建"一带一路"和亚投行的重要论述；

4. 分析亚投行与世界银行、亚洲开发银行在业务上的关系；

5. 分析亚投行的未来发展前景。

二、实践方式

1. 登录"中国一带一路"网站（https：//www.yidaiyilu.gov.cn/index.htm），查看相关新闻和资料；

2. 观看央视大型纪录片《一带一路》和《亚投行之路》；

3. 上网收集整理亚投行从创立以来发展的相关资料；

4. 查阅中共中央党史和文献研究院编辑的《习近平谈"一带一路"（2023年版）》一书的主要篇目；

5. 小组成员相互交流和讨论。

三、实践结果

1. 制作小视频，介绍任务完成的经过及心得；

2. 通过PPT展示。

项目小结

　　国际货币基金组织是政府间的国际金融组织。资金来自成员缴纳的份额、黄金、借款。它对成员的汇率、财政和货币政策进行监督，向有国际收支问题的国家提供外汇贷款，在专业知识方面提供技术援助。

　　世界银行集团由五大机构组成。其中，世界银行的主要任务是为成员的减贫和发展提供援助。国际开发协会的目标是向最贫穷的国家提供无息贷款和赠款，期限较长。国际金融公司是向发展中国家的私人部门提供贷款和证券融资的最大机构，它的作用有项目贷款、资金动员和咨询服务。

　　区域性国际金融机构目前比较典型的有亚洲基础设施投资银行、金砖国家新开发银行、国际清算银行、亚洲开发银行、泛美开发银行、非洲开发银行、欧洲复兴开发银行、欧洲投资银行等。其中，亚洲基础设施投资银行是首个中国作为大股东的多边机构，也是中国从被动的全球化参与者成长为主动参与者，参与塑造新的全球化秩序的首次尝试。其成立宗旨是为了促进亚洲区域的建设互联互通化和经济一体化的进程，并且加强中国与其他亚洲国家和地区的合作。新开发银行是金砖国家合作的重要标志性成果，由金砖国家即巴西、俄罗斯、印度、中国和南非共同创立，旨在动员资金支持金砖国家以及其他新兴市场国家和发展中国家的基础设施和可持续发展。国际清算银行的宗旨是促进国际金融和货币合作，并充当各国中央银行的银行，在外汇储备的管理等方面向中央银行和其他官方货币机构提供广泛的服务。亚洲开发银行是亚洲和太平洋地区重要的不以营利为目的的政府间国际金融组织。该行的宗旨是：通过向其成员或地区成员提供贷款和技术援助，帮助本地区发展中成员加速经济发展，促进亚太地区的经济增长与经济合作。

项目训练

一、主要概念

国际货币基金组织　世界银行集团　国际清算银行　亚洲基础设施投资银行　金砖国家新开发银行

二、单项选择题

1.最早建立的国际金融组织是（　　　）。

A.国际货币基金组织　　　　　　　B.国际清算银行

C.世界银行　　　　　　　　　　　D.国际开发协会

2.属于洲际性国际金融组织的是（　　　）。

A.国际货币基金组织　　　　　　　B.国际复兴开发银行

C.国际金融公司　　　　　　　　　D.亚洲开发银行

3.国际货币基金组织的最高决策机构是（　　　）。

A.监事会　　　　　B.执行董事会　　　C.理事会　　　　　　　D.总裁

4.国际货币基金组织最主要的业务活动是（　　　）。

A.汇率监督　　　　B.政策协调　　　　C.创造储备资产　　　　D.贷款业务

5.成员向国际货币基金组织借取普通贷款的最高限额为成员所缴份额的（　　　）。

A.105%　　　　　　B.115%　　　　　　C.125%　　　　　　　　D.135%

6.世界银行成员于世界银行催交时才交付的股金是（　　　）。

A.先缴付的股金　　　　　　　　　B.待交股金

C.特别股金　　　　　　　　　　　D.专项股金

7.世界银行的贷款期限，最长可达（　　　）。

A.10年　　　　　　B.25年　　　　　　C.30年　　　　　　　　D.50年

8.世界银行目前最主要的贷款是（　　　）。

A.项目贷款　　　　　　　　　　　B."第三窗口"贷款

C.技术援助贷款　　　　　　　　　D.联合贷款

9.国际开发协会的贷款与世界银行贷款的主要区别在于（　　　）。

A.世界银行对成员发放贷款，国际开发协会只对低收入的发展中国家发放贷款

B.世界银行的贷款期限较短，国际开发协会的贷款期限较长

C.世界银行的贷款利率高，国际开发协会的贷款利率低

D.世界银行的贷款条件较严，国际开发协会的贷款是优惠贷款

10.国际金融公司的贷款对象是（　　　）。

A.发达国家的垄断集团　　　　　　B.发达国家的私营中小型生产企业

C.发展中国家的大型国有企业　　　D.发展中国家的私营中小型生产企业

三、多项选择题

1.二战后出现众多国际金融组织的原因有（　　　）。

A.美国在经济上称霸世界的需要

B.工业国家复兴战后经济的融资需要

C.新独立国家发展民族经济的需要

D.生产、资本国际化的需要

E.解决国际经济争端的需要

2.国际货币基金组织的贷款存在的基本矛盾与问题表现为（　　　）。

A.信贷资金不敷需要　　　　　　　B.信贷资金的分配极不合理

C.在信贷中存在歧视性　　　　　　D.提供贷款附加限制性条件

E.对工业发达国家不提供长期贷款

3.世界银行发放贷款的严密程序包括（　　　）。

A.提出计划，确定项目　　　　　　B.专家审查

C.审议通过，签订贷款契约　　　　D.工程项目招标

E.按工程进度发放贷款并进行监督

4.世界银行创建的多边投资担保机构提供担保的风险有（　　　）。

A.由于投资所在国原材料涨价带来的投资收益风险

B.由于投资所在国政府对货币兑换和转移的限制而造成的转移风险

C.由于投资所在国政府的法律或行政行动而造成投资者丧失其投资所有权、控制权的风险

D.政府撤销与投资者签订的合同而造成的风险

E.武装冲突和国内动乱造成的风险

5.国际金融公司的贷款的特征有（　　　）。

A.贷款面向发展中国家的私营中小型生产企业

B.贷款不需要成员的政府提供担保

C.每笔贷款一般为200万~400万美元，在特殊情况下不超过2 000万美元

D.贷款主要投向制造业、加工业和采掘业、旅游业及开发金融公司

E.贷款期限为7~15年，利率高于世界银行的贷款利率

6.亚洲开发银行的具体业务有（　　　）。

A.为亚太地区发展中成员的经济发展筹集并提供资金

B.促进公、私资本对本地区各成员的投资

C.帮助本地区成员协调经济发展政策，促进成员对外贸易的发展

D.为成员拟定和执行发展项目与规划提供技术援助

E.与本地区其他国际公益组织进行合作

四、实训题

【实训操作】

如何有效利用世界银行的贷款支持我国经济发展实训。

【实训任务】

（1）对世界银行的宗旨与主要业务进行正确把握。

（2）对当前世界银行的贷款类型和业务特点进行正确把握。

（3）对当前在我国经济发展中可用世界银行贷款的领域进行分析。

（4）结合所给的背景资料，按"项目周期"方式设计世界银行发放这种类型贷款的程序。

（5）对利用世界银行的贷款支持我国经济发展提出自己的建议。

【实训要求】

（1）实训前，学生要了解并熟记本章世界银行的宗旨与主要业务、当前世界银行的贷款类型和业务特点等相关基础知识，作为本实训的操练点和考核点来准备。

（2）实训前，学生要了解并熟记本章与世界银行发放贷款的"项目周期"管理程序相关的基础知识，作为本实训的操练点和考核点来准备。

（3）通过"实训步骤"，将"实训任务"所列的训练整合并落实到本实训的"活动过程"和"成果形式"中。

（4）实训后，学生要对本次实训活动进行总结，并在此基础上撰写实训报告。

【情境设计】

背景资料：

世界银行批准中国贷款项目 支持黄河流域生态保护与环境污染防治

2024年3月29日，世界银行执行董事会按简化程序批准了中国利用世界银行贷款黄河流域生态保护修复和环境污染治理示范项目（二期）。该项目旨在改善甘肃省和山东省黄河流域选定地区的土地和水资源管理，恢复退化的生态系统。项目总金额为46.838亿元人民币，包括国际复兴开发银行贷款3亿美元，其中1.38亿欧元（等值1.5亿美元）贷款期限为24年（含6年宽限期），另外1.5亿美元贷款期限为30年（含6年宽限期），均为浮动利差贷款；其余资金由国内出资。项目执行期为2024年至2029年。

资料来源：根据财政部官网资料整理。

【指导准备】

专业知识准备：

（1）世界银行的宗旨与主要业务。

（2）当前世界银行的贷款类型和业务特点。

（3）世界银行发放贷款的"项目周期"管理程序。

操作指导：

（1）教师向学生阐明"实训目的"和"知识准备"。

（2）教师就"知识准备"中的各项内容对学生进行培训。

（3）教师指导学生就当前世界银行贷款项目的重点支持领域和我国经济发展的基本状况等进行资料收集与整理。

（4）教师指导学生按世界银行发放贷款的"项目周期"管理程序，对该贷款项目进行贷款程序安排。

（5）教师指导学生撰写《如何有效利用世界银行的贷款支持我国经济发展实训报告》。

【实训时间】

本章课堂教学内容结束后的双休日和课余时间，为期2天。

【实训步骤】

（1）将学生分成若干实训组，每8~10名同学分成1组，每组确定1~2人负责。

（2）对学生进行世界银行的宗旨与主要业务、当前世界银行贷款类型和业务特点以及世行发放贷款的"项目周期"管理程序等相关知识的培训。

（3）指导各实训组上网收集整理当前世界银行贷款项目重点支持领域和我国经济发展状况等资料。

（4）指导各实训组对利用世界银行的贷款支持我国经济发展提出自己的建议。

（5）各实训组对分析讨论及收集整理的资料进行汇总，撰写作为最终成果形式的《如何有效利用世界银行的贷款支持我国经济发展实训报告》。

（6）在班级交流、讨论各组的《如何有效利用世界银行的贷款支持我国经济发展实训报告》。

（7）根据交流、讨论结果，各组修订其《如何有效利用世界银行的贷款支持我国经济发展实训报告》，并使之各具特色。

【成果形式】

实训课业：《如何有效利用世界银行的贷款支持我国经济发展实训报告》。

课业要求：

（1）本课业应包括世界银行的宗旨与主要业务、当前世界银行贷款项目重点支持领域和我国经济发展的基本状况、对该贷款项目进行"项目周期"贷款程序安排、对利用世界银行的贷款支持我国经济发展的建议等内容。

（2）各组的《如何有效利用世界银行的贷款支持我国经济发展实训报告》初稿必须先经小组讨论，然后才能提交班级交流讨论。

（3）经过班级交流讨论的《如何有效利用世界银行的贷款支持我国经济发展实训报告》由各小组进一步修改并完善。

（4）《如何有效利用世界银行的贷款支持我国经济发展实训报告》定稿后，在其标题下注明"项目组长"和"项目组成员"。

项目七
外汇交易

学习目标

知识目标： 1. 了解外汇市场的含义及特点，熟悉外汇市场的参与者及外汇市场层次；

2. 了解全球主要外汇市场的交易内容及特点；

3. 了解传统外汇交易和衍生外汇交易的种类、概念及特点，熟悉各种外汇交易方式的规则及交易程序。

技能目标： 1. 掌握外汇市场参与者的类型和交易动机，理解外汇市场不同层次的交易需求及其经济关系；

2. 掌握传统外汇交易的运行机制和作用，能够进行传统外汇交易的实务运用；

3. 熟悉衍生外汇交易的运行机制和交易原理，了解衍生外汇交易方式的"双刃剑"作用，提升对衍生工具的认识和运用水平。

素养目标： 1. 遵守外汇交易中恪守信用、重视承诺等共同维护的交易规则和行业惯例，培养良好的职业素养；

2. 了解我国外汇市场的发展历程以及外汇市场对构建中国特色现代金融体系的助力作用；

3. 理解衍生外汇交易给金融市场带来的影响和挑战，重视金融市场的稳定和可持续性发展。

任务一　外汇市场概述

【知识要点】

一、外汇市场的含义及特点

（一）外汇市场的含义

外汇市场（Foreign Exchange Market）是由外汇需求者、外汇供应者和买卖中间机构组成的外汇交易或货币兑换的有形场所与无形交易网络，是国际金融市场的重要组成部分。国际市场上的所有多边资金借贷关系和融通关系，无论是国际货币市场、资本市场，还是黄金市场要进行国际资金的转移，都要借助外汇市场这个平台进行外汇交易。

（二）外汇市场的特点

1. 外汇市场交易的对象为货币

外汇市场进行的是不同货币之间的兑换，它可以用本国货币兑换外国货币，也可以用外国货币兑换本国货币，或以一种外国货币兑换另一种外国货币。但并非所有国家的货币都可以进行交易，绝大多数交易是以美元为基础的。

2. 外汇市场更多是无形市场

外汇市场的表现形态有两种：一是表现为交易所（Exchange）这种有固定场所的有形市场；二是表现为以电话、电传和交易系统等现代通信工具所构成的无形交易网络（Network）。从全球角度来看，外汇市场是一个没有空间限制的无形市场。随着电子通信技术的发展，外汇买卖越来越多地通过电话和网络来进行，各国外汇市场之间已经形成一个高度发达、便捷迅速的通信网络。目前，世界上主要的外汇市场如伦敦、纽约、东京、中国香港等外汇市场的外汇交易都是通过无形的通信网络进行的。

3. 外汇市场是连续的交易市场

由于时差的存在，世界上主要外汇市场的营业时间有所差别，一天24个小时一直有不同的外汇市场在进行外汇交易。通过电子手段，全世界各大时区的外汇市场已紧密联系在一起，24个小时不间断地运作。

拓展阅读7-1

世界主要外汇市场的交易时间

二、外汇市场的参与者

在外汇市场上，外汇交易的参与者主要有以下四类：

（一）外汇银行

外汇银行是由国家授权进行外汇买卖业务的银行，是外汇市场最重要的主体，处于整个外汇市场的中心地位，担负着外汇买卖、资金调拨和融通的中介作用，主要业务包括外汇买卖、汇兑、押汇和外汇存款等。外汇银行包括专营或兼营外汇业务的本国商业银行、跨国银行的分支机构以及兼办外汇业务的其他金融机构。外汇银行在外汇零售市场为客户提供服务，进行外汇买卖，通过外汇买卖差价盈利。

（二）外汇经纪人

外汇经纪人是专门介绍外汇买卖的中间人，通过传递信息为买卖双方促成外汇交易并收取佣金。外汇经纪人须经所在国家或地区金融监管当局批准才能取得经营业务的资格，外汇经纪人与客户和金融机构建立了广泛联系，拥有比较完备的信息网络和先进的电子商务等物质条件，可以向买卖双方提供迅速准确的交易信息，并且使买卖双方在交易达成之前不知道彼此身份。因此在外汇市场上多数银行间外汇交易也是通过经纪人进行的，一方面可以节省银行的时间和劳力，另一方面可以隐蔽自己的身份，争取比较有利的交易条件，保证了外汇市场交易的公平。

（三）中央银行或政府的外汇主管机构

中央银行或政府的外汇主管机构是一国行使金融管理和监督的专门机构，承担管理外汇市场的重任。中央银行经常通过参加外汇市场交易来实施干预，维持外汇市场的秩序，使汇率稳定在一定水平或在一定波动范围内。为此，它们有时要进入市场并大量买进或卖出外币，并不以营利为首要目的，而是在外汇市场上起到影响汇率走势及监管外汇市场运行的双重作用。

（四）外汇交易商

外汇交易商是外汇市场中最初的外汇供应者和最终的外汇需求者。外汇交易商包括：交易性外汇买卖者，如进出口商、国际投资者、旅游者等，他们主要通过外汇银行获取（兑换）外汇；保值性外汇买卖者，如套期保值者。由于汇率变动会给外汇持有者带来外汇风险，为此，外汇持有者如信托公司、保险公司、证券公司必须通过外汇市场进行外汇保值以避免或减少汇率变动的风险；投机性外汇买卖者，外汇投机者是通过对汇率的预测，利用某种货币汇率变动的时间差，以"买空""卖空"等方法赚取利润，并承担风险。他们经常买卖大量外汇，是外汇市场上的重要力量。

三、外汇市场的交易层次

根据上述对外汇市场参与者的分类，外汇市场交易可以分为三个层次，即银行与顾客之间的交易市场、银行同业之间的交易市场、银行与中央银行之间的交易市场。

（一）银行与顾客之间的交易市场

银行与顾客之间的交易市场，是指外汇银行与顾客之间进行外汇交易而形成的市场，因而又称为"外汇零售市场"。外汇银行一方面从顾客手中买入外汇，另一方面又将外汇卖给顾客，从而成为外汇需求者和外汇供给者的中介。外汇零售市场的顾客，包括进出口商、投资者、投机者，以及其他一些与贸易收支无关的外汇供求者（如留学生、旅游者、侨居者等），他们出于各种各样的目的买卖外汇，在外汇市场中的作用仅次于外汇银行。

（二）银行同业之间的交易市场

银行在营业日根据顾客需要与其进行外汇交易，难免产生各种外汇头寸的多头或空头，统称敞口头寸。多头表示银行该种外汇的购入额大于出售额，空头表示银行该种外汇的出售额大于购入额。当银行处于敞口头寸状态时，将承担外汇风险，要避免外汇风险，就需通过银行间外汇市场的交易来"轧平"头寸，即将多头抛出，空头补进。此外，银行还出于投机、套利、套期保值等目的从事同业间外汇交易。外汇市场交易总额的90%以上是银行同业间交易，这一市场交易金额一般比较大，每笔至少100万美元。银行间外汇交易市场是外汇市场的主体。

（三）银行与中央银行之间的交易市场

中央银行是外汇市场的重要参与者，但其参与外汇市场的目的不同于外汇银行及其他顾客。中央银行参与外汇交易主要是为了干预外汇市场，以保持本币汇率相对稳定，维护外汇市场正常运行。当本币汇率过高时，中央银行向外汇银行购进外汇，以增加市场对外汇的需求量，从而促使外汇汇率上升、本币汇率下跌；反之，当本币汇率大幅度下跌时，中央银行则出售外汇，促使外汇汇率下跌、本币汇率上升。此外，中央银行出于管理外汇储备的需要，也要通过外汇市场进行外汇买卖，以调整储备货币的结构。中央银行实际上也是外汇市场的领导者，它们经常对外汇市场进行干预，进入市场买卖外汇，并在汇率波动剧烈时大量买进或卖出外汇，从而影响汇率走势。所以在一定条件下，中央银行对外汇市场的影响甚至超过外汇银行。

四、外汇市场主要交易平台

目前外汇市场上的交易大都借助先进的交易设备在无形市场中完成，不受交易场所的限制。在无形市场中，买卖双方的交易员分布于不同国家和地区的外汇市场，需要使用交易工具来迅速完成交易。这些交易工具具体包括：

（一）电话

在外汇市场中，越来越多的交易通过经纪人完成，电话成为其联络成交的常用工具，而银行同业间的直接交易和银行与客户间的交易有许多也通过电话来进行。因此，银行的交易电话普遍有许多条线路，同时为保障银行自身安全，避免成交后的纠纷，许多银行不惜花费巨资安装或改善录音系统，如配备多声道电话录音机的国际直拨电话（IDD）。

（二）电传

电传在十几年前还是外汇交易中的常用工具，但在卫星通信技术十分发达的今天，由于电传速度慢，其作为主要交易工具的地位已逐渐被电话和路透交易系统所替代。但在一些大银行的交易室中，仍配有几部电传机以备与一些小银行或客户报价成交使用。

（三）国际外汇市场主要交易平台

国际外汇市场的主要交易平台有 EBS Broker Tec、Bloomberg 电子交易系统、Reuters FXAll、Click365、Currenex、FX Connect、HotSpotFX 等整合性平台，也有由单一银行推出的 Barclays BARX、Citi Velocity、BNP Cortex、UBS Neo 等平台，其中又以 EBS Broker Tec、Bloomberg 与 Reuters FXAll 为市场主导性交易平台，三大平台交易量占全球电子交易平台的60%以上。

电子交易平台的完备功能是其吸引更多使用者的主要因素，包括：提供外汇日评、重要经济数据、央行利率决议分析预测等即时外汇新闻与分析报告；提供实时价格走势图表与技术分析；提供多家银行的同步报价，并自动带出最优报价，分析最具竞争力的价格；提供24小时弹性交易时间与多样化挂单，有利于交易员更好地制定交易策略；提供交易敞口与风险敞口数据，以便交易员进行仓位管控及完整的绩效分析；提供完善的交易后处理流程，降低操作风险并提高交易员作业效率。

五、全球主要外汇市场

外汇市场是全球交易量最大的金融市场。目前，主要的外汇市场约有30多个，遍布于各大洲的不同国家和地区。根据传统地域划分，可分为亚太地区、欧洲、北美洲三大部分。这些外汇市场以其所在城市为中心，辐射周边其他国家和地区。由于所处时区不同，各外汇市场在营业时间上彼此相关，连续营业，它们之间通过先进的通信设备和计算机网络连成一体，市场参与者可以在世界各地进行交易，外汇资金流动顺畅，形成全球一体化运作、全天候运行的国际外汇市场。

（一）伦敦外汇市场

伦敦外汇市场是在第一次世界大战前形成并发展起来的，是世界上最大的外汇交易中心，在国际金融市场中处于非常重要的地位。其交易规模庞大，交易货币包括几乎所有可兑换货币，其中规模最大的是英镑对美元的交易，其次是英镑对欧元、瑞士法郎以及日元的交易。伦敦外汇市场是一个典型的无形外汇市场，以交易灵活、效率高、交易设施先进，并拥有一批训练有素的专门人才而著称。伦敦外汇市场主要由经营外汇业务的银行、外汇经纪人、一般金融机构以及英格兰银行组成，外汇交易方式包括即期、远期、期货和期权等。

（二）纽约外汇市场

纽约外汇市场的交易非常活跃，由于美国对经营外汇业务不加限制，政府不专门指定外汇专业银行，因此几乎所有的美国银行和金融机构都可以经营外汇业务，如商业银行、储蓄银行、投资银行、人寿保险公司和外汇经纪人等，其中又以商业银行为主。目前，纽约外汇市场主要包括180多家美国商业银行和200多家外国银行在纽约的分支机构、代理行以及代表处。在纽约外汇市场上，外汇交易的很大一部分和金融期货市场密切相关。

（三）新加坡外汇市场

新加坡外汇市场在全球市场中排名第三位，卓越的地理位置和时区特点是其比较突出的优势。新加坡外汇市场的交易以美元为主，占交易总额的85%左右。该市场中的大部分交易都是即期交易，掉期交易及远期交易合计占交易总额的1/3，汇率均以美元报价。新加坡外汇市场是一个无形市场，除了保持现代化通信网络外，还直接同纽约CHIPS（纽约清算所银行同业支付系统），和欧洲的SWITF（环球同业银行金融电讯协会）系统连接，因而其货币结算功能十分方便。该市场以其强大的金融基础设施和监管环境而受到认可。

（四）香港外汇市场

香港是亚洲重要的金融中心，交易最活跃的货币组合为港元对美元的交易；同时香港具有连接中国内地和国际市场的优势，因此在处理人民币的交易上具有独特的地位，是全球最大的离岸人民币外汇及场外利率衍生工具市场。

（五）东京外汇市场

东京外汇市场传统上以美元对日元交易为主，占交易总额的60%以上。从交易品种上看，掉期业务比较活跃，而即期交易、远期交易所占比重较小。近些年来，东京外汇市场已成为新加坡元、港元、韩元等亚洲新兴国家和地区货币的重要交易市场。

六、我国外汇市场的层次

我国外汇市场分为两个不同的层次，即银行结售汇市场和银行间外汇市场。

（一）银行结售汇市场

银行结售汇市场又称零售市场，是指外汇指定银行与客户之间的交易市场。这一市场以真实有效的商业背景为基础，以外汇管理开放程度为交易自由的限度。外汇指定银行根据中国人民银行公布的基准汇率，在规定幅度内制定挂牌汇率，办理对企业和个人的结汇、售汇和付汇。"结汇"是指企业和个人通过银行或其他交易中介卖出外汇换取本币；"售汇"是指企业和个人通过银行或其他交易中介用本币买入外汇；"付汇"是企业和个人通过金融机构对外支付外汇。

在结售汇制度下，外汇指定银行使用自有本、外币资金办理业务。银行与企业或个人进行外汇买卖时，有时买多，有时卖多，就会引起银行外汇持有量（外汇头寸）的变化。当银行的外汇头寸超出或低于规定数额，即银行结售汇周转头寸时，就需要在银行间外汇市场进行外汇头寸相互调节和平补的交易。

（二）银行间外汇市场

1.参与主体

经中国人民银行、国家外汇管理局批准可以经营外汇业务的境内金融机构（包括中、外资银行和非银行金融机构）、符合中国人民银行公告规定的各类境外投资者，包括在境外依法注册成立的商业银行、保险公司、证券公司、基金管理公司及其他资产管理机构等，以及养老基金、慈善基金、捐赠基金等中国人民银行认可的其他中长期机构投资者，均可申请成为银行间外汇市场会员开展外汇风险管理业务。

我国银行间外汇买卖的交易主体分为做市商和会员银行两类，采取做市商报价驱动的电子竞价交易模式。2005年5月，首批推出的做市商包括7家国外银行和2家国内银行。分别是：德意志银行、荷兰银行、汇丰银行、苏格兰皇家银行、花旗银行、蒙特利尔银行、荷兰商业银行、中国银行和中信银行。

随着我国金融开放步伐的加快，外汇管理局取消QFII（合格的境外机构投资者）、RQFII（人民币合格境外机构投资者）投资额度限制，境外投资者投资国内证券市场更加便利，对外汇风险管理的需求逐渐增加。境外银行类投资者可以选择直接入市或通过主经纪业务入市参与银行间外汇市场，境外非银行类投资者可通过主经纪业务入市参与银行间外汇市场。

中国人民银行主要通过授权国家外汇管理局对银行间外汇市场进行监管，并由中国外汇交易中心负责日常业务管理。中国人民银行可以根据货币政策要求，在外汇市场参与外汇买卖，调节外汇供求，平抑市场价格，实现宏观调控。

▶▶▶

拓展思考7-1

做市商制度与竞价制度有什么不同？

分析提示：做市商制度是起源于柜台交易市场的一种证券交易制度，也叫报价驱动交易制度。与竞价交易制度不同，做市商制度是借助做市商的中介作用实现买卖双方的交易。在此制度下，外汇交易的买卖价格均由做市商给出，买卖双方的委托不直接配对成交，而是从做市商手中买进或卖出。做市商的最基本功能是持续双向报价，提供市场的流动性。我国于2005年在银行间外汇市场引入做市商制度，2006年1月4日该制度正式实施。竞价制与做市商制同时存在可以使人民币汇率既有波动又相对稳定，因为竞价制的特点是传递速度快，而做市商制的特点是市场稳定性好。

2. 交易系统

为了适应银行间外汇市场的不断发展以及业务创新需要，顺应人民币国际化的发展趋势，2017年中国外汇交易中心推出了新一代交易平台，即CFETS FX2017。CFETS FX2017在借鉴国际外汇市场经验的基础上，完善了交易平台的相关功能，为市场主体提供更安全、更高效、更便捷的交易平台，以及丰富、灵活的交易中、后台辅助与扩展功能，支持多种交易模式和多种外汇产品。2017年8月和12月，交易中心先后上线了新平台外汇期权和外币拆借功能，并推出即期撮合业务。在此基础上，2018年2月交易中心上线新平台（二期），支持外汇即期（竞价和询价）、远期、掉期、货币掉期业务和黄金询价业务，实现新平台的全部上线。

3. 我国外汇市场的交易模式

（1）集中竞价交易。

做市机构通过做市接口向中国外汇交易中心系统持续发送匿名带量可成交报价，参与机构可通过点击成交、提交订单或匿名询价的方式与最优报价做市机构达成交易，交易完成后以上海清算所为中央对手方集中清算。该模式支持即期交易，采用集中授信方式，交易便捷。

（2）双边询价交易。

双边询价交易是指以双边授信为基础，做市机构报价驱动的交易模式。机构可以基于做市机构的公开报价，通过请求报价（RFQ）和点击成交（ESP）两种方式完成交易，交易完成后可进行双边清算，符合条件的机构也可采用集中净额清算。该模式支持即期、远期、掉期、货币掉期、期权和外币拆借交易，适合多种类型的交易用户。

（3）撮合交易。

撮合交易以订单报价驱动，会员基于双边授信，按照"价格优先、时间优先"的原则，以订单匹配或点击成交方式达成交易。撮合模式目前支持人民币兑美元即期、远期和掉期交易，适合对交易效率和授信风险管理均有较高要求的用户。

▶ 【案例分析】

中国中央银行在外汇交易中的作用

案例资料：

中国中央银行，也称为中国人民银行（PBOC），在外汇交易中扮演着非常重要的角色，其主要职责是维护国家金融稳定，制定和执行货币政策以及监管金融市场。在外汇交易方面，PBOC通过多种手段影响外汇市场供求关系，进而影响人民币汇率。

1. 中国中央银行的主要作用

（1）货币政策实施。PBOC通过调整利率、存款准备金率等货币政策工具，影响市场上的货币供应量，从而影响人民币汇率。例如，当PBOC提高存贷款基准利率时，市场上的资金成本上升，可能会导致人民币相对其他货币升值。

（2）货币干预。在特殊情况下，PBOC可能直接干预外汇市场，以稳定人民币汇率。例如，在2015年"8·11汇改"期间，PBOC为了防止人民币过度贬值，采取了一系列干预措施。

（3）公开市场操作。通过买卖政府债券和其他金融产品，PBOC可以影响市场上的货币供应量，从而间接影响汇率。

（4）沟通和前瞻性指引。PBOC通过发布货币政策报告、新闻发布会等方式，向市场传达其未来的货币政策方向，从而影响市场预期和汇率走势。

2. 中国中央银行对外汇交易的影响

（1）利率差异。PBOC的利率政策会影响人民币与其他货币之间的利差，从而影响套利交易的利润空间。

（2）市场情绪。PBOC的政策和沟通策略会影响市场参与者的情绪和风险偏好，进而影响外汇市场的波动性。

（3）波动性和机会。PBOC的政策变动和市场预期的变化往往会导致外汇市场的波动性增加，为交易者提供机会和挑战。

（4）经济指标。PBOC关注的一系列经济指标，如通胀率、GDP增长率等，会影响其货币政策的方向和力度，从而间接影响外汇市场。

资料来源：佚名. 中国中央银行在外汇交易中的作用［EB/OL］.［2024-05-26］. https://baijiahao.baidu.com/s? id=1800105205802668345&wfr=spider&for=pc.

根据以上材料，分析我国中央银行对于外汇交易者进行交易决策的重要影响。

分析：

我国中央银行在外汇交易中的作用至关重要。它的政策和行动不仅影响着人民币汇率，还影响着市场情绪、交易策略和交易者的选择。对于外汇交易者来说，密切关注PBOC的动态和政策走向，是做出明智交易决策的关键。随着中国经济的不断发展，PBOC将继续在塑造全球金融市场中发挥重要作用，为交易者带来新的机遇和挑战。

》【实践探索】

一、实践内容

1.选取一家银行进行实地考察，了解我国银行外汇买卖的主要参与者。

2.设计调查问卷，随机采访路人，了解我国居民对持有外汇的意愿及持有外汇的用途。

二、实践目标

了解我国居民对外汇市场的了解情况及参与度。

三、实践结果

选择一项活动，根据内容设计调查问卷，分组完成，成果以 PPT 或小视频形式呈现。

任务二　传统外汇交易方式

》【知识要点】

一、即期外汇交易

（一）即期外汇交易的概念

即期外汇交易又称即期外汇买卖或现汇交易，是指买卖双方以当时外汇市场的价格成交，并在两个营业日内办理交割的外汇交易。即期外汇交易是外汇市场上最常见、最普遍的交易形式，交易量居各类外汇交易之首，即期交易汇率构成了所有外汇汇率的基础。一般来说，在国际外汇市场上进行外汇交易时，除非特别指定日期，否则一般都视为即期交易。

银行同业间外汇即期交易的交割日包括三种类型：第一种是标准交割日，即在成交后第二个营业日交割；第二种是隔日交割，即在成交后第一个营业日交割；第三种是当日交割，即在成交当日交割。目前大部分即期外汇交易采取第一种交割方式。

此外，根据国际金融市场惯例，交割日必须是两种货币的发行国家或地区的各自营业日（遇非营业日顺延），并遵循"价值抵偿原则"，即一项外汇交易合同的双方必须在同一时间进行交割，以免任何一方因交割不同时而蒙受损失。

所谓"营业日"是指办理货币实际交割的银行的工作日。例如，一笔于周三成交的美元对瑞士法郎的即期交易应在周五进行交割，但如果周五正好是美国或瑞士的休假日，则将交割日往后顺延至下一个营业日，即下周一。

所谓"交割"，是指交易双方进行货币的清算。在银行同业交易中，通常是要求卖方将所出售的货币划进买方指定的银行账户，故"交割日"亦称为"起息日"。尽管即期外汇交易是在两个营业日内进行交割，但对于交易者来说仍存在外汇风险，因为交割银行所处时区的不同会导致交割时间的不同。例如，中国香港的银行与伦敦的银行进行即期外汇交易，虽然交割日都在同一天，但伦敦的银行可以比香港的银行至少晚8个小时划转交易的货币。这也就意味着当香港的银行在交割日划转出所售货币后，有可能因伦敦的银行破产而无法收进所购货币。

（二）即期外汇交易的作用

即期外汇交易可以满足客户临时性的支付需要。客户可通过即期外汇买卖将手上的一种外币即时兑换成另一种外币，用以进行外汇结算或归还外汇贷款。例如，某公司需在星期三归还某外国银行的贷款100万美元，而该公司持有日元，它可以在星期一按1美元=156.7200日元的即期汇率向外汇银行购入100万美元，同时出售日元。星期三，该公司将15 672万日元转账交付该行，同时该行将100万美元交付给公司，该公司便可将美元汇出以归还贷款。

即期外汇交易可以帮助客户调整手中外币的币种结构。例如某公司遵循"不要把所有鸡蛋放在同一个篮子里"的原则，通过即期外汇买卖，将其全部外汇的15%由美元调整为欧元，10%调整为日元，通过此种组合来分散外汇风险。

即期外汇交易还是外汇投机的重要工具。这种投机行为既有可能带来丰厚的利润，也有可能造成巨额亏损。

（三）即期外汇交易的程序

即期外汇交易的成交金额一般比较大，交易单位以百万美元来计算，交易时间一般不超过半分钟，所以在实际外汇交易中为节约时间将许多单词、数字进行简化，同时由于历史、习惯等原因还有许多特殊"行话"。在即期外汇交易中，交易各方一般要按照一定程序来进行外汇买卖，即期外汇交易的基本程序包括：

1. 询价（Asking）

当一家银行的外汇交易部门接到顾客委托，要求代为买卖外汇，或银行自身要调整外汇头寸而买卖外汇时，交易员首先要通过电话或电传向其他银行进行询价。询价时通常要自报家门，询问有关货币即期汇率的买入价、卖出价，以便对方做出交易对策。询问内容必须简洁、完整，包括币种、金额（有的还要包括交割日）。此外，询价时不要透露自己想买进还是想卖出，否则对方有可能会抬价或压价。

2. 报价（Quotation）

当一家银行的外汇交易部门接到询价时，一般要求做出回答即报价。报价是外汇交易的关键环节，因为报价合理与否关系到外汇买卖是否能成交。报价时银行要同时报出买价和卖价，并且通常只报出交易汇率的最后两位数，例如，美元对瑞士法郎汇率为0.8961/0.8971，银行只需报"61/71"。报价时须遵守"一言为定"的原则，只要询价方愿意按报价进行交易，报价行就要承担成交的责任，不得反悔或变更。

3. 成交（Done）

当报价行报出买卖价格后，询价方要立即做出答复：买进还是卖出，以及买或卖的货币金额。若不满意报价，询价方可回答"Thanks，Nothing"，表示谢绝交易，此时报价便对双方无效。

4. 确认（Confirmation）

报价行做出交易承诺后，通常回答"Ok，Done"，交易双方还应将买卖的货币、汇率、金额、起息日期，以及结算方法等交易细节再相互证实或确认一遍。

5. 交割（Settlement）

交割也称为结算，这是即期外汇交易的最后一个环节，即在双方交易员将交易的文字记录交给交易后台，由后台根据交易要求指示其代理行将卖出的货币划入对方指定的银行账户，最终以有关交易货币的银行存款增减或划拨为标志。

【例7-1】即期外汇交易的对话

询价方A：HI, FRIEND, SPOT HKD 3, PLS?（你好，朋友，请问美元对港元的即期汇率是多少？交易额为300万美元）

报价方B：MP, 50~60.（等一等，即期汇率为USD/HKD=7.7650/60）

询价方A：At 50.（我愿意卖出300万美元，以50的价格成交）

报价方B：OK, DONE. NOW CONFIRM AT 7.7650 WE BUY 3 MIO USD HKD VALUE 13/AUG, CITI BK NYK FOR MY USD .WHERE IS YOUR HKD?（好的，成交。确认在7.7650价格上我方买入300万美元对港元，交割日为8月13日，请把美元汇到纽约花旗银行的我方账户上。你方港元账户在哪里？）

询价方A：BANK OF CHINA HONGKONG. THANKS FOR DEAL.（请把港元汇到中国银行，多谢成交）

（四）外汇交易的规则

（1）外汇交易的报价。外汇银行报价一般采用双价制，即同时报出外汇的买入和卖出汇率。大多数汇价，其小数点后第二位以前的数值称为大数，以后的数值称为小数，如欧元对美元汇价EUR/USD为1.0810/40，其中1.08为大数，10/40为小数。仅有少数几个汇价，其整数部分称为大数，小数部分称为小数，如日元对美元汇率。一般在一个交易日内，外汇市场上的汇率波动不大，外汇交易员为节省时间只报汇率的最后两位数，让熟悉行情的对方明了就可以。

此外，外汇交易员在报价时一般以美元为中心，除非特殊说明，几乎全部外汇交易均采用以某种货币对美元的买进或卖出价格进行报价。

（2）使用统一的标价方法。为使交易迅速顺利进行，交易各方使用统一的标价方法，即除英镑、澳大利亚元、新西兰元和欧元采用间接标价法外，其他交易货币一律采用直接标价法。

（3）交易金额通常以100万为单位，如交易中ONE DOLLAR表示100万美元，如果交易金额低于100万美元，应预先说明是小额交易，然后报出具体金额。

微课7-1

（4）交易双方必须恪守信用，共同遵守"一言为定"的原则和"我的话就是合同"的惯例，交易一经成交不得反悔、变更或要求注销。

外汇交易的
规则

（5）交易术语规范化。迅速变化的汇率要求交易双方在最短时间达成交易。

因此交易员为节省时间，通常使用简语或行话，如 FIVE YOURS，即我卖给你 500万元。

二、远期外汇交易

（一）远期外汇交易的概念

远期外汇交易也叫期汇交易，是预约买进与预约卖出外汇的业务，即买卖双方先行签订合同，规定买卖外汇的币种、数额、汇率和将来交割的时间，到规定的交割日期按合同规定，卖方交汇，买方付款，进行实际交割的外汇业务。期汇交易与现汇交易的主要区别在于起息日不同，凡起息日在两个营业日以后的外汇交易均属期汇交易。远期外汇交易的期限一般有 1 个月、2 个月、3 个月、6 个月或 1 年，有的长达 3年、5 年，甚至有长达 10 年的超远期外汇交易，其中以 3 个月远期交易最为普遍。

（二）远期外汇交易的作用

1. 为进出口商和对外投资者防范汇率风险

出口商为了保证出口收款的安全，可在成交后先把将要收到的远期外汇售出。因为在远期外汇合同中已约定了外汇价格，实际收到外汇时，即使汇价发生变动也与出口商无关，出口商此时的义务只是在约定交割日，将其获得的外汇按远期合同价格售给与他成交的远期业务银行。进口商为了避免汇率风险，在签订进口合同后，可立即买进将来付款所需的远期外汇。到期时，进口商可按约定远期汇价向银行买入外汇，履行付款义务。这样，从买卖成交到进口付款的时间内，可以不受汇率变动的影响。对外短期投资者为防止将来资金调回时汇率发生变动影响投资收益，可在对外投资兑换外币的同时做一笔远期交易，固定资金回调的汇价，从而保证预期收益的实现。

2. 为外汇银行保持远期外汇头寸的平衡

当进出口商为避免汇率风险而同银行进行远期交易时，银行为了避免自身蒙受风险，也常进行远期交易。对不同期限不同币种的外汇，视其余缺情况抛出或补进，以保持远期外汇头寸的平衡。

3. 为外汇投机者获得远期外汇投机利润

在汇率波动频繁的情况下，远期外汇市场给外汇投机获利创造了一定条件。外汇投机者可先以远期价预约卖出外汇，以待外币价格下跌时再行买入，称为"空头"。这类投机者预测今后外汇汇价趋于下跌，故在外汇汇价相对较高时先行预约卖出，一旦日后外汇汇价确实下跌就予以补进，从中获利。不过，如果未来外汇汇价非降反升，则投机者将蒙受损失。由于这类投机者以预约形式进行交易，卖出当时自己手中实际并没有的外汇，故又称"卖空"。假如投机者先以低价预约买进外汇，以便汇价上升时卖出，则称"多头"。这类投机者预测日后汇率将趋于上涨，故在外汇汇率相对较低时先行买进，待日后汇率升高时再卖出，以从中牟利。不少交易者仅是在到期日收付汇率涨落的差额，并不具有全部的交割资金，故又将其称为"买空"。

（三）远期汇率的标价方法

在实际外汇交易中，银行远期汇率也采用双向报价的方式。根据国际惯例通常有两种远期汇率报价方式：完整汇率报价方式和掉期率报价方式。

（1）完整汇率报价方式，又称全数报价法或直接报价方式，是指银行直接报出某种货币的远期买入价和卖出价。例如，某日某银行报出美元对港元的3个月远期汇率为：USD/HKD=7.7970/80。这种报价方式的最大优点是一目了然，通常应用于银行对顾客的远期外汇报价。此外，日本和瑞士银行同业间的远期交易也采用这一报价方式。

（2）掉期率报价方式，又称为点数汇率报价方式或远期差价报价方式，银行报出的是远期汇率与即期汇率差异的点数。掉期率是指某一时点远期汇率与即期汇率的汇率差。银行间远期汇率报价通常采用这种方式，优点是简明扼要。

掉期率或远期差价有升水、贴水和平价三种。升水表示远期外汇比即期外汇贵，贴水表示远期外汇比即期外汇贱，平价表示两者相等。就两种货币而言，一种货币的升水必然是另一种货币的贴水。

在实务中，银行报出掉期率时通常并不标明是升水还是贴水，在外汇市场上，一般根据简单原则来进行判断：明确即期汇率报价中的基准货币，远期汇水数字"前大后小，基准货币远期为贴水；前小后大，基准货币远期为升水"。不同汇率标价方法下，远期汇率的计算方法也不相同：直接标价方法下，升水时远期外汇汇率等于即期汇率加上升水数字，贴水时远期外汇汇率等于即期汇率减去贴水数字；间接标价方法下，升水时远期外汇汇率等于即期汇率减去升水数字，贴水时远期外汇汇率等于即期汇率加上贴水数字。

【例7-2】某日纽约的银行报出英镑的买卖价为：即期汇率GBP/USD=1.2783/93，3个月远期贴水为80/70。美元兑英镑采用直接标价法。根据上文给出的判断方法可知远期英镑是贴水的，因此可计算出英镑的远期汇率：3个月买入价是1.2783-0.0080=1.2703；3个月的卖出价是：1.2793-0.0070=1.2723。

远期汇率与利率的关系极为密切，在其他条件不变的情况下，一种货币兑另一种货币是升水还是贴水、升水或贴水的具体数字以及升水或贴水的年率，受两种货币之间利率水平与即期汇率的直接影响。这里不做重点阐述。

（四）远期外汇交易的分类

（1）按远期外汇交易合同中规定交割日期的不同来划分，远期外汇交易可分为固定交割日的远期外汇交易和选择交割日的远期外汇交易。前者是将交割日期确定在某一固定日期，既不能提前也不能推迟；后者又称择期远期外汇交易，是指在远期外汇交易合同中规定客户有权在约定时间范围内，随时与银行进行远期外汇交易。这两种交易方式相比，择期远期外汇交易对客户而言，具有更大的灵活性，但对银行而言，交易风险加大，因此银行在确定择期远期外汇交易汇率时，会选择在择期期限内对银行有利的汇率作为交易履约汇率，将不利汇率留给客户。

（2）按照交割期限长短，远期外汇交易可分为远期外汇交易和超远期外汇交易。一般远期外汇交易是指交割期限在1年以内的外汇交易；超远期外汇交易是指交割日在1年以上的外汇交易。远期外汇交易的交割期限大都在1年以内，只有一些大银行针对主要企业做长达5年的超远期外汇交易。我国商业银行也会针对外贸企业业务的需要，开办超远期外汇买卖。

【例7-3】利用远期外汇交易避险

案例背景：某年10月中旬纽约外汇市场的外汇行情为：即期汇率 GBP/USD=1.6700，3个月远期贴水16。美国出口商签订向英国出口62 500英镑仪器的协议，预计3个月后才能收到英镑，到时需将英镑兑换成美元核算盈亏。假若美国出口商预测3个月后 GBP/USD 即期汇率将贬值到 GBP/USD=1.6600（不考虑买卖价差等交易费用）。

问题：

（1）若美国出口商现在就可收到62 500英镑，可兑换多少美元？

（2）若美国出口商现在收不到英镑，也不采取避免汇率变动风险的保值措施，而是延后3个月才收到62 500英镑，预计到时这些英镑可兑换多少美元？

（3）美国出口商将3个月到期时收到的英镑折算为美元，与在10月中旬兑换美元相比，会损失多少美元（暂不考虑两种货币的利息因素）？

（4）若美国出口商现在采取保值措施，如何利用远期外汇市场来操作？

分析提示：对于美国出口商而言，出口收取远期外汇（英镑）存在一定汇率风险，即担心英镑远期贬值。如不采取风险防范措施，英镑汇率下跌会导致美国出口商美元收入的减少。从本案例背景看，美国出口商预测3个月后 GBP/USD 即期汇率贬值，因此如果采取远期外汇交易可避免汇率风险，锁定成本。

（1）若美国出口商现在收到英镑，则可得104 375美元。

（2）若美国出口商现在收不到英镑，也不采取避免汇率变动风险的保值措施，而是延后3个月才收到62 500英镑，预计到时这些英镑可兑换103 750美元。

（3）美国出口商将3个月到期时收到的英镑折算为美元，相对于在10月中旬兑换美元将会损失625美元（暂不考虑两种货币的利息因素）。

（4）利用远期外汇交易避险。出口商可到银行柜台签订远期外汇交易协议，协议中确定交易的币种、金额、汇率、交割时间等要素。本案例中，出口商最终可收入104 275美元，相比不采取避险措施，少损失525美元。

三、外汇掉期交易

（一）外汇掉期交易的概念

掉期交易（Swap Transaction）是指在买进（或卖出）某种货币的同时，卖出（或买进）相等金额的同种货币，但买进和卖出的交割期限不同的外汇交易方式。在掉期交易中，一种货币的买进和卖出是同时进行的，即该货币在被买进的同时又被卖出；或被卖出的同时又被买进，且在这一过程中买和卖的货币金额完全相同，不同的只是买和卖的货币交割期限，即交易者将持有的货币期限做了调换，故称"掉期交易"。

掉期交易的优点：一是减少买卖价差的损失；二是避免了不同时期交易汇率变化的风险。但掉期交易不具备规避汇率风险的功能，进行掉期交易的目的是轧平各货币因到期日不同所造成的资金缺口，所以掉期交易一般作为资金调动的工具。银行同业间常用掉期交易，大部分远期外汇合约都是掉期交易的一部分。

（二）外汇掉期交易的种类

根据交割日的不同，掉期交易分为三种类型：

（1）即期对远期的掉期交易。这是最常见的掉期交易，是指即期卖出甲货币、买进乙货币的同时，反方向地买进远期甲货币、卖出远期乙货币的外汇交易。即期对远期的掉期交易还可细分为两大类型：即期对一周，即自即期交割日算起，为期一周的掉期交易；即期对数月，即自即期交割日算起，为期1个月、2个月、3个月或6个月等整数月的掉期交易。

（2）即期对即期的掉期交易。该交易是指由当日交割或隔日交割和标准即期外汇交易组成的掉期交易。这种掉期交易一般用于银行同业的资金拆借。

（3）远期对远期的掉期交易。该交易是指同时买进并卖出两笔同种货币不同交割期限的远期外汇。一种方法是买进较短交割期限的期汇（如1个月），卖出较长交割期限的期汇（如3个月）。另一种方法则相反，买进期限较长的期汇，而卖出期限较短的期汇。例如，某银行在卖出200万1个月远期欧元的同时买进3个月远期欧元，这一交易就是远期对远期的掉期交易。远期对远期的掉期交易可以使银行及时利用较为有利的机会，从汇率变动中获利。

【例7-4】利用掉期交易规避外汇风险

案例背景：一家瑞士投资公司需用1 000万美元投资美国91天的国库券。为避免3个月后美元汇率下跌的风险，公司做了一笔掉期交易，即在买进1 000万美元现汇的同时，卖出1 000万美元的3个月期汇。假设成交时美元/瑞士法郎的即期汇率为0.8990，3个月的远期汇率为0.8960。若3个月后美元/瑞士法郎的即期汇率为0.8850。比较该公司做掉期交易与不做掉期交易的风险情况（不考虑其他费用）。

分析提示：

（1）做掉期交易的情况：

买1 000万美元现汇需支付：

$10\ 000\ 000×0.8990=0.899×10^7$（瑞士法郎）

同时卖1 000万美元3个月期汇，将收进：

$10\ 000\ 000×0.8960=0.896×10^7$（瑞士法郎）

掉期成本：

$0.896×10^7-0.899×10^7=-30\ 000$（瑞士法郎）

（2）不做掉期交易的情况：

3个月后在现汇市场上出售10 000 000美元，将收进：

$10\ 000\ 000×0.8850=0.885×10^7$（瑞士法郎）

损失金额：

$0.885×10^7-0.899×10^7=-140\ 000$（瑞士法郎）

所以，该公司做掉期交易后可将1 000万美元的外汇风险锁定在30 000瑞士法郎的掉期损失上；而不做掉期交易，公司将遭受140 000瑞士法郎的损失。

四、套汇交易

（一）套汇交易的概念

所谓套汇交易（Arbitrage Ttransaction），是指利用同一货币在不同外汇市场、不同交割时间上的汇率差异进行的外汇买卖。利用不同外汇市场上的汇率差异进行的外汇买卖称为地点套汇；利用不同交割时间上的汇率差异进行的外汇买卖称为时间套汇，就是前述的掉期交易。

通常所说的套汇一般是指地点套汇，它是利用同一种货币在不同外汇市场上的汇率差异而进行的一种外汇买卖行为。具体做法是：在价格较低的市场上买进某种货币，转而在价格较高的市场上将这种货币卖出，从中获取差价收益。

（二）套汇交易的种类

1.直接套汇

直接套汇（Direct Arbitrage）是指利用某种货币在两个不同地点的外汇市场上所存在的汇率差异进行低买高卖，从中赚取差价收益。直接套汇又称为两地套汇（Two-point Arbitrage），是最简单的一种套汇形式。

2.间接套汇

间接套汇（Indirect Arbitrage）是利用三个或三个以上不同地点的外汇市场进行的套汇。间接套汇常见的是三地套汇（Three-point Arbitrage），是一种较复杂的套汇形式。

例如，伦敦外汇市场1英镑=1.2650/60美元，纽约外汇市场1英镑=1.2680/90美元。这表明英镑在伦敦市场价格较低，在纽约市场价格较高；而美元在伦敦市场价格较高，在纽约市场价格较低。这时套汇者可以在伦敦市场以1英镑=1.2660美元的价格卖出美元、买进英镑，然后以1英镑=1.2680美元的价格在纽约市场上卖出英镑、买进美元。这样，在不考虑交易费用的情况下，每英镑可以获得0.002美元的套汇收入。

五、套利交易

套利交易，又称利息套汇，是指在两国短期利率出现差异的情况下，将资金从低利率国家调到高利率国家，从而赚取利息差额的行为。例如，美国金融市场短期利率为7%，而英国则为9.5%，于是短期投资者可以在美国以7%的年息借入一笔资金，购入英镑现汇，汇往英国。假如不考虑手续费等因素，在英国运用英镑资金的利润比在美国高2.5%，即英、美两国短期利率的差额。由于调往英国的资金无论是自有的还是借入的，都要承担英镑汇率波动的风险。因此，在美国购进英镑现汇的同时，一般还要做一笔远期外汇买卖，即同时在英国售出与这笔美元资金等值的英镑远期外汇，以避免英镑汇率波动带来的损失，这种做法被称为抵补套利。如果套利者在将资金转移至高利率国家的同时，不做远期外汇交易，那么这种套利就是非抵补套利。

套利与套汇一样，是外汇市场上重要的交易活动。由于目前各国外汇市场联系十分密切，一旦有套利机会，大银行或大公司便会迅速投入大量资金，最终促使各国货币利差与货币远期贴水率趋于一致，使套利无利可图。套利活动使各国的利率和汇率形成了一种有机联系，两者互相影响制约，推动国际金融市场一体化。

》【案例分析】

全球外汇交易创新高，人民币外汇交易三年增加84.69%

案例资料：

据国际清算银行2022年10月27日公布的《三年一度中央银行调查：2022年4月柜台市场外汇交易》，4月全球日均外汇成交量为7.508万亿美元，比2019年4月增加了14.1%。全球外汇市场波动率（以美元指数计算）为0.38%，比2019年4月高出了0.12个百分点。

人民币交易无疑是交出了最亮眼的成绩单。与2019年4月相比，人民币外汇交易三年间增速高达84.69%，以7%的柜台市场份额和5.4%的交易所市场份额，成为全球外汇交易最活跃的第五大货币。

2022年4月，美元、欧元、日元、英镑、人民币、澳大利亚元、加元、瑞士法郎等主要货币的日均成交额分别为6.64万亿、2.93万亿、1.25万亿、9 686亿、5 264亿、4 790亿、4 658亿、3 897亿美元（外汇交易涉及两种货币兑换，统计时计算了两次），分别比2019年4月增加了8 174亿、1 641亿、1 449亿、1 249亿、2 414亿、325亿、1 337亿、627亿美元。

全球外汇和衍生品交易继续集中在五大金融中心。2022年4月份，英国、美国、新加坡、中国香港和日本五个市场的柜台交易（指电子市场，或电子通信网络）占全球外汇交易的78%。数据显示，全球十大外汇交易中心排名依次为伦敦、纽约、新加坡、香港、东京、瑞士、巴黎、法兰克福、多伦多和上海。

全球外汇产品的市场格局变化不大。2022年4月，全球外汇掉期、即期交易、远期交易、期权及其他产品、货币互换的交易分别占50.74%、28.06%、15.49%、4.05%、1.65%，与2019年4月相比，外汇掉期交易提高了2.15个百分点，即期外汇则下降了2.01个百分点；人民币外汇掉期、即期交易、远期交易、期权及其他产品、货币互换的交易分别占43.81%、33.28%、12.38%、10.01%、0.51%，与2019年同期相比，外汇掉期份额增加4.2个百分点，期权产品份额下跌了5.06个百分点。美元对人民币以6.6%市场份额居世界第四位，仅次于美元对欧元（22.7%）、美元对日元（13.5%）和美元对英镑（9.5%），为历次调查结果的最好名次。

资料来源：王应贵，刘思宇.全球外汇交易创新高，人民币外汇交易三年增速84.69%，国际化道路如何走？[N].21世纪经济报道，2022-11-01.

根据以上材料，分析人民币交易在全球外汇交易中日渐增加的原因。

分析：

国际清算银行的全球央行调查汇总了各国中央银行的报告，每三年发布一次全球外汇市场调查报告，是关于全球外汇（FX）和场外交易（OTC）衍生品市场规模和结构最全面的信息来源。最新一次调查数据显示，2022年人民币日均交易量占全球外汇交易份额的排名较2019年提升3个名次，人民币成为全球第5大交易货币。

人民币外汇交易的国际化趋势得益于三个方面的因素。首先，我国始终坚持扩大对外开放，国际贸易投资保持稳定增长，客观上刺激了外汇交易需求；其次，在2019年4月至2022年4月，中国人民银行先后与近30个国家和地区的金融管理机构（中央银行）签订或续签了货币互换协议，为人民币跨境支付与使用提供了便利；最后，人民币跨境支付基础设施不断改进，跨境支付系统（CIPS）稳定运行，极大地提高了人民币跨境支付业务处理效率。可以肯定，央行数字货币及基于区块链技术的跨境支付系统会进一步方便人民币跨境支付业务。

》【实践探索】

一、实践内容

背景：对于大众而言，对外汇市场的需求涵盖两个方面：一是外币兑换、汇款，满足出国留学、就医、旅游、探亲、购物等现实需要；二是投资交易，也就是俗称"炒汇"，通过外汇买卖赚取汇率差价收益。我国大多数商业银行均提供个人外汇交易业务，也就是"外汇宝"，具体称谓每家银行有所不同。

要求：详细了解每家商业银行的"个人外汇买卖业务"，具体如下：

1. 知晓银行此类业务的具体称谓。

2. 该行"个人外汇买卖业务"的详细要求，例如服务对象、交易币种、交易汇率、交易起点金额、交易指令、交易方式等具体内容。

二、实践目标

了解各家银行的"外汇宝"业务，有条件的同学可以进行模拟交易。

三、实践结果

以小组为单位，用PPT或者小视频展示对个人外汇买卖业务的介绍。

任务三 衍生外汇交易

》【知识要点】

衍生外汇交易品种是在传统外汇交易品种的基础上创新而来的，如外汇期货交易、外汇期权交易、货币互换与利率互换交易等。衍生外汇交易品种是一把"双刃剑"：一方面，它的产生为外汇交易者提供了更加灵活的交易工具，为人们规避交易风险、获得更高收益提供了便利；另一方面，其本身存在较大风险，一旦运用不当，投资者将会遭受巨大损失。

一、外汇期货交易

（一）外汇期货交易的概念

外汇期货交易也叫货币期货交易，是指外汇交易双方在外汇期货交易所通过经纪公司或经纪商以公开喊价的方式，买入或卖出未来某一特定日期的标准化外汇期货合约的交易。外汇期货交易属于金融期货，而金融期货除了外汇期货交易外，还包括黄金期货、指数期货、利率期货等。首次推出外汇期货交易的是美国芝加哥商品交易所于1972年成立的分部——国际货币市场（IMM）。目前，世界上主要的外汇期货市场除国际货币市场外，还有伦敦国际金融期货交易所（LIFFE）、悉尼期货交易所（SFE）、东京期货交易所（TIFFE）和新加坡期货交易所（SIMEX）等。

（二）外汇期货交易的特点

1. 以美元作为报价货币

在外汇期货报价时，买卖双方可以只报数额，不报货币单位，例如GBP1=USD1.2752、CAD1=USD0.7386、CHF1=USD1.1265等。

2. 标准化合同

标准化体现在三个方面：第一，每种交易货币的合同金额是标准化的，比如IMM的一张英镑合约代表的固定交易金额为62 500英镑；第二，交割日期是固定的，以IMM为例，其交割月份有3、6、9、12月；第三，每种交易货币的价格波动幅度是标准的，如3个月期欧洲美元期货合约，见表7-1。

表7-1　　　　　　　　　　　　　　**3个月期欧洲美元期货合约**

交易单位	1 000 000美元
最小变动价位	0.005
每日价格最大波动限制	无限制
合约月份、交易时间、最后交易日	3月、6月、9月、12月和现货月份 早7：20至下午2：00（芝加哥时间），到期合约最后交易日交易截止时间为上午9：30（伦敦时间为下午3：30），市场在节假日或节假日前将提前收盘，具体细节与交易所联系 从合约月份的第三个星期三往回数的第二个伦敦银行工作日
交割日期	最后交易日，现金结算
交割地点	由票据交换所指定的货币发行国银行

3. 保证金制度

保证金分为两种：初始保证金和维持保证金。初始保证金是外汇期货交易成交后，买卖双方需按照规定比例交付的保证金。初始保证金通常按照交易金额的2%~3%交纳，且每天根据市场价格变动计算盈亏入账。维持保证金是指外汇期货交易双方给账户增加货币以前允许保证金账户维持的最低保证金余额。一般情况下，维持保证金是初始保证金的70%~80%。如果账面金额低于维持保证金水平，则必须追加资金，使之重新达到初始保证金水平。

例如，某年10月15日（星期一），A公司买入10份次年3月到期的瑞士法郎期货合同（每份瑞士法郎期货合约的金额为CHF125 000），期货价格为CHF1=USD1.1776，初始保证金为USD25 000，维持保证金为USD18 750。当各日外汇期货市场的期货收盘价（结算价格）为以下金额时，计算该公司的当日损益、累计损益、保证金账户的余额以及追加保证金的情况：

10月15日，收盘的期货价格为1.1760；

10月16日，收盘的期货价格为1.1745；

10月17日，收盘的期货价格为1.1730；

10月18日，收盘的期货价格为1.1716；

10月19日，收盘的期货价格为1.1725。

表7-2是A公司当日损益、累计损益、保证金账户余额以及追加保证金的情况。

表7-2　　　　　　　　　　保证金账户变化情况　　　　　　　　　　单位：美元

日期	收盘价	当日损益	累计损益	保证金账户的余额	追加保证金
	1.1776			25 000	
10月15日	1.1760	−2 000	−2 000	23 000	−
10月16日	1.1745	−1 875	−3 875	21 125	−
10月17日	1.1730	−1 875	−5 750	19 250	
10月18日	1.1716	−1 750	−7 500	17 500	7 500
10月19日	1.1725	1 125	−6 375	26 125	

（三）外汇期货交易的方式

外汇期货交易主要可通过三种方式进行：以公开喊价形式在交易大厅内进行；场外交易；利用电子自动配对系统如GLOBEX进行。目前衍生品交易正在向全电子化方向发展。

（四）外汇期货交易的类型

根据外汇期货交易双方交易目的的不同，外汇期货交易可分为投机交易和套期保值交易。二者的主要区别是：投机交易是以投机者自愿承担价格波动风险为前提，利用外汇期货市场频繁的价格波动进行买空卖空交易（投机者一般不做现货交易），从而获得差价收益。套期保值者则是为了转移价格风险，利用外汇期货市场的价格波动，使现货市场和期货市场紧密结合，用一个市场的盈利去弥补另一个市场的亏损，从而达到规避汇率风险的目的。套期保值交易可分为买入套期保值和卖出套期保值。其中，卖出套期保值是指对外享有债权的人为防止将来因外汇汇率下跌而蒙受损失，在外汇期货市场上做先卖后买的交易，以便用期货市场与现货市场的对冲来规避汇率风险，达到保值的目的。

【例7-5】利用外汇期货合约规避风险

案例背景：某年3月1日，美国A公司向瑞士出口一批货物，总价值为1 000 000瑞士法郎，双方商定以瑞士法郎结算，3个月后收回货款。A公司为避免因瑞士法郎价格下跌而遭受汇兑损失，决定利用外汇期货市场进行套期保值。A公司委托其外汇期货经纪人在外汇期货市场卖出8份6月瑞士法郎期货合约，期货价格为0.7830美元/瑞士法郎（注：每份合约交易单位是125 000瑞士法郎）。假定3月1日和6月1日美元对瑞士法郎的即期汇率分别为USD1=CHF1.2740/50，USD1=CHF1.2860/70，而6月1日瑞士法郎6月期货合约的价格为0.7800美元/瑞士法郎。

问题：该美国出口商是否能利用这一期货合约避免汇率下跌带来的损失？

分析提示：对交易过程进行分析，见表7-3。

表7-3　　　　　　　　　　瑞士法郎汇率下降的交易过程分析

时间	现货市场	期货市场
3月1日	卖出货物总价1 000 000瑞士法郎 现汇汇率0.7843美元/瑞士法郎 总价值=1 000 000×0.7843 =784 300（美元）	卖出8份6月瑞士法郎期货合约 期货价格0.7830美元/瑞士法郎 总价值=8×125 000×0.7830 =783 000（美元）
6月1日	收到货款总价1 000 000瑞士法郎 现汇汇率0.7770美元/瑞士法郎 总价值=1 000 000×0.7770 =777 000（美元）	买入8份6月瑞士法郎期货合约 期货价格0.7800美元/瑞士法郎 总价值=8×125 000×0.7800 =780 000（美元）
盈亏情况	损失7 300美元	盈利3 000美元

交易结果为：

净损失=7 300-3 000=4 300（美元）

通过上述交易过程可知，该出口商在现货市场交易中损失7 300美元，但在期货交易中盈利3 000美元，使其总损失降低为4 300美元，期货市场的盈利部分弥补了现货市场的损失，达到了套期保值的目的。

如果3个月后瑞士法郎汇率不降反升，情形又会怎样呢？假定3个月后现汇汇率是USD1=CHF1.2670/80，期货价格是0.7860美元/瑞士法郎，计算过程见表7-4。

表7-4　　　　　　　　　　瑞士法郎汇率上升的交易过程分析

时间	现货市场	期货市场
3月1日	卖出货物总价1 000 000瑞士法郎 现汇汇率0.7843美元/瑞士法郎 总价值=1 000 000×0.7843 =784 300（美元）	卖出8份6月瑞士法郎期货合约 期货价格0.7830美元/瑞士法郎 总价值=8×125 000×0.7830 =783 000（美元）
6月1日	收到货款总价1 000 000瑞士法郎 现汇汇率0.7886美元/瑞士法郎 总价值=1 000 000×0.7886 =788 600（美元）	买入8份6月瑞士法郎期货合约 期货价格0.7860美元/瑞士法郎 总价值=8×125 000×0.7860 =786 000（美元）
盈亏情况	盈利4 300美元	损失3 000美元

交易结果为：

净收益=4 300-3 000=1 300（美元）

通过计算可以看出，瑞士法郎价格的上升使得该美国出口商在现货交易中获利4 300美元，而在期货交易中损失3 000美元。因此，套期保值虽然可以规避汇率波动带来的风险，但同时也可能会抵消潜在的收益。

买入套期保值是指对外负有债务的人为防止外汇汇率上升，在外汇期货市场上做先买后卖的交易，以便用期货市场与现货市场的对冲来规避汇率风险，锁定交易成本。

【例7-6】利用外汇期货合约规避风险

案例背景：某年5月8日，某美国进口商向日本出口商购进价值512 500 000日元的货物，约定6个月后支付货款。当时的现汇汇率是USD1=JPY110.10/20，为避免日元升值增加进口成本，美国进口商决定对日元进行套期保值，因此委托其外汇期货经纪人买入41份12月日元期货合约，期货价格是JPY1=USD0.009090。假定11月8日现汇汇率与期货价格分别为：USD1=JPY108.40/50，JPY1=USD0.009350。该美国进口商是否通过期货合约避免了汇率风险？

分析提示：对日元汇率上升的交易过程进行分析，见表7-5。

表7-5　　　　　　　　　　日元汇率上升的交易过程分析

时间	现货市场	期货市场
5月8日	支付货物总价512 500 000日元 现汇汇率 $\frac{1}{110.10}$ 美元/日元 总价值=512 500 000÷110.10 =4 654 859.22（美元）	买入41份12月日元期货合约 期货价格0.009090美元/日元 总价值=512 500 000×0.009090 =4 658 625（美元）
11月8日	收到货款总价512 500 000日元 现汇汇率 $\frac{1}{108.40}$ 美元/日元 总价值=512 500 000÷108.40 =4 727 859.78（美元）	卖出41份12月日元期货合约 期货价格0.009350美元/日元 总价值=512 500 000×0.009350 =4 791 875（美元）
盈亏情况	损失73 000.56美元	盈利133 250美元

交易结果为：

净收益=133 250-73 000.56=60 249.44（美元）

通过计算可知，美国进口商运用买入套期保值的方式成功避免了日元汇率上升带来的风险，尽管在现货市场损失了73 000.56美元，但期货市场的盈利不仅弥补了现货市场损失，还盈余60 249.44美元。本例中，如果日元汇率不是上升，而是下降，那么期货市场损失就要由现货市场的盈利来弥补，就会冲减进口商本来可以获得的收益。

拓展思考 7-2

远期外汇交易与外汇期货交易有何不同？

分析提示：外汇期货交易与远期外汇交易有实质性区别：第一，买卖双方的合同责任关系不同。外汇期货交易中的买卖双方分别与期货市场的结算所签有合同，具有直接责任关系，而买卖双方之间无直接合同责任关系；远期外汇交易双方（顾客与银行）具有合同责任关系。第二，外汇期货交易是对标准化期货合约的买卖；而远期外汇交易在成交单位、价格、交割期限、交割地点等方面均无统一规定，买卖双方可自由议定。第三，外汇期货交易是在期货交易所内以公开喊价的方式成交的；远期外汇交易并无具体市场，主要通过银行柜台进行，现代通信设备是其实现交易的主要方式。第四，外汇期货交易的买方和卖方只报出一种价格，买方只报买价，卖方只报卖价；远期外汇交易的买方或卖方报出两种价格，既报买价，又报卖价。第五，外汇期货交易到期一般不交割，而是按照"以卖冲买"或"以买冲卖"的原则冲销合同；远期外汇交易大多数最后交割。

二、外汇期权交易

（一）外汇期权交易的概念

外汇期权交易实际上是一种权利的买卖。出售期权者称为期权的卖方，买入期权者称为期权的买方。权利的买方在支付一定数额的期权费后，有权在未来一定时间内按约定的汇率向权利的卖方买进或卖出约定数额的外币，权利的买方也有权不执行上述买卖合约。在外汇期权交易中，不论是否履约，买方所交纳的期权费不能退回。目前国际外汇期权交易量较大的国际金融中心有英国伦敦，荷兰阿姆斯特丹，美国芝加哥、纽约、费城等。

（二）外汇期权交易的特点

外汇期权交易的特点主要有：第一，外汇期权交易的协定汇价是以美元为报价货币的。第二，外汇期权交易一般采用标准化合同，有标准的金额、标准的交割期等。第三，外汇期权交易买卖双方的权利义务是不对等的，即期权的买方拥有选择的权利，期权的卖方承担被选择的义务。当合同的协定汇价对买方有利时，买方就执行合同；当协定汇价对买方不利时，买方就放弃执行合同。第四，外汇期权交易买卖双方的收益与风险是不对称的，这是由买卖双方权利义务不对等所决定的。对期权买方而言，其成本是固定的，即所支付的期权费，而收益在理论上可以是无限的；对期权的卖方而言，最大收益是期权费，而损失可能是无限的。当然，期权买卖双方权利义务的不对等是表面上的，并不意味着买方一定能占到便宜。在市场波动很大的情况下，买方需要支付很高的费用来购买期权。

（三）外汇期权交易的种类

根据不同标准，外汇期权交易有不同的分类：

1.看涨期权和看跌期权

这是根据期权的买方买入或卖出某种货币的角度不同来划分的。看涨期权又称买权，是指期权的买方与卖方约定在到期日或期满前，买方有权按约定汇率从卖方买入特定数量的货币；看跌期权又称卖权，是指期权的买方与卖方约定在到期日或期满前，买方有权按约定汇率向卖方卖出特定数量的货币。交易双方责任见表7-6。

表7-6　　　　　　　　　　　　期权交易双方责任

	看涨期权	看跌期权
期权买方	有权在到期日或之前依履约价格购买外汇	有权在到期日或之前依履约价格卖出外汇
期权卖方	有义务在到期日或之前应买方要求依履约价格卖出外汇	有义务在到期日或之前应买方要求农履约价格买入外汇

2.美式期权和欧式期权

这是根据行使权力有效日的不同来划分的。美式期权是指期权的买方可以在期权到期日之前的任何一个营业日行使选择权的外汇期权；欧式期权是指期权的买方只能在期权到期日当天行使选择权的外汇期权。

（四）外汇期权交易的运用

这里重点介绍外汇期权如何用来保值。

【例7-7】判断是否应当做外汇期权

案例背景：某年9月6日，美国某进口商A公司在3个月后要支付一笔价值100万加拿大元的外汇给加拿大出口商B。签约时，美元对加拿大元的即期汇率为USD1=CAD1.6850/60。A公司担心3个月后加拿大元升值导致外汇损失，就买入12月期100万加拿大元的看涨期权，协定汇价为CAD1=USD0.5880，保险费为1 000美元。假定12月6日即期外汇市场加拿大元确实升值，汇率为USD1=CAD1.5310/20。

问题：（1）12月6日该进口商是否应履约？（2）是否应该做外汇期权交易？哪种情况对A公司更为有利？

分析提示：

（1）12月6日加拿大元对美元现汇汇率为CAD1=USD0.6532>0.5880（协定汇价），若A公司履约需支付0.5880×1 000 000=588 000美元，加上1 000美元保险费，总成本为589 000美元；若A公司以12月6日现汇价格支付，则为0.6532×1 000 000=653 200美元>589 000美元，所以A公司应执行合同。

（2）从以上分析可知，如果不做外汇期权，A公司将按12月6日的即期汇率购买加拿大元，要支付 653 200 美元，大于执行合约所需支付的美元数，即使加上期权保险费，该进口商执行合约也是有利可图的。

三、其他外汇衍生交易

除上述外汇交易，最具代表性的外汇衍生交易就是货币互换。货币互换是互换双方交换币种不同、计息方式相同或不同的一系列现金流的金融交易。货币互换包括期内一系列利息交换和期末的本金交换，可以包括也可以不包括期初的本金交换。在大多数情况下，双方交换的不同币种的名义本金按即期汇率折算应当是相等或大体持平的。货币互换的基础是比较优势原则。

首次货币互换发生在 1981 年世界银行和国际商业机器公司之间。世界银行将它的 2.9 亿美元固定利率负债与国际商业机器公司已有的瑞士法郎和德国马克（当时称"西德马克"）的债务互换。当时世界银行希望筹集固定利率的德国马克和瑞士法郎资金，由于世界银行每年都在这两国市场筹集资金，当地投资者对进行再次筹集资金有一种过剩感，因而利率成本上升。同时，国际商业机器公司需要筹集一笔美元资金，由于数额巨大，集中在任何一个市场都不妥。世界银行的筹资优势是：凭借 AAA 级信誉能从金融市场筹措到最优惠利率的美元借款，劣势是无法通过直接发行债券来筹集德国马克和瑞士法郎。国际商业机器公司的筹资优势是：能通过直接发行债券来筹集德国马克和瑞士法郎，劣势是无法从金融市场筹集到最优惠利率的美元借款。两个机构各自筹集具有相对优势的货币资金，然后在所罗门兄弟投资公司的安排下互换彼此处于筹资劣势的货币，即世界银行筹集美元资金，国际商业机器公司筹集德国马克和瑞士法郎，然后相互交换。通过互换，一方面降低了互换双方的筹资成本实现双赢；另一方面，借款人可以间接地进入本身无法参与的优惠市场。

与货币互换交易相似的交易行为是利率互换。利率互换是指两笔债务以利率方式互相调换，一般没有实际本金的交换。最常见的利率互换是固定利率与浮动利率的互换。它是指持有同种货币的交易双方，以商定的筹资本金为计算利息的基础，一方以其筹集的固定利率资金换取另一方的浮动利率资金。在交易中，双方只计算互换的利息差异并做结算，而不会发生本金的实际转移。通过这种互换，交易中的一方可将其某种固定利率资产或负债换成浮动利率资产或负债。

拓展阅读7-2

为打造"强大的货币"筑牢金融基础设施保障

【案例分析】

2023年境内人民币外汇市场交易数据分析

案例资料：

如表 7-7 所示，2023 年，境内人民币外汇市场交易量总计 35.8 万亿美元（日均 1 481 亿美元），较 2022 年增长 3.9%。其中，银行对客户市场和银行间外汇市场交易量分别为 5.3 万亿美元和 30.6 万亿美元，即期和衍生产品交易量分别为 12.7 万亿美元和 23.1 万亿美元。衍生产品占外汇市场总交易量的比重为 64.5%。

表 7-7 　　　　　　　　　　**2023 年境内人民币外汇市场交易概况**

交易市场	交易量（亿美元）				合计
	即期	远期	掉期	期权	
银行对客户市场	39 940	5 068	3 565	4 162	52 736
银行间外汇市场	87 425	1 200	206 775	10 345	305 745
合计	127 366	6 267	210 341	14 507	358 480

资料来源：根据《2023 年中国国际收支报告》相关资料整理。

根据以上材料，分析 2023 年我国人民币外汇市场交易的基本情况。

分析：

第一，即期外汇交易量保持稳定。2023 年，即期市场交易量总计 12.7 万亿美元，较 2022 年增长 1.1%。在市场结构上，银行对客户即期结售汇（含银行自身，不含远期履约）总计 4.0 万亿美元，较 2022 年下降 6.0%；银行间即期外汇市场交易量总计 8.7 万亿美元，增长 4.8%。

第二，外汇衍生品交易量增长。2023 年，外汇衍生品市场交易量总计 23.1 万亿美元，较 2022 年增长 5.5%。在产品结构上，远期交易 6 267 亿美元，外汇和货币掉期交易 21.0 万亿美元，期权交易 1.5 万亿美元；在市场分布上，银行对客户市场和银行间市场衍生品交易量分别为 1.3 万亿美元和 21.8 万亿美元。

第三，外汇市场参与者结构更加优化。截至 2023 年末，银行间外汇市场已有 672 家银行和 117 家非银行金融机构，形成以大型银行为做市商、向中小银行和其他机构提供流动性的自然合理分层。境外机构交易活跃度增强，2023 年境外机构人民币外汇交易占银行间外汇市场比重为 2.4%，即期交易量较 2022 年增长 25.7%，衍生品交易量同比增长 32.5%。截至 2023 年末，147 家境外机构成为银行间外汇市场会员。

≫ 【实践探索】

一、实践内容

登录我国国家外汇管理局网站，查阅 2024 年第一季度中国外汇市场交易概况数据，并根据数据资料进行同期对比分析。

二、实践目标

了解我国 2024 年第一季度外汇市场的交易类型以及交易情况，分析与 2023 年外汇市场同期数据相比的变化及原因。

三、实践结果

做出交易数据对比表，分析原因，形成并提交分析报告。

项目小结

本项目共设三个任务。任务一是介绍外汇市场，外汇市场是最大的国际金融市场，利用现代化电子交易方式交易，且24小时不间断交易，这是其他金融市场所不具备的。任务二、三都是介绍外汇市场的交易方式。外汇市场的交易方式分传统和衍生两大类：传统外汇交易主要包括即期、远期、掉期等交易方式，衍生外汇交易主要是20世纪70年代兴起的期货期权等外汇交易。我国外汇市场虽然起步较晚但发展迅速，主要利用先进的电子交易平台进行国际国内交易。随着个人持有外汇数量的上升，个人炒汇方兴未艾，无论对企业还是个人，掌握外汇交易的规则及交易的主要方式，对避免汇率风险均大有裨益。

项目训练

一、主要概念

无形外汇市场　即期外汇交易　远期外汇交易　掉期交易　外汇期货　看跌期权　看涨期权　美式期权　欧式期权

二、单项选择题

1.下列外汇市场的参与者不包括（　　　）。

A.中国银行　　　　　　　　　　　B.索罗斯基金

C.无涉外业务的国内公司　　　　　D.国家外汇管理局沈阳市分局

2.对于经营外汇实务的银行来说，贱买贵卖是其经营原则，买卖之间的差额一般为1‰~5‰，是银行经营外汇实务的利润。那么，下列使得买卖差价的幅度越小的因素为（　　　）。

A.外汇市场越稳定　　　　　　　　B.交易额越小

C.越不常用的货币　　　　　　　　D.外汇市场位置相对于货币发行国越远

3.在有形市场中，规模最大的外汇交易市场是（　　　）。

A.伦敦　　　　　　　　　　　　　B.纽约

C.新加坡　　　　　　　　　　　　D.法兰克福

4.银行间外汇交易额通常是（　　　）的整数倍。

A.100万美元　　　　　　　　　　B.50万美元

C.1 000万美元　　　　　　　　　D.10万美元

5.以下是两家银行交易的过程，根据其交易过程，下列答案错误的是（　　　）。

甲银行：Hi！ Bank of China, Shanghai Branch calling, spot CHF for 6 USD pls?

乙银行：30/40.

甲银行：6 yours.

乙银行：OK，done. At 2.0130 we buy USD 6 million against CHF，value July 10, 2019.

USD to CITI BANK New York for our account 53692136.

甲银行：CHF to Deutsche Bank Frankfurt for our account 86719832. Thanks for deal.

A.甲银行为中国银行上海分行　　　　B.甲银行卖美元，买瑞士法郎

C.交易金额为600万瑞士法郎　　　　D.交割日为2009年7月10日

三、多项选择题

1.外汇市场的作用有（　　　）。

A.调节外汇供求　　　　　　　　　B.形成外汇价格体系

C.便利资金的国际转移　　　　　　D.提供外汇资金融通

E.防范外汇风险

2.外汇市场上的参与者有（　　　）。

A.外汇银行　　　　　　　　B.进出口商　　　　　　　　C.外汇经纪人

D.中央银行　　　　　　　　E.留学生

3.下列属于外汇零售市场的有（　　　）。

A.雅戈尔公司向中国银行购买美元，用于进口西服面料

B.宋雨到哈佛大学留学，向中国银行购买20 000美元的外汇

C.海尔公司到美国投资设立彩电生产线，向花旗银行购买5 000万美元的外汇

D.中国银行上海分行由于美元头寸太多，出售1亿美元给花旗银行上海分行

4.以下是两银行交易过程，根据其交易过程，下列答案正确的有（　　　）。

ABC银行：GBP 0.5 Mio.

XYZ银行：GBP 1.8920/25.

ABC银行：Mine，PLS adjust to 1 Month.

XYZ银行：OK，Done. Spot/1Month 93/89 at 1.8836 we sell GBP 0.5 Mio Val June 22，USD to My N.Y.

ABC银行：OK.All agreed.My GBP to My London.TKS，BI.

XYZ银行：OK.BI and TKS.

A.以上交易属于外汇远期交易　　　B.成交金额为50万英镑

C.以上交易的成交日为5月20日　　D.上例中英镑为贴水

四、案例分析题

假设某日法兰克福外汇市场上欧元/美元3个月的汇率为1.2300/10。某投机商预期3个月后欧元/美元的即期汇率将为1.2200/10，便做了一笔3个月期的2 000 000欧元的卖空交易。如果3个月后市场上欧元/美元的即期汇率为1.2510/10，在不考虑交易费用的情况下，该投机商能否获得投机利润？

五、实训题

【实训操作】

个人外汇理财产品实训。

【实训任务】

（1）对学生搜集资料、整理资料的能力进行训练；

（2）训练学生对外汇、利率等的综合能力；

（3）训练学生团队合作能力、口头语言表达能力。

【实训要求】

（1）实训前要掌握有关外汇汇率、利率及外汇交易的基础知识；

（2）实训随机分组，态度要端正，组员配合要默契；

（3）按要求完成实训任务。

【情境设计】

情景一：模仿银行大厅，客户经理为银行客户做个人外汇理财咨询。分设五家银行，学生扮演客户和银行工作人员。

情景二：电话咨询业务。分组安排学生打电话给不同银行的电话服务热线，做外汇理财产品咨询。

【指导准备】

专业知识准备：

（1）有关利率的知识，了解主要外币利率；

（2）外汇、汇率基础知识回顾；

（3）五家银行的网址及咨询电话。

操作指导：

（1）指导学生合理分组并选定银行；

（2）指导学生上网查询有关外汇理财产品的内容；

（3）指导学生到图书馆及银行营业网点查询相关知识。

【实训时间】

8学时。

【实训步骤】

（1）将学生分组，4人一组；

（2）每组选出一人成立评分小组，给每组同学打分，打分时本组评委回避；

（3）每组提交行动预案，由老师审阅确定，包括具体的银行，组内人员分工、资料搜集的方式等；

（4）材料搜集阶段，各小组按预定方案，可通过图书馆、银行、网络或打咨询电话搜集资料；

（5）各组组长向老师反馈资料搜集情况，老师给予必要指导；

（6）各组根据反馈情况继续搜集资料；

（7）现场演练，分组登场，演练组的同学扮理财顾问，其他同学扮顾客（人数视情况而定），还可邀请专业教师扮顾客，未登场的同学观摩，评分小组给每组打分计入期末总成绩，演练结束，教师点评；

（8）课下，各组打电话给银行咨询个人外汇理财产品并录音；

（9）各组总结本组实训情况，用PPT文稿演示。

【成果形式】

（1）现场演练。如果课时有限，现场演练前的大部分准备工作可放到平时，不占用更多的上课时间。现场演练是最好的成果展示，可以考查学生团队是否协作、工作是否认真、表述是否清晰、顾客是否满意等。

（2）电话录音。通过打电话，一方面可以学到知识，另一方面可以使学生了解做银行电话咨询服务的方式、特点，为将来就业打基础。

项目八
外汇风险及管理

学习目标

知识目标： 1. 掌握外汇风险的概念及构成要素，理解外汇风险产生的原因及类型；

2. 了解外汇风险管理的原则和不同策略，掌握企业外汇风险管理的不同方法及具体内容，熟悉银行外汇风险的各种防范措施；

3. 了解我国外汇管理体制的内容，熟悉我国外汇管理的历史沿革和现行外汇管理体制。

技能目标： 1. 能够结合具体案例识别企业对外经济活动中涉及的外汇风险的类型，根据具体情况提出避险方案；

2. 能够对银行在业务经营中面临的外汇风险进行分析和判断，提出有效的防范措施；

3. 能够对我国不同历史阶段实施的外汇管理体制的利弊进行评价，结合我国汇率运行、资本流动等实际情况分析现行外汇管理体制的特点。

素养目标： 1. 建立风险防范意识，掌握一定交易谈判技巧与策略，在实际业务中能够灵活应对、促成合作；

2. 能够从外汇风险产生的要素入手，对外汇风险进行全过程监管防控，从经济主体内部经营与外部交易双重角度对外汇风险进行管理防范；

3. 理解我国外汇管理对配置外汇资源、平衡国际收支、增强宏观经济韧性等方面的重要作用，理解建立健全外汇管理体制对维护金融稳定和国家经济金融安全的重大意义。

任务一　外汇风险概述

》【知识要点】

一、外汇风险的概念

外汇风险（Foreign Exchange Exposure）是指在国际经济、贸易、金融等活动中，以外币计价的资产或负债由于汇率变动，导致以本币折算的价值发生变化，从而给外汇持有者带来损失或盈利的可能性。广义的外汇风险是指既有损失可能又有盈利可能的不确定性风险；狭义的外汇风险仅指给经济主体带来损失的可能性风险。在经济生活中，有些经济主体愿意承担外汇风险，以期获得风险报酬。

外汇持有者或经营者存在的外汇风险一般通过外汇暴露（Exposure）来体现。这包括两种情形：一是以外币计价的资产或负债金额不相等时，一部分外币资产或负债净额会受到汇率变动的影响，这一净额称为敞口头寸（Open Position）；二是以外币计价的资产或负债期限不相同时，就会出现期限缺口（Maturity Gap）或非匹配缺口（Mismatch Gap）。

二、外汇风险的构成要素

（一）外汇风险产生于不同货币的兑换行为

例如，某中国企业有100万美元应收账款，若以美元核算则不存在外汇风险；若以人民币核算，当市场汇率为1美元=7.28元人民币时，应收账款价值为728万元人民币；当市场汇率为1美元=7.25元人民币时，应收账款价值为725万元人民币，企业就遭受了损失。由此可见，外汇风险主要产生于货币的兑换行为中。

（二）外汇风险产生于外币计价资产与负债的"敞口"部分

例如，某一经济主体买进一个月远期120万美元，同时卖出一个月远期90万美元，那么该经济主体承受外汇风险的部分并不是210万美元，而是其差额30万美元，也就是敞口头寸部分。

（三）外汇风险产生于时间变动

汇率的变动与时间密不可分，时间越长，汇率变动的可能性越大，外汇风险也越大，因此外汇风险的大小与时间成正比。但是，因为影响汇率的各项因素在不断变化，所以同样长的期间内汇率波动并不一样。

上述要素也可归结为外汇风险产生的三个前提条件：地点差、敞口头寸和时间差。因此，外汇风险的防范从根本上说就是要消除或对冲以上三个方面的差别，从而达到规避风险、保值增值的目的。

三、外汇风险的类型

外汇风险的类型可按照不同的标准划分，从风险承受主体的角度来分类，外汇风险可分为企业、银行和国家的外汇风险，如图8-1所示。

$$\text{外汇风险(分类)} \begin{cases} \text{企业的外汇风险} \begin{cases} \text{交易风险} \\ \text{会计风险} \\ \text{经济风险} \end{cases} \\ \text{银行的外汇风险} \begin{cases} \text{外汇买卖风险} \\ \text{外汇信用风险} \\ \text{外汇借贷风险} \end{cases} \\ \text{国家外汇风险} \begin{cases} \text{国家外汇储备风险} \\ \text{国家外债风险} \end{cases} \end{cases}$$

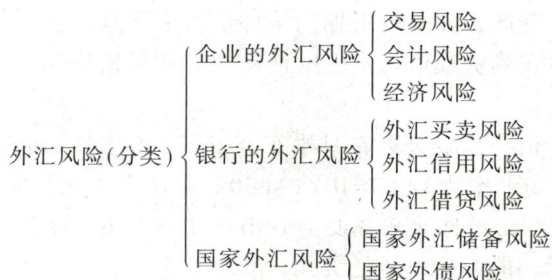

图8-1 外汇风险分类体系图

（一）企业的外汇风险

企业的全部对外经济活动（经营活动过程、结果、预期经营收益），都可能由于汇率变化而引起外汇风险。经营活动过程中的风险为交易风险，经营活动结果中的风险为会计风险，预期经营收益的风险为经济风险。

1. 交易风险

交易风险（Transaction Risk），是指企业在以外币计价或结算的交易中，从交易发生到完成的这段时间由于汇率波动而引起应收资产与应付债务价值变化的风险，是一种流量风险。交易风险的结果是经营主体实实在在地丧失一定量以本币计量的经济价值，是国际企业面临的最主要的外汇风险。除了以外币结算的一般商品进出口由于汇率变动可能产生交易风险外，以外币收支的股息、利息、租金、专利费等也会由于汇率变动产生交易风险。简言之，凡是涉及外币计算或收付的商业活动或投资行为都会产生交易风险。

（1）国际贸易活动中的交易风险。

这是指以即期或延期付款为支付条件的商品或劳务的进出口贸易，在装运货物或提供劳务后货款或劳务费尚未收支期间，由于外汇汇率变化而产生的风险。在出口中，如果签约时外汇汇率高而结算时外汇汇率低，出口方将遭受损失；在进口中，如果签约时外汇汇率低而结算时外汇汇率高，进口方将增加购汇成本。

例如，我国某公司3月1日从日本进口一批家电，合约价值100万美元，6月1日进行交割。签约时美元对日元汇率为USD/JPY=158.98，美元对人民币的汇率为USD/CNY=7.2807。6月1日交割时汇率发生变化，1美元兑换157.08日元，对人民币汇率则升至7.2837。由于合同货币是美元，而美元在三个月内对日元和人民币分别有所贬值和升值，因此对中日双方来讲，均面临外汇风险。通过计算可知，如果中日双方均不采取避险措施，那么：

中国进口商损失金额为：

（7.2837-7.2807）×1 000 000=3 000（元人民币）

日本出口商损失金额为：

（158.98-157.08）×1 000 000=1 900 000（日元）

（2）国际信贷活动中的交易风险。

这是指以外币计价的国际信贷活动，在债权债务未清偿前所存在的风险。将一笔资金投资于某项外汇资产，如果投资期间该外汇汇率下跌，投资者的实际本息收入就会下降，遭受损失。在筹资或借入资金的活动中，如果借贷期内外汇汇率上升，债务人的偿债负担就将加重。

例如，中国国际信托投资公司在日本东京发行 200 亿日元公募武士债券，期限为5 年，债务形成时市场汇率为 USD1=JPY108.30，兑换为美元数额约为 1.8467 亿美元。5 年后债务清偿时，美元对日元汇率变为 USD1=JPY97.26，该公司应该偿还的本金数额变为 2.0563 亿美元，损失 0.2096 亿美元。

2. 会计风险

会计风险（Accounting Risk），亦称折算风险（Translation Risk）、转换风险。它是指跨国公司的母公司与海外子公司合并财务报表时，由于汇率变化而引起资产负债表中某些以外币计量的资产、负债、收入、费用等项目在折算为本币时产生金额变动的风险，是账面损失的可能性，是一种存量风险。

企业在编制财务报表时使用的报告货币被称为记账本位货币（Reporting Currency），在经营活动中流转使用的各种货币被称为功能货币（Functional Currency）。一旦功能货币与记账货币之间汇率出现变动，比如记账货币升值，同一笔功能货币的价值反映在账面上就减少了，即发生会计风险。会计风险的大小除了与企业进行会计转换时以外币计价的资产和负债的金额大小有关，还与企业采用的会计方法有关。在合并会计报表过程中，会计风险只影响国内母公司的账面价值，海外子公司的实际经济价值并没有变化，这也是它不同于交易风险的地方。

例如，某跨国公司在美国的子公司年初收回货款 20 万美元，当时的市场汇率为USD/RMB=7.28，折算成 145.6 万元人民币，年底总公司合并财务报表时，如果汇率变为 USD/RMB=7.26，那么 20 万美元只能折合 145.2 万元人民币。这就使合并财务报表的账面价值减少了 0.4 万元人民币。

3. 经济风险

经济风险（Economic Risk），又称经营风险（Operational Risk），是指由于外汇汇率发生意外波动而引起企业未来收益发生变化的一种潜在风险。经济风险有以下三个特点：

（1）带有主观意识。

经济风险取决于一定时期内企业预测未来现金流量的能力，而不同企业、不同管理者的预测能力是千差万别的。

（2）具有不可预期性。

企业管理层或广大投资者在评价预期收益或市场价值时，已经把可以预料到的汇率变动列入评估之中，而经济风险是由意料之外的汇率波动导致的，不能被准确识别和测量，风险的大小主要取决于汇率变动对该企业产品的销售额、利润率、成本价格等因素的影响程度。

（3）风险影响较大。

相对来说，交易风险和会计风险的影响是一次性的，而经济风险影响时间较长。

一旦发生，不但影响企业在国内的经济行为与效益，还直接影响企业在海外的经营或投资效益。所以对于一个企业来说，必须对经济风险的防范给予足够重视。

例如，我国某啤酒厂在20世纪80年代初，使用银行的美元外汇贷款从国外进口了当时非常先进的啤酒生产设备，产品质量、销售情况也很好，毛利润当时在40%左右。但20世纪90年代初，我国实行了重大汇率制度改革，汇率发生了很大变化，从1美元兑换5元多人民币涨至1美元兑换8元多人民币，涨幅达60%左右，由于该企业产品在国内销售，使用人民币结算，又无其他外汇来源，因此不得不用人民币购买美元外汇来偿还银行贷款，但此时汇率的飙升使企业的经营利润远远不能弥补巨大的汇率损失，企业难以为继，最后不得不破产。

此外，企业面临的外汇风险还有税收风险（Tax Exposure），这是指因汇率变动而引起的应税收益或应税损失。这是一种范围较小的风险，因各国实行的具体税收制度和政策的不同而有差异，但亦不可忽视。

拓展思考 8-1

居民个人是否存在外汇风险？

分析提示：一般而言，外汇风险有三个构成要素，即货币兑换、敞口和时间。本、外币兑换时，汇率变动将影响交易双方的盈亏。此外，时间风险也是不可忽视的内容，时间越长，兑换的风险越大；反之，风险越小。居民个人如果在货币兑换或投资交易中涉及外汇风险三要素，也将面临外汇风险，需要采取有效措施进行防范。

（二）银行的外汇风险

与一般企业一样，银行在业务经营中也会遭遇交易风险、经济风险和会计风险。由于银行业务的特殊性，其外汇风险主要体现在以下三个方面：

1. 外汇买卖风险

外汇买卖风险是指银行在经营外汇买卖业务时面临的汇率变动的风险。银行对客户的外汇交易在实务中表现为银行向客户提供的各种金融服务（例如即期、远期外汇交易），此时银行外汇交易属于被动交易。客户买卖外汇的金额与交割日期不可能完全一致，因此在某一时点上，银行持有的外汇买卖余额就会有多余（多头）或短缺（空头）的情形发生，形成外汇敞口头寸。银行的外汇多头要抛出，空头要补进，当外汇汇率上升时，抛多头可增加营业收入，而补空头则会增加营业支出。反之，外汇汇率下跌时，银行持外汇空头可获益而持外汇多头则会受损。

例如，假定某银行原有3.3亿日元多头，现以USD/JPY=156的汇价买进300万美元，卖出3.3亿日元，这样，银行在美元上是多头、在日元上是空头。如果市场汇率变为USD/JPY=154，银行抛出300万美元将损失600万日元；如果市场汇率变为USD/JPY=158，银行就可获益，抛出300万美元可多收600万日元。

银行的外汇敞口头寸不完全由外汇买卖金额不相等导致，也可能因外汇交易期限不相称导致。无论是与客户进行被动交易，还是主动进入市场进行外汇头寸调整交易，银行买卖外汇的交割日期不一定相同，会发生资金期限结构不平衡的情形，因此在某个时点仍难免发生外汇资金和本币资金的余缺。

例如，买入即期300万英镑，卖出30天远期300万英镑，这种情况下银行可立即得到英镑收入，而英镑支出比较迟缓。再如，银行卖出90天远期300万英镑，买入180天远期300万英镑，此时银行英镑支出在前，英镑收入在后。外汇买卖交割期限不匹配时，若汇率发生波动，银行就会处于外汇风险之中。

2. 外汇信用风险

外汇信用风险是交易对方违约而给银行外汇资产和负债带来的风险。从某种程度上说，外汇信用风险比外汇买卖风险造成的后果更严重，因此，详细考察对方资信、加强风险防范十分重要。银行的外汇信用风险具体表现为：在同业交易中，由于交易对方违约而使银行平盘时可能遭受损失；在代客买卖业务中，客户不能或不愿履行外汇合约的交割造成违约；在外汇贷款业务中，客户不能如期还本付息而带来的风险。

例如，甲银行与乙银行达成一笔1个月的远期外汇交易，甲银行以协议汇率USD/JPY=156买入100万美元，卖出1.56亿日元。当1个月到期时，乙银行违约，不履行该笔远期交易的交割责任，导致甲银行只能以即期汇率平盘。如果1个月后市场即期汇率变为USD/JPY=158，那么甲银行买入100万美元，需用1.58亿日元，与原定交易相比损失了200万日元。

除此之外，银行的外汇信用风险还有两种特殊的形式：①交割风险（Settlement Risk）。在交割日或到期日当天，银行根据交易合约已完成支付，而交易对方因突发原因（如倒闭）未能按期履行合约交割责任，从而使银行蒙受损失。②国家风险或主权风险（Sovereign Risk）。这是交易对方所在国政府实行严格外汇管制，强制交易对方停止付款而造成的违约风险。

3. 外汇借贷风险

外汇借贷风险是指银行在经营国际信贷业务时所面临的汇率变动的风险，包括对外负债风险和对外贷款风险。在以外币计值的负债业务中，如果外汇汇率上升，则会增加银行的负债成本，从而蒙受损失；在对外贷款业务中，如果贷出货币的汇率出现下跌，则会使银行收回的贷款本息遭受风险。

（三）国家外汇风险

国家面临的外汇风险有国家外汇储备风险和国家外债风险。

1. 国家外汇储备风险

国家外汇储备风险（Foreign Exchange Reserve Risk）是指一国持有的外汇储备因储备货币汇率变动而产生的风险，主要包括国家外汇库存风险和国家外汇储备投资风险。自实行浮动汇率制以来，包括美元在内的储备货币汇率波动很大，各国的外汇储备面临贬值或损失的风险。由于外汇储备是国际清偿力最主要的组成部分，是一国国力大小的重要体现，因此，外汇储备面临的风险一旦变为现实，后果十分严重。

2.国家外债风险

国家外债风险是指债务国因缺乏偿还能力，无法如期偿还到期的外债本息，从而直接导致债务国及相关地区的金融市场波动所带来的风险。当债务国因经济困难或其他原因不能按期如数地偿还债务本息，致使债务关系不能如期了结时，债权国与债务国的正常经济活动就会受到影响，甚至波及世界经济的发展。外债问题牵涉面广，可变因素多，所以对一国外债水平或外债偿还能力需要从多方面、多角度去估量。

拓展思考 8-2

什么是外债？

分析提示： 外债是在任何给定时刻，一国居民欠非居民的以外币或本币为核算单位的、已使用而尚未清偿的、具有契约性偿还义务的全部债务。它必须满足以下四个要素：一是必须为居民与非居民之间的债务；二是必须为具有契约性偿还义务的债务；三是必须为一个时点的外债金额，例如已签订借款协议而尚未提款，则不构成借款国的外债；四是外债组成不仅可以是以外币表示的，还可以是以本币表示的。

【案例分析】

案例一

企业经济风险案例

案例资料：

中国某玩具公司预计2024年上半年出口美国10万只玩具，人民币生产成本为30元/只，人民币售价为100元/只，销售收入为1 000万元人民币，利润为700万元人民币。假设2024年年初汇率为USD1=CNY7.8442，则国际售价为12.75美元（100÷7.8442）。但由于贸易摩擦爆发，美元在这半年中大幅贬值，汇率变为USD1=CNY7.5042，则国际售价变为13.33美元（100÷7.5042）。美元价格的升高，导致实际销售量下降为8万只，则该企业实际销售收入为800万元人民币（100×8），实际利润为560万元人民币，较预期有所下降。

资料来源：作者根据相关资料整理。

根据以上材料，对该企业外汇风险的发生原因和性质进行分析判断。

分析：

在本案例中，国际贸易摩擦导致货币汇率发生变化，直接影响了企业在国际市场上的销售量，继而影响了销售利润。由于企业在预估营业结果时无法预测国际贸易摩擦的发生，因此，无法事先采用有效的预防措施进行风险规避。对于企业来说，引起未来收益发生变化的是不可预期的汇率波动，因此属于外汇风险中的经济风险。

案例二

企业会计风险案例

案例资料：

中国某跨国公司的海外子公司在2023年年初有一笔2 000万美元的银行存款。假设2023年1月1日汇率为USD1=CNY7.2442，到2023年12月31日编制财务报表时，需要把这笔美元按人民币折算，假设2023年12月31日的汇率变为USD1=CNY7.1442。进行折算后，相对年初，公司在账面上损失了200万元人民币。

资料来源：作者根据相关资料整理。

根据以上材料，对该企业外汇风险的发生原因和性质进行分析判断。

分析：

跨国公司的海外子公司在日常经营活动中，使用的是功能货币，而合并会计报表过程中，需要将功能货币转换为记账货币来表示，一旦两种货币的汇率发生变动，就会使同一笔功能货币以记账货币表现的账面价值发生变化。在本案例中，海外子公司的实际银行存款数额并没有减少，仍为2 000万美元，折算时因汇率变化导致的200万元人民币的减少并非实际损失，而是账面损失，因此属于外汇风险中的会计风险。

案例三

企业交易风险案例

案例资料：

我国某企业从美国进口价值100万美元的产品，付款期限为3个月，成交日美元对人民币的牌价为USD1=CNY7.2442，进口所需支付金额为724.42万元人民币。3个月后，美元汇率变为USD1=CNY7.2842，美元升值使企业进口所需支付金额变为728.42万元人民币，增加了4万元人民币的进口成本。

资料来源：作者根据相关资料整理。

根据以上材料，对该企业外汇风险的发生原因和性质进行分析判断。

分析：

在国际经济交易中，以外币计价的资产和负债由于汇率变化而引起价值变化，当汇率向不利于企业的方向变化时，就有可能产生损失。在本案例中，企业作为进口方需支付外汇，在以延期付款为支付条件的情况下，从成交到交易完成的三个月里，签约时的美元汇率低而交割结算时的美元汇率高，使企业的购汇成本有所增加，发生了实实在在的损失，因此属于外汇风险中的交易风险。

》【实践探索】

一、实践内容

认真阅读以下案例，讨论其中所涉及的外汇风险的具体情况。

我国某公司与银行签订协议，购买3个月远期100万美元，用于支付进口货款，协定汇率为：USD1=CNY7.2850，即该公司到时需支付728.50万元人民币，买入100万美元。3个月后执行协议时，即期汇率变为USD1=CNY7.2910。

二、实践目标

通过对实际交易进行分析，能够判断和识别不同类型的外汇风险。

三、实践结果

根据所学知识，完成以下问题：

1. 在公司与银行的交易过程中，是否存在外汇风险？是哪一方在承担风险？
2. 该外汇风险属于哪一类型？
3. 承担风险的一方，损失的金额是多少？

任务二　外汇风险管理

》【知识要点】

一、外汇风险管理概述

外汇风险管理是指涉外经济主体对外汇市场可能出现的风险采取相应对策，以避免汇率变化可能造成的损失。外汇风险是开放经济中客观存在、不可避免的，无论政府、企业还是个人都可能在不同程度上受到外汇风险的影响。高度重视外汇风险管理问题，将之列为风险管理的重要内容，可以减少汇率波动带来的不利影响。

二、企业外汇风险的管理

企业外汇风险管理就是评估外汇风险性质，在预测汇率变动的基础上，按一定风险管理战略，运用各种管理技术减少汇率变动的不利影响。企业应从经营目的出发，在保证预期收益的前提下，积极稳妥地采取适当防范措施，将风险损失降至最低。

（一）交易风险的管理

1. 内部经营法

内部经营法是将交易风险作为企业日常管理的组成部分，通过采取一些经营策略对其加以防范、管理，尽量减少或防止风险性外汇头寸的产生。

（1）货币选择法。

货币选择法（Choice of Invoicing Currency）是指在商品进出口、劳务输出、资本借贷等国际经济交易中，需要双方在合同中载明支付条款和结算货币时，选择对自己有利货币的风险防范方法。这种方法并没有消除外汇风险，而是选择外汇风险由谁来承担。

① 争取使用本币计价结算。用本国货币结算，可使交易主体避开货币兑换问题，从而避免外汇风险。在出口中用本币计价结算，就如同商品在国内销售，在进口中用本币作为支付手段，不仅可以避免外汇汇率上升造成的风险损失，还有利于成本核算。选用本币计价结算的前提是对方能够接受而不使企业丧失贸易机会。

② 选择可自由兑换货币结算。选择可自由兑换货币本身并不能降低外汇风险，因为可自由兑换货币的汇率也是不断变动的，但这样选择可使企业在汇率变动对己不利时，通过国际金融市场进行套期保值，实现外汇风险的转移。

③ 争取"收硬付软"。硬币即汇率具有上升趋势的货币，软币即汇率具有下降趋

势的货币。对于出口商或外币债权人而言，争取使用硬货币结算，从长远看贬值可能性小，具有保值作用；对于进口商或外币债务人来说，争取使用软货币结算，可以避免汇率上升带来的损失。在实际业务中，企业应根据进出口商品的供求状况、交易习惯及销售意图等情况，在谈判中综合考虑、灵活应用。

④ 多种货币组合法。选择两种或两种以上的货币进行计价和付款，对结算货币进行保值，以避免汇率波动的风险。在交易中使用组合货币来计价和付款，当其中一种或几种货币升值，而另外一种或几种货币贬值时，可以用升值货币带来的收益抵消贬值货币带来的损失，从而减少外汇风险。

（2）提前或推迟结汇法。

提前或推迟结汇法（Leads&Lags），又称迟收早付或迟付早收法，是指在国际支付中，预期某种货币将要升值或贬值时，将收付结算日期提前或推迟，以达到避免汇率变动风险或获取变动收益的目的。这种方法常见于跨国公司内部，可能使有些子公司承受损失，另一些子公司获得收益，从母公司角度来看，利益最终有所增加。

提前或推迟结汇法的基本做法有以下两点：第一，预期外汇汇率上升时，出口商或外币债权人应尽量推迟收汇日期，以期获得计价货币汇率上浮的利益；进口商或外币债务人则应争取提前付汇，以避免将来计价货币升值而多支付本国货币。第二，预期外汇汇率下跌时，出口商或外币债权人应争取提前收汇，以避免计价货币贬值带来的损失；进口商或外币债务人则应尽量推迟付汇日期，达到用较少的本币换取计价货币的目的。

拓展思考 8-3

某跨国公司的母公司在美国，一家子公司在英国，另一家子公司在德国，如预测欧元对美元汇率将上浮，英镑对美元的汇率将下浮。那么，当英国子公司向美国母公司进口产品，以美元计价时，英国子公司应选择提前结汇还是推迟结汇？

分析提示：由于预测英镑对美元的汇率将下浮，那么英国子公司在进口时应选择提前结汇，否则该子公司需支付较多的英镑来兑换美元。

（3）在合同中设立保值条款。

企业在涉外活动中并不一定能完全如愿选择结算货币，如果不得不使用对方愿意接受的货币，则可采用货币保值法，即在合同中加列保值条款，对结算货币用某种稳定的价值单位进行保值。常用的保值法主要有以下几种：

①黄金保值条款。在签订贸易合同时，按当时黄金市场价格将应支付的合同货币金额折算成若干黄金。到实际支付日，若黄金价格波动，支付的货币金额也相应变动。

②价格调整保值条款，又称加价保值与压价保值。在国际贸易中，如果不能做到"收硬付软"，就需要运用价格调整保值条款。加价保值主要用于出口贸易，是指出口商接受软货币计价成交时，将汇率损失摊入出口商品价格，以转嫁外汇风险损失；压价保值主要用于进口贸易，是指进口商接受硬货币计价成交时，将汇率变动可能造成的损失从进口商品价格中剔除。

加价保值公式为：加价后价格=原出口价格×（1+计价货币预期贬值率）

压价保值公式为：压价后价格=原进口价格×（1−计价货币预期贬值率）

③外汇保值条款，又称货币风险条款，是指在合同中规定货币汇率变化幅度，从成交到结算的时间内，交易结算货币的贬值或升值若超过双方规定的幅度，则适当调整汇率，实际收付的外汇金额按调整过的汇率计算；当结算日货币汇率变动超过合约规定的幅度时，则按原合同金额和结算日汇率重新调整金额，交易双方按一定比例共担外汇风险损失。

④一篮子货币保值条款，即交易双方在合同中规定，用收付货币与多种货币组成的一篮子货币（如特别提款权）的综合价值挂钩来进行保值。订立合同时确定收付货币与货币篮子中各种货币的汇率，并规定每种货币的权数和汇率变化的调整幅度，如到期收付时汇率变动超过规定幅度，则按收付当时汇率来调整，以达到保值目的。

2. 套期保值法

套期保值法是当内部经营不足以消除外汇头寸敞口时，利用各种外汇交易市场创造与未来外汇收支相同币种、相同金额、相同期限的债权或债务，进行套期保值，以达到降低甚至消除外汇交易风险的目的。

（1）远期外汇交易法。

远期外汇交易法就是具有远期外汇债权或债务的企业，与银行签订远期外汇交易合约，通过买卖远期外汇来消除外汇风险的方法。利用远期交易把时间结构从未来转移到现在，并在规定时间内实现本币与外币的冲抵，消除外汇交易中时间差和地点差的影响，最大限度地降低外汇风险。

（2）掉期交易法。

掉期交易法主要运用于企业目前持有甲货币而需要乙货币，经过一段时间又将收回乙货币并换回甲货币的情况。通过掉期交易可固定换汇成本，防范风险。

（3）外汇期货交易法。

外汇期货交易法是通过外汇期货市场进行外汇期货买卖，以消除外汇风险的方法，有多头套期保值和空头套期保值两种。多头套期保值是进口商为防范付款日结算货币汇率上升带来风险损失，在签订贸易合同时就在期货市场上先买进外汇期货，在期货交割日到来之前卖出期货合同对冲。空头套期保值是出口商为防范收款日结算货币贬值带来风险损失，签订贸易合同时在期货市场上先卖出外汇期货，收回货款时再买进外汇期货合同进行对冲。

微课8-1

进出口商通过
远期外汇交易
锁定收付汇的
成本

（4）外汇期权交易法。

外汇期权交易法是通过外汇期权市场进行外汇期权买卖，以消除外汇风险的方法，具体做法有进口商买进看涨期权、出口商买进看跌期权两种。

（5）互换交易法。

互换交易法是通过利率互换和货币互换，来防范筹资过程中外汇风险的一种方法。

（6）BSI法。

BSI法（Borrow-Spot-Invest），即借款-即期外汇交易-投资法。具体做法是，企业在有应收外汇账款的情况下，为防范应收外币的汇率风险，可先借入与应收外汇相同数额的外币，将外汇风险的时间结构转变到现在的办汇日。借款后时间风险消除，但币种风险仍然存在，可通过即期外汇交易予以消除，即将借入外币卖给银行换回本币，使本外币兑换的价值风险不复存在。然后可将得到的本币存入银行或进行投资，以取得的投资收益来抵冲借款利息和其他费用支出。待应收账款到期，就可以用收回的外汇归还这笔借款。企业有应付外汇账款时，为防范应付外币的汇率风险，企业可借入相应数量的本币，同时通过即期交易兑换成结算时使用的外币，然后用这笔外币在国际金融市场上做相应期限的短期投资。付款时，企业收回外币投资并支付货款。

在这种方法中，若企业进行外币投资的收益低于本币借款利息成本，则会付出风险防范的代价，不过这一数额是有限并可以提前确定的。

（7）LSI法。

LSI法（Lead-Spot-Invest），即提早收付-即期外汇买卖-投资法。具体做法是，有应收外汇账款的企业征得债务方的同意，请其提前支付货款，并给予一定折扣，外币账款收讫后，时间风险消除。然后再通过即期买卖，将外币兑换成本币从而消除货币风险。为取得一定利益，企业可将换回的本币再进行投资，所获收益用来抵补因提前收汇造成的折扣损失。

LSI法与BSI法的全过程基本相似，不同之处在于将第一步从向银行借款对其支付利息，改为请债务方提前支付，给予一定折扣。有应付外汇账款的企业为防止外币升值导致购汇成本上升，可向银行借入相应数额的本币，然后通过即期外汇交易换成外币，从而消除货币风险，经与对方协商，在取得一定折扣的前提下将买得的外汇提前支付给对方。

3. 国际信贷法

国际信贷法是指在国际收付中，企业利用国际信贷的形式，一方面获得资金融通，一方面转嫁或抵消外汇风险。

（1）出口信贷。

出口信贷（Export Credit）是指在出口贸易中，出口国银行向本国出口商或外国进口商提供低利率贷款，以解决本国出口商资金周转困难或满足外国进口商资金需要的一种融资业务。出口信贷又分为卖方信贷和买方信贷。

卖方信贷是指出口商银行向出口商提供信贷，使出口商允许进口商延期支付货款。出口商在向本国银行借得外币资金后，若预测将来汇率变动对己不利，便按当时汇率将外汇贷款卖出，换成本币补充企业的流动资金以加速资金周转。至于所欠外汇贷款，则用进口商的分期付汇来陆续偿还。这样，出口商的外币负债（从本国银行取得的外币贷款）以其外币资产（应向进口商收取的货款）所轧平，消除了风险。所借外币利息支出可用提前兑换的本币的投资收益加以弥补。

买方信贷是指出口商银行直接向进口商或进口商银行提供信贷，进口企业用这笔资金支付货款。买方信贷分为直接买方信贷和间接买方信贷两种。直接买方信贷是直接贷款给外国的进口商，但需有进口方银行的担保。间接买方信贷是贷款给外国的进口方银行，再由进口方银行将贷款交给进口商。进口商利用买方信贷，可以在签订贸易合同时获得大部分货款进行提前支付，避免了远期汇率上升带来的损失，有效地防范汇率风险。

（2）福费廷。

福费廷（Forfaiting）是指在延期付款的国际贸易中，出口商把经进口商承兑的、5年以内的远期汇票无追索权地卖断给出口商所在地的金融机构，以提前取得现款的资金融通方式。在福费廷业务中，出口商实际上转移了两笔风险：一是把远期汇票卖给金融机构立即得到现汇，消除了时间风险，且以现汇兑换本币，消除了价值风险，把外汇风险转移给了金融机构。二是福费廷是一种卖断行为，把到期进口商拒付的信用风险也转移给了金融机构。

（3）国际保理业务。

国际保理业务（Factoring）是出口商以商业信用方式出售商品时，在货物装运后立即将发票、汇票、提单等有关单据卖断给承购应收账款的财务公司或专业机构，收进全部或大部分货款，从而取得资金融通的业务。出口商在对收汇无把握的情况下，可以应用国际保理业务避免风险。由于出口商能够及时收到大部分货款，与托收结算方式比起来，不仅避免了信用风险，还减少了汇率风险。

（4）出口押汇。

出口押汇是银行在收到款项之前对出口企业提供的一种保留追索权的资金融通方式，又称为"买单"，即出口商将货物装运后，银行买入信用证项下或托收项下的有关单据和汇票，在扣除从国外将款项汇回国内的时间利息后，将余款提前结算给出口商，然后凭汇票和单据向国外的进口地银行收取货款。出口商提前收回了货款，从而有效地规避了汇率风险。

（5）打包放款。

打包放款是出口商所在地银行向出口商提供的一种（最长6个月，一般3个月）资金融通方式。出口商以国外开来的正本信用证为抵押，向银行借入资金用于购买、包装、出运与信用证有关的货物。

（6）保险规避法。

企业向保险公司投保汇率变动险，如果汇率波动幅度在保险公司规定幅度内，由保险公司负责赔偿企业遭受的损失，但是对于超过规定波动幅度的汇率损失，保险公司不负责赔偿。尽管保险规避法可在一定程度上补偿企业的风险损失，但不足之处是企业运用这种方法避免外汇风险的成本很高，而且汇率变动所产生的外汇收益必须归保险公司所有。

（二）会计风险的管理

会计风险管理的基本原则是：增加强势货币资产，减少强势货币负债；减少疲软货币资产，增加疲软货币负债。通常的做法是实行资产负债匹配保值，使资产负债表上以各种功能货币表示的受险资产与受险负债的数额相等，以便会计风险头寸（受险资产与受险负债之间的差额）为零，这样，汇率变动就不会带来折算上的损失。

1. 资产负债表中性化法

首先，计量资产负债表各项目中各种外币的规模，确定净折算风险头寸的大小；其次，确定调整方向，增减受险资产或受险负债；最后，通过分析和权衡，进一步明确调整的具体项目，使调整的综合成本最小。

2. 外汇风险对冲法

外汇风险对冲法是指通过金融市场操作，利用外汇合约的盈利来冲销折算损失。首先确定企业可能出现的预期折算损失（由资产负债表而来），然后采取相应的远期交易避免风险。

3. 资产负债保值法

资产负债保值法是指通过调整短期资产负债结构，来避免或减少外汇风险。基本原则是：如果预测某种货币将升值，增加该种货币短期资产持有或者减少持有该种货币短期负债；反之，如果预测某种货币将贬值，则减少该种货币短期资产持有或者增加持有该种货币短期负债。

4. 债务净额支付法

债务净额支付法包括双边净额支付和多边净额支付，是指公司在清偿其内部交易所产生的债权与债务关系，对各子公司之间、母公司与子公司之间的应付账款和应收账款进行划转与冲销时，仅定期对净额部分进行支付，以此减少风险性现金流动。

此外，在某些国家会计制度和税法允许的情况下，企业还可以将折算损益作为递延项目逐年累积，不计入当期损益，也不影响应纳所得税额。企业还可以直接对股东、债权人等会计报表的重要使用者解释会计折算损益的性质，让使用者了解财务报表的真正意义，无须担心折算损益导致的账面波动。

（三）经济风险的管理

防范经济风险的目标是预测和防止非预期汇率变动对企业未来净现金流的影响，这一目标要求企业应及时发现市场出现的不均衡状况，并随时采取措施。对经济风险的管理需要从长期入手，从经营的不同角度全面考虑企业的发展。

1. 经济风险的市场营销管理

（1）市场选择与分割。

适当将产品出口市场进行分割是必要的，例如，福利水平比较高的发达国家对进口商品价格变动的敏感度低于福利水平较低的发展中国家。因此，当本国货币升值时，出口企业可以适当地增加对福利水平较高国家的出口，减少对福利水平较低国家的出口，以降低汇率波动对出口企业的影响；反之，就扩大对福利水平较低国家的出口。

（2）定价策略。

企业在调整定价策略时必须考虑两方面问题，即市场占有率与利润额。企业产品销售价格的确定应使利润最大化，同时也应该考虑：消费者对价格变动的敏感程度、汇率变动的时间性、产品的可替代性、潜在竞争是否激烈、重新进入的难度和规模效益等。

（3）促销策略。

任何一个企业，尤其是跨国公司，在确定用于广告、推销和直销的预算规模时，应该考虑由汇率变化带来的风险，在全球范围内安排促销预算。

（4）投融资策略。

投融资策略是指投资与融资的多样化，即在多个资金市场寻求多种资金来源和去向。融资时充分考虑汇率与利率的变化趋势；投资时选择多种货币进行，在同一币种中选择多种不同类型、不同期限的证券进行投资。

（5）产品策略。

产品策略是指企业在新产品投放市场的时机选择、新生产线的建立以及新产品的研制等方面进行调整，以规避汇率风险。

2. 经济风险的生产经营管理

经营多元化就是企业在采购、生产、销售等方面的分散化策略，考虑多种经营、开发多种产品、建立多个生产和销售市场。

（1）改变原有的生产投入方式。

企业产品生产投入实现分散化能够有效地应对汇率风险。

（2）调整产品生产和销售基地。

汇率变化时，比较不同国家和地区的生产与销售状况，据此调整整个公司的生产和销售基地，增加有竞争力的子公司份额，使整个公司竞争力增强。

（3）在全球范围选择合适的厂址。

对于向货币贬值国家出口并且没有海外子公司的企业而言，从国外进口零部件可能不足以维持其单位获利能力。面对本币升值，这些企业有必要在海外建立新的厂址。

3. 经济风险的自然套期保值

自然套期保值就是使企业的现金流入和流出币种匹配，或者现金流入时选择一些汇率变动与现金流出货币具有正相关或负相关关系的货币，以达到规避风险的目的。

（1）自然匹配。

自然匹配是指企业融资货币与其出口收益货币完全相同，即在收入某种外币时，不兑换成本币，直接用于支付，从而规避风险。其具体包括三种方法：第一种是指交易者通过创造一个与存在风险的货币币种相同、金额相同、期限相同、方向相反的外汇流动，使外汇资金有进有出；第二种是指在外汇交易中做到收付币种一致、借还币种一致；第三种是指在交易中使用多种货币或货币组合，实现多空相抵或在一个时期内各种收付货币基本平衡。

（2）平行匹配。

平行匹配是指企业收入与支出的虽不是同种货币，但两种货币之间有固定或稳定的关系，如正相关性或负相关性，使现金流入与流出所承担的汇率风险相互冲抵。例如，美元与港元之间有稳定的正相关关系，如果有美元收入，可用港元的支付来配对，二者同升同降，避免较大汇率风险。

自然套期保值可以大大降低企业为换汇而承担的汇率风险，但要求企业内部或跨国公司与其他公司之间存在双向资金往来。这种双向性一旦遭到破坏，对方不能如期支付，企业将面临资金困难。

三、银行外汇风险的管理

外汇银行是外汇市场的主要参与者，不仅为客户外汇买卖充当经纪人，还可自营外汇买卖，赚取差价。银行的外汇风险管理主要有以下三个方面：

（一）外汇买卖风险的防范

外汇银行管理买卖风险的关键是制定适度的外汇头寸，确定外汇交易的交易额度，加强自营买卖的风险管理，主要关注以下几个因素：

1. 外汇交易的损益期望

在外汇交易中，风险与收益成正比。对外汇业务收益的期望越大，对外汇风险的允许程度就越高，外汇交易额度也就越大。

2. 银行的资本规模

银行的资本规模决定了其亏损承受能力，资本规模越大，风险的承受能力越强，则交易额就可以定得越高。

3. 银行在外汇市场上扮演的角色

银行参与外汇市场活动，可以是一般参与者，也可以是市场活跃者。银行在市场扮演的角色不同，其限额大小也不同。

4. 外汇交易的币种

在国际外汇市场上，交易最频繁的货币主要有十几种可兑换货币。交易的币种越多，交易量自然也越大，允许的交易额度也大一些。

5. 交易人员的状况

交易人员的水平越高、经验越丰富，允许的交易额也应当越大。

银行应在充分考虑以上因素的前提下，根据自身条件制定适合的外汇交易限额，控制好外汇头寸。

（二）外汇信用风险的管理

银行应根据客户的资本实力、经营作风、财务状况等因素，制定能够给予的信用限额，并根据情况变化对该限额进行周期性调整。另外，对于同业银行，应根据其资产和负债情况、经营和财务状况，确定拆放额度，并适时进行调整。

（三）外汇借贷风险的管理

外汇借贷风险的管理，应通过分散筹资或投资来进行。这种分散化策略可以减轻某种外币汇率下跌所带来的影响程度，可以使借款货币或投资货币结构与经营中预期收入货币结构相适应，还可以分散由政治因素而引起的风险。另外，银行本身要设立专门机构对外汇借贷活动进行统一管理、监督和运用。尤其是对借贷币种的选择，借贷期限、利率、汇率和费用，要有一套完善的管理措施和规定。

》【案例分析】

案例一

远期外汇交易保值

案例资料：

我国某出口企业将在3个月后收到出口货款100万美元，为防止3个月后因美元汇率下跌而遭受损失，该企业与银行签订远期外汇合约，预先约定在3个月后卖出100万美元，协议汇率为USD1=7.2700CNY。3个月后，企业收到货款执行合约，将美元换回本币，此时市场即期汇率为USD1=7.2600CNY。

资料来源：作者根据相关资料整理。

根据以上材料，分析该企业利用远期外汇交易进行保值避险的效果。

分析：

拥有外汇债权或债务的企业，通过买卖远期外汇把时间结构从将来转移到现在，将不确定的汇率变动转化为可计算的因素，同时防范外汇风险的成本也可以固定在一定范围内。在本案例中，按照远期合约，100万美元可兑换727万元人民币，若不进行远期交易，3个月后收汇可换得人民币726万元，损失1万元本币。

案例二

加价保值条款

案例资料：

某英国公司出口货物，合同约定以美元计价，6个月后收汇。以市场即期汇率GBP/USD=1.2400计价，其价值10万英镑货物的报价为12.4万美元。已知美元对英镑6个月远期汇率贴水60个点，该出口商预计出口收汇时美元将贬值，故卖出美元远期以防范外汇风险。到期收汇时，按远期汇率交割，收回英镑仅为9.95万英镑（12.4÷1.2460），亏损0.05万英镑。

资料来源：作者根据相关资料整理。

根据以上材料，分析该企业利用加价保值条款进行保值避险的效果。

分析：

在国际贸易中，结算货币如果不能选择本币，就争取能够收硬付软，否则就会面临因汇率波动带来的交易风险。该案例中，英国公司的出口合同以美元计价，而美元存在贬值预期，因此可以考虑采取加价保值策略。出口商接受软币报价，将汇率损失摊入商品价格，以转嫁外汇风险损失。具体操作为：

计算美元贴水率：0.0060÷1.2400×100%=0.48%

将贴水损失计入美元报价中：12.4×（1+0.48%）=12.46（万美元）

即价值10万英镑货物的新出口价为12.46万美元，出口商收益得到保障。

》【实践探索】

一、实践内容

德国 B 公司在 90 天后有一笔 50 000 美元的应收账款。为防止美元对欧元汇价波动的风险，B 公司可向某银行借入相同金额的美元（50 000 美元，暂不考虑利息因素），借款期限也为 90 天，从而改变外汇风险的时间结构。

仔细阅读以上案例，判断德国 B 公司面对外汇风险时采用的是什么方法来进行风险规避。

二、实践目标

通过对实际交易进行分析，能够识别不同类型的外汇风险，并结合具体交易情况提出避险措施，提供解决方案。

三、实践结果

列出 B 公司所采取的避险方法的具体步骤。

任务三　我国的外汇管理体制

》【知识要点】

一、我国外汇管理体制的内容

外汇管理是指一国政府授权国家货币金融管理当局或其他国家机关，对外汇收支、买卖、借贷、转移以及国际结算、外汇汇率和外汇市场等实行的管理制度。我国外汇管理的基本方针是集中管理、统一经营。所谓集中管理是指所有外汇政策、法规都由国家统一制定，银行每天对外公布人民币汇价，举借外债由国家统一编制计划；统一经营是指国际结算、外汇贷款、外汇买卖等业务由国家授权的外汇指定银行办理。

拓展思考 8-4

外汇管理与外汇管制有何不同？

分析提示：外汇管理是指政府对外汇收、支、存、兑所进行的一种管理。这种管理旨在合理调节金融监管，确保外汇交易的顺利进行，同时维护国家的金融稳定和经济发展。外汇管制则是指政府对于公民、企业乃至政府机关取得、支用、携带、保管外汇等行为严格加以限制的措施。外汇管制的目标是维持本国国际收支平衡，保持汇率有秩序地变化，维持金融稳定，抑制通货膨胀，提高本国在国际市场上的竞争力并促进本国经济发展。

外汇管理是一种更广泛的概念，涵盖了对外汇交易的基本管理和调节，而外汇管制则是这种管理中的一个具体方面，侧重于对外汇流动的严格限制。外汇管理旨在通过合理的金融监管促进经济发展，而外汇管制则更多的是为了平衡国际收支和维持货币汇率稳定而采取的限制性措施。

二、我国外汇管理体制的历史变革

（一）高度集中的外汇管理阶段（1949—1978年）

这一阶段，我国立足实际国情，实行高度集中的外汇管理体制，基本不举借外债，对保障外汇收支平衡、保持汇率稳定、服务国家对外政策和社会主义建设起到了积极作用，有力地支持了国民经济的恢复与发展。1973年，随着布雷顿森林体系解体，西方国家纷纷开始实行浮动汇率制，人民币汇率开始参照西方国家货币汇率的浮动情况，采用"一篮子货币"加权平均计算方法调整，以保持人民币汇率相对稳定。

（二）计划管理与市场调节相结合的外汇管理阶段（1979—1993年）

随着改革开放的实行，外汇管理体制改革的序幕也就此拉开。1979年3月，经国务院批准，国家外汇管理局正式成立，成为我国外汇管理的主要机构。这一阶段，为进一步支持涉外经济发展，我国开始实行贸易和非贸易外汇留成制度，设立外汇调剂中心，积极吸引外商直接投资，初步建立外汇储备经营管理制度，形成了外汇调剂汇率与官方汇率并存的双重汇率制度。

（三）与市场经济相适应的外汇管理阶段（1994—2012年）

这一阶段，我国不断探索创新外汇管理理念和方式，改革人民币汇率形成机制。先后于1994年和2005年两次进行汇改，开始实行以市场供求为基础、参考一篮子货币进行调节、有管理的浮动汇率制度，人民币汇率不再单一钉住美元。同时，不断提高人民币可兑换程度，有效防范跨境资本流动冲击，逐步完善外汇储备经营管理，经过持续改革发展，初步确立了与社会主义市场经济相适应的外汇管理体制框架。

（四）与更高水平开放相适应的外汇管理阶段（2013年至今）

近年来，我国外汇管理进入深化改革的新阶段，进一步完善经常账户外汇管理，提升贸易便利化水平，稳步推进资本项目开放，统筹平衡贸易投资自由化、便利化和防范跨境资本流动风险。在经贸摩擦不断升级，外部环境复杂多变的情况下，成功应对多轮外汇市场高强度冲击，维护了外汇市场的基本稳定，日益开放的外汇管理体制也经受住了考验，有效维护了国家经济金融安全。

三、我国现行的外汇管理体制

（一）完善人民币汇率形成机制

2010年6月和2015年8月，中国人民银行两度重启人民币汇改，进一步推进人民币汇率形成机制改革，增强人民币汇率弹性，改进人民币对美元汇率中间价报价机制，以反映市场供求变化；2016年，明确"收盘汇率+一篮子货币汇率变化"的人民币对美元汇率中间价形成机制，提高了汇率机制的规则性、透明度和市场化水平；2017年，在人民币对美元汇率中间价报价模型中引入"逆周期因子"，有效缓解了市场的顺周期行为，稳定了市场预期；2020年，中间价报价行陆续淡出使用逆周期因子，规则清晰、透明公开、市场主导的中间价形成机制沿用至今。人民币汇率制度经历了从官定汇率到市场决定、从固定汇率到有管理浮动汇率的重大演变，形成机制不断完善，汇率弹性不断增强，在配置外汇资源、平衡国际收支、增强宏观经济韧性方面发挥了重要作用。

（二）健全和完善外汇市场

外汇市场是我国金融市场的重要组成部分，在宏观调控、资源配置、汇率形成和风险管理中发挥重要作用。外汇市场深度和广度的持续扩展提高了市场内在稳定性，应对外部冲击压力的能力不断增强。经过多年建设发展，我国外汇市场丰富了产品体系：已经形成包括即期、远期、外汇掉期、货币掉期和期权等国际成熟市场的基础产品体系，基本能够满足市场主体多样化的汇兑和汇率避险保值需求；扩展了参与主体，截至2024年1月，人民币外汇做市商已有25家，人民币外汇尝试做市机构有25家，而人民币外汇会员则多达700余家；持续推进外汇市场对外开放，境外央行、人民币业务清算行、人民币购售业务参加行等境外机构有序进入境内市场；不断完善基础设施，我国银行间外汇市场已具有国际市场主流和多元化的交易清算机制，交易模式可选择集中竞价、双边询价和双边授信下集中撮合三种电子交易模式以及货币经纪公司的声讯经纪服务，清算方式可选择双边清算或中央对手集中清算。同时，交易后确认、冲销、报告等业务也广泛运用于银行间外汇市场，提升了市场运行效率和风险防控能力。目前，我国外汇市场运行整体保持公平、有序和高效，切实保障了外汇市场对实体经济的服务功能。

拓展阅读8-1

汇率市场化改革30年：成就及展望

（三）完善科学有效的外汇管理法规体系

我国于1996年1月颁布了《中华人民共和国外汇管理条例》，自此之后不断健全外汇管理法律法规体系，打造高水平法治环境和规则环境，为加强我国新时期外汇管理提供有力的法律保障。同时，持续完善外汇市场监管框架，积极吸收国际外汇市场成熟规则，制定外汇市场交易行为规范，常态化开展外汇市场交易行为评估，通过监管能力建设持续加强外汇市场交易行为监管。国家外汇管理部门指导外汇交易中心、外汇自律机构发布外汇市场系列指引和准则，推进形成行业自律、政府监管并重的外汇市场管理新框架。

此外，我国还加强对金融机构外汇业务的监督管理，健全和完善外汇管理的信息化系统，初步形成具有中国特色的跨境资本流动"宏观审慎+微观监管"两位一体的管理框架。在新的历史时期，我国外汇管理体制也将与时俱进，有效防范国际外汇市场冲击，维护金融稳定和国家经济金融安全，服务于国家全面开放的新格局。

》【案例分析】

汇率避险助企纾困专项行动案例
——华夏银行重庆分行风险逆转期权组合业务助力中小企业降低套保成本

案例资料：

国家外汇管理局重庆市分局深入开展学习贯彻习近平新时代中国特色社会主义思想主题教育，持续提升汇率风险管理服务水平，指导全市银行业金融机构优化服务、创新产品、减费让利，支持涉外企业有效应对汇率波动风险。

华夏银行重庆分行深入挖掘中小企业汇率避险需求，通过风险逆转期权组合产品，提供价格更优、成本更低的套期保值方案，解决中小企业在汇率避险中的痛点和难点。

重庆某中小企业主要从事牛羊肉、鱼虾等进口贸易，为缓解资金周转压力，向华夏银行重庆分行申请外汇贷款用于支付进口货款，到期购汇偿还。由于企业日常经营收入为人民币，收支币种存在错配，因此对汇率波动尤为敏感，规避风险的需求较为迫切。同时，企业规模较小，成本压力较大，希望能够控制套期保值的成本。

华夏银行重庆分行积极了解企业汇率避险需求，为其量身打造服务方案。通过风险逆转期权组合产品，同时买入和卖出到期日相同、名义本金相同、执行价相同的两笔期权，期权费相互抵消，实现了套保的零期权费。同时，当前期权风险准备金低于远期购汇，锁汇价格较远期购汇更优。该企业在华夏银行重庆分行办理风险逆转期权组合232万美元，成功规避了汇率波动风险，并较普通远期购汇节约了6.29万元人民币财务成本。

资料来源：国家外汇管理局重庆市分局.汇率避险助企纾困专项行动案例——⑤华夏银行重庆分行风险逆转期权组合业务助力中小企业降低套保成本［EB/OL］.［2024-01-31］.http：//www.safe.gov.cn/chongqing/2024/0131/2758.html.

根据以上材料，分析华夏银行重庆分行在解决企业汇率风险过程中所使用的避险工具的特点。

分析：

风险逆转期权组合同时买入和卖出两笔期权，两笔期权费抵消后无须额外支付期权费，且锁汇价格优于普通远期购汇，可在帮助企业规避汇率风险的同时，有效节约套保成本。

》【实践探索】

一、实践内容

2024年1月31日，国家外汇管理局更新发布《现行有效外汇管理主要法规目录（截至2023年12月31日）》，便利社会公众查询使用。

请登录相应网站进行查询，根据所查信息了解我国现行外汇管理所涉及的法律法规，并整理分类。

二、实践目标

通过查找资料进行归类，了解中国外汇管理体制的相关法律法规及类别。

三、实践结果

列出我国现行外汇管理法律法规的项目分类，每一类中举出一两个代表。

项目小结

外汇风险是指由于汇率波动而使一项以外币计值的资产、负债、盈利或预期未来现金流量（不管是否确定）的本币价值发生变动而给外汇交易主体带来的不确定性，一般可分为交易风险、经济风险和折算风险。交易风险是指由外汇汇率波动而引起的应收资产与应付债务价值变化的风险；经济风险是指由于外汇汇率发生波动而引起国际企业未来收益变化的一种潜在的风险；折算风险是指在对资产负债表、利润表等以外币计值的会计报表以母国货币进行折算过程中所产生的外汇风险。其中，交易风险是国际企业最常遇到的外汇风险。外汇风险管理的方法很多，包括选择有利的合同货币、采取货币保值措施、BSI法等，应针对企业的具体情况制定适合的外汇风险防范措施。我国外汇管理的基本方针是"集中管理、统一经营"，主要内容包括对进出口收付汇的管理、对金融机构外汇业务的管理、对境内居民的外汇管理、对汇率机制的管理等。

项目训练

一、主要概念

外汇风险　交易风险　经济风险　折算风险　外汇管制　外汇管理

二、单项选择题

1.由外汇汇率波动引起的应收资产与应付债务价值变化的风险是（　　　）。

A.技术操作性风险　　　　　　　　B.经济风险

C.会计风险　　　　　　　　　　　D.交易风险

2.外汇规避风险的方法很多。关于选择货币法，以下说法中错误的是（　　　）。

A.收"软"币付"硬"币　　　　　　B.尽量选择本币计价

C.尽量选择可自由兑换货币　　　　D.软硬货币搭配

3.在防范外汇风险的措施中，（　　　）是指在同一时期内创造一个与存在风险相同货币、相同金额、相同期限的反方向流动。

A.多种货币组合法　　　　　　　　B.提前或推迟收付法

C.平衡法　　　　　　　　　　　　D.组对法

4.意料之外的汇率变动通过影响企业产品的销售数量、价格和成本，引起企业在将来一定时期减少收益或现金流量的一种潜在的可能性，称为（　　　）。

A.交易风险　　　　　　　　　　　B.技术操作性风险

C.会计风险　　　　　　　　　　　D.经济风险

三、多项选择题

1.外汇风险主要包括（　　　）等类型。

A.政治风险　　　　　　B.经济风险　　　　　　C.交易风险

D.统计风险　　　　　　E.会计风险

2.公司可以在外汇市场上通过进行（　　　）来抛补外汇头寸，避免汇率风险。

A.现汇交易　　　　　　B.期货和期权交易　　　C.掉期交易

D.期汇交易　　　　　　E.外汇倾销

3.经济风险是由预料之外的汇率变动对企业的（　　　）等产生影响，从而引起企业在未来一定时期收益增加或减少的一种潜在的可能性。

A.产销数量　　　　　　　　B.技术水平　　　　　　　　C.价格政策

D.成本　　　　　　　　　　E.折算后的资产

4.套汇业务可以分为（　　　）。

A.利率裁定　　　　　　　　　　　B.抛补套利

C.现汇交割　　　　　　　　　　　D.间接套汇

四、实训题

【实训操作】

企业外汇风险防范能力训练。

【实训任务】

（1）掌握企业外汇风险的类型和风险管理的具体措施；

（2）运用所学外汇风险回避和防范知识对企业具体情况进行避险方案设计。

【实训内容】

现有一家中国香港贸易公司，日常资金以美元形式持有，由于经营需要，每年要在欧洲国家选购贸易产品，年支出约1亿美元，所购产品在中国内地及香港地区销售。进货时以欧元结算，销售则以美元结算，因此每年需要进行两种货币之间兑换的循环：以美元现金兑换欧元—以欧元支付采购货款—进行商品交易—最后结算为美元。

如果美元对欧元货币汇率在上述循环过程中波动较大，尤其是欧元升值，那么这家贸易公司将会在每一次的业务循环中面临巨大的汇兑损失的风险。请结合该公司情况进行以下思考，并形成避险方案。

（1）该公司所面临的是何种外汇风险？

（2）有哪些办法可以防范这类风险？

（3）在上述业务循环中，哪一环节最有可能发生外汇风险？有何具体措施应对？

（4）综上所述，对该公司的业务循环和资金组合有何建议？

【成果形式】

实训作业：完成《企业外汇交易风险防范方案设计》。

项目九
国际结算

学习目标

知识目标：1. 了解国际结算的含义，掌握国际结算的范畴；

2. 掌握国际结算银行网络的形成和设置，理解其在企业国际结算中发挥的作用；

3. 了解汇票、本票、支票、商业发票、保险单和运单的要式，重点掌握汇票、本票、支票的结算规则，理解金融单据和商业单据在国际贸易结算中的作用；

4. 了解汇付、托收、信用证、保理、保函、福费廷等结算方式的概念及其在国际贸易中的应用，熟练掌握汇付、托收、信用证的业务操作流程。

技能目标：1. 能够根据票据的核心元素制作汇票，基本看懂商业发票、保险单及运单的主要内容，并灵活运用票据、单据、各种国际结算方式解决实际问题；

2. 能够根据国际贸易业务的实际情况选择合适的国际结算方式，正确识别和处理汇付、托收、信用证的业务风险，并采取正确的防范措施。

素养目标：1. 结合当前美国所主导的国际支付清算体系对各国经济安全和发展的影响，深刻理解我国创建人民币跨境支付系统（CPIS）的意义，树立金融安全意识，坚定对我国独立自主发展的道路自信；

2. 在掌握国际结算中汇票、本票、支票、商业单据、汇付、托收和信用证的结算规则基础上，养成严谨认真的做事态度，树立较强的风险防范意识。

任务一   国际结算概述

》【知识要点】

一、国际结算的含义

国际结算是指为清偿国际上因政治、经济、文化、军事等活动而产生的以货币表示的债权债务或不同国家间的资金转移活动，主体是处于国际结算两端的不同国家或地区的当事人，银行是国际结算的枢纽和中介机构。它是一项综合的经济活动，包括支付服务、贸易单证处理、结算方式操作、贸易融资、信用担保、银行间的国际合作与支付清算等多项内容。

国际结算是商业银行的一项基础性国际业务。通过国际结算的运作，国际货币收付和资金流动得以顺利实现，国际的债权债务得以及时清讫，国际的各种往来得以正常进行。国际结算在商业银行的业务体系中，基本定位于中间业务，是商业银行为客户办理的各种代理性、服务性业务。国际结算又不完全局限于中间业务。它往往与商业银行的其他业务交织运作，以满足客户的多方面需求。

二、国际结算的范畴

（一）国际货物贸易与服务贸易结算

1.国际货物贸易结算

货物贸易结算服务于国际有形商品交易，是国际结算最重要的内容。由于国际货物贸易的特殊性和复杂性，绝大多数交易不可能采取"钱货两讫"的形式，需要借助国际结算运作实现商品的跨境转移及债权债务清偿，需要由经办国际结算业务的银行利用多种金融工具及结算方式，通过一定的程序和渠道，结算货款、提供贸易融资和信用支持，实现贸易的最终完成。货物贸易结算方式较为复杂，传统的有汇款、托收、信用证，相对较为新型的结算方式有保理、保函、福费廷等。

近些年，随着电子商务的发展，移动支付工具也更加多样便捷，许多中小企业采用 PayPal、Apple Pay、百度钱包、支付宝、微信支付等手段收取货款。PayPal 就是我们通常说的"PayPal 贝宝国际"，是针对具有国际收付款需求用户设计的新型移动支付工具。利用 PayPal 可以进行便捷的外贸收款、提现与交易跟踪；从事安全的国际采购与消费；快捷支付并接收包括美元、加拿大元、欧元、英镑、澳大利亚元和日元等25种国际主要流通货币。PayPal 是目前全球使用最为广泛的国际贸易支付工具，即时支付，即时到账，支持用户在200多个市场接收100多币种付款。

2.国际服务贸易结算

国际服务贸易是指跨国界进行服务交易的商业活动，其主要内容体现在国际收支平衡表中的服务贸易项下。服务贸易也会产生国际债权债务，同样需要借助国际结算手段实现资金的跨国转移。随着世界经济、物流、通信、旅游、医疗卫生、文化、教育、环保等的快速发展，国际服务贸易迅猛增长，收支大幅上升，结算规模持续扩大。相对于货物贸易而言，服务贸易的结算较为简单。

3.其他结算服务

国际非商品经济活动引起的资金跨国流动产生了各类非贸易结算业务，例如外币兑换业务、侨汇业务、信用卡及旅行支票业务、买入或托收外币票据业务、托收境外财产业务等。非经贸结算为国际文化、教育、艺术、旅游等提供了诸多便利，是国际结算服务的重要内容，也是银行中间业务收入的主要来源。

（二）以银行为中心的支付结算体系

货物贸易与服务贸易需要结算，国际投资与金融活动同样也离不开国际结算的支持，如企业的对外投资、国际金融市场上的各项交易，不论交易的目的如何、交易金额多寡、资金调拨有多频繁，最终都要通过银行间的国际支付系统，实现各种货币间的兑换与结算，也就是说，所有的国际结算都离不开以银行为中心的支付结算体系。

国际支付清算体系主要包括两大部分：一是各国自己主导的，主要运行本国货币的资金清算体系，如处理美元清结算的系统为 CHIPS（纽约清算所银行同业支付清算系统）、处理人民币清结算的系统为 CIPS（人民币跨境支付系统）等；二是完成各机构间信息流转移，各国统一共享的国际收付电讯运行体系，如 SWIFT（环球同业银行金融电讯协会）。二者相辅相成、紧密联系，缺一不可。

比如一名就读于上海交通大学安泰–南洋 EMBA 项目的学生需要将学费从中国转移到新加坡。从表面上看，这位学生只填写了一份简单的表格，就看到他的个人账户上的数字发生了变化。然而，要真正完成这笔钱的结算，需要两个系统的共同运作。一种是负责在资金结算前在银行之间传递信息，即通信系统；另一种是负责在确认双方银行信息后支付资金，即资金清算系统，。

1.国际上较有影响力的支付结算系统

（1）CHIPS。

纽约清算所银行同业支付系统（Clearing House Interbank Payment System，CHIPS）是全球最大的美元私营支付清算系统，1970 年 4 月投入运营，由纽约清算所协会（NYCHA）经营，处理全世界 95% 左右的跨国美元交易，一直以来处于全球跨境支付系统的核心地位。参加成员可以是纽约清算所协会会员、纽约市的商业银行、外国银行在纽约的分支机构、符合纽约州银行法规定的投资公司等，非 CHIPS 成员可通过 CHIPS 成员的代理使用 CHIPS 的转账服务。中国银行于 1986 年加入了 CHIPS，成为中国内地首家成员。

（2）TARGET。

1999 年 1 月 1 日，建在德国法兰克福的欧元自动拨付与清算系统（Trans-European Automated Real Time Gross Settlement Express Transfer System，TARGET）正式启动。该系统的成员为欧元区各国的中央银行。欧元区任何一家金融机构，只要在本国中央银行开立汇划账户，即可通过该中央银行运行的支付系统与 TARGET 相连接，进行欧元的跨国结算。欧洲中央银行及参与国中央银行共同监督 TARGET 的运营，并作为结算代理人直接参与交易，TARGET 采用实时、全额的结算模式，具有安全、高效、便捷的显著优势。

（3）CHAPS。

清算所自动支付系统（Clearing House Automated Payment System，CHAPS）是英国的大额英镑支付系统，1984年投入运营，是英国支付体系的核心设施。CHAPS目前拥有包括英格兰银行在内的15家成员，所有其他英国银行都可通过15家成员利用CHAPS服务。CHAPS分为CHAPS Sterling和CHAPS-Euro两个并行的支付系统，CHAPS成员可以在同一个平台上办理国内英镑支付和跨国欧元支付，确保了英镑和欧元在伦敦金融市场交易中具有同等的地位。

（4）FEYCS。

外汇日元清算系统（Foreign Exchange Yan Clearing System，FEYCS）由东京银行家协会管理与经营，始运行于1980年。日本国内银行及在日本的外国银行均可加入FEYCS，该系统负责办理外汇交易、日元债券交易、商品与服务贸易所产生的跨国日元业务，所有支付都能够通过BOJ-NET（日本银行的金融网络系统）进行结算，从而确保了跨国金融交易中日元支付结算的最终性。

（5）CIPS。

人民币跨境支付系统（Cross-border Interbank Payment System，CIPS）是由中国人民银行组织开发的独立的人民币跨境支付系统，2015年正式启动，是专司人民币跨境支付清算业务的批发类支付系统。意在整合已有人民币跨境支付结算资源，提高跨境清算效率和交易安全性，构建公平的市场竞争环境。

现有人民币跨境清算模式主要包括清算行模式和代理行模式。清算行模式下，港澳清算行直接接入大额支付系统，其他清算行通过其总行或者母行接入大额支付系统，所有清算行以大额支付系统为依托完成跨境及离岸人民币清算服务。代理行模式下，境内代理行直接接入大额支付系统，境外参加行可在境内代理行开立人民币同业往来账户进行人民币跨境和离岸资金清算。

CIPS的建成标志着统筹人民币国内支付和国际支付取得重要进展，在人民币国际化进程中发挥了重要支撑作用。当前，CIPS业务量快速增长。截至2023年底，CIPS系统共有1 484家参与者，分布于全球113个国家和地区，实际业务覆盖全球182个国家和地区的4 400多家法人银行机构。

2. 国际结算的银行网络

银行网络的建立主要借助境外的分支机构和国外代理行，分支机构的设立是基础，代理行的建立是主体。代理行一般由总行建立，但协议包括的分行可以使用该代理行。代理行的建立应服从一国外交和对外经济政策，遵循国际金融业务一般惯例，坚持资信调查与评估、签订协议或换函确认、相互交换控制文件（密押、印鉴样本、费率表）等程序。

代理行分账户行和非账户行。账户行又分为单方开立账户和双方互开账户。只有账户行才能直接办理转账收付款。

联行往来是资金结算和灵活调控的枢纽，由境外联行往来资金账户和国内联行往来资金账户两个方面共同运作，发挥联行往来在境内外资金结算中的中介作用。联行往来是实现商业银行国际结算业务资金划拨的辅助渠道。

3. 环球同业银行金融电信协会

SWIFT 是"环球同业银行金融电讯协会"的简称，成立于 1973 年 5 月，总部设在比利时的布鲁塞尔。该协会是一个国际银行间非营利性的国际合作组织，为全球各国金融机构提供安全讯息服务和接口软件，将全球原本互不往来的金融机构串联起来，传送有关汇兑的各种信息。成员行接收到这些信息后，将其转送到相应的资金调拨系统或清算系统内，再由后者进行各种资金转账处理。目前，几乎所有的金融机构都接入 SWIFT 的平台，通过该平台可以实现与其他国家银行的金融交易。资料显示，SWIFT 为 200 多个国家和地区的 11 000 多家银行、证券机构、企业与客户提供交易服务。

在 SWIFT 中，基本要素有以下几种：清算货币、清算方式、清算信息、清算账户。SWIFT 系统只负责制定跨境清算信息的标准，作为中间机构为成员机构传输交易指令，并不是直接从事清算或者结算的机构。真正的账户间资金划拨的清结算业务，由各个国家的相应清结算系统来完成。

截至 2024 年 3 月，人民币在 SWIFT 的资金结算额中的份额达到 4.69%，位居全球第四大支付货币（前三为美元、欧元和英镑），再次超过日元。

拓展思考 9-1

SWIFT 与大额跨国支付结算系统（如 CHIPS 等）有何不同？

分析提示： SWIFT 是一个电信系统，具有准确、快捷、标准化与规范化、安全保密性能高等特点。其服务对象既有银行等金融机构又有企业，例如施乐、微软、通用等。通过 SWIFT 的信息服务，相关会员可以通过支付结算系统办理相关账户的资金收付事宜。SWIFT 可在各种类型的支付系统之间建立连接。

（三）国际结算的货币选择

国际结算主要为国际经贸及其他国际往来提供服务，势必会采用多种国际货币，从而形成多元化的国际结算货币体系。例如，货物贸易的进出口商需要确定交易商品的价格货币和支付货币，可使用出口国的货币，也可使用进口国的货币，还可使用第三国货币或区域货币。目前全球一半的国际贸易通过美元进行，而美国在全球贸易中的占比不到 10%。新兴经济体占全球经济活动的 60%，但它们在全球金融资产中的占比不到三分之一。美元、欧元、英镑、日元等货币在国际投资、交易、结算中被广泛使用。人民币的使用占比也在逐年上升。

拓展阅读 9-1

全球支付清算
体系的新变化

（四）按照国际惯例进行国际结算

为规范国际结算业务，促进国际贸易的发展，一些商业团体、国际组织在国际结算实践中制定和修订了各种有关的公约与规则，并在长期的实践中不断加以完善，最终得到了国际商贸界的广泛承认和采纳，并成为各国银行处理国际结算业务时必须共同遵守的准则，统称为"国际惯例"。国际惯例一般具有通用性、稳定性、准强制性等特点。

国际结算涉及的国际惯例颇多，主要有：①《跟单信用证统一惯例》，即国际商会第 600 号出版物，简称 UCP600，于 2007 年 7 月 1 日起在全世界实行，适用于所有在其文本中明确表示受本惯例约束的跟单信用证。②《托收统一规则》，即国际商会第 522 号出版物，简称 URC522，于 1996 年 1 月 1 日起在全世界实行。③《见索即付保函统一规则》，即国际商会第 458 号出版物，简称 URDG458。④《合约保函统一规则》，即国际商会第 325 号出版物。⑤1998 年的《国际备用信用证惯例（ISP98）》，即国际商会第 590 号出版物。⑥2000 年国际保理联合会指定的《国际保理业务惯例规则》。

拓展思考 9-2

国际商会是什么组织？

分析提示：为全球商业服务的国际商会（ICC）是世界上重要的民间经贸组织，正式成立于 1920 年，总部设在巴黎。其宗旨是：为开放的世界经济服务，坚信国际商业交流将带来更大的繁荣和国家之间的和平。国际商会以贸易为促进和平、繁荣的强大力量，推行一种开放的国际贸易、投资体系和市场经济。国际商会发展至今已拥有来自 130 多个国家和地区委员会以及直接会员。这些会员多是各国和地区从事国际经贸活动的中坚企业和组织。我国于 1988 年加入国际商会。

（五）国际结算的工具及方式

现代银行结算主要是非现金结算，主要工具是票据，包括汇票、本票和支票。票据在结算中起着流通手段和支付手段的作用，远期票据还能发挥信用工具的作用。票据的使用极大地提高了国际结算的效率和安全性，因此，票据的要式及种类、票据行为、流通规律等是国际结算的首要研究对象。

以一定的条件实现国际货币收付的方式称为国际结算方式。在国际贸易中，进出口商在合同中需要写明采用何种结算方式。经办银行应客户要求，在某种结算方式下，以票据和各种单据（国际结算中涉及的单据众多，极为复杂，最主要的是商业发票、运输单据、保险单据等）作为结算的重要凭证，最终实现客户委办的国际债权债务的清偿。

国际结算方式主要包括汇款、托收、信用证、保付代理、银行保函、包买票据等。

（六）国际贸易融资

典型的国际贸易融资通常是商业银行在提供跨国支付服务的过程中，利用国际结算运作向进出口商发放的贸易信贷，属于中间业务的延伸性资产业务。在全球生产与贸易体系中，国际贸易融资有效地弥补了产品（服务）进入国际流通市场过程中的资金缺口，对促进市场衔接、保障物权与货币所有权的跨国转移、提高国际交换效率具有举足轻重的作用。

（七）风险管理

国际经济活动的参与者往往会面临金融风险、国家风险、商业风险和其他风险的挑战，因此债权人普遍需要第三方提供担保，以规避风险。金融机构可应当事人的要求，提供各类担保服务，这也属于国际结算范畴。

【案例分析】

人民币跨境支付系统（CIPS）"朋友圈"再扩大

案例资料：

2024年7月19日，"2024中国国际金融展"成功举办。作为专门服务人民币跨境支付清算业务的重要金融市场基础设施，人民币跨境支付系统（CIPS）携十大全新网络功能及产品服务亮相金融展，展示人民币跨境基础设施建设的新发展和新成果。

展览上，CIPS举办了专题宣介活动，对十大网络功能和产品服务进行宣传介绍。数据显示，到目前全球已有800多家机构上线了CIPS的新功能和产品。

为提升跨境支付的便利性，CIPS近年来不断创新支付清算服务，保障人民币跨境支付清算基础设施稳健运行，研发了包括汇路优选、支付透镜、跨行账户集中可视等十大网络功能及产品服务，提升跨境支付效率，降低跨境支付成本。

在不断提升CIPS服务可获得性和便利性的同时，CIPS持续拓展参与者、扩大跨境支付"朋友圈"。截至2024年6月末，CIPS共有148家直接参与者，其中境内中资银行22家、境内外资银行15家、境外银行103家，金融市场基础设施8家，以及1 396家间接参与者，相关业务可通过4 700多家法人银行机构办理，覆盖全球184个国家和地区。

尤其是在共建"一带一路"国家，近年来，跨境清算公司多次组团前往东南亚、中东、非洲、中亚等"一带一路"国家和地区拓展市场。目前，CIPS系统在"一带一路"共建国家范围内的直接参与者数量已从17家增长到62家，相比2022年初增长265%，间接参与者数量则从364家增长到511家，增长40%。

CIPS相关负责人表示，跨境清算公司将继续积极开展业务场景和产品服务创新，持续提高市场服务水平，为推进跨境人民币业务发展，服务全球人民币跨境使用，助力人民币国际化提供安全、高效、便捷的资金支付清算服务。

资料来源：范子萌.跨境支付"朋友圈"持续扩大 CIPS携最新成果亮相进博会［N］. 上海证券报，2024-07-19.

阅读以上材料，分析以下问题：

1.人民币跨境支付系统（CIPS）具有哪些特点？

分析：

人民币跨境支付系统（CIPS）的主要特点体现在人民币跨境支付和清算系统。

首先，CIPS的定位是支持特定币种（主要是人民币）在特定情境下（跨境支付时）的清算需求，由中国人民银行监管，具有主权特征，主要支持本币的清算系统。其次，CIPS 提供资金清算服务，通过与中国人民银行的大额支付系统相连，完成账户内资金的借记或贷记，解决的是国际支付清算的资金流。

从系统功能来看，CIPS 系统可为跨境贸易、投资以及金融市场交易等活动提供相应的人民币资金清算服务。CIPS 系统已实现 5×24 小时+4 小时运行，支持跨境贸易和金融市场覆盖全球各时区，确保跨境支付业务的连续性和稳定性；CIPS 系统以日为结算周期，即在每个工作日的晚间进行清算，确保了资金的及时清算和结算，提高了跨境支付的效率；CPIS 系统采用实时全额结算（RTGS）和延迟净额结算（DNS）相结合的混合结算方式，可针对性满足不同结算需求。在报文系统方面，CIPS 系统采用国际通用 ISO 20022 报文标准，充分考虑了与现行 SWIFT MT 报文的转换要求，使得跨境支付的信息传递更加规范、准确和高效，保证报文的金融性和扩展性，便于跨境业务直通处理并支持未来业务发展需求。

2.CIPS 系统的参与者有哪些？

分析：

从服务对象来看，CIPS 系统客户包括直接参与行、间接参与行、境外直接参与行的资金托管银行（资金托管行）、终端客户（发起方、接收方）。

其中，直接参与行拥有 CIPS 行号，在 CIPS 系统开立不计息、不透支的零余额资金账户，通过专用网络或通用网络接入 CIPS 系统直接办理人民币跨境支付结算业务。境内直接参与行可通过注资、调增/调减等方式对账户进行流动性管理；境外直接参与行与其资金托管行签订结算服务协议，由资金托管行负责为境外直接参与行开立资金存管账户，并提供流动性便利。间接参与行同样拥有 CIPS 行号，但没有直接的 CIPS 账户，需要在一个或多个直接参与行开户（"一对多"机制），委托直接参与行通过 CIPS 系统办理人民币跨境支付结算业务。

通过直接参与行和间接参与行，CIPS 系统为更多的终端客户提供了服务。

3.CIPS 是如何运行的？

分析：

CIPS 的总体业务流程是：发起方（可能是企业或个人）向直接参与行或间接参与行提交跨境人民币支付指令。直接参与行或间接参与行对支付指令进行初步审核，确认无误后，通过 CIPS 系统将支付指令发送至清算行。清算行接收到支付指令后，进行清算处理，确保资金的安全、高效流转。清算完成后，清算行通过 CIPS 系统将清算结果通知给直接参与行或间接参与行。直接参与行或间接参与行收到清算结果后，通知发起方支付结果，并完成相关账务处理。

下面用一个例子来说明 CIPS 系统是如何完成跨境人民币支付结算的。

假设境内的甲要给境外的乙支付一笔人民币款项，假设银行都通过 CIPS 系统完成这笔人民币的汇款，那么其流程如下：

甲到其账户所在的银行 X，发起支付申请，要求支付一笔人民币汇款给乙，乙的账户所在的银行为境外的 Y。

银行 X 从甲的账户扣款，并向直接参与行 A 发起支付申请，使用 SWIFT 通信。

直接参与行 A 从 X 在其银行所开设的同业账户中进行扣款，并向 CIPS 系统发起支付申请，使用 CIPS 专线通信。

CIPS 系统检查 A 的申请是否符合要求，如没有问题，则从 A 的 CIPS 资金账户划款至 B 的 CIPS 资金账户。完成后，向直接参与行 A 和 B 发送支付完成的结果，使用 CIPS 专线通信。

直接参与行 B 收到 CIPS 发送的支付结果后，内部划拨相应的资金到银行 Y 在其行内开设的同业账户中，并通知银行 Y 支付结果，使用 SWIFT 通信。

间接参与行 Y 收到银行 B 的支付结果通知后，划拨相应的资金到乙的账户，并通过短信、App、电话、邮件等方式通知客户乙。

至此，一笔人民币的跨境支付业务就完成了。

其他类型的业务，比如机构跨境汇款、批量汇款等业务的流程与以上差不多。

4.CIPS 与 SWIFT 是什么关系？

分析：

CIPS 和 SWIFT 是两套东西。CIPS 是承担人民币跨境支付清算的批发类支付系统，处理的是资金流。CIPS 与美国的美元清算系统 CHIPS 对标。而 SWIFT 是一套金融通信系统，不涉及资金的划转、结算，而只是信息流的传递。在交易币种上，SWIFT 报文收发几乎覆盖全世界所有可流通币种，而 CIPS 当前交易币种仅为人民币与港币。在业务体量上，CPIS 远低于 SWIFT。

两者之间应该是合作的关系，主要表现为：

一是 SWIFT 和 CIPS 都是人民币跨境清算基础设施的必要组成部分。两者在跨境人民币清算业务中存在互补并行的关系。目前，CIPS 间接参与行需经过 SWIFT 方可接入 CIPS 并完成跨境人民币支付清算；同时，SWIFT 作为报文系统，需通过 CIPS 才能完成跨境人民币的资金清算。

二是 CIPS 未来在市场开拓方面仍需借助 SWIFT 的网络优势。目前，SWIFT 是全球主流金融机构共享的金融报文传送系统，在用户覆盖、网络安全等方面具有绝对优势。SWIFT 的全球网络将有助于降低机构加入 CIPS 的成本，从而为 CIPS 拓宽用户群提供便利。2016 年，SWIFT 与 CIPS 签订了合作备忘录，明确了在该方面的合作计划。未来，中国应注重从多角度发力，继续巩固和加强与 SWIFT 的合作，积极争取 SWIFT 公平地 "为我所用"，为 SWIFT 与 CIPS 的协同发展夯实基础。

》【实践探索】

一、实践内容

选取一家进出口企业，围绕其结算进行调研：企业主营业务、主要贸易伙伴国、合作银行、常用结算方式、常用结算货币及避险方法等等。

二、实践目标

全面了解外贸企业结算涉及的领域。

三、实践结果

要求每位同学根据实践情况提交实践报告，内容可根据实际情况增加，字数不少于 3 000 字。

任务二　国际结算中的票据

》【知识要点】

国际结算中的票据是在国际货币或商品流动中，为体现债权、债务的发生、转移和偿付而使用的一种信用工具，主要有汇票、本票、支票和商业单据四种类型。在国际经济活动中，票据起着两方面的作用：一是作为流通手段和支付手段；二是作为信贷工具。

一、汇票

（一）汇票的定义

在各种类型的票据中，汇票最具典型意义，其所包含的内容最为全面，各国票据法对汇票的规定也最为详细、具体，其在国际结算中的使用也最为广泛。在这里，我们重点介绍汇票，有关汇票的绝大多数规定同样适用于本票和支票。

《中华人民共和国票据法》（以下简称《票据法》）第十九条关于汇票的定义是："汇票是出票人签发的，委托付款人在见票时或者在指定日期无条件支付确定的金额给收款人或者持票人的票据。"

（二）汇票的要式项目

汇票是一种要式证券，法律对汇票所记载的必要项目做了明确的规定。出票人在签发汇票时必须依照票据法的规定，使汇票具备必要的形式及内容，即汇票的必要项目。

图 9-1 为一张具备法定要式的汇票式样。

Exchange for US$10 000.00　　　　　　　　　New York，January 25，2009
At 60 days after date pay to the order of C Bank the sum of ten thousand US dollars only.
Drawn under irrevocable documentary credit No.1357 issued by M Bank dated November 18，2008.
To：B Company　　　　　　　　　　　For：A Company
Tokyo，Japan　　　　　　　　　　　　New York，USA
（Signed）

图9-1　汇票式样

1.表明"汇票"字样

日内瓦《统一汇票本票法公约》及我国《票据法》均规定汇票上必须表明"汇票"字样，如"Exchange for""Bill""Draft"等，而英国《1882年票据法》无此规定。

2.无条件书面支付命令

汇票是无条件书面支付命令。这是汇票的本质和核心，英文行文用祈使句，如

Pay to the order of C Bank the sum of ten thousand US dollars only（付给 C 银行的指定人 1 万美元）。

不允许出现任何限制性条件，如 Pay to ABC Co. providing the goods in compliance with contract the sum of ten thousand US dollars（如货与合同相符，付给 ABC 公司 1 万美元）。"货与合同相符"即为限制条件，汇票无效。

在汇票中加列表明汇票开立原因的出票条款，符合无条件支付命令的要式规定，如图 9-1 中"Drawn under irrevocable documentary credit No.1357 issued by M Bank dated November 18, 2008"表明此汇票是依据 M 银行 1357 号信用证开立的。国际贸易结算中的汇票大多会加列出票条款。

3. 收款人

收款人又称为汇票抬头人，是汇票的主债权人，应明确记载。根据英国《1882 年票据法》的规定，汇票收款人有三种记载方法。

（1）限制性抬头，如 "Pay to A only"（仅付 A 公司），"Pay to A Company not transferable"（付给 A 公司不得转让）。汇票一旦做成限制性抬头，就不能转让。

（2）指示性抬头，指示性抬头的汇票经背书后可以转让，如 "Pay to the order of A Company"（付给 A 公司的指定人），"Pay to A Company or order"（付给 A 公司或其指定人）。

（3）持票人抬头（来人抬头）。持票人抬头汇票无须背书，仅凭交付即可转让，汇票债务人须对持票人汇票的持票人负责，如 "Pay to bearer"（付给来人），"Pay to A Company or bearer"（付给 A 公司或来人）。

4. 载明一定的货币金额

其有两层含义：一是票据上的权利必须以金钱表示，不能用货物表示，多贵重的货物都是没有意义的；二是金额必须确定，能够计算出来，而且无论任何人计算，其结果都是一样的。

汇票上需同时以阿拉伯数字和文字大写数字表明汇票价值。汇票金额出现大小写不一致的情况时，英国《1882 年票据法》和日内瓦《统一汇票本票法公约》都规定以大写为准。我国《票据法》认为这种记载无效，实务中通常做退票处理。

5. 出票日期和地点

出票日期是指汇票签发的具体时间。出票日期对于出票后若干天付款的远期汇票具有确定付款日期的作用，对于即期汇票则起着确定提示期限届满的作用。另外，出票日期对于判定出票人在签发汇票时有无行为能力具有重要的法律意义。

汇票的出票地点即汇票的签发地，应与汇票出票人所在地一致。根据汇票援用法律的国际惯例，在涉及汇票的要式及法律效力时，一般采用行为地法或出票地法的原则，即汇票要式是否具备，以出票地法律为准。

6. 付款人姓名及付款地点

付款人是汇票的三个基本关系人之一，出票人应详细列明付款人的姓名及地址，以便收款人或持票人向付款人提示承兑或提示付款。

7. 付款期限

汇票的付款期限又称付款到期日，是付款人履行付款义务的日期。有些国家票据法规定，汇票必须载明付款期限，否则无效。但也有些国家认为，汇票若未载明付款期限，则按即期汇票办理，不影响汇票效力。我国《票据法》、英国《1882 年票据法》及日内瓦《统一汇票本票法公约》都有类似记载。汇票根据付款期限的不同分为即期汇票和远期汇票两大类，具体如下：a.见票即付（at sight， on demand），付款人于持票人提示汇票时，立即履行付款义务，此类汇票即属即期汇票范畴；b.定日付款（at fixed date），又称板期汇票，属于远期汇票范畴，在出票时定明将来付款的具体日期，例如：On January 15, 2009 fixed pay to the order of A Company；c.见票后定期付款（after sight），属于远期汇票范畴，例如：At 60 days after sight pay to the order of A Company；d.出票日后定期付款，属于远期汇票范畴，例如：At 60 days after date pay to the order of A Company；e.延期付款，一般是提单日后若干天或若干月付款，也属于远期汇票范畴。

8. 出票人签章

签字原则是票据法最重要和最基本的原则之一，谁签字，谁负责，不签字就不负责。票据必须经出票人签字才能成立。出票人签字是汇票最重要和绝对不可缺少的内容。

9. "付一不付二"条款

汇票可以做成一式两份，但代表同一债权债务。第一份生效，第二份自动失效，反之亦然。在进出口贸易中，汇票随同运输单据分两次邮寄，主要是防丢失，影响结算的正常进行。

汇票除须记载票据法规定的必要项目外，还可根据需要，加列一些票据法认可的其他事项，如预备付款人、利率与利息、付款货币、汇率、提示期限等。

【例 9-1】请根据下面给定的条件，按照书中所列汇票的格式并结合汇票的内容，制作一张汇票。

给定条件：

date：22 May, 202×

amount：GBP21 787.00

tenor：at 90 days after sight/date

drawer：China National Animal By-product Imp. & Exp. Corp., Beijing Branch, Beijing

drawee：Bank of Atlantic, London

payee：the order of China National Animal By-product Imp. & Exp. Corp., Beijing Branch

drawn clause：

issuing bank：Bank of Atlantic, London

issuing date：31 Jan, 202×

L/C No.1162/02

参考答案：

Exchange for GBP21 787.00   22，May，202×

At 90 days after sight/date pay this first Bill of Exchange（Second of same tenor and date unpaid）to the order of ourselves the sum of TWENTY ONE THOUSAND SEVEN HUNDRED AND EIGHTY SEVEN US Dollars only.

Drawn under L/C No.1162/02 issued by Bank of Atlantic，London dated on 31 Jan.，202×.

To：Bank of Atlantic For China National Animal By-product Imp. & Exp. Corp.

London   Beijing Branch，Beijing

（三）汇票的票据行为

汇票是一种典型的票据，其票据行为最全面。随着汇票票据行为的产生与变化，除了出票人、收款人、付款人三个基本当事人以外，还会在汇票运作的不同阶段，产生其他关系人。

1.出票（Draw/Issue）

出票的意义在于汇票的设立并进入流通，包含两个动作，写成汇票和交付，二者缺一不可。汇票设立后有三个基本关系人，即出票人、收款人、付款人。出票人是主债务人。

2.背书（Endorsement）

背书是指持票人以转让票据权利或者将一定的票据权利授予他人行使为目的，在票据的背面或粘单上记载有关事项并签章，将票据交付给他人的一种附属票据行为。

凡指示性抬头的汇票必须以背书的方式进行转让，即背书人在汇票背面签字将票据权利转让给被背书人。背书人是转让票据权利的人，被背书人是受让人。随着票据的多次转让，依次会出现第一背书人、第一被背书人、第二背书人、第二被背书人等。背书人是被背书人的债务人，是前手；被背书人是债权人，是后手。

背书的方式有限制性背书、特别背书、空白背书三种。

（1）限制性背书（Restrictive Endorsement），即不可转让背书，是指背书中包含有限制性的词语，如"仅付A公司"（Pay A Co. only）、"付A公司不准转让"（Pay A Co. not transferable）。此类汇票只能由指定的被背书人凭票取款，而不能另行转让。

（2）空白背书（Blank Endorsement）又称略式背书或无记名背书，是指背书人只在票据背面签字，不指定被背书人。这种汇票可与来人抬头的汇票一样，仅凭交付即可转让。

（3）特别背书（Special Endorsement）又称为记名背书，是指背书人在票据背面签名外，还写明被背书人的名称或其指定人，如："付给某银行或其指定人"（Pay …bank or order；Pay to the order of … bank）。这种背书可进一步凭背书交付进行转让。

3.提示（Presentation）

提示是持票人向付款人出示汇票，要求其按照出票人的指示承兑或付款的法律行为。汇票权利的实现，必须经过提示。即期汇票提示付款，远期汇票先提示承兑，到期时再提示付款。

4.承兑（Acceptance）

承兑是远期汇票的付款人在汇票上明确做出的，表示接受出票人的付款指示，同意在汇票到期日支付汇票金额的承诺。承兑手续一般由承兑人（付款人）在汇票正面写上"承兑"（Acceptance）字样，注明承兑日期并签名。承兑分为一般承兑和限制性承兑，即期汇票无须承兑。

5.付款（Payment）

付款是指持票人在规定的提示期限内，向即期汇票的付款人和已到期的远期汇票的付款人（承兑人）提示付款时，付款人或承兑人应"正当地付款"。"正当地付款"需要具备以下几个条件：①要被付款人或承兑人支付，而不是被出票人或背书人支付；②要在到期日或以后付款，而不能在到期日以前付款；③要付款给持票人；④善意地付款。如付款不具备上述要素，说明存在拒付现象，票据有关当事人的债权债务关系并未完全解除，票据行为未宣告结束。汇票被"正当地付款"后，汇票所体现的债权债务关系即告结束。

6.拒付与追索（Dishonor & Recourse）

拒付也称退票，是指汇票在提示付款或提示承兑时遭到拒绝。

值得注意的是，汇票的拒付行为不局限于付款人正式表示不付款或不承兑，在付款人或承兑人拒不见票、死亡、宣告破产或因违法被责令停止业务活动等情况下，使得付款在事实上已不可能，也构成拒付。

汇票遭到拒付时，对持票人立即产生追索权，他有权向背书人或出票人追索票款。正当持票人可不依背书次序，越过其前手，对债务人（出票人、背书人）中的任何一人追索。被追索者付讫票款后，即取得了持票人的权利，再向其他债务人行使追索权，直到出票人为止。

如果汇票已经经过承兑人承兑，则出票人还可以向法院起诉，要求付款。持票人行使追索权时，应将拒付事实书面通知"前手"，即发出退票通知。

国际汇票一般应请求拒付地的法定公证人或其他有权做拒付证书的机构做出拒付证书（Letter of Protest）。汇票的出票人或背书人为避免承担被追索的责任，可在背书时加注"不受追索"（Without Recourse）字样，但带有这种批注的汇票在市场上很难流通转让。

拓展阅读9-2

电子商业汇票
系统ECDS

二、本票

（一）本票的含义

英国《1882年票据法》关于本票的定义是：本票是一个人向另一个人签发的，保证于见票时或定期或在一个可以确定的将来时间，对某人或其指定的人或持票本人支付一定金额的无条件的书面承诺。

我国《票据法》第七十三条规定：本票是出票人签发的，承诺自己在见票时无条件支付确定的金额给收款人或者持票人的票据。本法所称本票是指银行本票。《票据法》中关于汇票的规定许多都适用于本票。承兑是汇票独有的，本票不需要承兑。

（二）本票的要式项目

根据日内瓦《统一汇票本票法公约》的规定，本票必须具备以下项目：①写明"本票"字样；②无条件支付承诺；③收款人或其指定人；④制票人签字；⑤出票日期和地点（未载明出票地点者，制票人名字旁的地点视为出票地）；⑥付款期限（未载明付款期限者，视为见票即付）；⑦一定金额；⑧付款地点（未载明付款地点者，出票地视为付款地）。

我国《票据法》规定本票必须记载下列事项：①标明"本票"字样；②无条件支付的承诺；③确定的金额；④收款人的名称；⑤出票日期；⑥出票人签章。

图9-2为一张要式具备的本票样式。

Note for GBP100.00　　　　　　　London，2nd Jan.，202×

On demand ，we promise to pay bearer the sum of one hundred pounds.

For Bank of Europe London signature

图9-2　本票的样式

（三）本票的分类

在国际融资领域中，本票的应用相当广泛。有些票据并未冠以本票字样，但其实质是本票，常见的有商业票据、银行本票、国际小额本票、旅行支票、各种债券等。

三、支票

支票是一种极为常见的非现金支付工具，既可用于企业或机构间的转账结算，又可用于个人消费支出结算。

（一）支票的定义

支票是银行存款户根据协议向银行签发的即期无条件支付命令。英国《1882年票据法》给支票的定义是：支票是以银行为付款人的即期汇票。我国《票据法》的定义是：支票是出票人签发的，委托办理支票存款业务的银行或者其他金融机构在见票时无条件支付确定的金额给收款人或其持票人的票据。

出票人在签发支票后，应负票据上的责任和法律上的责任。前者是指出票人对收款人担保支票的付款；后者是指出票人签发支票时，应在付款行存有不低于票面金额的存款。如存款不足，支票持有人在向付款行提示支票付款时，就会遭到拒付。这种支票叫作空头支票。开出空头支票的出票人要负法律上的责任。

（二）支票的要式

我国《票据法》规定，支票必须记载以下事项：表明"支票"的字样、无条件支付的委托、确定的金额、付款人名称、出票日期、出票人签章。以上内容缺一不可，否则支票无效。不过，支票上的金额可以由出票人授权补记（支票可以是空白抬头）。

支票是见票即付的票据。我国《票据法》第九十条规定："支票限于见票即付，不得另行记载付款日期。另行记载付款日期的，该记载无效。"

但在实践中往往存在票载日期滞后于实际出票日的情况。对于这种以将来日期作为出票日的支票，英国、美国和我国台湾地区规定，持票人在票载日期之后做付款提示，付款人应无条件付款，如持票人在票载日期之前做付款提示，付款人可不予付款，且不构成拒绝付款事由，持票人不能行使追索权；若付款人予以付款，持票人可以予以接受，同样具有付款效力。日内瓦《统一汇票本票法公约》规定对于票载日期滞后于实际出票日期的支票，持票人不论在票载日期之前或之后提示，付款人都应无条件付款。

（三）支票的种类

1.记名支票与不记名支票

记名支票（Cheque Payable to Order）是在支票的收款人一栏，写明收款人姓名，如"限付 A"（Pay A Only）或"指定 A"（Pay A Order），取款时须由收款人签章，方可支取；不记名支票（Cheque Payable to Bearer）又称空白支票，支票上不记载收款人姓名，只写"付来人"（Pay Bearer），取款时持票人无须在支票背后签章即可支取，此项支票仅凭交付而转让。

2.划线支票与不划线支票

划线支票（Crossed Cheque）是在支票正面画两道平行线的支票。划线支票与一般支票不同。划线支票非由银行不得领取票款，故只能委托银行代收票款入账。使用划线支票的目的是在支票遗失或被人冒领时，还有可能通过银行代收的线索追回票款。

3.保付支票（Certified Cheque）

保付支票是指为了避免出票人开出空头支票，保证支票提示时付款，支票的收款人或持票人可要求银行对支票"保付"。保付是由付款银行在支票上加盖"保付"戳记，以表明在支票提示时一定付款。支票一经保付，付款责任即由银行承担，出票人、背书人都可免于追索。付款银行对支票保付后，即将票款从出票人的账户转入一个专户以备付款，所以保付支票提示时不会退票。

4.银行支票（Banker's Cheque）

银行支票是由银行签发并由银行付款的支票，也是银行即期汇票。银行代顾客办理票汇汇款时可以开立银行支票。

5.旅行支票（Traveller's Cheque）

旅行支票是银行或旅行社为旅游者发行的一种固定金额的支付工具，是旅游者从出票机构用现金购买的一种支付手段。

→→→→

拓展思考 9-3

支票与汇票、本票的区别是什么？

分析提示：支票与汇票、本票均具有票据的一般特性，其票据行为除票据法特定的以外，均适用汇票的规定。三者之间仍有明显差别：

（1）当事人不同。汇票和支票均有三个基本当事人，即出票人、付款人和收款人；本票基本当事人有两个，即出票人和收款人。

（2）票据性质。汇票和支票均是委托他人付款的票据，是委托支付证券；本票是由出票人自己付款的票据，属于自付证券或承诺证券。

（3）付款期限。支票均为即期，即见票即付；汇票和本票则有即期和远期之分。

（4）承兑。远期汇票需付款人履行承兑手续；本票由出票人承担付款责任，因而无须承兑；支票均为即期，无须承兑。

（5）责任。汇票的出票人对付款人没有法律上的约束，付款人是否愿意承兑或付款，是付款人自己的独立行为，但一经承兑，承兑人就应承担到期付款的绝对责任；本票的付款人即出票人自己，一经出票，出票人即应承担付款责任；支票的付款人只有在出票人在付款人处有足以支付支票金额存款的条件下才负有付款责任。

四、商业单据

商业单据是国际贸易运作需要使用的各种证明或契约文件。单据在国际贸易结算中具有举足轻重的作用，是银行办理国际结算业务的主要凭证，是出口商获取销售货款的基本条件，也是解决交易纠纷的重要依据。目前除了纸质单据外，电子单据渐趋流行。

单据一般分为基本单据和附属单据两大类。基本单据是根据货物成交的贸易条件确定的，必须由出口方提供的单据，主要是商业发票、运输单据和保险单据。这三种单据根据不同标准还可进一步细分为不同的种类。附属单据则是根据贸易合同约定，或者信用证条款中的要求和规定，须向进口方或授权付款银行提供的，除基本单据以外的其他单据，比如原产地证明、卫生检疫证明、质量检验证明、装箱单、重量单、进口许可证、海关发票等。

商业发票是卖方向买方开立的，凭以向买方收款的发货清单，也是卖方对于一笔交易的全面说明，内容包括商品的名称、规格、价格、数量、兑价、包装等。商业发票是全套单据的核心，其余单据均需参照它缮制，故又被称为中心单据。进口取得的国外厂商的发票没有固定格式，我国税法等法律对其也没有特殊的规定，但是出口发票一般需要到税务机关购买，如果需要印制自己特殊格式的发票则需要经税务机关审批并到税务机关指定的地方印制（套印税务监制章），否则不予退税。

运输单据是明确承运人与托运人权利义务的契约，规定了货物运输的具体条件与要求，包括运输方式、运输工具、运输路线、运费等。随着世界贸易及物流技术的发展，国际货物运输条件日益改善，运输方式趋于多样化，涉及多种运输单据的使用，如海洋运输单据、空运运输单据、公路运输单据、邮政运输单据以及国际多式联运单据等。

国际货物运输保险作为一种有效的风险规避手段，在国际贸易中发挥着不可或缺的作用。保险单据是一种正规的保险合同，除载明被保险人（投保人）的名称、被保险货物（标的物）的名称、数量或重量、唛头、运输工具、保险的起讫地点、承保险别、保险金额、期限等项目外，还列有保险人的责任范围以及保险人的各自权利、义务等方面的详细条款。保险单据如同指示性的运输单据一样，也可由被保险人背书随物权的转移而转让。在实务中，根据运输方式的不同，国际货物运输保险可划分为多种类别，如海上运输货物保险、陆上运输货物保险、航空运输货物保险、邮政运输货物保险及多式联运保险等。投保人可根据选用的货运方式及合同的规定，选择投保适用的货运保险。

拓展思考 9-4

资金单据和商业单据在国际贸易结算中是如何应用的？

分析提示：进出口贸易合同中要明确支付方式及价格条款，据此，出口商在提交单据时会有所不同：可能资金单据和商业单据同时提交，也可能只提交商业单据（比如，欧洲国家对汇票征收印花税，因此，有些结算不需要资金单据）。二者相较，商业单据在结算中是必需的。

【案例分析】

远期汇票受骗案

案例资料：

某市 A 公司与新加坡 B 商签订了一份进口胶合板的合同，合同总金额为 700 万美元，支付方式为付款交单，允许分批装运。按照合同规定，第一批价值为 60 万美元的胶合板准时到货。经检验，A 公司认为其质量良好，对双方合作很满意。就在第二批交货期来临之际，B 商向 A 公司提出：鉴于贵公司资金周转困难，为了帮助贵方，我方允许贵公司采取远期付款。贵公司作为买方，可以给我方开出一张见票后一年付款 700 万美元的汇票，请某银行某市分行承兑。承兑后，我方保证将 700 万美元的胶合板在一年内交货。贵方全部收货后，再付给我方 700 万美元的货款。

A 公司以为现在不付款，只开一张远期票据就可以得到货物在国内市场销售，利用这一年的时间，还可以将货款再投资，是一笔无本生意，于是欣然接受了 B 商的建议，给 B 商签发了一张见票后一年付款 700 万美元的汇票。但令 A 公司始料不及的是，B商将这张承兑了的远期票据在新加坡的美国银行贴现600万美元，却一张胶合板都不交给A公司。事实上，B商将这笔账款骗到手后便无影无踪了。

一年后，新加坡的美国银行持这张承兑了的远期票据请某银行某市分行付款。尽管B商没有交货，该行某市分行却不得以此为理由拒绝向善意持票人美国银行支付票据金额。最后，由于本案金额巨大，就由该行某市分行付给美国银行600万美元而结案。

资料来源：作者根据相关资料整理。

根据以上材料，请分析：

某银行某市分行能否以新加坡B商未交货为由对新加坡的美国银行拒付汇票款？

分析：

答案是否定的，某银行某市分行不能以新加坡B商未交货为由对新加坡的美国银行拒付汇票款。

从票据的特征我们知道，票据有无因性，强调的是进入流通领域的票据其基础关系和法律关系的分离。票据的签发是有原因的，这一原因形成票据的基础关系，在票据进入流通领域之前，其纠纷的解决依据是《中华人民共和国民法典》。进入流通领域之后，即票据发生背书转让等事宜，这时其关系调整依据的是《票据法》。票据的后手不必考察票据签发的原因，只要要式具备，即可付对价取得票据合法权益，成为正当持票人，票据基础关系是否有瑕疵不影响正当持票人的合法权益，票据债务人不能以基础关系的瑕疵对抗正当持票人。这是票据得以流通转让的重要条件。

本案例中，如果远期汇票没有以贴现的方式转让给新加坡的美国银行，也就是说，票据处于只有基础关系阶段，某市A公司完全有理由以新加坡B商未交货为由拒付货款。但由于汇票转让给新加坡的美国银行，那么作为承兑人的某银行某市分行必须付款（谁承兑，谁付款），不能以新加坡B商未付货为由对正当持票人（新加坡的美国银行）拒付汇票款。

对出口商而言，天上不会掉馅饼，世上没有免费的午餐，在"好处"面前一定要三思！

》【实践探索】

一、实践内容

选取一家进出口企业，了解其内部工作流程，尤其是结算部门，同时，调研企业在结算中票据的使用情况及存在的问题。

二、实践目标

了解进出口企业票据制作及使用的情况。

三、实践结果

本次实践探索结果以调查报告形式展示，不少于2 000字。同时，选取优秀的报告在班级展示。

任务三　国际结算方式

》【知识要点】

国际结算方式是依照一定的规则和程序，实现国际债权债务清偿及资金收付的方法或手段，也称支付方式。国际结算方式是银行提供国际结算服务的基本产品，主要有汇付、托收、信用证、国际保理、福费廷、国际信用担保等。每一种结算方式都具有一定功能，有的只提供单纯的支付结算服务，有的则可提供支付结算、融资、信用支持、风险控制等多种服务。客户根据自身需要，既可采用单一结算方式，也可若干种结算方式并用。

国际结算方式根据结算工具的流向与货款流向的不同分为顺汇和逆汇。"顺汇"是指结算工具的流向与货款的流向是同一个方向，是作为债务方的买方主动将进口货款通过汇款方式汇付给作为债权人的卖方的一种方法。"逆汇"则相反，是结算工具的流向与货款的流向相反。前者称"汇付法"，后者称"出票法"。从业务流程看，汇付属于顺汇，托收、信用证属于逆汇。

一、汇付

（一）汇付的定义与当事人

汇付是指款项汇出国银行接受付款人的委托后，通过结算工具的传递和资金汇入国银行的协助，将款项汇交国外收款人，以完成款项的授受及债权债务的清偿。汇付属于顺汇范畴。

在一笔国际汇付业务中，通常涉及4个当事人：汇款人、收款人、汇出行、汇入行。

（1）汇款人（Remitter），即付款人，在国际结算中，通常是进口方、买卖合同的买方或其他经贸往来中的债务人。

（2）收款人（Payee/Beneficiary），通常是出口方、买卖合同的卖方或其他经贸往来中的债权人。

（3）汇出行（Remitting Bank），即受汇款人委托将资金汇出的银行，通常是付款人所在地银行。

（4）汇入行（Receiving Bank），又称解付行（Paying Bank），即接受汇出行委托解付款项的银行，通常是收款人所在地银行。

（二）汇付的分类

按照使用的支付工具不同，汇付可分为电汇、信汇、票汇三种方式。

电汇（T/T）是指汇款人委托汇出行，用电报、电传或环球银行间金融（SWIFT）给在另一个国家的汇入行，指示解付一定金额给收款人的一种汇款方式。优点是交款迅速，缺点是费用较高，但是随着电信的发展，电信的成本逐渐降低，所以现在的汇款业务，大多数都是使用电汇的方式。

信汇（M/T）是指汇款人委托汇出行，使用信汇委托书，通过邮政航空信件方式寄给汇入行，授权解付一定金额给收款人的一种汇款方式。优点是费用低廉，缺点是收款速度慢。

票汇（D/D）是指汇款人委托汇出行，开立以其分行为解付行的银行即期汇票，交由汇款人自行寄给收款人，收款人凭票向汇入行取款的一种汇付方式。优点是费用最低，缺点是收款速度最慢。

（三）汇付的业务流程

汇付的业务流程如图9-3所示。

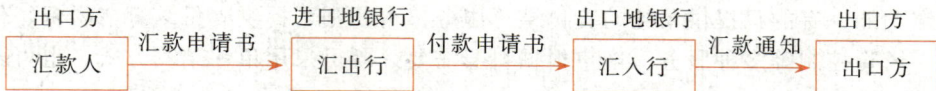

图9-3　汇付的业务流程图

国际结算中的汇付业务流程涉及不同国家之间的资金转移，通常需要通过多个银行和支付系统。

（1）客户提交汇款申请：汇款人向其银行提交国际汇款申请，填写必要的信息，包括收款人的姓名、账号、银行名称、地址、SWIFT代码等。

（2）汇出行的处理：汇出行审核客户提供的信息是否准确无误，包括合规性检查、反洗钱（AML）和客户身份识别（KYC）。无误后，汇出行从汇款人的账户中扣除相应的金额，包括汇款金额和可能产生的手续费。然后，汇出行通过国际支付系统（如SWIFT）发送汇款指令给收款人的银行（汇入行）。

（3）中间银行的处理：如果汇出行和汇入行之间没有直接的代理行关系，可能需要通过一个或多个中间银行来传递汇款指令和资金。

（4）汇入行的处理：汇入行收到汇款指令后，将资金转入收款人指定的账户，并扣除可能产生的中间银行费用。一旦资金到达收款人的账户，汇入行会通知收款人。

（5）汇款确认：汇款人可以通过银行提供的服务查询汇款状态，直到确认收款人已经收到款项。如果汇款货币和收款货币不同，可能需要进行货币兑换。汇率和兑换费用会影响最终的收款金额。

具体的国际汇付业务流程可能会因不同的银行、服务提供商、汇款和收款国家的法律法规而有所不同。

此外，随着金融科技的发展，一些流程可能已经通过自动化和数字化手段进行了优化。

（四）汇付在国际贸易中的运用

在汇付方式下，卖方在收到货款后是否交货，买方在收到货物后是否付款，完全靠买卖双方的信用，因此属于商业信用。

在这种支付方式下，总存在着一方要冒占压资金、损失利益甚至货款两空的风险。因此在国际贸易中，这种方式主要用于预付货款、支付定金、分期付款、延期付款、小额交易的支付货款、待付货款的尾款支付、费用差额的支付以及佣金的支付等。

大宗交易使用分期付款或延期付款办法，其货款支付也常采用汇付方式。

在国际商务中，通常对交易金额不大、交货期急迫以及一些特殊形式的贸易采用汇付方式；在国际非经贸活动中，通过汇付可以实现国际文化、艺术、旅游、体育、医疗及个人消费与民间往来所引起的大量货币跨国收付。

在国际贸易中，汇付方式通常用于预付货款、货到付款、赊销及随订单付现等业务。

预付货款又称前T/T，是指进口商先将货款汇付给出口商，出口商收到货款后再发货的方法。有利于出口商，不利于进口商。这种做法多应用于专门为客户加工的特殊商品，或一些市场畅销而又稀缺的商品，采用此法，买方可以优先取得商品供应。

货到付款又称后T/T，是指出口商在没有收到货款以前，先交出单据或货物，然后由进口商主动汇付货款的方法。有利于进口商，不利于出口商。这种做法主要用于供应鲜活商品，推销滞销商品或试销新产品等。

二、托收

（一）托收的定义及分类

1.托收的定义

托收是债权人出具汇票委托银行向债务人代收款项的一种结算方式。在国际贸易中，债权人为出口商，债务人为进口商，出口商根据贸易或商务合同发运货物，产生债权，进口商获得货物而发生债务。为了结清这种债权债务，出口商出具以进口商为付款人的汇票并通常随附发票及货运单据（物权凭证），委托银行收款。托收是基于买卖双方信用的，也就是通常所谓商业信用，银行虽居于其间，但只是处于受委托代理的地位，不作任何关于付款的承诺，只根据委托人或付款人的指示办事。

拓展阅读9-3

国际贸易中的专用术语

与汇付相比，托收方式是逆汇，即资金流向与票据流向相反。收款申请是由出口商（托收申请人）发起的。

2.托收的分类

（1）出口托收和进口代收。出口托收是对出口商和出口方银行而言的，进口代收是对进口商和进口方银行而言的。一笔托收业务包括出口托收和进口代收。

（2）光票托收与跟单托收。光票托收是指不附带商业单据的金融单据的托收，如汇票的托收。有些汇票的托收附有发票、垫款清单等，但不包括运输单据。这类托收也属于光票托收。光票托收广泛应用于欧洲国家。我国贸易实务界的光票托收一般只用于收取出口货款的尾数、样品费、佣金、代垫费用、其他贸易小额费用等各个项目的收款。

跟单托收中的"单"是指商业单据。根据是否附有金融单据，跟单托收可分为附有金融单据的跟单托收和不附有金融单据的跟单托收。跟单托收与光票托收的区别是：是否必须附有代表物权凭证的运输单据。

（二）跟单托收的业务流程及主要当事人

下面以中国银行出口托收业务为例，介绍出口托收的业务流程，如图9-4所示。

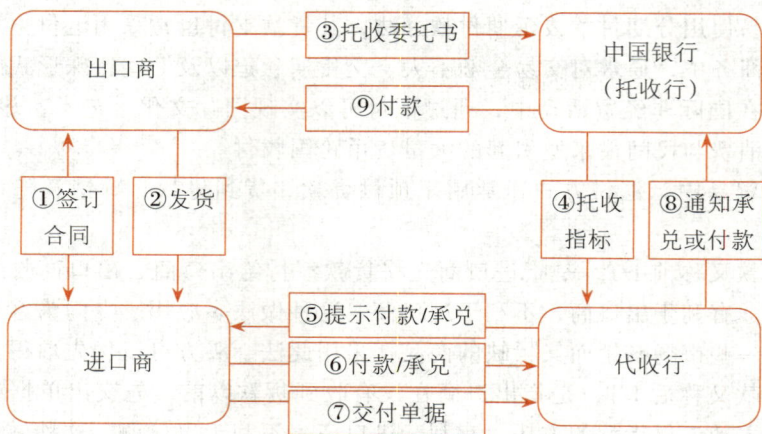

图9-4　出口托收的业务流程

①进出口商签订买卖合同，注明支付方式为托收。

②出口商发货。

③出口商向中国银行提出托收申请，填写"托收委托书"。

当事人：出口商——托收申请人、委托人；中国银行——托收行，出口方银行。通过"托收委托书"，二者形成契约关系。

④中国银行根据"托收委托书"的内容制作托收指示，并将托收项下的单据和托收指示一齐寄给代收行，代收行按托收指示行事。

当事人：托收行（寄单行）——中国银行；国外代收行，进口方银行，一般情况下也是提示行。二者是委托代理关系。

⑤代收行根据托收交单条件向进口商提示付款或提示承兑。

当事人：进口商——付款人，被提示付款或承兑的当事人。

⑥进口商付款或承兑赎单。

⑦代收行交付单据。

⑧代收行向中国银行（托收行）通知承兑或付款。

⑨中国银行（托收行）将收到的款项存入出口商账户。

对于进口商和代收行而言，这是一笔进口代收业务；对出口商和托收行来讲，这是一笔出口托收业务。

举例：

境内有一家玩具出口企业A与美国的一家玩具公司B达成买卖协议，A将向B出口50万美元的玩具。双方约定使用托收这一工具进行结算。

B在美国的开户行是花旗银行，A在中国的开户行是中国银行。①A向B发货以后向中国银行发出托收委托，并将贸易单据交给中国银行。②中国银行作为托收行收到A的委托以后向花旗银行（也就是代收行）发送托收指示并寄送贸易单据。③花旗银行提示B进行付款或承兑。④B向花旗银行付款或承兑。⑤花旗银行将中国银行寄来的单据交付给B。⑥花旗银行向中国银行付款或通知承兑。⑦中国银行将货款支付给 A。

在这个例子中，涉及四个主要当事人，即委托人、付款人、托收行和代收行。

出口商 A 是委托人（Principal/Drawer）。委托人是委托银行办理托收业务的一方。在国际贸易实务中，出口商开具汇票（Collecting Bill），委托银行向国外进口商（债务人）收款。

进口商 B 是付款人（Drawee）。付款人是银行根据托收指示书的指示提示单据的对象。托收业务中的付款人，即合同中的买方或债务人。

中国银行是托收银行（Demitting Bank）又称寄单行，指受委托人的委托办理托收的银行，通常为出口人所在地的银行。

花旗银行是代收行（Collecting Bank），是指接受托收行委托，向付款人收款的银行，通常是托收行在付款人所在地的联行或代理行。

（三）托收指示

托收指示由托收行根据托收申请书的指示填写，是体现托收行与代收行之间委托与受托关系的契约及依据，代收行办理代收业务应以托收指示为准。托收指示的主要内容有：托收行、委托人、付款人、提示行（如有）的情况，包括全称、邮政和 SWIFT 地址、电话、电传和传真号码；托收金额及货币种类；所附单据及其份数；交单条件；收取的费用，同时需注明该项费用是否可以放弃；收取的利息（如有），同时注明该项利息是否可以放弃，以及利率、计算期及计算方式；付款的方式和付款通知的形式；发生不付款、不承兑和/或未执行其他指示情况时的指示。

（四）跟单托收的交单条件

跟单托收的交单条件是代收行向付款人交出金融单据和商业单据的前提条件，可分为付款交单和承兑交单。

1. 付款交单

付款交单是指出口商指示托收行和代收行。只有在进口商付清托收款项后才可把单据交给进口商。根据付款时间的不同，付款交单又分为即期付款交单和远期付款交单。即期付款交单是指进口商见票并审核单据无误后，须全数付款后才可向代收行赎取单据。远期付款交单是指进口商见票并认定单据无误后即对汇票进行承兑，于汇票到期日付清票款后，才可向代收银行赎取单据。

2. 承兑交单

承兑交单是指进口商见票并审核单据无误后，即对汇票进行承兑，承兑后即可向代收行领取单据，于汇票到期日再履行付款义务。在承兑交单条件下，进口商取得单据的前提是对远期汇票进行承兑。

承兑交单给予了进口商未付清货款即可取得单据并凭以提货的便利，但对出口商而言，其失去了对单据即货权的控制，依靠的仅仅是一张已承兑的远期汇票，若进口商到期拒付货款，出口商将遭受钱货两空的损失。

（五）托收项下的融资

1.托收出口押汇

托收出口押汇是由托收行买入出口商开立的以进口商为付款人的汇票及随附的商业单据，从汇票金额中扣除利息及费用后，将净款付给出口商。托收行做出口押汇后即成为出口商的债权人；托收行将汇票和单据寄至代收行并通过其向进口商收取货款，从而收回垫付的出口押汇款项。

2.信托收据

信托收据是适用于远期付款交单的一种融资便利。在远期付款交单方式下，进口商若想先于付款到期日取得货物，可开出信托收据凭以向代收行借出商业单据提货。进口商在信托收据中承认代收行对货物仍享有所有权，并保证在货物销售后立即还款并赎回信托收据。

三、信用证

汇付和托收都属于商业信用，银行虽然参与其中，但只是提供服务，并不承担风险。那有没有一种方式，能让买卖双方承担的风险都很小呢？这就是基于银行信用的信用证。

（一）信用证的概念

信用证（L/C）是指开证银行根据进口方（买方）的请求和指示，向出口方（卖方）做出的承担支付货款责任的书面保证。信用证支付属于银行信用，银行不再是提供服务的中间人，而是需要承担特定义务的责任人，以保证出口商安全迅速地收到货款、进口商按时收到货运单据。简言之，信用证是银行开出的，具有特定期限与金额的有条件的付款保证文件。

（二）信用证的特征

微课9-1

信用证业务

1.开证行担负第一性付款责任

信用证是开证行的付款承诺，开证行对受益人交来的符合信用证条款规定的单据承担第一性的付款责任。所谓第一性付款责任重在强调只要受益人是"相符"交单，开证行就必须履行付款承诺，而不管进口商是否愿意、是否有能力付款。这一特征体现了信用证的价值。

例如，某出口公司接到日本银行开来的不可撤销信用证有下列条款："Credit amount USD 50 000, according to invoice value: 75% to be paid at sight, the remaining 25% to be paid at 60 days after shipment arrival."出口公司在信用证有效期内通过议付行提交了单据，经检验单证相符，开证行即付75%货款，计37 500美元。但货到60天后，开证行以开证人声称到货品质欠佳为理由，拒付其余25%的货款。后出口公司通过议付行据理力争，开证行终于承付了这部分货款。

从以上案例中我们得知："出口公司在信用证有效期内，通过议付行提交了单据，经检验单证相符，开证行即付75%货款。"第一，受益人是在合理期限内交单，交单时间没问题；第二，受益人是相符交单并经开证行检验。根据UCP 600的规定，只要是相符交单，开证行负有第一性付款责任，开证行不能以开证人声称到货品质欠佳为理由，拒付其余25%的货款。

2.信用证是一项独立的文件

信用证是根据开证申请人填写的开证申请书开出的，而开证申请书是开证人依据买卖契约（包括合同、协议书、议定书和确认书等）所列条款填写的，因此信用证所列条款及其内容必须符合该契约所列的条款，但银行对契约并不介入，只对信用证负责。至于信用证是否与合同一致、单据是否符合合同规定、进出口商履约状况如何，一概不予涉入。

3.单据是处理信用证业务的基准

信用证是一项单据的买卖，不必考虑货物本身的情况。信用证项下的付款，不是以收货为条件，而是以交单为条件，只要出口商提供了符合信用证要求的单据，就完成了交货的义务。即使货物本身受到了损失，那么出口商仍可以拿到货款，当然事后出口商可以找进口商索赔。

（三）信用证的内容

信用证一般包括如下内容：

（1）信用证本身的说明：包括信用证的类型、号码、开证日期、开证申请人、开证银行、受益人，信用证金额、有效期及到期地点。

（2）对汇票的说明：信用证项下如使用汇票，要明确汇票的出票人、付款人、汇票金额、期限、出票条件等。

（3）对装运货物的说明：包括货物名称、规格、数量、单价等。

（4）对运输事项的说明：包括装运港、目的港、装运期限、可否分批、转运等。

（5）对货运单据的说明：如商业发票、装运单据、保险单据及其他单据。

（6）其他事项：如开证行对议付的指示条款、开证行负责条款、开证行名称及签字，以及其他特别条款等。

理论上信用证有很多种类，比如根据是否允许受益人转让他人分为"可转让/不可转让信用证"，根据付款期限分为"即期/远期信用证"，根据是否可以中途撤销分为"可撤销/不可撤销信用证"等。

而实际上，最常用的就是"即期不可撤销信用证"。作为出口企业，当然不喜欢货款被拖延，而信用证一经开出就更不希望被中途撤销，否则便失去了其意义。至于是否允许转让，则根据出口的渠道自由掌握。信用证属于什么类型，在信用证本身条款中会明确规定。

对于卖方而言，只要根据信用证上的内容（通常情况下都已经与卖方协商好）完成备货、发货等一系列步骤，提交信用证规定的单据就可以收到来自开证行的货款。信用证是收回货款的保障，就是真金白银。也正因为如此，一份可靠的信用证甚至可以作为担保物，拿去银行贷款，为卖方资金周转提供便利，称之为"信用证打包贷款"。

（四）信用证的业务流程

不同类型信用证的流程会有不同，下面以议付信用证为例说明信用证业务流程，如图9-5所示。

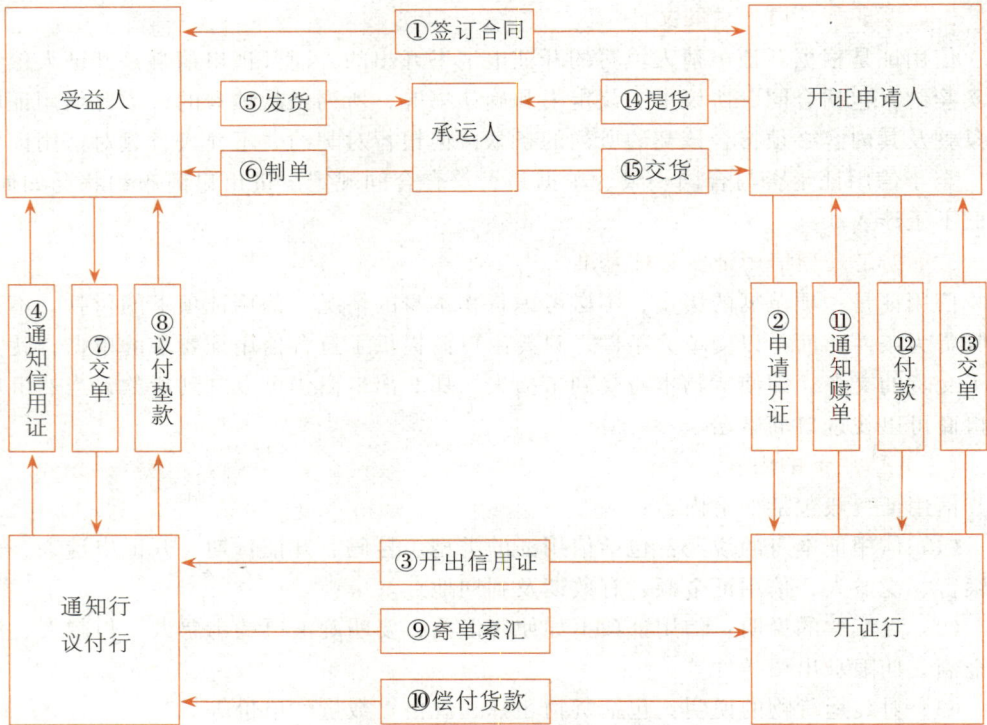

图9-5　信用证的业务流程

① 进出口商签订合同，合同中规定支付方式为议付信用证。

② 开证申请人申请开立信用证。进口商作为开证申请人，有义务在签订合同后按照合同要求及时开出信用证。开证行对进口商的资信审核后，确定申请人交付保证金的比例，进口商填写开证申请书并交付保证金给开证行。开证申请书有固定格式，每家银行大同小异。开证申请书正面为信用证的内容（银行据此开立信用证），背面是开证申请人的承诺书，上面列明开证行与申请人之间的权利义务。

③ 开证行开出信用证。开证行审核无误后，开出信用证。目前，开证行基本使用SWIFT系统开证，该系统自动加押、核押、解押。只要是通过该系统开证，就默认遵循UCP 600办理信用证业务。开证行开出信用证后，将信用证发到通知行，请其通知信用证受益人。

④ 通知行通知信用证。通知行接到信用证后，若决定通知信用证，必须认真核对密押或印鉴，谨慎鉴别信用证的真伪。若不确定信用证的真实性，应向开证行查询，并向受益人讲明情况。有时，开证行会邀请通知行对信用证加具保兑，若通知行接受邀请并保兑了信用证，即同时承担了信用证保兑行的责任。

⑤ 、⑥受益人审证、发货、制单。受益人收到信用证通知书后，首先应审核其内容是否符合合同规定。如发现有不符之处，可要求进口商通过开证行对信用证进行修改，或在信用证与合同条款严重不符时，拒收该证。信用证审核无误后，受益人应

严格按信用证要求发货，缮制或取得信用证要求提交的全部单据。

⑦ 受益人交单。受益人在信用证交单期限内，将正本信用证、全套单据（和汇票）交至信用证指定的银行（自由议付信用证除外），凭表面合格的单据请其议付或付款。

⑧ 银行议付。议付行收到受益人交来的单据（和汇票）后，认真审核，确认是相符交单后，以单据为抵押，并从汇票（或发票）金额中扣除议付利息和相应的手续费，将净款垫付给出口商。此处，议付行向出口商保留追索权。

⑨ 议付行寄单索汇。根据信用证的指示，议付行议付货款后，将信用证项下的单据（和汇票）交到信用证指定的银行要求付款。

⑩ 开证行偿付货款。单到开证行，开证行须认真审核单据。如是相符交单，开证行必须偿付货款；如非相符交单，开证行可以拒付。

⑪ 开证行通知开证申请人付款赎单。

⑫ 开证申请人付款。开证行通知开证申请人付款赎单后，开证申请人有权审单。如单据不符，开证申请人可拒付；如相符，开证申请人须付款赎单。

⑬ 开证申请人付款，开证行交单。

⑭ 开证申请人凭单提货。

⑮ 承运人见提单交货。

举例：

境内有一家玩具出口企业 A 与美国的一家玩具公司 B 达成买卖协议，A 将向 B 出口 50 万美元的玩具。

B 在美国的开户行是花旗银行，A 在中国的开户行是中国银行。但 A 与 B 之前从没做过贸易，双方并不了解。A 怕发货了以后 B 不付钱，B 怕付钱了以后 A 不发货，于是双方约定使用信用证进行结算。

于是 B 向花旗银行提出开证申请，希望利用花旗银行的信用为这笔贸易做背书。只要 A 按照信用证的要求按时、保质发货，花旗银行就一定会付钱给 A 在境内的开户行中国银行。花旗银行接受申请，开立信用证，并传递给中国银行。中国银行接到信用证以后，通知 A 公司，并把信用证交给 A。A 据以备货制单，完成交货后，把全套单证交给中国银行。中国银行审核无误后，可以直接付款给 A，或者暂不付款而将全套单证转交给花旗银行，由花旗银行付款给 A。

各方关系如下：

（1）美国公司申请开立信用证，叫作"申请人"（Applicant）。

（2）花旗银行开立信用证，叫作"开证行"（Opening / Issuing Bank）。

（3）A 因为受益于信用证的付款保障，叫作"受益人"（Beneficiary）。

（4）中国银行接到的信用证，并通知 A，叫作"通知行"（Advising/Notifying Bank）。

（5）如果中国银行直接付款给 A，就叫作"议付行"（Negotiating Bank），此时中国银行既是通知行也是议付行。

（6）花旗银行最终承担付款责任，叫作"偿付行"（Paying / Reimbursing Bank），也同时是开证行。

拓展思考 9-5

选择信用证结算方式的好处有哪些？

分析提示：信用证是建立在银行信用基础上的一种结算方式，只要出口方按照信用证的要求提交单据，银行即保证付款，因此使用信用证结算方式相当于在商业信用保证之外又增加了银行信用保证，容易被交易双方接受，更有利于交易的达成和国际贸易的发展。

对于出口方来说，只要按照信用证的规定发送货物，向指定银行提交相符单据，就能收取货款。对于进口方来说，可以等收到单据后再支付大部分或者全部货款，减少了资金的占用。对于开证银行来说，只承担付款保证责任，还可以通过信用证业务带动其他客户往来，为银行增加收益。

（五）信用证项下的融资

信用证不仅是一种安全的结算方式，也是提供银行服务与贸易融资便利的重要工具。国际贸易商人不仅利用信用证实现支付结算，还可以获得多种形式的融资便利；对银行而言，信用证融资业务收益高、风险小，是银行间重点竞争的业务之一。

1.预支信用证融资

预支信用证是开证行授权通知行或其他指定银行，向出口商预支全部或部分信用证金额的信用证。当出口商出口营运资金不足时，可考虑通过预支信用证获得银行的贸易融资。根据融资条件的不同，预支信用证可分为红条款信用证和绿条款信用证。

2.打包放款

打包放款是信用证项下出口地银行向出口商提供的资金融通。出口商为获得出口货物装运前的资金支持，可将正本信用证作为抵押和还款凭据，向出口地银行（多为通知行）申请信用证金额一定比例的贷款，用于履行出口合同义务的各项开支。出口商装运货物后，持单据要求贷款银行议付时，由贷款银行从议付金额中扣除贷款利息后，将余款付给出口商。

3.出口信用证议付

出口信用证议付又称出口议付，是议付行以购买受益人提交的符合信用证规定的汇票或单据的方式，向其提供的资金融通。出口议付融资只发生在议付信用证项下。

4.出口信用证押汇

出口信用证押汇简称出口押汇，是出口方银行（押汇行）以受益人提交的符合信用证条款的全套单据作质押，在收到开证行支付的货款前向受益人提供的融资便利。与出口议付不同的是，出口押汇是一种权利质押业务；出口押汇不仅限于议付信用证，银行在其他信用证形式，甚至托收等其他结算方式下都可承做。与出口议付相同的是，在开证行拒付时，押汇行可对受益人行使追索权。

四、其他结算方式简介

（一）国际保理

国际保理是指出口商出售货物以后，由保理商购买出口商的应收账款，并向其提供进口商资信评估、销售账户管理、账款催收、资金融通、坏账担保等一系列服务的综合金融安排。

在发达国家的贸易结算中，保理已经在相当程度上替代了跟单信用证。目前，美国仍为保理业务最发达的国家，其保理营业额高居全球榜首。20世纪80年代末，保理进入我国，中国银行率先试办国际保理业务。1992年，中国银行与英国鹰狮保理公司、美国国民保理公司签署了国际保理业务协议，正式开办出口保理业务，其后，各家银行先后开办了国际保理业务。

国际保理之所以被广泛采用，是由于其适应了现代信息社会更新换代快、小额产品多批量出口、资金周转迅速的需要，在某些方面弥补了传统结算方式的不足。

（二）福费廷

福费廷是一种国际流行的贸易融资结算方式。福费廷源于法语"a forfeit"和德文"forfaiterung"，字面意思是"放弃权利"。福费廷是指出口商将经过银行担保的、表示货物价值的远期票据，以无追索权方式转售给出口地的包买商，从而获得贸易融资，提前取得出口销售货款。由于福费廷业务是由提供融资的机构（通常是银行）无追索权地买断远期票据，因此也被称为包买票据业务，而提供融资的机构被称为包买商。福费廷业务的核心就是包买商无追索权地买断远期汇票，买断远期汇票意味着向出口商即期付款；无追索权意味着包买商的付款是终局性的。

福费廷可单独使用或与其他融资产品联合使用，广泛用于建设项目融资，机器设备、大宗产品贸易的出口前融资、出口后融资，结构性贸易融资和项目融资。福费廷的融资期限短则一个月，长可至10年；金额少则数万美元，多则数亿美元。

（三）国际信用担保

在国际经济活动中，交易者要面临各种风险，要承担各种风险可能造成的损失。当合同当事人认为仅靠合同的约束不足以保障其权益时，即产生了寻求第三方担保的需求。实践表明，国际信用担保作为一种有效地保障债权实现的金融手段与法律手段，在国际经济活动中得以广泛应用。国际信用担保的形式主要有以下三种。

1.保函

保函亦称保证书，是银行等金融机构、其他法人组织或个人（担保人）应申请人的请求，向第三方（受益人）开立的信用担保文件。保函的担保人担保在申请人未能履行既定的合约义务时，担保人将履行一定金额、一定期限范围内的支付责任或经济赔偿责任；或在受益人提出符合保函规定的索赔时，担保人予以赔偿。若保函的担保人是银行，则该保函就是银行保函，或称银行保证书。银行保函是保函的主体，也是信用担保最重要的形式之一，在国际信用担保业务中广为应用。

2.备用信用证

备用信用证原创于美国。历史上美国法律曾经禁止商业银行为客户办理信用担保业务，一些商业银行即以信用证的派生形式——备用信用证作为提供信用担保的工具。其后，备用信用证的适用范围逐步扩大，并演化为一种国际性的金融工具。

就其性质而言，备用信用证属于信用证范畴，适用现行的《跟单信用证统一惯例》。但备用信用证在应用上又有别于跟单信用证，它既可用于支付和款项结算，又可用于信用担保，故在美国，备用信用证又被称为"担保信用证"。备用信用证的开证人对受益人承担第一性付款责任，其担保性质等同于独立性银行保函或见索即付保函，在国际经贸活动中的应用相当广泛。

3.安慰信

安慰信是一种对债务清偿或义务履行做出的道义上的承诺或支持的书面文件。当担保人不愿受到法律约束或出于其他考虑时，可以出具这种形式的担保文件，表示对债务人履行债务义务给予支持及保障，故安慰信亦称"支持信"。安慰信既能使担保人免受法律约束，又具有一定的担保功能，所以尽管安慰信在担保程度上不及银行保函和备用信用证，但仍在国际经济中被广泛应用。例如，某公司欲对外举债，其除提交由银行开出的借款担保外，其上级公司还可开出安慰信，表示对该公司按期还本付息给予道义上或资金上的支持及保障。

》【案例分析】

D/P 远期与风险同在

案例资料：

我国Y公司向拉美地区出口一批黄豆，买方为T公司，合同议定支付方式为30天付款交单。其条款规定为：The buyers shall duly accept the documentary draft drawn by the sellers at 30 days sight upon first presentation and make payment on its maturity. The shipping documents are to be delivered against payment（买方应凭卖方开具的见票后30天付款的跟单汇票，在第一次提示时即予承兑，并应于汇票到期日即付款，付款后交单）。Y公司根据合同规定的装运期的要求，5月13日办理装船完毕，于14日备齐一切单据向托收行办理30天远期付款交单托收手续。

7月3日接托收行转来代收行电："第××号托收单据于5月21日收到。我行当天即向付款人——T公司第一次提示，21日经付款人承兑。于6月20日汇票到期日我行第二次向付款人提示要求付款时，付款人拒付。据称因货物水分超过标准，甚至有部分霉粒而不肯接受，请电复处理意见，7月3日。"

Y公司接到代收行上述电文觉得奇怪。他们办理的托收方式是远期30天付款交单，买方未付款怎么能得到单据？未得到单据又怎么能取得货物？未得到货物又怎么能知道货物质量有问题？Y公司认为代收行擅自放货应负完全责任。

Y公司通过承运人查询，证实了收货人早已提货的事实，随即向代收行提出："你3日电悉。我第××号单据系以见票30天远期付款交单方式办理托收，于6月20日汇票到期日付款人付清货款后方能取单提货。既然付款人拒付货款，为何付款人能得到单据而提货？据我查询船方称，收货人已提取货物，请告真实情况，谢谢合作，7月5日。"

代收行于7月6日复电："你5日电悉。第××号单据虽然是30天远期付款交单，但我国当地商业习惯做法是：我行接到单据时即向付款人提示，付款人承兑后即可取得单据并提取货物，待汇票到期日后再付款。这就是我国对远期付款交单的做法。现付款人在承兑取得单据后又拒付，需委托人向付款人直接联系解决，7月7日。"

Y公司最后经我国驻外使馆经济商务参赞处了解该国对远期付款交单托收一律按承兑交单方式处理是事实，经我国驻外使馆经济商务参赞处几次与其磋商和交涉，对方才按85%付了货款。

资料来源：作者根据相关资料整理。

根据以上材料，请回答下列问题：

远期付款交单与承兑交单有何不同？通过本案例，出口商在选择托收结算方式时应吸取哪些经验教训？

分析：

D/P远期托收是目前我国出口业务中较常见的结算方式。D/P远期与承兑交单不同：D/P远期在进口商承兑时，代收行不能交单，只有在进口商付清货款后才能放单；承兑交单是进口商在汇票上办理承兑后即可取得相应单据提货，汇票到期日付款。

从规则上来说，承兑交单（对出口商而言）风险大于D/P远期，但在实务中，拉美国家银行习惯将D/P远期等同于承兑交单，这就使出口商风险加大。因此，国际商会不鼓励出口商采用D/P远期方式托收。

此外，由于托收风险大于信用证，出口商在选择托收方式结算时应注意选用有利于自己的贸易术语，必要时选定境外的"需要时的代理人"，例如本案例是我国驻外使馆经济商务参赞处协助解决问题的。

拓展阅读9-4
国际贸易结算中的风险及防范措施

【实践探索】

一、实践内容

选取一家进出口企业，围绕其结算进行调研：企业主营业务、主要贸易伙伴国、合作银行、常用结算方式、常用结算货币及避险方法等等。

二、实践目标

结合实例，对比分析信用证、托收、汇付、银行保证函及国际保理等结算方式的优缺点、使用范围和风险点。

三、实践结果

要求每位同学根据实践情况提交实践报告，内容可根据实际情况增加，字数不少于 3 000 字。

项目小结

国际结算是指国际政治、经济、文化、外交、军事等方面的交往或联系而发生的以货币表示的债权债务的清偿行为或资金转移，是一项综合的经济活动。国际结算涵盖国际贸易结算、非贸易结算等范畴。国际结算的研究对象主要有国际结算工具、国际结算方式、国际结算惯例及以银行为中心的支付体系等。国际结算工具主要指汇票、本票和支票。在国际结算中，汇票和本票使用较多，尤其是汇票。国际结算方式是依照一定的规则和程序，实现国际债权债务清偿及资金收付的方法或手段，也称支付方式。国际结算方式是银行提供国际结算服务的基本产品，主要有汇付、托收、信用证、国际保理、福费廷、国际信用担保等。国际支付工具要借助一定的结算方式完成国际债权债务的清偿和转移。

项目训练

一、主要概念

国际结算　结算工具　结算方式　汇票　本票　支票　汇付　托收　信用证　保理　保函　福费廷　贸易融资

二、单项选择题

1.甲国向乙国提供援助款 100 万美元，由此引起的国际结算是（　　　）。

A.国际贸易结算　　　　　　　　B.非贸易结算

C.有形贸易结算　　　　　　　　D.无形贸易结算

2.以下关于海运提单的说法不正确的是（　　　）。

A.海运提单是货物收据　　　　　B.海运提单是运输合约证据

C.海运提单是无条件支付命令　　D.海运提单是物权凭证

3.公司签发一张汇票，上面注明"At 90 days after sight"，这是一张（　　　）。

A.即期汇票　　　B.远期汇票　　　　C.跟单汇票　　　　　　　D.光票

4.某汇票见票日为 5 月 31 日，①"见票后 90 天"，②"从见票日后 90 天"，③"见票后 1 个月"的付款日期分别是（　　　）。

A.8 月 28 日，8 月 29 日，6 月 29 日

B.8 月 28 日，8 月 29 日，6 月 30 日

C.8 月 29 日，8 月 28 日，6 月 30 日

D.8 月 29 日，8 月 28 日，6 月 29 日

5.收款最快，费用较高的汇款方式是（　　　）。

A.T/T　　　　　　　B.M/T　　　　　　　C.D/D　　　　　　　　D.D/P

6.对于出口商而言，承担风险最大的交单条件是（　　　）。

A.D/P at sight　　　　　　　　　B.D/P after at sight

C.D/A after at sight　　　　　　　D.T/R

7.审核单据，购买受益人交付的跟单信用证项下汇票，并付出对价的银行是（　　　）。

A.开证行　　　　　B.保兑行　　　　　C.付款行　　　　　　　D.议付行

8.通知行是（　　　）。

A.开证行的代理人　　　　　　　B.承兑行的代理人

C.付款行的代理人　　　　　　　D.保兑行的代理人

9.以下关于承兑信用证的说法正确的是（　　　）。

A.在该项下，受益人可自由选择议付的银行

B.承兑信用证的汇票的期限是远期的

C.其起算日是交单日

D.对受益人有追索权

10.一份信用证如果未注明是否可以撤销，则是（　　　）的。

A.可以撤销的　　　　　　　　　B.不可撤销的

C.由开证行说了算　　　　　　　D.由申请人说了算

三、多项选择题

1.以下写法为汇票的限制性抬头的有（　　　）。

A.Pay to John Smith Only

B.Pay to John Smith Not Transferable

C.Pay to John Smith，然后在票据正面加注"Not Transferable"的字样

D.Pay to John Smith or Order

2.银行在国际贸易结算中居于中心地位，具体而言，其作用有（　　　）。

A.办理国际汇兑　　　　　　　B.提供信用保证

C.融通资金　　　　　　　　　D.减少汇率风险

3.保理业务的内容包括（　　　）。

A.进口商的资信调查　　　　　B.财务信用风险的担保

C.财务管理和账款追收　　　　D.账目记录管理

E.向出口商提供融资

4.出口商要利用国际保理服务，须具备的条件有（　　　）。

A.出口商必须是合法经营　　　B.出口商具有一定的经验和资历

C.债务人必须是出口商的老客户　D.出口商的经营必须具有较大的规模

5.开证行在信用证业务中受到（　　　）的约束。

A.贸易合同　　　　　　　　　B.开证申请书

C.所开立的信用证　　　　　　D.信用证修改书

E.与通知行/议付行的代理协议

6.无须审核商业单据的信用证当事人有（　　　）。

A.偿付行　　　　　B.付款行　　　　C.承兑行　　　　　　D.通知行

四、案例分析题

A公司与B公司签订一份进口合同，进口钢材5 000吨。合同规定B公司在2024年7月装船。A公司2024年7月5日开出信用证。信用证规定最迟的装船期是7月28日。A公司于7月5日将L/C副本传真给B公司，但B公司在没有征得A公司同意又没有要求修改信用证的情况下，于7月31日装船，并取得日期为7月31日的海运提单并缮制单据向开证行索偿。开证行认为单据不符，并告知A公司。A公司随即告知开证行拒付并退单给B公司。请分析：

（1）B公司装运日期是否符合合同规定？

（2）A公司是否有权利拒付？为什么？

五、实训题

【实训操作】

信用证业务流程简单模拟训练。

【实训任务】

（1）熟悉即期付款信用证的业务流程。

（2）掌握信用证项下汇票的制作。

（3）了解信用证涉及的主要单据，自行搜集单据的样本并了解单据的主要内容。

【实训要求】

（1）实训前要掌握信用证的主要流程。

（2）了解汇票制作的关键点。

（3）实训前自学有关商业票据的知识。

【情境设计】

根据以上"案例分析题"中的案例资料，模拟制作相关业务单据，并根据SWIFT方式开出的信用证内容完成信用证业务流程。

拓展阅读9-5

SWIFT系统标准电文格式中的信用证

【指导准备】

知识准备：

汇票的制作、商业单据的格式和主要内容、信用证业务流程。

材料准备：

银行使用的开证申请书、出口企业开出的汇票样本、出口企业制作的商业发票、出口企业取得的运输单据和保险单据等。

【实训时间】

4学时。

【实训步骤】

（1）学生分组扮演不同角色：开证申请人、开证行、受益人、通知行等；

（2）按照信用证流程进行不同组的操作；

（3）每组在操作前，先说本组业务要点，然后开始操作；

（4）流程结束，教师、学生逐组点评，评分小组为每组学生打分。

【成果形式】

（1）每组操作前的说明；

（2）每组操作的内容：汇票、开出的信用证、通知书、审证后的工作单、制作的商业发票、取得的提单、保险单等。

说明：对非国际贸易专业的学生，只要求其清楚信用证的流程及主要单据的样式和内容，不要求全面掌握单据的制作方法。

主要参考文献

［1］汪宇瀚．国际金融与结算［M］．2版．北京：清华大学出版社，2021.

［2］雷仕凤，王芬．国际金融学［M］．北京：经济管理出版社，2010.

［3］李娟，谭丽涛．国际汇兑与结算［M］．6版．大连：东北财经大学出版社，2024.

［4］赵海荣，梁涛．国际金融实务［M］．北京：中国金融出版社，2012.

［5］曾啸波．期货交易实务［M］．3版．北京：人民邮电出版社，2023.

［6］王晋斌，范智勇．国际金融与国际贸易案例分析［M］．北京：中国人民大学出版社，2023.

［7］黄怡中，赵宇超，王文龙．衍生品实务教程［M］．成都：西南财经大学出版社，2023.

［8］李艳芳．金融市场［M］．6版．大连：东北财经大学出版社，2024.

［9］李翠君．国际金融实务［M］．6版．重庆：重庆大学出版社，2022.

［10］张青龙，孔刘柳，王静华．外汇交易和风险管理［M］．上海：格致出版社，2022.

［11］杨向荣．外汇交易实务［M］．3版．北京：电子工业出版社，2022.

［12］徐荣贞．国际金融概论［M］．4版．北京：中国金融出版社，2022.

［13］HULL J．期权、期货和其他衍生品［M］．9版．北京：清华大学出版社，2023.

［14］刘金波．外汇交易原理与实务［M］．3版．北京：人民邮电出版社，2024.

［15］侯高岚．国际金融［M］．5版．北京：清华大学出版社，2023.

［16］蒋先玲．国际金融［M］．3版．北京：中国人民大学出版社，2024.

［17］傅泳．进出口贸易结算［M］．2版．成都：西南财经大学出版社，2024.

［18］何昌．外汇理论与实务［M］．北京：清华大学出版社，2024.

［19］徐丹丹．外贸单证实务［M］．北京：电子工业出版社，2021.

［20］庞红．国际结算［M］．7版．北京：中国人民大学出版社，2024.

［21］邓小朱，周云洁．期货与期权：理论、实务、案例［M］．2版．北京：中国人民大学出版社，2021.

［22］郭红，孟昊．金融市场［M］．4版．大连：东北财经大学出版社，2023.

［23］阚澄宇．国际金融［M］．8版．大连：东北财经大学出版社，2023.

［24］沙文兵，钱圆圆，武小菲．基于宏观金融稳定视角的人民币国际化策略研究（国家社科基金丛书—经济）［M］．北京：人民出版社，2022.

［25］孙立行．人民币国际化的路径及其对策研究［M］．上海：上海人民出版社，2022.

［26］中国人民大学国际货币研究所．人民币国际化报告2023：更广泛多层次经贸合作［M］．北京：中国人民大学出版社，2023.

GUOJI
JINRONG

国际金融 （第六版）

ISBN 978-7-5654-5450-9

9 787565 454509 >

为方便教学，本书配有数字化教学资源包，请任课教师登录东北财经大学出版社网站（http://www.dufep.cn）免费下载。

定价: 49.00元